經學文獻學論稿

顧永新 著

圖書在版編目（CIP）數據

經學文獻學論稿 / 顧永新著. -- 北京：商務印書館，2024. -- ISBN 978-7-100-24613-2

Ⅰ. Z126

中國國家版本館CIP數據核字第20245WX133號

權利保留，侵權必究。

教育部哲學社會科學研究重大專項項目"基於文獻重塑意義的中國文獻傳承研究"（2024JZDZ044）

教育部人文社會科學重點研究基地
北京大學中國古文獻研究中心成果

經學文獻學論稿
顧永新　著

商 務 印 書 館 出 版
（北京王府井大街36號　郵政編碼100710）
商 務 印 書 館 發 行
北京市十月印刷有限公司印刷
ISBN 978-7-100-24613-2

2024年11月第1版　　　　開本 880×1230　1/32
2024年11月北京第1次印刷　印張 14 3/8
定價：79.00元

目　　錄

前　言 ……………………………………………………………… 1

第一編　經學文獻學的理論建構

經學文獻與經學文獻學芻議 ……………………………………… 9
經學文獻的目錄學研究 …………………………………………… 31

第二編　經學文獻的個案研究

正經正注成立考 …………………………………………………… 89
西漢《公羊》學授受源流考 ……………………………………… 121
傳賀知章草書《孝經》與唐宋時代《孝經》文本的演變 ……… 148
《五經文字》引石經輯考
　　——兼論漢魏石經在唐代的接受 …………………………… 198
《五經文字》《九經字樣》石經系統和刻本系統研究 ………… 225
北宋國子監校刊《五經正義》次序析疑
　　——以《上五經正義表》校勘爲中心 ……………………… 278
正經注疏合刻早期進程蠡測
　　——以題名更易和內容構成爲中心 ………………………… 296

第三編　東瀛取經

《七經孟子考文》正、副本及《考文補遺》初刻本比較研究 …… 373
山井鼎手校閩本諸經校勘日志輯證 …………………………… 397

後　記 ……………………………………………………………… 452

前　言

　　經學文獻的主體是儒家經典的原典以及以之爲核心的歷代章句、注釋、評論、考據、校勘、輯佚、編纂、刊布等研究、整理成果。經學文獻學以經學文獻爲研究對象，既是傳統文獻學的分支，也是傳統經學的分支，具備經學和文獻學的雙重屬性，旨在揭示經學文獻的内容屬性、形式特點、載體構造、範疇類别以及沿革傳承、庋藏刊布的一般規律，并爲其整理研究提供理論依據和實踐指導。本書擬對經學文獻和經學文獻學進行較爲深入、具體的研究，既有對經學文獻和經學文獻學的理論探討，也有應用經學文獻學的理論對經學文獻展開的個案研究，大致涵蓋以下五個方面的内容：

　　其一，經學文獻和經學文獻學的理論探討。《經學文獻與經學文獻學芻議》一文把古代經學文獻從整體上劃分爲三大系統——"正經注疏""五經四書"兩大主幹系統加上輔翼系統，并引進級次文獻的概念，提出"樹狀年輪結構"的分析方法，以釐清經學文獻整體及其内部各系統的層級結構。同時還界定了以經學文獻爲研究對象的經學文獻學，建構起理論框架和方法論，揭示出主要内容和根本任務。歷代目録對於經學文獻的著録，恰是經學文獻産生和發展的歷史記録，往往和當時的學術、文化乃至意識形態和現實政治密切相關；反過來，通過對經學文獻的目錄學研究，也可以洞悉經學史的發展脉絡和經學思想的演進軌迹。《經學文獻的目錄學研究》一文旨在透過經部類目的變化來探究經學思想嬗變的源流和經學文獻衍變的路徑，以及由此折射出來的學術盛衰和書籍數量多寡的變化。大體而言，經部始終保持著相對穩定的狀態，其主體内容以及以經爲單位來劃分類目的原則大體上并無改易。

其二，正經正注的成立以及儒家經典在漢代的傳承。儒家經典的正經（"十三經"）在先秦、秦漢時期俱已成書，正注則出現在漢、魏、晋時期（唐玄宗御注《孝經》除外），這是經過歷史選擇的靜態結果，而歷史選擇的動態過程則是漫長而複雜的。無論是正經還是正注都是歷史的，不是一成不變的，不同時代乃至不同地域的正經及其正注容有不同，即便是同一時代的同一正經的正注也可能不止一個。《正經正注成立考》一文論證正經由五經、七經至唐代九經、九經三傳、宋代十一經、十三經，漸次成立。正注則從多元的漢魏晋古注中披沙揀金，經過歷史選擇，直至唐宋始最終確立。由疏（《正義》）所確立的正經及其正注都是淵源有自的，符合學術發展的内在理路和規律性；而在這個歷史選擇的動態過程中具有標志性的事件是南北朝義疏之學的興起、陳隋之際陸德明《經典釋文》的編纂、唐開成石經的雕鎸、五代監本九經三傳（經注本）的刊行以及唐宋九經三傳疏（《正義》）的纂修。關於《公羊》學的淵源和早期傳承，《史》《漢》的相關記載較爲含混，鄭玄、荀悦、陸德明以爲西漢《公羊》學的傳承統緒是從董仲舒開始的，而《後漢書》《隋志》則認爲西漢《公羊》學當溯源至胡毋生。與這兩條迥異的傳承統緒相對應，宋代以降的相關記載大體上因仍其舊，分呈兩條不同的路徑，清代以降始注意到其中歧異并加以考辨。經過系統的文獻梳理，《西漢〈公羊〉學授受源流考》一文認爲所謂"先師董仲舒"并非如清人所理解的那樣，當如師古所云，實爲泛指某經之學的早期研治者，其義當與漢人所謂"後師"相對而言。嬴公實乃師承胡毋生，并未從董仲舒受學，也就是說《公羊》學的傳承統緒始自胡毋生。同時，又根據緯書的相關記載，論定胡毋生和董仲舒二人在《公羊傳》文本成立的過程中都發揮了作用，"推演其文"，亦即文本的推定和演繹。

其三，漢唐石經以及儒家經典文本在唐宋時期的遞嬗。日本宮內廳書陵部藏傳賀知章草書《孝經》，日本學者多認定爲賀監真迹，而中國學者大多持相反的觀點。唐宋時代《孝經》文本的演變極爲複雜，跨越寫本時代和刻本時代，兼有今、古文及所謂鄭注、孔傳的彼此消長，以及玄宗先後兩次《御注》（《始注》和《重注》）。《傳賀知章草書〈孝經〉與唐宋時代〈孝經〉文本的演變》一文從文本切入，通過文本校勘，將賀書置於唐宋時代《孝經》今、古文以及《始注》《重注》文本遞嬗的背景之下加以考察，以期相對準確地進行定位和判斷。同時，整合不同歷史時期及不同文本類型的石經、寫（鈔）本、刻本，并透過這一相對完整的文本系統來洞悉唐宋時代《孝經》文本演變的軌迹。漢魏石經至隋唐時期已十不存一，但拓本傳承有緒，藏於秘府，"相承以爲七經正字"。唐代秘書省校書郎和正字專司"正定文字"，其中大篆和八分即源出石經（古文當亦如是），國子監書學博士的專業亦有"石經三體"。大曆中張參所編《五經文字》直接援引漢石經（間及魏石經隸書）作爲字頭和部首字形的重要來源之一，後在開成中與九經三傳一道雕鎸上石。這樣，唐石經之中就反映了漢魏石經文字形體的部分信息。《〈五經文字〉引石經輯考——兼論漢魏石經在唐代的接受》一文悉數輯出《五經文字》明確稱引石經字頭和部首字形，并略取漢魏石經殘字可與《五經文字》所引石經字形相對應者比較互證，在一定程度上擴充了已知漢魏石經的數量，豐富了有關漢字隸楷演變細節的認知。唐開成石經附刻《五經文字》《九經字樣》兩種正字書，五代國子監據之校刻，北宋又翻刻，後世遂有石經和刻本兩個系統。見存拓本皆拓印於嘉靖地震以後，未見地震之前拓本。清代以降，出現了一系列據拓本翻刻或摹刻本。刻本系統傳世者僅有清初席氏影宋抄本《五經文字》《九經字樣》，以及趙氏刻本《九經字樣》。刻本系統雖然也源出石經，但五代後晉據以校刻的拓本，無論是相對於後世磨滅良久的石經，還是嘉靖地震以後拓本（更不用說石經系統的刻本），無疑淵源更早，更接近於唐代原始文本。《〈五經文字〉〈九經字樣〉石經系統和刻本系統研究》遍校石經和刻本系統各本以及明人補字，通過校勘所得之異文剖判兩個系統各本之間的源流，以及文本之優劣、是非。

其四，儒家經典進入刻本時代之後的刊行特點。北宋太宗朝國子監校定刊行《五經正義》，據《玉海》記載，《易》《書》分別成於端拱元年十月和二年十月，以下依次是《春秋》《詩》《禮》。《北宋國子監校刊〈五經正義〉次序析疑——以〈上五經正義表〉校勘爲中心》一文，根據傳世宋刻單疏本或八行本的校勘經進銜名，并校勘長孫無忌進表（《上五經正義表》），可知《書》和《易》《春秋》的文本分別屬於兩個不同的系統，《書》文本明顯優長，知其形成最早，最爲原始；《易》文本訛誤、改竄較多，明顯晚出。由此求證《書》和《易》校刊的先後次序，諟正《玉海》的錯誤記載。本篇嘗試運用文獻學的方法來解决學術史的問題。對於正經注疏合刻進程的尋常認知是經注本和單疏本原本各自别行，至南宋先後有注疏合刻八行本、十行本出。事實上，注疏合刻的進程恐非如此簡單化、一刀切。《正經注疏合刻早期進程蠡測——以題名更易和内容構成爲中心》一文根據傳世版本實物及相關文獻著録，通過對八行本和十行本兩個系統的整合研究，尤其是個性化的《周易》《尚書》《論語》《爾雅》四經注疏合刻本，著眼於注疏合刻本題名更易和内容構成兩個層面，全面探究注疏合刻的早期進程。本篇所呈現的注疏合刻早期進程的諸多具體環節和細部特徵，足以説明其複雜性和多樣性超乎傳統認知，各經注疏合刻的時間、進度及其路徑容有不同，對於注疏合刻時間以及最早注疏合刻本的認定也值得我們重新思考。

其五，山井鼎《七經孟子考文》（下文簡稱《考文》）研究。作爲《四庫全書》中僅有的兩部由外國人纂集的經學著作之一，《七經孟子考文補遺》在日中兩國學界都产生了相當大的影響，也是中日學術交流史上的珍貴文獻。作爲其書主體部分，山井鼎獨立完成的《考文》迄無刻本，傳世者僅有京都大學藏正本和天理大學、宫内廳書陵部藏副本三通。《〈七經孟子考文〉正、副本及〈考文補遺〉初刻本比較研究》一文，選取《考文》正、副本（京大本和天理本）以及《考文補遺》初刻本進行比較研究，從而確認京大本和天理本之間審係正本、副本的關係，初刻本《考文補遺》所依據的《考文》文本出自副本，而非正本。《考文補遺》的主體部分實爲《考文》，《補遺》所占份額極小。京都大學人文科學研究所藏山井鼎手校閩本諸經保存了山井本人所作的句讀、校語及日志、題識，具有重要的文獻價值。吉川幸次郎先生對其進行初步研究，認定爲《考文》之底本。《山井鼎手校閩本諸經校勘日志輯證》一文完整輯録諸經校勘日志，并對校語進行分析歸納，從而釐清山井校勘諸經的先後次序和起訖時間，得出山井手校閩本并非《考文》之底本的結論。閩本校語彙集了山井前期校勘工作的成果，在《考文》成書過程中無疑起到了十分重要的作用，雖然不是直接的底本，但在《考文》成書之前應該存在一個將閩本校語過録到底本（汲古閣本）上的環節。

　　以上對於經學文獻的個案研究，既有儒家經典及其注釋成立的歷史選擇過程的考索，又有唐宋時代歷經寫本到刻本文本遞嬗規律的探討；既有作爲經學文獻的主要載體——刻本的研究，又有石經、寫本等其他載體的研究；既以本土經學文獻爲主，又兼顧到域外文獻傳承與學術交流；既有文本內容的研究，又有文本形態的研究，運用目録學、版本學和校勘學的基礎理論，針對不同經學文獻的不同特點，具體問題具體分析。經學文獻學的理論建構和經學文獻的個案研究是相輔相成、相得益彰的。本書雖以個案研究爲主，也不乏理論的探討，理論的生成和淬煉固然對於經學文獻的個案研究具有指導意義，而個案研究亦可上升到理論層面，總結出經學文獻衍生、遞嬗的規律、義例，對於經學文獻的研究同樣具有指導意義。

第一編　經學文獻學的理論建構

經學文獻與經學文獻學芻議

經學是中國傳統學術的核心和根基，構成了中國學術史的主綫，并作爲主流意識形態的代表形式，對古代思想、政治、文化、學術等諸多領域都產生了深刻的影響。作爲經學的知識載體和表現形式——經學文獻可謂汗牛充棟，浩如煙海①。而以經學文獻爲研究對象的經學文獻學，與經學研究同步，貫穿著經學史的始終，在中國古代學術體系中據其樞要，持久地發揮著重要的作用和深遠的影響。2013 年，拙作《經學文獻的衍生和通俗化——以近古時代的傳刻爲中心》②將近古時代經學文獻從整體上劃分爲兩個系統——"正經注疏"和"五經四書"，并且引進級次文獻的概念，對各自系統內部的經學文獻再作劃分。在此基礎之上，筆者著手進行經學文獻整體及經學文獻學的研究，六年間約略有成，又不斷地進行修訂③。

---

① 朱彝尊《經義考》所收，上起先秦，下迄清初，單列條目達 8200 餘條。參見張宗友《〈經義考〉研究》第二章"論《經義考》之條目體系"之二"《經義考》條目統計與分析"（中華書局 2009 年版，第 66 頁）。

② 原發表在《北京大學學報（哲學社會科學版）》2013 年第 3 期，後收入同名專著《經學文獻的衍生和通俗化》（北京大學出版社 2014 年版）。

③ 2017 年上半年，筆者在北京大學中文系開設研究生課程"經學文獻學"，首次完整提出這一理論架構，并在教學中不斷修正，選課同學如章莎菲、馬琳等也參與了個別意見。以後兩年間斟酌損益，續有訂補，直至 2019 年定稿。

今不揣譾陋，試就經學文獻與經學文獻學的內涵和外延略作解說，無意于建構經學文獻學的學科體系，只是嘗試提出經學文獻和經學文獻學的理論框架，旨在揭示以文獻學治經學的學術方法論，以示意嚮①。

一、經學文獻的樹狀年輪結構

經學文獻的主體是儒家經典的原典以及以之爲核心的歷代章句、注釋、評論、考據、校勘、輯佚、編纂②、刊布③等研究、整理成果。此外，歷代史志目錄和公私目錄的經部類目、經學文獻專科目錄，類書中的相關部類，經學文獻叢書（含彙編叢書中的經類）、歷代學案、儒林碑傳，以及散見於史部、子部、集部的相關論著如單篇論文、序跋、題記等，也都是經學文獻。班固就

---

① 需要説明的是，完成此文之後，筆者偶然發現，早在 2007 年鄧聲國先生已撰有大作《傳統經學研究與古典文獻學學科理論建設的思考》一文，明確提出"關於'經學文獻學'的學科理論體系的建構"的設想，并明確提出"根據現代文獻計量學原理，可以將目前所見的傳世文獻按研究對象的類別，區分爲一次文獻、二次文獻、三次文獻等"（《文獻學與小學論考》，齊魯書社 2007 年版，第 27—35 頁）。筆者孤陋寡聞，一直未能獲見鄧先生大作，無由獲知鄧先生高論。雖然筆者在教學和科研工作中使用"經學文獻學"這一概念并非著眼於學科建構，劃分級次文獻的對象、視角和具體內容也與鄧先生説容有不同，但畢竟是鄧先生率先提出，筆路藍縷，厥功甚偉。

② 所謂"編纂"，包括經書彙編、類編、改編、選本、節本等，尤以整合不同注釋體式和注釋內容的注疏合刻本最具代表性。

③ 所謂"刊布"，包括經書的不同載體如簡帛、石經、寫本、抄本（含稿本）、刻本、活字本等，尤以不同版本類型的刻本最爲重要。

劉歆《七略》刪取其要以爲《漢書·藝文志》，首列"六藝略"，相當於後世的經部，共著録 103 家，3123 篇（卷），占全部作者 677 家的 15%，全部著作 12951 篇（卷）的 24%。其後，無論是七分法還是四部分類法，經部（類）一直位列羣書之首。《四庫全書》共收經部書 693 部，10050 卷，占全部著作 3431 部的 19.9%，全書總卷數 79281 卷的 12.6%[①]。1949 年，何多源先生據《江蘇省立國學圖書館總目》（正、補編）統計，經部文獻合計 5122 種[②]，超出《四庫全書總目》二倍。近年編纂完成的《中國古籍總目》經部著録 75500 餘種，占收書總數 187000 種的 40.4%[③]。可見經學文獻數量之大、權數之重，且源遠流長、傳承有緒。

經學文獻既有時代性，又有地域性，還包涵著學術思想、學術流派的問題。比如，儒家經典的原典大致在戰國最晚到漢代均

[①] 具體數字參照屈守元先生《經學常談·引言》（巴蜀書社 1992 年版，第 4 頁）。"六藝略"篇（卷）數誤作 2123，但下文所述比例不誤，知係作者筆誤或排印錯誤。本篇據《漢志》改。又據清周中孚《鄭堂讀書記》卷三二《四庫全書總目》解題統計，《總目》著録經部書 1756 種，18021 卷（中華書局影印民國間商務印書館"國學基本叢書"本，1993 年，第 149 頁）。這個統計數字是包括存目在内的。

[②] 何多源：《國學書目舉要》，《廣大學報》1949 年第 1 期。數字係據《正編》卷八第 35 頁和《補編》卷一第 42 頁統計。因爲國學圖書館藏書多得自錢塘丁氏八千卷樓和武昌范氏木犀香館，後又徵調官書，數量大，品質高，一時爲江南藏書之冠，故其統計數字具有代表性。

[③] 據是書經部總類、《易》、《書》、《詩》、《禮》、《樂》、《春秋》、《孝經》、"四書"、《爾雅》、羣經總義等類目所收書統計，不含小學類 15000 餘種。當然，《中國古籍總目》所收叢書和彙刻之書除整體著録外，各子目又據其内容分别著録，歸入相應類目。所以，這部分條目是重複計數的（還有一小部分同書異名的情況也應考慮在内）。

已成立，相關的注釋之作從戰國、秦漢開始也就相應地產生，并且不斷推陳出新，如漢魏晉古注，南北朝至隋義疏，唐宋疏義（《正義》），宋元明清新注、纂疏等等。而不同時代的經學著作所體現出來的學術風格也是不同的，如注重名物典制、章句訓詁的漢學著作與注重義理、性理之學的宋學著作風格迥異。經今、古文學是經學流派當中最根本性的兩大陣壘，分歧的起點不過是經書書寫文字不同而造成的文本差異，但在後代却演化爲經學派別乃至政治派別的鬥爭，而由此衍生的相關文獻無不打上今、古文經學的深刻烙印。此外，經學文獻還存在著地域性的問題，比如經書版本，五代、兩宋監本群經以經注本最爲通行、影響最大，地方上如蜀、浙、閩等都曾據以翻刻，而不同地方刊行的經書版本不免存在著文本差異，甚或改編、改造監本，有些異文甚至直接影響到對原典的解讀。

經學文獻數量龐大且類型複雜，可以根據不同的分類標準做不同的區劃，如經部類目（《易》《書》等"十三經"及"四書"、群經總義等）[①]、從屬時代（上古、中古、近古或更爲具體的斷代）、傳本類型（簡帛、石經、寫本、抄本［含稿本］、刻本、活字本等）、整理體式（注本、校本、句讀本、評點本等）、記錄形式（文字、表格、圖像、數字化等）等。爲了研究便利，我們根

---

① 根據古典目録學的分類體系，最晚從漢代開始，小學類文獻一直劃歸經部（類），未嘗更易。但從今天的學科體系來權衡、剖判，單純的小學著作如文字、音韻、訓詁類書當可獨立於經部之外，至少不能爲經部所完全涵蓋，故本篇所謂經學文獻并不包含小學著作（專以經書爲研究對象者除外。《爾雅》傳統上劃入經部，本篇沿其舊制。這是因爲儘管其書性質屬於小學，但漢代以降，對其屬性和作用的認定實與經解［群經總義］類書相當）。

據中國經學史演進和經學文獻遞嬗的規律性，把古代經學文獻從整體上劃分爲三大系統①——"正經注疏"②"五經四書"兩大主幹系統加上輔翼系統。爲了釐清經學文獻整體及其內部各系統的層級結構，我們引進級次文獻的概念，同時參照顧頡剛先生提出的"層累地造成的中國古史"觀③，提出"樹狀年輪結構"的分析方法。經學文獻的整體結構是樹狀的，既有主幹又有枝節，儒家經典的原典，無疑就是整個結構的根系，其他所有枝幹都是由此生長出來的：先有主幹"正經注疏"漢魏至唐宋漸次生成，近古時代又孳乳出"五經四書"系統，幾與所從出之"正經注疏"相埒，主幹一分爲二，而籠罩於其上的樹冠即輔翼系統。年輪結構具有普適性，不但適用於剖析主幹系統本身，而且適用於系統內部類目的剖析。每個系統（類目）內部的原典就是結構的核心，其他所有的同心輪紋無不是圍繞著這個核心的，歷代的相關注釋及整

---

① 至於近、現代以降有關經學、經學史和經學文獻的整理研究成果，主要是相關論著（研究專著、論文、古籍整理著作、數據庫等），卷帙浩繁，門類衆多，體式各異，更主要的是對於經學的認知以及學術理念、學術規範已不同於古人，故可剝離於原始經學文獻之外，作爲衍生文獻來看待，不在本篇的討論範圍之內。

② "正經正注"語出清張之洞《書目答問》，爲經部類目之名稱，兼指通行本"十三經注疏"和朱熹等宋元人新注"五經四書"，二者都曾爲元、明、清科舉程式所指定。"正經注疏"則是正經、正注及其疏（《正義》）三者整合的統稱，語出八行本《禮記正義》黄唐跋："本司舊刊《易》《書》《周禮》，正經、注、疏萃見一書，便於披繹。"本書所使用的"正經注疏"範疇只是借用張之洞原概念外延的一部分，專指傳統的"十三經注疏"經、注、疏，宋元以降"五經四書"及其相關著作并不從屬在內。詳參拙作《經學文獻的衍生和通俗化——以近古時代的傳刻爲中心》，《北京大學學報》2013年第3期，第112頁。同名專著《緒論》，第1頁。

③ 顧頡剛先生正式提出這一觀點，是在1923年5月發表的《與錢玄同論古史書》（《讀書雜志》第9期）一文中。

理、研究成果構成了這些同心輪紋，就像樹木年輪一樣，有時代先後、關係遠近、規制大小、成長遲速、質地鬆緊之別，共同構成了這個系統（類目）的年輪結構。兩大主幹系統及其類目各自相對獨立的年輪結構，相互交融，錯綜爲用，又共同構成了經學文獻的主體結構。我們認爲，運用這種方法能夠兼顧時間維度和空間維度，以期對整個經學文獻體系及其内部結構具有整體性、全方位而又歷史的、有層次的認識。也就是説，既要關注經過歷史選擇的靜態結果，更要考察其動態演變軌迹，亦即歷史選擇的過程本身。

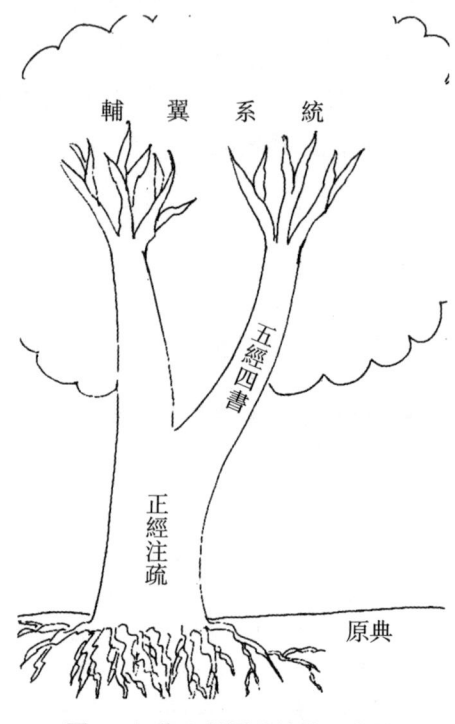

圖1　經學文獻樹狀結構示意圖

  "十三經注疏"的"經"（原典）在先秦、秦漢時期俱已成書①，"注"出現在漢魏以降，"疏"成于唐宋。這個系統就是"正經注疏"，它是整個經學文獻的核心，其他系統都是由此衍生、孳乳而來的。其年輪結構的内核是《周易》《尚書》《詩經》《周禮》《儀禮》《禮記》②《春秋左傳》《春秋公羊傳》③《春秋穀梁傳》《孝經》《論語》《爾雅》《孟子》"十三經"的原典，我們稱作一次文獻。外分三層同心輪紋，依次是二、三、四次文獻。二次文獻是漢魏晉古注，間有隋唐舊注，是對原典的注釋。其中，所謂"正注"包括《周易》魏王弼、晉韓康伯注；《尚書》僞漢孔安國傳；《毛詩》漢毛亨、毛萇詁訓傳，鄭玄箋；《周禮》鄭玄注；《儀

---

  ① 對於儒家經典而言，經傳之別原本是十分明確的，故西漢有傳記博士和五經博士之分立。漢代以降，經書分化，傳記如《禮記》、"春秋三傳"、《孝經》、《論語》、《爾雅》逐漸獲得與五經對等的地位，由傳升經（《孟子》進入經書序列最晚，已到宋代），以次形成了七經、九經（十二種）直至十三經。另外，今、古文也是有關原典的核心問題，今傳本或爲古文（如今本《詩經》是古文《毛詩》，而漢代長期立於學官的是今文魯、齊、韓三家《詩》），或爲今文（如今本《論語》是《張侯論》，其文本基礎是今文，漢代通行的則有今文《魯論》《齊論》和古文《古論》），或爲僞古文（如東晉以降通行的《尚書》文本實爲僞古文，但其中主體部分又是真今文），或參酌今、古文（如今傳鄭玄注《儀禮》底本是今文，但參校古文本）。本篇對於原典本身層級結構的剖判從略。

  ② 《大戴禮記》原本是與《小戴禮記》（《禮記》）并行的儒家經典，後以鄭玄注"三禮"，《禮記》逐漸成爲正經，其書遂湮没無聞，少人問津。但從歷代書目的著録來看，盡皆歸屬於《禮記》類。《夏小正》原係《大戴禮記》之一篇，齊梁間已有單行本，通行的著録方式亦隸於《禮記》類。本篇一仍其舊，亦將二者當作正經《禮記》之附屬（《大戴禮記》北周盧辯注；《夏小正》漢戴德傳），但并不全都具備一、二、三各級次文獻。

  ③ 《春秋繁露》，漢董仲舒撰，頗本《春秋》以立論，歷來附經以行，隸於《春秋》類。以其書多主《公羊傳》，又及陰陽五行，故本篇因仍歷代通行的著録方式，以爲正經《春秋公羊傳》之附屬，也不全都具備一、二、三各級次文獻。

禮》鄭玄注；《禮記》鄭玄注；《春秋左傳》晉杜預集解；《春秋公羊傳》漢何休解詁；《春秋穀梁傳》晉范甯集解；《論語》魏何晏集解；《孝經》唐玄宗御注；《爾雅》晉郭璞注；《孟子》漢趙岐章句等。漢魏至隋唐的其他注解，如《周易》鄭玄、虞翻等注；《尚書》馬融、鄭玄等注；今文三家《詩》傳（或分内、外）、説、故；《左傳》賈逵、服虔等注；《論語》孔安國、鄭玄注；《孝經》所謂"孔傳"和"鄭注"等，亦爲二次文獻，或以時代殊别，學有先後；或以師法、家法迥異，學占分野；或以著述體式不同，學出專門，皆未能成爲正注，但依然也是二次文獻。經傳（如《易經》和《易傳》、《春秋經》和"三傳"）原本各自别行，古注更是獨立於經傳之外單行的。不過，六朝以後行世者，只有經注本而無單經本[①]。也就是説，六朝以後一次、二次文獻已合爲一體，正經因正注而得以傳承有緒，正注因正經而獲得正統地位。三次文獻即所謂疏（《正義》），是對原典及原典注釋的再注釋，大體可分爲兩個階次：一是南北朝直至隋代的義疏之作，今多已亡佚；二是唐宋疏義（《正義》），專釋前揭正經正注，包括唐孔穎達主持纂修的《五經正義》(《周易正義》《尚書正義》《毛詩正義》《禮記正義》《春秋（左傳）正義》)和賈公彦《周禮疏》《儀禮疏》、徐彦《春秋公羊疏》、楊士勛《春秋穀梁疏》，以及宋邢昺等纂修的《論語》《孝經》《爾雅》三經新疏（唐人賈、徐、楊所撰四疏連同宋人新修三疏，北宋時由國子監校定刊行，稱之爲"七經疏義"）和舊題北宋孫奭《孟子疏》。疏義原本單行（單疏本），直

[①] 王國維：《五代兩宋監本考》卷上，《宋元版書目題跋輯刊》影印本，北京圖書館出版社2003年版，第3册，第525頁。

到南宋初才出現注疏合刻本，經、注、疏合刻，一、二、三次文獻合而爲一，成爲近古通行本的體式。四次文獻主要是宋代以降新出的正經注釋，往往不是單純地植根于原典的原始文本，多係參酌漢魏古注和唐宋疏義之作，如蘇軾《書傳》、歐陽修《詩本義》、王安石《周禮義》、衞湜《禮記集説》、劉敞《春秋傳》等（宋元以降的經解之作須考察其淵源所自是正經注疏還是五經四書系統）。

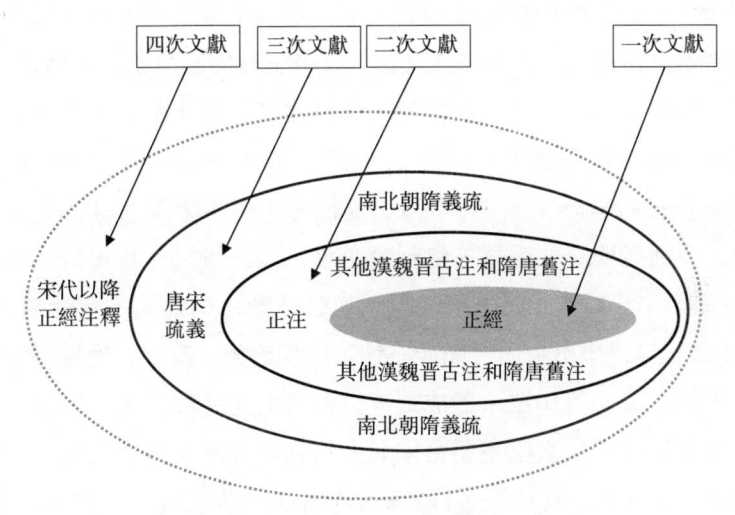

圖2　正經注疏系統年輪結構示意圖

隨著漢唐章句注疏之學逐步趨向煩瑣化和自我封閉，唐大曆以降，不惑傳注、"自名其學"的經學家不斷涌現，至北宋漸成風氣，并在慶曆中演變成疑古惑經的學術思潮。歐陽修、劉敞、蘇氏父子、王安石等往往鄙薄章句注疏之學，以新意解經；又有周敦頤、張載、二程等爲心性之學，理學蔚然興起，至南宋朱熹集大成。在這樣的學術背景之下，"五經"又有了新注，成爲程朱理學思想的載體：宋程頤《伊川易傳》、胡安國《春秋傳》、朱熹《周易本義》《詩集傳》、蔡沈《書集傳》以及元陳澔《禮記集說》。此外，朱熹又在韓愈、李翱推崇《孟子》、重視《大學》《中庸》以及二程"表章《大學》《中庸》二篇，與《語》《孟》并行"①的基礎之上，于孝宗時撰成《四書章句集注》，將《論語》《孟子》與《大學》《中庸》配合起來，集中進行注釋和闡發，於是有"四書"之名。至此，獨立於正經注疏系統之外、秉承程朱理學思想的五經四書系統甫告成立。這個系統的年輪結構以五經四書本文爲内核，作爲一次文獻，外分三層同心輪紋，分別是二、三、四次文獻。其中，前揭程朱等新注是二次文獻。宋代理學的其他注釋，如程頤《春秋傳》、張載《横渠易説》等，多爲後學所取資；如輔廣《詩童子問》、真德秀《四書集編》等，宗主程朱，疏通證明；如張栻《南軒論語説》《孟子説》、吕祖謙《吕氏家塾讀詩記》等，與朱子往還，切磋琢磨；如楊簡《慈湖易傳》《詩傳》等，學出象山，頗涉心性。由於學派、政治、地域等方面的原因，這些著作雖未能成爲五經四書的主導性注釋，但也屬於二次文獻。三次文獻主要是宋元人爲程朱等新注再做的注釋，出以纂疏、疏義、纂注等名目，猶如唐宋人爲漢魏古注所作的疏義，大致可分爲兩種類型，一是羽翼、發明或辨證、去取程朱等新注，如元陳師凱《書蔡傳旁通》、朱公遷《詩經疏義》、梁益《詩傳旁通》；一是纂集宋元及前代諸家經説，彼此互證，轉相發明，如宋趙順孫《四書纂疏》、元胡一桂《詩集傳附録纂疏》、汪克寬《春秋胡傳附録纂疏》。元代朱學系統的其他注釋，以敷贊（間有

---

① 《宋史》卷四二七《道學傳序》，中華書局排印本，第12710頁。本書所引用"二十四史"，均使用中華書局排印本，以下不另注。

指摘）程朱思想爲中心旨趣者（當然也不能完全排除正經注疏系統的影響），亦爲三次文獻。明永樂中頒行的《四書五經大全》以宋元纂疏爲藍本，可視爲四次文獻的標志，至於明代以降朱學系統的其他注釋則從屬焉①。

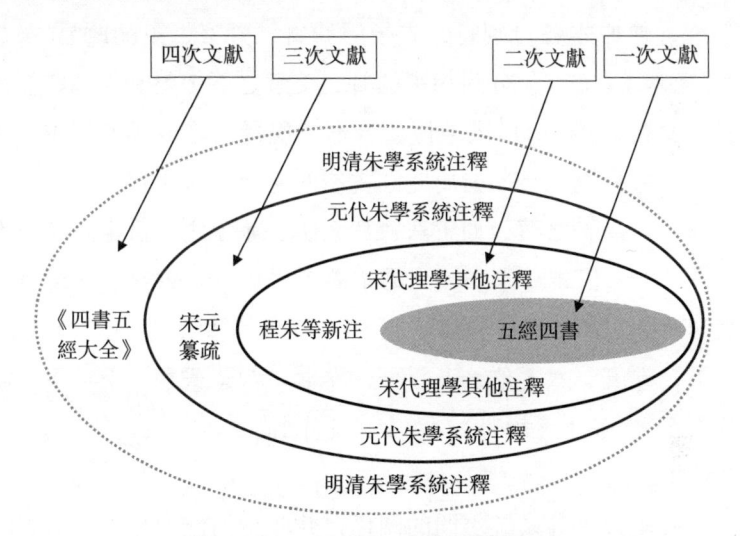

```
          四次文獻   三次文獻        二次文獻   一次文獻

                     明清朱學系統注釋
                    元代朱學系統注釋
                   宋代理學其他注釋
  《四書五   宋元
   經大全》  纂疏   程朱等新注    五經四書
                   宋代理學其他注釋
                   元代朱學系統注釋
                    明清朱學系統注釋
```

圖 3　五經四書系統年輪結構示意圖

　　兩大主幹系統的年輪結構本身不是平面的，而是立體的，兼及著述體式和時間向度。正經注疏系統的二、三、四次文獻分別出現在漢魏晋（個別晚至唐）、南北朝直至唐宋和宋代以降；五經四書系統的二、三、四次文獻則分別成於宋代（個別晚至元）、元代（個別成于宋）和明清二代。而且，兩大系統内部不同級次文獻的劃分雖然主要是基於文本内容或者説著述體式，但本身

---

① 以上有關兩大主幹系統的論述，詳參拙作《經學文獻的衍生和通俗化——以近古時代的傳刻爲中心》，《北京大學學報》2013 年第 3 期，第 113—118 頁。同名專著《緒論》，第 2—30 頁。

還包含著豐富的文本形態信息亦即文獻屬性，不同時代、不同地域、不同載體、不同人抄寫或刊行更形成了不同版本，從而增加了其複雜性，削弱了其穩定性。比如，兩大系統的內核雖然都是經書原典，但後者所據一次文獻文本較之前者或有變異。如《周易》經、傳原本各自別行，先後經費直、鄭玄、王弼改易，《彖傳》《象傳》《文言》分附相應的卦、爻辭之下（乾卦作爲整體次於卦、爻辭之後），形成經傳參合本，魏晋以降成爲通行本。宋代疑古惑經思潮風行，對於變亂古制的經傳參合本提出質疑，試圖恢復《古易》之舊，如王洙、吕大防、晁説之、吕祖謙等皆有"《古易》"考訂本。朱子《周易本義》采用的《古易》底本就是吕祖謙所編定的，卷次分別是卷一、二上、下經，卷三、四《彖》上、下，卷五、六《象》上、下，卷七、八《繫辭》上、下，卷九《文言》，卷十《説卦》，卷十一《序卦》，卷十二《雜卦》，凡經、傳十二篇。

至於兩大主幹系統之間的關係，并非絶對涇渭分明，而是既相對獨立，各自爲用，自覺自足，又有交集，相互依存，相輔相成；而且，二者亦非平列的、同步的，而是有時間性和先後次序的。正經注疏系統草創於漢魏，定型於唐宋，貫穿著經學史的始終；五經四書系統肇端於宋代，源出正經注疏系統，近古時代一躍而成與之分庭抗禮的另一主幹系統。換言之，經學文獻的主體結構是兩大主幹系統，這是經過歷史選擇的靜態結果；而從歷史選擇的動態過程來看，正經注疏系統爲五經四書系統所從出，後者是前者在宋明理學背景之下的時代化産物。正經注疏是五經四書的知識源頭和理論基礎，五經四書是正經注疏的濃縮精華和自然延展。雖各有側重，分别建構，但二者畢竟同出於經書原典這個根本，彼此之間有著極其密切的親緣關係。

　　兩大主幹系統之外，其他經學文獻則可劃歸輔翼系統，主要包括群經總義（大體相當於四部分類經部的群［五］經總義［或稱經解、諸經］類［如漢許慎《五經異義》、鄭玄《駁五經異義》］，以及《禮》類三禮總義［如宋聶崇義《三禮圖集注》］、通禮［如宋朱熹《儀禮經傳通解》］、雜禮書［如宋陳祥道《禮書》］之屬，《春秋》類《春秋》總義［如唐陸淳《春秋集傳纂例》］之屬）等。其中尤以小學、文獻學治經之作最爲重要，或注音（如宋孫奕《九經直音》、賈昌朝《群經音辨》），或正字（如唐張參《五經文字》、唐玄度《九經字樣》），或訓詁（如清阮元等《經籍籑詁》、王引之《經傳釋詞》），或校勘異文（如宋毛居正《六經正誤》、清阮元《十三經注疏校勘記》），或通徹目錄（如明朱睦㮮《授經圖》、清朱彝尊《經義考》）。這些著作在古典目錄中或隸於群經總義類，或入小學類，其研究對象即爲經書，内容更是緊扣經書文本，故可劃歸輔翼系統。需要說明的是，與經書并行的群經音義，如唐陸德明《經典釋文》唐五代以降最爲通行的傳本形式是各經單行本（宋代官刻經注本群經盡皆附刻《釋文》）。宋孫奭等《孟子音義》略同此例，附麗經注本《孟子》趙注以行），乃至附入經書文本之中（經注附《釋文》本、附《釋文》注疏合刻本），所以儘管《釋文》作爲整體屬於輔翼系統，但各經單行本當依附相應經、注文歸入正經注疏系統。又如元明時期通行的元許謙《詩集傳》音釋、元鄒季友《書集傳》音釋等雖然兼釋經文音義，但主要還是注釋程朱等新注的音義，附麗各經以行，所以當歸入五經四書系統。輔翼系統之得名，一在於其功用，即爲兩大主幹系統之輔翼，考辨文本，通明音訓，疏證經義。輔翼系統在整個經學文獻樹狀結構中處於樹冠的位置，只有枝繁葉茂才能永葆主幹無虞，所以其作用亦不可小覷。

　　試舉《周易》類文獻爲例，加以說明經學文獻"二加一"系統之剖判及其歸屬。漢魏以降通行的經傳參合文本系統可以追溯至西漢費直的古文文本（以傳解經，但經傳尚各自別行），魏王弼、晉韓康伯注和唐孔穎達等《正義》，構成了正經注疏系統《周易》類目年輪結構的主體。此外，漢施讎、孟喜、梁丘賀的今文經是一次文獻的不同文本形態。孟喜、京房、馬融、荀爽、鄭玄、虞翻、王肅等諸家傳注均在王弼之先，較之正注更接近於内核（原典）。唐李鼎祚《周易集解》輯録漢至唐《易》解三十餘家，後世研究漢《易》，多賴此書之存，兼具二次、三次文獻；郭京《周易舉正》自稱以王弼、韓康伯手寫注定傳授真本校傳世本，相當於正經正注通行本之外的另一種文本形態。宋代《易》學象數派陳摶、劉牧、李之才直至周敦頤、邵雍的圖書之學和數學是對王、韓注和孔疏的反動，而《易》學義理派自然是受到王弼《易》學的影響，但排斥以玄學解《易》，如程頤《易傳》；或重視象數之學，如朱熹《本義》（朱子另有《易學啓蒙》，力倡象數之學），二者共同成爲五經四書系統《周易》的標準注釋，是爲二次文獻；宋元人疏解程、朱注釋之作，如宋董楷《周易傳義附録》、元胡一桂《易本義附録纂疏》、胡炳文《周易本義通釋》、熊良輔《周易本義集成》、董真卿《周易會通》等，則爲三次文獻；明永樂中纂修的《周易傳義大全》，實乃四次文獻的標志。因爲南宋以降兩大系統并行，故宋《易》著作各有分屬，如蘇軾《東坡易傳》多切人事，深得曲譬之旨；朱震《漢上易傳》以象數爲宗，上采漢魏以及於唐；李光《讀易詳説》以史解經，示人事之所從，皆出於朱子之先，爲正經注疏系統的四次文獻。至於魏了翁《周易要義》摭取經傳、注、疏之文（間附《釋文》），據事別類，貫通正經注疏系統的一次、二次、三次文獻；王應麟纂輯《周易》鄭玄注，爲輯佚漢《易》之始，則屬於正經注疏系統的二次文獻。隸屬於五經四書系統者，如楊萬里《誠齋易傳》以史解經，但以程子爲宗；胡方平《易學啓蒙通釋》專闡象數之學，發明朱子《啓蒙》之旨，皆爲二次文獻。在《易》學史上，元、明兩代一般也劃入宋《易》，多以輔翼程朱《傳》《義》爲主，如元梁寅《周易參義》、明蔡清《易經蒙引》，分屬五經四書系統的三次、四次文獻；間有并不專主程朱，義理與象數并重者如元吳澄《易纂言》、明來知德《周易集注》等，則爲正經注疏系統的四次文獻。清代前期是宋《易》和漢《易》的轉捩點，康熙御纂《周易折中》，集宋《易》之大成，是五經四書系統的三次文獻，其他宋《易》之作如錢澄之《田間易學》、李光地《周易通論》、朱軾《周易傳義合訂》等亦皆如是；乾隆御纂《周易述義》，開漢《易》之端緒，是正經注疏系統的四次文獻，其他漢《易》之作如惠棟《周易述》《易漢學》《易例》，張惠言《周易虞氏義》《周易荀氏九家義》《周易鄭氏義》《易義別錄》，焦循《易章句》《易通釋》《周易補疏》等亦同。

二、經學文獻學的理論架構

對於經學而言，除揭示和闡發經義這一當行本色之外，如果納入今天的學術體系進行考究，既可以做學術史的研究，所謂經學史；也可以做文獻學的研究，亦即經學文獻學。我們知道，每一門學科都是人類某一門類知識的科學概括和理論總結，必有其特定的研究對象和研究範疇。經學文獻學是以經學文獻爲研究對象，旨在揭示其内容屬性、形式特點、載體構造、範疇類別以及沿革傳承、庋藏刊布的一般規律，并爲經學文獻的整理研究提供理論依據和實踐指導，以推進其有序利用和科學發展的一門專科文獻學。經學文獻學既是傳統文獻學的分支，也是傳統經學的分支，具備經學和文獻學的雙重屬性，二者既相對獨立，又相互爲用，交叉而成爲經學文獻學，具有綜合性、邊緣性和實踐性的特點。它的研究對象就是經學文獻本身，相對於一般古文獻而言，經學文獻自有其特殊性：首先，經學是中國傳統學術的核心，經學文獻也是古文獻的核心，切中扼要，綱舉目張，作用不同於史、子、集部文獻。其次，經學文獻有經傳之別，經注之別，注疏之別，漢魏以降，隨著經傳逐漸混同，群經的古注也漸次出現，而後有南北朝至隋的群經義疏和唐宋的疏義，近古時代又孳乳出五經四書系統，這樣就形成了"層纍地造成"的多系統、多層級年輪結構，較之其他部類文獻多有不同；再次，經學文獻作爲中國幾千年封建社會獨尊的意識形態的代表形式，與政治、倫理、思想、文化交織、雜糅在一起，所以也不可避免地呈現出濃重的意識形態色彩；最後，經學文獻本身與經學産生、演進的歷史同步，而經學所包涵的豐富的學術屬性，如今、古文經學，如漢學、宋學，也直接影響甚至左右著經學文獻的内容和形式。經學文獻的特殊性決定了經學文獻學的特殊性。

與經學文獻的特點相適應，經學文獻學的主要任務就是運用其理論和方法對經學文獻整體及個案進行研究，進而揭示經學文獻形成、發展和傳承、利用的規律,并提升到理論層面,反過來具體指導經學文獻的整理研究工作。經學文獻學的研究對象和任務,決定了它的研究內容和範疇,大體上包含宏觀的理論和微觀的應用兩個層面:宏觀的理論層面重在研究經學文獻的內容、形式、結構、類型等屬性,及其形成、發展和演進、嬗遞的過程,以及保存、利用、整理、研究等狀況。具體説來,約有以下數端:其一,倡立并建構經學文獻學,自當加强其理論體系建設,主要包括經學文獻學的定義、範疇、屬性、特點,及其與傳統經學、文獻學等相關學科的關係等。經學文獻學與傳統經學、文獻學既有聯繫,又有區别。它從屬於傳統文獻學,文獻學的理論和方法對它同樣適用,但它們的研究對象和研究方法又有所區别,經學文獻學的研究對象只是經學文獻,而傳統文獻學的研究對象是包含經學文獻在内的一般古文獻,研究對象的不同也在一定程度上決定了研究方法的差異性。其二,研究經學文獻演進的歷史,以推求經學文獻與歷代政治、經濟、文化、學術等諸多領域的相互關係,從而在歷時性和共時性兩個層面上科學地認知經學文獻。其三,研究經學文獻的構成要件、方式及其份額、性質,從總體上把握經學文獻的樹狀年輪結構,釐清各系統及其内部層級、類目,進而具體深入地探究它們之間對立統一的關係。作爲一個完整的知識系統,處在特定的學術、思想、政治生態之中,經學文獻内部各個相對獨立的知識單元之間是相互聯繫、相互依存的,可以按照經部類目、著述體式、載體形態、文本屬性等不同的分類方法進行網格化區分,并展開個性化的整理研究。其四,摸清經學文獻的存藏狀況,爲整理研究和開發利用經學文獻指引門徑,提供依據。不同於宏觀的理論層面,微觀的應用層面就是經學文獻的個案研究，包括關於其書、其人、其學、時世、地域等諸多方面的研究，應用傳統文獻學、小學的理論和方法，如文字學、音韻學、訓詁學、目錄學、版本學、校勘學、輯佚學、辨僞學等；以文本研究爲中心，兼通文本内容和文本形態，包括章句、標點、注釋、翻譯、分類、編纂、索引、數字化等方面。這是經學文獻學的首要任務和根本目標，也是經學文獻學賴以成立的基礎和前提。

經學文獻學的建構，使傳統文獻學的外延進一步拓展，内涵也更加豐富。同樣地，對於經學和經學史而言，其概念的内涵和外延也由此得到一定程度的深化和延展。狹義的經學就是解讀經書文本之學，換言之，就是講求經義的，當然對於經義的理解不僅因人、因時而異，還受到政治、思想、文化、學術等多重因素的影響。而經學自身演進的歷史以及經學研究的歷史就是經學史，有關經學和經學史的文獻載體的研究就是經學文獻學。經學、經學史和經學文獻學三位一體，互爲表裏，相輔相成，相得益彰。經學是經學史和經學文獻學的前提和靈魂，没有經學就無所謂經學史和經學文獻學；經學史是經學發展規律的高度濃縮和科學總結，脱離經學史的觀照，經學則豆剖瓜分，雜亂無章；經學文獻學本身就是經學和經學史研究的重要組成部分，既是其產生、成立的基礎和出發點，也是其發展、演進的實際需要和必然要求。經學文獻學從廣泛、深入的經學和經學史研究之中汲取營養，借鑒并利用傳統文獻學的積極成果，不僅對經學、經學史的研究有積極的推動作用，還可彌補傳統文獻學的薄弱環節，對其他文史研究領域也有參考和借鑒作用，具有重要的理論價值和實踐意義。

與經學研究相表裏的經學文獻學實際上一直貫穿著中國經學

史的始終，并且永續成爲其中重要的一環。從漢唐章句注疏之學，到宋明理學，再到清代考據學，無不是以經學文獻爲依托，結合經學文獻的整理研究而展開的。與傳統文獻學在清代的發展達到鼎盛同步，清人有關經學文獻目錄、版本、校勘、考據、輯佚、辨僞等方面的研究盛極一時。近現代以來，由於受到西方學術思潮的影響，加之哲學、倫理學、社會學等學科的介入，傳統的經學和經學史研究呈現出新的特點，作爲現代意義上的學術研究也從 19 世紀末 20 世紀初起步，成就斐然。不過，總體而言，相對於經學和經學史研究，這一百多年來經學文獻學的發展相對滯後，比照乾嘉學術更是遜色不少。當然，其中也不乏亮點，從 19 世紀末開始，尤其是近幾十年來，大量出土的經學文獻爲經學文獻學提供了前所未有的發展契機，如敦煌文獻中豐富的經學文獻、武威漢簡《儀禮》、長沙馬王堆帛書《周易》、江陵王家台秦簡《歸藏》、阜陽雙古堆漢簡《詩經》、河北定縣漢簡《論語》以及湖北荆門郭店楚簡、上海博物館藏楚簡的多種儒家著作，直至晚近清華大學入藏的戰國簡《尚書》等，都引起了學界的熱烈反響，形成了經學文獻學的研究熱點。新材料的廣泛運用，使得經學文獻學向深度、廣度拓展，并對經學和經學史研究產生了重大影響，甚至在一定程度上顛覆了千百年來有關經書的傳統認識。同時，也伴隨著出現了一些問題。比如有些學者片面強調新材料的作用，没有立足於原始的傳世文獻；或者缺乏對於文獻資料的正確解讀和科學認知，導致其研究充斥主觀性和隨意性；或者盲目地套用西方理論，主觀構擬大而無當的理論框架，未能領會經學文獻學的內在特質和規律性。

在中外學術交流史上，經學領域歷來都是重鎮，尤其是在東亞文化圈内，這與儒家文化廣泛而深遠的影響直接相關。中國經學文獻和經學思想的外傳，外國佚存經學文獻及其整理研究成果的回傳，這種雙向交流和良性互動往往會對本土經學產生一定的影響。其中，主流當然是中國輸出，但外國存藏的經學文獻的回傳也由來已久，如五代後周高麗進獻佚書《别序孝經》，北宋太平興國中日本僧人奝然來獻中國已佚的鄭注《孝經》，清代乾隆中日本傳本《古文孝經孔傳》《今文孝經鄭注》回傳。晚清、近現代以來，楊守敬、董康、羅振玉、傅增湘、張元濟等對日本收藏的經學文獻做了大量調查研究或回購、複製（覆刻、影印）的工作。近二三十年來，伴隨著海内外學術交流的日益開拓和深入發展，對於海外佚存的經學文獻的複製、影印和整理、研究工作更得以全面展開。

　　總之，經學文獻學應立足於微觀的應用研究，兼及宏觀的理論建構，運用傳統文獻學、小學的理論和方法對經學文獻進行科學地整理和研究。具體説來，大致包括以下五個方面的内容：（一）對於經學文獻和經學文獻學的理論探討。加強經學文獻學的理論體系建設，包括經學文獻和經學文獻學的界定及其研究對象、範疇、宗旨、方法等。具體説來，科學分析經學文獻的類别和層級，綜括源流系統，摸清庋藏、存佚等基本狀况，并根據歷代史志目録和公私目録的相關著録進行目録學的研究。（二）經書版刻源流。儒家經典的刊行始於五代，盛於兩宋，標志著經書由寫本時代進入刻本時代，也奠定了今本經書的文本基礎。相關研究的重點應放在"十三經注疏"的彙刻及其版本系統，按照各種版本類型出現的先後次序，分爲經注本、單疏本、越刊八行本、宋元十行本和明清"十三經注疏"彙刻本等，辨析源流，構擬系統。

(三)經書文本校理。經學文獻學的終極關懷無疑就是經書文本,尤其是文本內容的存真復原和文本形態的鉤沉索隱,無論是小學還是文獻學的研究,最終目的都是獲得相對接近於經書原始面貌的、可靠的文本。而校勘就是實現這一目標的重要途徑和基本參照,在這方面清人和日本學者做了大量的工作,爲世所重。所以,當今重校經書不僅要廣校衆本,還應盡可能全面地搜羅古今中外的校勘成果,判斷去取,擇善而從。(四)其他載體經學文獻研究。現存經學文獻絕大多數都是印本(刻本和活字本),除此之外,簡帛、石經和寫本、抄本等也是經學文獻的重要載體,它們對於經學文獻學的推動作用越來越受到重視,成爲新的學術生長點。這些材料的特點是比較零碎,所以應先做全面摸底和系統清理的工作,然後才能進行具體深入的研究。(五)東瀛取經。中日兩國古代經學文獻的雙向交流源遠流長,以往關注的多是儒家經典如何東傳日本,而對於日本佚存經學文獻的回傳少有論及,所以研究經學文獻回傳路徑及其影響就顯得尤爲重要,由此才能進入文本研究。

至於從事經學文獻學研究應當注意的問題,約略有四:(一)既不抱殘守缺,也不標新立異,立足於傳世文獻,也不排斥出土文獻。在充分理解和正確釋讀原典的前提下,恰當地、有效地利用新材料,彼此發明,相得益彰,這是傳世文獻與出土文獻的結合。(二)古代的經學研究,雖不免愚腐陳舊之弊,但去古未遠,學術背景和思想方法接近,知識結構和認識水平相當,其價值和作用不容忽視,不應當也不可能完全拋開前人成果,另起爐竈,要充分地、客觀地加以利用,這是重視個人研究和吸納前人成果的結合。(三)經學、經學文獻學的研究應當與經學史的研究結合起來，學側重于文本解讀和知識傳承，史側重於歷史演進和規律總結，學是史的基礎和前提，史是學的完成和升華，學史相長，同步推展，相輔相成，這是經學、經學文獻學和經學史的結合。（四）經學文獻學是中國的本土學術，但又不能局限於中國，東亞文化圈乃至世界範圍內都有其深遠影響，所以經學文獻學應在立足於本土學術的前提之下，放眼東亞乃至世界儒家文化傳承和研究的大環境、大背景，內外兼收，高屋建瓴，使得相關研究更具開放性和前瞻性，這是本土學術與中外學術交流的結合。總之，經學文獻學的研究既要秉持傳統經學、文獻學的合理內核和根本原則，又要結合新材料、新理論、新實踐開拓新的研究領域；既要守常，做道地的當行研究，又要創新，做與時俱進、符合學術發展規律的新學問。

（原載《北京大學學報（哲學社會科學版）》2019年第4期，今據以收入）

經學文獻的目録學研究

經學是中國傳統學術的核心，經學文獻也是中國古文獻的重心。因此，歷代目録對於經學文獻的著録，往往和當時的學術、文化乃至意識形態和現實政治密切相關；反過來，通過對經學文獻的目録學研究，也可以洞察經學史的發展脉絡和經學思想的演進軌迹。本篇所謂經學文獻目録，是指綜合目録中的經部目録，不包括宋代以降經學文獻專科目録；相應地，研究對象就是經學文獻在綜合目録中的著録及其類目劃分。因爲歷代經部目録對於經學文獻的著録尤其是類目的劃分恰是經學文獻産生和發展的歷史記録，所以本篇旨在透過經部類目的變化來探究經學文獻的源流和經學思想的演變，以及由此折射出來的政治取向、學術盛衰、書籍數量變化的實况。章學誠曰："校讎之義，蓋自劉向父子部次條別，將以辨章學術，考鏡源流，非深明於道術精微、群言得失之故者，不足與此。"[1]這是目録學的宗旨和功用，也是本篇的理論依據。

《七略》首録六藝，《中經新簿》改稱甲部，《七志》更名經

---

[1] ［清］章學誠：《校讎通義·自序》，王重民通解，田映曦補注：《校讎通義通解》卷首，上海古籍出版社 2009 年版，第 1 頁。

典,《隋志》定爲經部,經學文獻見於著録,由來已久。學術的進步,文化事業的發展,以及舊典籍的亡佚、新典籍的出現都直接影響著古代目録學著作類目的設置和劃分。又因爲古代學術尤其是經學往往與政治糾纏在一起,所以政治因素的影響也不容忽視。中國古代目録的分類工作一般要受到政治需要、學術盛衰、文獻多寡、編目者的專業知識等因素的制約[①]。

一、《七略·六藝略》的分類特點

劉歆《七略》雖已不存,但其條例和梗概都保存在班固《漢書·藝文志》(以下簡稱《漢志》)中[②]。據《漢志》,《七略》類目體系首爲六藝略,下分《易》、《書》、《詩》、《禮》、《樂》、《春秋》、《論語》、《孝經》、小學九種,知其已相當於後世四部分類的經部。《孟子》十一篇著録於諸子略儒家類,并未列入六藝略,由此可見其書在當時的地位。爲什麽稱作"六藝"呢? 六藝之名見於《周禮·地官·大司徒》"以鄉三物教萬民,而賓興之",六藝即"三物"之一,指禮、樂、射、御、書、數六種技能,并非

[①] 徐有富、徐昕:《文獻學研究·影響中國古代目録分類的若干因素》,江蘇古籍出版社 2002 年版,第 156 頁。

[②] 余嘉錫《目録學發微》之三"目録學源流考上"曰:"班固《漢書·藝文志》自言就劉歆《七略》'刪其要,以備篇籍',又於篇末總數之下自注云'入三家五十篇,省兵十家',蓋除所新入及省并者外,其他所著録皆全本之劉歆。其小序亦録自輯略,特微有增删改易。劉知幾所以譏爲'因人成事'也。"(中華書局 2007 年版,第 97 頁)

《易》《書》《詩》《禮》《樂》《春秋》六經。具體掌管教授六藝的是保氏,"掌諫王惡,而養國子以道,乃教之六藝"①。到了西漢,六藝始指稱六經。賈誼《新書·六術》曰:"是故内法六法,外體六行,以與《書》《詩》《易》《春秋》《禮》《樂》六者之術以爲大義,謂之六藝。"劉安《淮南子·泰族訓》曰"六藝異科而皆同道",《主術訓》曰"孔丘、墨翟修先聖之術,通六藝之論",以《詩》《書》《易》《禮》《樂》《春秋》爲六藝。司馬談《論六家要旨》曰:"夫儒者,以六藝爲法。六藝經傳以千萬數,累世不能通其學,當年不能究其禮,故曰:博而寡要,勞而少功。"司馬遷《史記·滑稽列傳》曰:"孔子曰:六藝於治一也。《禮》以節人,《樂》以發和,《書》以道事,《詩》以達意,《易》以神化,《春秋》以義。"那麼,爲什麽六藝略置於諸略之首呢?自漢武帝采納董仲舒建議,罷黜百家、獨尊儒術之後,儒家思想成爲封建社會意識形態領域的統治思想,儒家經典也就自然而然地成爲首屈一指的文獻。當然,除了社會政治和意識形態方面的因素,也還有學術淵源等其他方面的原因。劉國鈞先生曰:"劉向、劉歆父子,以爲學術出於王官,故首以六藝,次以諸子,乃及其餘,推尋學術所自,尚不失客觀的精神。"②程千帆、徐有富二先生也持這樣的觀點,認爲之所以如此分類,首先是學術有不同,六藝略的主要部分是王官之學,而諸子略主要是個人及其學派的書;其次是校書有分工,劉向負責經傳、諸子、詩賦;再次是篇卷有多寡,

---

① [清]孫詒讓:《周禮正義》卷二六"地官·保氏",中華書局2013年版,第1010頁。

② 《劉國鈞圖書館學論文選集·四庫分類法之研究》,書目文獻出版社1983年版,第24—25頁。

如史書入《春秋》類,而詩賦獨立①。從知識論的角度來考察,六藝之學出自王官之學,章學誠、龔自珍、劉師培論之已詳,兹不贅述。

《漢書·儒林傳序》曰:"古之儒者,博學虖六藝之文。六藝者,王教之典籍,先聖所以明天道,正人倫,致至治之成法也。"既然六藝與儒家的關係最爲密切,爲什麼二者各自單獨列爲類目,儒家并未并入六藝略呢(反之亦然)?梁啓超先生曰:"《藝文志》亦非能知學派之真相者也。既列儒家於九流,則不應别著'六藝略';既崇儒於六藝,何復夷其子孫以儕十家?"②對於這一説法,蔣元卿先生有不同意見:

> 六經本爲古代官守之書,孔子雖曾加以整理以教弟子,實非孔子所作。且諸子之學,皆六經之支流,是六經乃古代各家思想之總匯,更不能視爲儒家私有之秘笈,故宜獨立一略。至其列《論語》、《孝經》、小學於六藝之末者……三者皆與六經相表裏,因而附之於末。此種觀念,如衡以現代眼光,當不合理;然在定一尊於孔子之漢代,亦不得不如此也。至於儒家之學説,在當時僅是學派中之一而已,正如其他各家無異,此儒家所以不入六藝略而列於九流之最大原因。③

---

① 程千帆、徐有富:《校讎廣義·目録編》第四章"目録的分類沿革"第一節"由《七略》到《隋志》",齊魯書社 1988 年版,第 110 頁。

② 梁啓超:《飲冰室文集》第一册之七《論中國學術思想變遷之大勢·全盛時代》第二節"論諸家之派别",中華書局影印本,1989 年,第 16 頁。

③ 蔣元卿:《中國圖書分類之沿革》第二章"分類法之兩大系統"一"《七略》分類法之起源",中華書局 1941 年版,第 24 頁。

蔣氏説是謂得之。這也就是官守之學與私人著述之間性質迥異和地位殊別之所在。

《七略》之中六藝略的設置具有重要的學術意義，主要表現在三個方面：其一，確立了儒學在學術領域的統治地位，即六藝略位於諸略之首，儒家在諸子略中又位於十家之首，是突出儒家、獨尊儒術的具體表現，爲後世經部的形成奠定了基礎。其二，確立了六經排列的次序。關於六經次序，在漢代有今文經學和古文經學兩種排列法，劉歆是古文家，所以六藝略以古文家所認爲的、六經成書的時代先後排列。後世編制目錄，特別是官錄、史志大都沿襲這種方式。其三，整理了儒學經典，保存了經學史料[①]。整個中國封建社會，儒家思想的内涵雖時有變化，但儒家思想作爲封建統治階級的指導思想未嘗動搖，始終處於獨尊的地位，因此儒家經典、儒家學術著作在古代目錄中首屈一指的地位也始終没有變更過，而其他部類類目的設置與排列往往會由於學術上或政治上的需要而有所調整[②]。如余嘉錫先生所説："蓋歷代惟經學著述極富，未嘗中輟，舊書雖亡，新製復作，故惟此一部，古今無大變更。"[③] 劉國鈞先生論曰：

> 四庫分類序次之原理，一言以蔽之，即由六朝時遺傳來之衛道觀念，申言之則曰尊儒重道。經爲載道之書，故列之於首，其餘皆其支流也。此種思想，已見於《隋志》。《隋

[①] 王晉卿：《經學文獻及經學文獻目錄述略》，《圖書館》1985年第4期，第15頁。

[②] 《文獻學研究·影響中國古代目錄分類的若干因素》，第148頁。

[③] 《目錄學發微》之十"目錄類例之沿革"，第154頁。

書》之志經籍也,其言曰:"夫經籍也者,機神之妙旨,聖哲之能事。所以經天地,緯陰陽,弘道德。顯仁足以利物,藏用足以獨善。學之者將殖焉,不學者將落焉。大業崇之,則成欽明之德;匹夫克念,則有王公之重。其王者之所以樹風聲,崇顯號,美教化,移風俗,何莫由乎斯道。"夫然,故對於舊録所取,文義淺俗、無益教理者,删去之。其舊録所遺,辭義可采、有所弘益者,咸附入之。蓋其目的,本在顯揚其所謂聖道。據其自述,"雖未能研幾探頤,窮極幽隱,庶乎弘道設教,可以無遺闕焉。夫仁、義、禮、智,所以治國也。方技、數術,所以治身也。諸子爲經籍之鼓吹,文章乃政化之黼黻,皆爲治之具也。故列於此志"。(原注:以上皆見《隋志·序》。)是《隋志》次第悉以合於聖道與否爲標準也。①

這是因爲,在古人看來,"自孔子删述以來,六籍始大顯於世。……數千年來,儒者講求,精義奧旨,愈久愈出,正如日月在天,雖遭刓蝕而不改其光明,未嘗以缺軼而不傳也。支流所及,爲史爲子,下逮騷賦、詞章,雖不可與六藝抗行,然皆得道之一端。……雖殊途異軌,而一道同歸。其間亦多宏深奧衍之論,藻雅卓犖之詞,有志聖學者,間亦有取。此經、史、子、集四部所由名已"②。正是由於"四部次第之根本觀念既在於尊道,故一方面,

---

① 《劉國鈞圖書館學論文選集·四庫分類法之研究》,第23頁。
② [清]倪燦:《宋史藝文志補》卷首《明史藝文志序》,《續修四庫全書》影印光緒辛卯廣雅書局刻本,上海古籍出版社1995年版,第916册,第165頁。《劉國鈞圖書館學論文選集·四庫分類法之研究》轉引(第23頁)。

以得道之偏全，定部類之先後；一方面便不能不擯斥非聖無法之著作，且不能不於類目之中，寓褒貶之意。所以經部樂類只存律呂之書，史部之中有正史、別史、載記之別，乃至傳記之內有別錄，以位置'叛逆'諸人，而子部列釋道於末，集部出詞曲於別集之外，亦皆此意。此種見解，其弊在易陷入主觀，足以淆亂是非，較之以客觀的態度，類別一切書籍者，誠不能無所軒輊"①。當然，除了尊儒衛道，對於《七略》而言，校書的分工和篇卷的多寡也是類目劃分的重要依據②。

　　《七略》未立專門的史類，史書附於《春秋》經傳之後。除今、古文《春秋》經和諸家傳之外，《議奏》三十九篇（自注：石渠論）③、《國語》、《新國語》、《世本》、《戰國策》、《奏事》二十篇、（原注：秦時大臣奏事，及刻石名山文也。）《楚漢春秋》、《太史公》百三十篇（《史記》）及馮商所續《太史公》七篇、《太

---

　　① 《劉國鈞圖書館學論文選集・四庫分類法之研究》，第 24 頁。
　　② 參見余嘉錫《目錄學發微》之十"目錄類例之沿革"（第 145 頁）、王欣夫《文獻學講義》第二章"目錄"第三節"目錄的分類——《七略》與四部"（上海古籍出版社 2005 年版，第 16—17 頁）及《劉國鈞圖書館學論文選集・四庫分類法之研究》（第 24—25 頁）。
　　③ 《論語》類又有《議奏》十八篇，自注："石渠論。"《孝經》類有《五經雜議》十八篇，自注："石渠論。"古書往往篇傳單行，其緣由正如劉師培《古學出於官守論》所云："秦代焚書僅焚民間之書耳，而官府之書，其珍藏則如故。……蓋官府所藏之書，與民間所藏之書有別，仍古代設官掌學之遺制也。三代之書，各分派別，有同屬一書而掌以數官者，故漢代以來所藏之書，仍篇傳單行。……使非三代之時官分分職，則書各爲部，必不篇各單行，故知篇各單行亦古代學術掌于官守之遺制也。"（發表於 1906 年《國粹學報》第 14、15 期，後編入《左盦外集》卷八，江蘇古籍出版社《劉申叔遺書》影印民國二十三年校印本，1997 年，第 1491—1492 頁。）文中於書名下所加之括號，或爲班固自注，或爲師古注，或爲筆者按斷，恕不一一說明。

古以來年紀》二篇、《漢著記》百九十卷、(師古曰：若今之起居注。)《漢大年紀》五篇等十二家也都收在《春秋》類。阮孝緒《七録序》曰："劉氏之世，史書甚寡，附見《春秋》，誠得其例。"[1]認同者如馬端臨《文獻通考·經籍考十八》史部"正史各門總"列"《漢志》九家四百一十一篇"，(原注：元附《春秋》，今釐入史門)。按語曰："按班孟堅《藝文志》，《七略》無史類，以《世本》以下諸書附於六藝略《春秋》之後。蓋《春秋》即古史，而《春秋》之後，惟秦、漢之事，編帙不多，故不必特立史部。後來傳代既久，史言漸多，而述作之體亦不一，《隋志》史之類已有十三門，唐以後之志皆因之。然《漢志》所録《世本》以下九書，《隋志》則以《太史公書》入正史門，《戰國策》《楚漢春秋》入雜史門，而其餘諸書，則後學所不盡見，無由知其合入何門矣。故姑以此九者盡置之正史之首云。"[2]質疑者如鄭樵提出"《漢志》以《世本》、《戰國策》、秦大臣《奏事》、《漢著記》為《春秋》類，此何義也"[3]？胡應麟對鄭氏説提出異議，曰："六藝，經也；諸子、兵書、術數、方伎四略，皆子也。詩賦一略，則集之名所由昉。而司馬氏書尚附《春秋》之末，此時史籍甚微，未足成類也。(原注：鄭以《史記》不當入經，蓋未深考此耳。)"[4]

---

[1] [唐]釋道宣：《廣弘明集》卷三，《四部叢刊初編》集部影印明汪道昆本。

[2] [元]馬端臨：《文獻通考》卷一九一《經籍考十八》，中華書局影印商務印書館《萬有文庫》十通本，1986年版，第1619頁。

[3] [宋]鄭樵：《通志·校讎略第一·編次不明論》，王樹民點校：《通志二十略》，中華書局1995年版，第1823頁。

[4] [明]胡應麟：《少室山房筆叢》卷二甲部《經籍會通》二，《叢書集成續編》影印光緒中廣雅書局校刊本，臺灣新文豐出版公司1991年版，第10册，第200頁。

章學誠亦予以批駁，充分肯定了《漢志》設定類例的原則，曰：
"鄭樵譏《漢志》以《世本》、《戰國策》、秦大臣《奏事》、《漢著記》爲《春秋》類，是鄭樵未嘗知《春秋》之家學也。《漢志》不立史部，以史家之言皆得《春秋》之一體，故四書從而附入也。……《漢志》書部無多，附著《春秋》，最爲知所原本。"①

除六經之外，《論語》（包括《議奏》[石渠論]、《孔子家語》、《孔子三朝》、《孔子徒人圖法》等）、《孝經》、小學亦入六藝略。其中，五經總義類著作《五經雜議》十八篇（自注：石渠論。王先謙曰："此經總論也。《爾雅》《小爾雅》，諸經通訓；《古今字》，經字異同，皆附焉。"）及《爾雅》三卷二十篇、《小(爾)雅》一篇、（沈欽韓曰：陳振孫云："《漢志》[有此書，亦]不著名氏。《唐志》有李軌《解》一卷。今《館閣書目》云孔鮒撰。蓋即《孔叢[子]》第十一篇[也]……當是[一作時]好事者鈔[抄]出別行。"案：班氏時《孔叢》未著，已有《小爾雅》，亦孔氏壁中文，不當謂其從《孔叢》鈔出也。先謙曰：官本無爾字。引宋祁曰：小字下邵本有爾字。錢大昕云："李善《文選》注引《小爾雅》皆作《小雅》。此書依附《爾雅》而作，本名《小雅》，後人僞造《孔叢》，以此篇竄入，因有《小爾雅》之名，失其舊矣。宋景文所引邵本亦俗儒增入，不可據。"）《古今字》一卷、（先謙曰：《儒林傳》："[孔氏有《古文尚書》]，孔安國以今文字讀[之]《古文尚書》。"《論衡》云："[至武帝發取孔子]壁中古文《論語》，後更隸寫以傳誦。"此蓋列具古今，以便

---

① 《校讎通義通解》卷二《鄭樵誤校漢志第十一》，第61頁。

誦覽。)《弟子職》一篇、(原注：應劭曰：管仲所作，在《管子》書。沈欽韓曰：今爲《管子》第五十九篇，鄭《曲禮》注引之，蓋漢時單行。)《說》三篇(先謙曰：此《弟子職說》。王氏應麟以爲《孝經說》，非。各本誤提行。)等附在《孝經》類[①]。《爾雅》等書爲什麼附在《孝經》類而不入小學類呢？王紹曾先生引唐蔚芝(文治)曰：

  班書《藝文志》以《爾雅》屬《孝經》類，其立意甚精。案鄭君《六藝論》云："孔子以六藝題目不同，指意殊別，恐道離散，後世莫知根源，故作《孝經》以總會之。"據此，知《孝經》者，乃總會六藝之書；而《爾雅》者，亦六藝所總會也。……然則班氏之意，正以《孝經》爲總會六藝之書，而《爾雅》乃六藝之鈐鍵，故以之列於一類也。……(且更進言之，)竊謂班氏以《孝經》《爾雅》爲一類者，實古經師之教法本然也。蓋《爾雅》者，辨釋經訓之書；《孝經》者，敷陳經義之書。其義例雖若不同，而其指歸則一。故古塾師教人，必以此二書爲先，所以見經訓與經義之不可離而爲二。班氏傳習其法，故以之列於一類也。(而或者以不入小學爲譏，又安知古之)所謂小學家并非訓釋經典，不過以之諷書寀體，專爲識字而已。而《爾雅》者，則六經之故訓存焉。然則《爾雅》固可以該小學，而論其本旨，則是經學之權輿，而非小學所可該。是故《漢志》以之列於《孝經》，而不列於小

---

① [清]王先謙：《漢書補注》卷三〇《藝文志第十》，上海古籍出版社影印光緒二十六年王氏虛受堂刻本，2008年版，第3冊，第222—223頁。

學,斯乃班氏之有識也。①

唐先生主要揭示了《孝經》《爾雅》同屬一類的學理依據——《孝經》總會六經,《爾雅》乃六經之關鍵;以及古經師教授二者的教法異同,《爾雅》辨釋經訓,《孝經》敷陳經義,殊途同歸。這就可以解釋爲什麼《爾雅》列於《孝經》類,而不列於小學類或《論語》類。

據稱《論語》《孝經》《孟子》《爾雅》當漢文帝朝曾經一度立爲學官,不過并非以之爲經,而是作爲傳記。劉歆《移太常博士書》曰:"至孝文皇帝,始使掌故朝錯從伏生受《尚書》。……《詩》始萌芽,天下衆書往往頗出,皆諸子傳説,猶廣立於學官,爲置博士。"②趙岐《孟子題辭》曰:"孝文皇帝欲廣遊學之路,《論語》《孝經》《孟子》《爾雅》皆置博士。後罷傳記博士,獨立五經而已。"王國維先生認爲:

> 傳記博士之罷,錢氏大昕以爲即在置五經博士時,其説蓋信然。《論語》《孝經》《孟子》《爾雅》雖同時并罷,其罷之之意則不同。《孟子》以其爲諸子而罷之也,至《論語》《孝經》,則以受經與不受經者皆誦習之,不宜限於博士而

---

① 唐文治:《漢書藝文志爾雅屬孝經類説》,《中國學術討論集》第一集《目錄學討論》,《民國叢書》影印本第三編 81,上海書店出版社 1990 年版,第 155—156 頁。王紹曾《目錄版本校勘學論集·目錄學分類論·漢書藝文志爾雅屬孝經類説》(上海古籍出版社 2005 年版)轉引其説,語句次序略有變動,并添加適當連接詞(括弧內文字),這裏采用王先生引文次序,文字以原文爲正。

② 《漢書》卷三六《楚元王傳附劉歆傳》,第 1968—1969 頁。

罷之者也。劉向父子作《七略》,六藝一百三家,於《易》《書》《詩》《禮》《樂》《春秋》之後,附以《論語》、《孝經》、(原注:《爾雅》附。)小學三目。六藝與此三者,皆漢時學校誦習之書。以後世之制明之,小學諸書者,漢小學之科目;《論語》《孝經》者,漢中學之科目;而六藝則大學之科目也。武帝罷傳記博士,專立五經,乃除中學科目於大學之中,非遂廢中小學也。①

傳記博士之罷,在漢武帝建元五年(前136)。錢氏説見《潛研堂文集》卷九《答問六》,據《孟子題辭》及《移太常博士書》《漢書・武帝本紀》,認爲"建元五年置五經博士,則傳記博士之罷當在其時矣"。余嘉錫先生對王氏取譬大、中、小學的説法提出異議,并引隋杜臺卿《玉燭寶典》卷一所引東漢崔寔《四民月令》,認爲《論語》《孝經》亦漢人小學書,其文有曰:

至於《論語》、《孝經》、小學之附六藝,則因其皆當時學校誦習之書也。《論語》《孝經》,漢人皆謂之傳記。《論語》書多,故自爲一類。《孝經》則附以《五經雜議》《爾雅》《弟子職》諸書,皆後世之五經總義,特當時總解群經之書尚少,故姑附之於此耳。小學書爲學童所必讀,亦以次入焉。《漢志》云"劉向校經傳、諸子、詩賦",於六略中獨變"六藝"之名。《劉歆傳》云"講六藝、傳記、諸子、詩賦、數

---

① 王國維:《漢魏博士考》,《王國維手定觀堂集林》卷四,浙江教育出版社2014年版,第89—90頁。

術、方技、無所不究"，於"六藝""諸子"之間，忽著"傳記"兩字，明六藝之中，除五經以外，皆傳記也。班固之記事，可謂苦心分明矣。而或者猶以爲劉、班獨尊孔子之書爲經，故著之於六藝略。劉向儒者，固尊孔，然此則非其義也。①

通過比對《漢志》和《漢書》劉歆本傳，知所謂"經傳"就是"六藝"加上"傳記"，而所謂傳記即六經以外的《論語》、《孝經》、小學，所以六藝略實際上是包含六經和傳記在內的。也就是說，《論語》《孝經》之所以列入六藝略，并非是作爲孔子之書尊崇爲經而納入的，不可簡單地以尊孔來概括。事實上，清人如龔自珍對於六藝略的構成有著清醒的認識，他盛贊"漢劉向之爲《七略》也，班固仍之造《藝文志》，序六藝爲九種，有經，有傳，有記，有群書。傳則附於經，記則附於經，群書頗關經，則附於經"。經傳之別，原本是十分明確的，可到了後世，流俗相沿，習焉不察，遂至以傳爲經，如《左氏》《公》《穀》是；以記爲經，如《小戴禮（記）》是；以群書爲經，如《周官》《孝經》《論語》是；以子爲經，如《孟子》是；以釋經之書爲經，如《爾雅》是②。

王欣夫先生綜合王、余二說，總結道：

六藝是指《易》《書》《詩》《禮》《樂》《春秋》。那末

---

① 《目錄學發微》之十"目錄類例之沿革"，第148頁。
② ［清］龔自珍：《龔自珍全集》第一輯《六經正名》（原載清光緒二十三年萬本書堂刻本《定盦全集·文集·補編》卷三），上海人民出版社1975年版，第36—38頁。

《論語》《孝經》爲什麽附在這裏呢？因爲這三類都是當時學校的課本，以後世之制度作比，小學諸書是漢小學的科目，《論語》《孝經》是漢中學的科目，而六藝則是大學的科目。《論語》《孝經》，漢人稱爲傳記，《劉歆傳》說的"講六藝、傳記、諸子、詩賦、數術、方技，無所不究"，傳記在六略中并無此名，而列在六藝、諸子的中間，明明指"六經"以外的《論語》、《孝經》、小學。①

如上所述，取譬大、中、小學科目實出自王國維先生說，指出《論語》、《孝經》、小學實爲傳記則係余嘉錫先生說。我們更傾向於認同余先生說。王鳴盛曰："其于六藝之末提行别爲一條，總目上文云'序六藝爲九種'者，《論語》《孝經》皆記夫子之言，宜附于經；而其文簡易，可啓童蒙，故雖别分兩門，其實與文字同爲小學。小學者，經之始基，故附經也。"②由此可知，《論語》《孝經》廣義上也屬於小學，乃漢時學校誦習之書。

值得注意的是，魏晉時期還有"四部"之說，指六藝略中五經之外的《樂》、《論語》、《孝經》、小學。傳孔融所作《與諸卿書》有曰："鄭康成多臆說，人見其名學，謂有所出也。證案大較，要在五經四部書，如非此文，近爲妄矣。"③錢大昕論曰：

---

① 《文獻學講義》第二章"目録"第三節"目録的分類——《七略》與四部"之"《漢志》六藝與傳記的區别"，第19頁。

② ［清］王鳴盛：《蛾術編》卷一《說録一·五經先後次叙》，上海書店出版社2012年版，第1—2頁。

③ ［宋］李昉等：《太平御覽》卷六○八學部二"叙經典"，《四部叢刊三編》影印中華學藝社借照日本帝室圖書寮、京都東福寺、東京静嘉堂文庫藏宋刊本。

孔融爲北海相，告高密縣爲鄭康成特立一鄉，名鄭公鄉，其推許甚至。而《太平御覽》載融《與諸卿書》云……予謂此必非孔文舉之言，殆魏、晋以後習王肅學者僞托耳。晋荀勖《中經簿》始有四部之分，文舉漢人，安得稱四部書？且鄭君注"三禮"，初無麒麟皮冒鼓之説也。范蔚宗書及章懷注皆無此語，不可執無稽之談以誣盛德。①

麟鼓郊天説即出自《與諸卿書》，其文有曰："若子所執，以爲郊天鼓必當騏驎之皮，寫《孝經》本當曾子家策乎？"王鳴盛《蛾術編》卷五九"説人九・鄭氏品藻"引及《與諸卿書》也提出質疑，"孔融尊崇康成特至，何得有如許妄譚"？孫志祖《讀書脞録・續編》卷四"麟皮鼓郊天"曰："《諸卿書》不可解，所云未定爲孔融之説，或下更有辨駁語，而《御覽》徵引不全也。"（原注：徐北溟（鯤）云：《御覽》此條上承《抱朴子》來，似即稚川語。）鄭珍《鄭學録》卷一引錢氏説，表示贊同。沈可培《鄭康成年譜》卷一七引《與諸卿書》，按語云："此非孔文舉之言，或係王肅之徒僞托耳。麟鼓郊天之説，'三禮'注及他處引用俱無之。"可見，清人對於所謂孔融始倡"五經四部"的説法并不認同。

"五經四部"的説法還見於其他六朝古籍。魏文帝《典論・自叙》云："及長，而備歷五經四部、史漢、諸子百家之言，靡不畢覽。"晋常璩《華陽國志》卷十下："（李譔）自五經四部、百家諸

---

① ［清］錢大昕：《十駕齋養新録》卷一六"《御覽》載孔融語"，陳文和等校點本，江蘇古籍出版社 2000 年版，第 355 頁。

子、伎藝算計、卜數醫術、弓弩機械之巧，皆致思焉。"晋葛洪《抱朴子·袪惑篇》："五經四部，并已陳之芻狗，既往之糟粕。"梁陶弘景《本草經集注》："其五經四部，軍國禮服，若詳用乖越者，正於事迹，非宜耳。"①至於"五經四部"的具體所指②，錢大昕曰："魏文帝《典論·自叙》稱：'五經四部、史漢、諸子百家之言，靡不畢覽。'所謂'四部'者，似在五經、諸子之外，亦不知其何所指。"③余嘉錫先生結合六藝略九個類目以及六藝、五經的具體所指，加以推論，頗近情理，其文略曰：

> 自向、歆以六略部次群書，《七録序》謂"東漢蘭臺猶爲書部"。王隱《晋書》叙鄭默著《魏中經簿》，亦不言其於類例有所變更。至荀勖《晋中經新簿》，始分四部，此學者所共知也。然漢、魏之間，實已先有四部之名。孔融文曰："證案大較，在五經四部書。"魏文帝《自叙》云："及長，而備歷五經四部、史漢、諸子百家之言。"以"四部"置之經、子、史之外，則非荀勖之四部矣。所指爲何等書，無可考證。以意度之，《七略》中六藝凡九種，而《劉向傳》但言"詔向

---

① 馬繼興主編：《敦煌古醫籍考釋》，江西科學技術出版社1988年版，第347—348頁。校以《四部叢刊》景金泰和晦明軒本《重修政和經史證類備用本草》卷一引文，"乖越者"下有"猶可矣"三字，"正"作"止"。唐代官修《本草》將弘景此書輯入，故唐、宋以降罕有單行本行世。日本龍谷大學圖書館藏敦煌卷子本（編號：龍530），羅振玉《吉石盦叢書》有影印本。

② 《北史·祖瑩傳附子珽傳》又有"五經三部"之稱（第1738頁）。王利器《鄭康成年譜》以爲三當作四，積畫之誤也（齊魯書社1983年版，第155頁）。

③ ［清］錢大昕：《潛研堂文集》卷一三《答問十》，上海古籍出版社2009年版，第197頁。

领校中五經秘書"。蓋舉《易》《書》《詩》《禮》《春秋》立博士者言之,則曰五經;并舉《樂》言之,則曰六藝;更兼《論語》、《孝經》、小學言之,則爲九種。漢末人以爲於九種之中獨舉五經,嫌於不備,故括之曰"五經四部"。"四部"者,即指六藝略中之《樂》、《論語》、《孝經》、小學也。此雖未有明證,而推測情事,或當如此。①

王欣夫先生引述余先生説,認爲這一推論是可信的,不可把"五經四部"之"四部"和荀勖的"四部"相混②。

二、中古經學文獻的類目劃分

三國魏秘書郎鄭默編成宫廷藏書目録《中經》(又稱《魏中經簿》)。西晋荀勖因《中經》更著《新簿》,又稱《晋中經簿》。南朝梁阮孝緒《七録序》記述鄭、荀二目,曰:"魏秘書郎鄭默删定舊文,時之論者謂爲朱紫有别。晋領秘書監荀勖因《魏中經》更著《新簿》,雖分爲十有餘卷,而總以四部别之。"③《隋書·經籍志》(以下簡稱《隋志》)亦曰"魏秘書郎鄭默,始制《中經》。秘書監荀勖,又因《中經》更著《新簿》,分爲四部,

---

① 《目録學發微》之十"目録類例之沿革",第 151—152 頁。
② 《文獻學講義》第二章"目録"第三節"目録的分類——《七略》與四部"之"荀勖以前四部的内容",第 18 頁。
③ 《廣弘明集》卷三《七録序》。

總括群書。"① 細味文意，并不足以説明《中經》已是四部分類，所以一般认为可以確認的四部分類還是始自《中經新簿》。根據《隋志》的記載，《新簿》分爲四部，"一曰甲部，紀六藝及小學等書"，"三曰丙部，有史記、舊事、皇覽簿、雜事"。甲部相當於《七略》的六藝略，也就是經部。丙部則將史書析出單列，亦即史部。東晋著作郎李充編纂《四部書目》（又稱《晋元帝書目》），"因荀勖《舊簿》四部之法，而换其乙丙之書；没略衆篇之名，總以甲乙爲次"②。其中，"五經爲甲部"③，經、史、子、集之次始定。錢大昕《補元史藝文志序》盛稱之，以爲"雖王儉、阮孝緒析而爲七，祖晅别而爲五，然隋唐以来志經籍、藝文者，大率用李充部叙而已"④。錢氏提及的七分法，指南北朝效法《七略》之作王儉《七志》（據《隋志》，"一曰經典志，紀六藝、小學、史記、雜傳"⑤）和阮孝緒《七録》。《七録》的分類法包括内篇五録、外篇二録，其中"經典録内篇一"下分《易》、《尚書》、《詩》、《禮》、《樂》、《春秋》、《論語》、《孝經》、小學九部。它的分類"斟酌王（儉）、劉（歆）"，"王以六藝之稱不足標榜經目，改爲經典，今則從之，故序經典録爲内篇第一"。"記傳録

---

① 《隋書》卷三二《經籍志一》，第906頁。

② 《廣弘明集》卷三《七録序》。

③ ［梁］蕭統著，［唐］李善等注《六臣注文選》卷四六任彦昇《王文憲集序》李善注引臧榮緒《晋書》李充本傳曰："于時典籍混亂，删除頗重，以類相從，分爲四部，甚有條貫，秘閣以爲永制。五經爲甲部……"（人民文學出版社影印日本足利學校遺迹圖書館藏明州本，2011年，第717頁）。

④ ［清］錢大昕：《補元史藝文志》卷首，中華書局據開明書店原版重印《二十五史補編》，1955年版，第6册，第8393頁。

⑤ 《隋書》卷三二《經籍志一》，第906頁。

內篇二"下分國史、注曆、舊事、職官、儀典、法制、僞史、雜傳、鬼神、土地、譜狀、簿錄十二部。這是因爲,"劉、王并以衆史合于《春秋》。劉氏之世,史書甚寡,附見《春秋》,誠得其例。今衆家記傳,倍於經典,猶從此志,實爲繁蕪。且《七略·詩賦》不從六藝《詩》部,蓋由其書既多,所以別爲一略。今依擬斯例,分出衆史,序記傳錄爲內篇第二"①。不難看出,《七錄》經書部類的名稱從王儉,所分九個類目與《七略·六藝略》同;不過史書已獨立出來,不再像《七略》《七志》附於《春秋》類。這應該是受到四部分類法的影響,可見兩種分類法交互爲用,彼此洞鑒;當然,更由於《七錄》所強調的目錄分類的理念所致,那就是應當反映當時學術發展、書籍數量變化的實際狀況。

　　唐高宗顯慶元年(656)成書的《隋書·經籍志》四卷,實際上是在隋煬帝朝柳顧言等《大業正御書目錄》的基礎上編纂而成的,涵蓋梁、陳、北齊、北周、隋五個朝代,而以隋事爲詳。其類目劃分博采荀勖、李充以來四部分類法和《七略》系統分類法的成果,確立了四部分類法在中國目錄學史上的獨尊地位②。《隋志》既收錄存書,也收錄佚書,分爲經、史、子、集四部40類,其中經部分《易》、《書》、《詩》、《禮》、《樂》、《春秋》、《孝

---

　　① 《廣弘明集》卷三《七錄序》《七錄目錄》。
　　② 劉國鈞先生曰:"四部分類之起源,説者皆稱起於荀勖。《隋志》云云……然則四部之制,荀勖創之,李充變之,後世遂以李充爲則,乃成定制。……是故四庫分類法在唐以前,可以謂爲孕育時期,唐以後可謂之確定時期。確定時期中類目之變遷,雖互有得失,而無關宏旨。至於孕育時期之事迹,則大有可以詔示吾人者。"(《劉國鈞圖書館學論文選集·四庫分類法之研究》,第19—21頁)

經》、《論語》("《爾雅》諸書,解古今之意,并五經總義[如《白虎通》六卷、《五經異義》十卷、《六藝論》一卷等],附于此篇。"《孔叢》《孔子家語》及劉熙、沈約、賀瑒三家《謚法》之作亦收在這一類)、讖緯、小學(一字、三字石經"相傳傳拓之本,猶在秘府,并秦帝刻石"在這一類著錄)十類。不難看出,其類目直接沿用了《七略·六藝略》的九小類,只是次序有所調整。新增"讖緯"一類,雖然其"文辭淺俗,顛倒舛謬,不類聖人之旨。相傳疑世人造爲之後,或者又加點竄,非其實錄",因爲"或以緯書解經",所以"錄其見存,列于六經之下,以備異説"①。《隋志》經部類目略同《七錄》,惟《七錄》以《孝經》次《論語》後,仍《七略》之舊;《隋志》則以《論語》次《孝經》後,以《爾雅》、五經總義附《論語》,與《七略》以《爾雅》、五經總義附《孝經》,不入小學、不別立部形式不同,其義則同。

作爲主流意識形態,經學與現實政治密切聯繫在一起,直接關乎朝廷的政治制度、選舉制度和文化政策、學術取向等。就有唐一代科舉而言,進士科固然最爲重要,但明經科也是不可或缺的。《唐六典·尚書禮部》曰:

> 凡舉試之制,每歲仲冬,率與計偕。其科有六:一曰秀才,(原注:試方略策五條。此科取人稍峻,貞觀已後遂絶。)二曰明經,三曰進士,四曰明法,五曰書,六曰算。凡正經有九:《禮記》《左氏春秋》爲大經;《毛詩》《周禮》《儀禮》

---

① 《隋書》卷三二《經籍志一》,第 941、948 頁。

爲中經;《周易》《尚書》《公羊春秋》《穀梁春秋》爲小經。通二經者，一大一小，若兩中經；通三經者，大、小、中各一；通五經者，大經并通。其《孝經》《論語》《老子》，并須兼習。凡明經，先帖經，然後口試并答策，取粗有文理者爲通。（原注：舊制，諸明經試每經十帖、《孝經》二帖、《論語》八帖、《老子》兼注五帖，每帖三言，通六已上；然後試策十條，通七即爲高第。開元二十五敕：諸明經先帖經，通五已上；然後口試，每經通問大義十條，通六已上；并答時務策三道。）凡進士，先帖經，然後試雜文及策。文取華實兼舉，策須義理愜當者爲通。（原注：舊例帖一小經并注，通六已上；帖《老子》兼注，通三已上；然後試雜文兩道、時務策五條。開元二十五年，依明經帖一大經，通四已上，餘如舊。）①

可見，不止是明經科需要通經②，即便是進士科也要帖經，甚至包括大經。而且，到了唐代，圖書分類就以法律的形式規定下來，國家藏書由秘書省管理，設置監、少監、丞之外，還有秘書郎四人，職責是：

秘書郎掌四部之圖籍，分庫以藏之，以甲、乙、景③、丁爲之部目。甲部爲經，其類有十：一曰《易》，以紀陰

---

① ［唐］李林甫等：《唐六典》尚書禮部卷第四，中華書局2008年版，第109頁。
② 《新唐書》卷四四《選舉志上》："而明經之別，有五經，有三經，有二經，有學究一經，有三禮，有三傳，有史科。"（第1159頁。）
③ 唐高祖李淵追尊父昺爲世祖元皇帝，故避嫌名丙字，代以景字。

陽變化;(《經籍志》:《歸藏》等六十九部,五百五十一卷。)二曰《書》,以紀帝王遺範;(《古文尚書》等三十二部,二百三十七卷。)三曰《詩》,以紀興衰誦歎;(《韓詩》等三十九部,四百三十二卷。)四曰《禮》,以紀文物體制;(《周官》等一百三十六部,一千六百二十二卷。)五曰《樂》,以紀聲容律度;(《樂社大義》等三十二部,一百四十三卷。)六曰《春秋》,以紀行事褒貶;(《春秋》經等三傳九十七部,九百八十三卷。)七曰《孝經》,以紀天經地義;(《古文孝經》等十八部,六十三卷。)八曰《論語》,以紀先聖微言;(《論語》等并《五經異義》七十二部,七百八十一卷。)九曰圖緯,以紀六經讖候;(《河圖》等十三部,九十二卷。)十曰小學,以紀字體聲韻。(《説文》等三部,四十六卷。)①

據正文及原注所列類目和部、卷數,知其實本諸《隋志》。可見,從初唐到盛唐,這種對於經部類目的劃分方法已經固定下來,并作爲設官分職的依據。

五代後晋劉昫等編纂的《舊唐書·經籍志》(以下簡稱《舊唐志》)二卷是以唐毋煚《古今書録》爲依據删繁就簡而成的。而《古今書録》又是在唐玄宗朝馬懷素、元行冲等編修的《(開元)群書四部録》基礎上完成的,也就是説,其分類體系實際上仍然是盛唐時期的。其中,甲部經録分《易》、《書》、《詩》、《禮》、《樂》、《春秋》、《孝經》、《論語》(包括《孔叢子》《孔

---

① 《唐六典》"秘書省卷第十",第298—299頁。

子家語》)、讖緯(《經籍志序》作圖緯,著錄"經緯九家",實際上不過是鄭玄、宋均二家注九部)、經解(著錄"七經雜解"二十七家,如《白虎通》六卷、《五經異義》十卷、《六藝論》一卷、《經典釋文》三十卷、《匡謬正俗》八卷等,還包括劉熙、沈約、賀琛三家《謚法[例]》)、詁訓(《爾雅》《廣雅》類書十八家)、小學(所謂"偏傍音韻雜字"八十六家[①],含今字、三字石經)等十二家。所著錄之部數、卷數与《古今書錄》全同。較之《隋志》,經解、詁訓兩類是新增的。值得注意的是,《經籍志序》對於各類目所收內容的界定與上述《唐六典》全同,而經解、詁訓兩類均作"以紀六經讖候",同於圖緯,顯誤,知其原有十類之解說出自《唐六典》,新增兩類原本闕如,恐係後人臆補。

　　北宋歐陽修等編纂的《新唐書・藝文志》(以下簡稱《新唐志》)四卷,與《舊唐志》一樣,也是以《古今書錄》爲依據,但補入了大量開元以後的唐人著作[②]。每一小類分爲著錄、不著錄,著錄是指《古今書錄》所著錄的,不著錄指《古今書錄》及《舊唐志》未著錄的。《新唐志》分類在《舊唐志》的基礎上略有變動,如甲部經錄分《易》、《書》、《詩》、《禮》、《樂》、《春秋》、《孝經》、《論語》(包括《孔叢(子)》、王肅注《孔子家語》)、讖緯(鄭玄和宋均二家注緯九部)、經解(包括《白虎通義》六卷、《五經異義》十卷、《六藝論》一卷、《經典釋文》

---

　　① 《舊唐書》卷四六《經籍志上》,第1987頁。
　　② 余嘉錫先生以爲除《(開元)群書四部錄》二百卷、《古今書錄》四十卷之外,尚有《開元四庫書目》十四卷,《新唐志》"當即據此書"(《目錄學發微》之九"目錄學源流考下",第126頁)。

三十卷、《匡謬正俗》八卷，以及劉熙、沈約、賀琛三家《謚法[例]》，這和《舊唐志》完全相同）、小學（包括《爾雅》《廣雅》類書，相當於《舊唐志》"詁訓"類；以及字書、韻書、書法類書，含今字、三字石經及"開成石經"附刻的《五經文字》《九經字樣》兩種正字書）十一類。

三、近古經學文獻的類目劃分

北宋仁宗慶曆元年（1041）編纂成書的《崇文總目》仿照《開元群書四部錄》的體例，并參照《舊唐志》，稍有改易。其書久佚，《直齋書錄解題》著錄《崇文總目》一卷，景祐初王堯臣等撰定，"凡六十六卷，諸儒皆有論議，歐公文集頗見數條。今此惟六十六卷之目耳，題云'紹興改定'"[①]。天一閣藏藍絲格明鈔本，綫裝一册，九行二十餘字，分卷六十八，當即陳氏所著錄之一卷本簡目，刪去類序和解題，僅存其目，只是分卷稍異而已。嘉慶中，錢東垣及其弟錢繹、錢侗據是本及乾隆中編纂《四庫全書》之時的《永樂大典》輯本，增輯、編訂爲《崇文總目輯釋》五卷、《補遺》一卷，四年刊入《汗筠齋叢書》。經部分《易》、《書》、《詩》、《禮》（謚法之書入禮類，有沈約《謚例》、賀琛《謚法》等五家）、《樂》、《春秋》、《孝經》、《論語》、小學，刪去讖緯、經解、詁訓三類，讖緯之書并入各經（僅見《易緯》於《易》類，

---

① ［宋］陳振孫：《直齋書錄解題》卷八，徐小蠻、顧美華點校，上海古籍出版社 1987 年版，第 230 頁。

有宋均注《易緯》九卷、《周易乾鑿度》二卷二種,可見書籍數量多寡和學術思潮變化的影響),詁訓之書入小學類(與《新唐志》同),經雜解之書入《論語》類(如《白虎通德論》《刊謬正俗》等,與《隋志》同)。卷一《論語》類錢東垣按語:

> 《白虎通德論》以下七書,當另是經總一門,非《論語》類也。然《隋志·論語》類後叙云"并五經總義,附于此篇",故《白虎通》《五經鈎沈》諸書并入《論語》類。此書蓋沿其例。鄭漁仲所譏《刊謬正俗》,只看帙前數行,率意釋之者,不知此例,憑臆駁訕,謬甚。①

錢氏所引鄭樵語見於《通志·校讎略》,其文有曰:"編書之家,多是苟且,有見名不見書者,有看前不看後者。……顏師古作《刊謬正俗》,乃雜記經史,惟第一篇說《論語》。而《崇文目》以爲《論語》類,此之謂看前不看後。應知《崇文》所釋不看全書,多只看帙前數行,率意以釋之耳。按:《刊謬正俗》當入經解類。"②可見,鄭樵并不了解或者是未加深考《七略》直至《隋志》經部類目劃分的淵源和傳統,經解(五經總義)類或附《論語》類,或附《孝經》類,未嘗獨立。《崇文總目》沿襲舊制,立意甚古,鄭樵對其指摘頗失允當。

---

① [宋]王堯臣等編,[清]錢東垣輯釋:《崇文總目(輯釋)》卷一,《宋元明清書目題跋叢刊》影印嘉慶四年嘉定秦氏刊《汗筠齋叢書》本,中華書局 2006 年版,第 1 册,第 28 頁。

② 《通志·校讎略第一·見名不見書論二篇》,《通志二十略》,第 1809—1810 頁。

此外,《孔子家語》二十七卷(師古曰:非今所有《家語》),《漢志》著錄於《論語》類,以下《隋志》和舊、新《唐志》直至《崇文總目》《郡齋讀書志》《遂初堂書目》《文獻通考》《宋史·藝文志》《千頃堂書目》《明史·藝文志》一仍其舊。《直齋書錄解題》始著錄於子部儒家類,《四庫全書總目》沿用其例,可見對於其書性質的正確評判和準確定位是經歷了漫長而又複雜的歷史過程的。《孔叢(子)》不見於《漢志》著錄(《漢志》僅著錄《小(爾)雅》一篇),《隋志》和舊、新《唐志》均見於《論語》類著錄,《崇文總目》《郡齋讀書志》著錄於子部雜家類,《遂初堂書目》《直齋書錄解題》《文獻通考》《宋史·藝文志》則在子部儒家類著錄,可見宋人對其書性質的認識已發生了根本性的變化。至《四庫全書總目》確定在子部儒家類,判斷已臻精準。

晁公武(1105—1180)編纂的《郡齋讀書志》是宋代最著名的私家目錄之一。孝宗淳熙中,杜鵬舉在蜀中刊行四卷本,其後晁公武做了大量補正,姚應績又據以編刻二十卷本。這兩個蜀刻本均已亡佚。淳祐九年(1249),游鈞在衢州(今屬浙江)刊行姚氏二十卷本,是為衢本。同年,趙希弁增訂杜鵬舉四卷本,成《附志》一卷,合為五卷,又據衢本編成《後志》二卷、《考異》一卷,次年由黎安朝刊於袁州,是為袁本。《郡齋讀書志》體例基本上依照《崇文總目》,經部有總序,稱作"經類總論",下分《易》(除了著錄歷代《易》學著作,袁本卷一上《易》類還著錄《易乾鑿度》二卷一種緯書;衢本卷一《易》類除《易乾鑿度》外,還著錄《坤鑿度》二卷、《周易緯稽覽圖》二卷、《周易緯是類謀》一卷、《周易緯辨終備》一卷、《周易緯乾元序制記》一卷、

《周易緯坤靈圖》一卷、《易通卦驗》一卷等《易緯》，均見於袁本《後志》卷一經類著錄，有異文）、《書》、《詩》、《禮》（謚法類書入禮類，《周公謚法》一卷、《春秋謚法》一卷、《沈賀謚法》四卷、《嘉祐謚法》三卷見於袁本卷一上禮類著錄；除上述諸書外，衢本卷二《禮》類還著錄《集謚總錄》一卷，又見於袁本《後志》卷一經類）、《樂》、《春秋》、《孝經》、《論語》（袁本卷一下《論語》類除著錄何晏《集解》、邢昺《正義》及宋代諸家注解外，還包括王肅序注本《孔子家語》十卷；衢本卷四《論語》類除了上述諸書，還著錄皇侃《（義）疏》（見於袁本《後志》卷一經類）、《韓李論語筆解》（見於袁本《附志·經解類》）等）、經解（袁本卷一下經解類著錄《白虎通德論》十卷、《七經小傳》五卷、《漁樵對問》一卷、《程氏雜說》一卷、《儒言》一卷、《三墳書》七卷、《信聞記》一卷、《六祖經要》四卷等八種；衢本卷四經解類的著錄則頗有參差，除《白虎通德論》《七經小傳》《三墳書》相同外，尚有蔡邕《獨斷》二卷、《六說》五卷、《匡謬正俗》八卷、《演聖通論》四十九卷等四種，《獨斷》見於袁本卷五下《附志·拾遺》，後三種見於袁本《後志》卷一經解類）、小學十一類。增加"經解"一類，與舊、新《唐志》相同。需要説明的是，前此諸家著錄石經多在小學類，袁本卷五上《附志·經類》始著錄"石室十三經"（后蜀廣政石經），衢本則將各經分別散入相關各類（石經《孟子》，見於衢本卷十，仍屬子部儒家類；袁本則劃歸"石室十三經"，卷三上儒家類不重出）。袁本類目劃分也值得注意，《附志》經部分爲經類、經解類和小學類，經類收錄各經的注疏，除"石室十三經"（經注本）外還有衢本失收的《春秋穀梁傳注疏》二十卷；經解類所著錄的基本上都是本朝人的經解著作，其中包括尹焞《孟子解》、張九成《孟子解》、朱子《孟子精義》《孟子集注》、張栻《孟子説》。而《後志》卷二子類著錄《伊川孟子解》《百家孟子解》《點注孟子》及王安石、王雱、許允成《孟子解》。可見，趙希弁對於經書類目的劃分標準較之晁公武已有不同，導致袁本分類不統一，部分《孟子》類著作已收在經部。這在一定程度上也反映了《孟子》地位的提高及其升入經書序列的進程。

尤袤（1127—1194）編纂的《遂初堂書目》，不分卷，暗分四部，著錄當代見存古人及時人著作，開創了目錄著錄版本的先河。經部分經總、《周易》、《尚書》、《詩》、《禮》、《樂》、《春秋》、《論語》（《孝經》《孟子》附）、小學。經總類并非經解類或後世所謂五經總義類，試看其著錄諸書：

成都石刻九經、《論語》、《孟子》、《爾雅》 杭本《周易》 舊監本《尚書》 京本《毛詩》 舊監本《禮記》 杭本《周禮》《儀禮》 舊監本《左傳》 杭本《公羊傳》 杭本《穀梁傳》 舊監本《論語》 舊監本《孟子》 舊監本《爾雅》 舊監本《國語》 高麗本《尚書》 江西本九經 《六經圖》 朱氏新定《易》《書》《詩》《春秋古經》[①]

可見，其所收書基本上都是經學文獻叢書，如後蜀廣政石經（成都石刻）、舊監本、杭本、江西本以及朱熹校刊群經等。真正屬

――――――――

① ［宋］尤袤：《遂初堂書目》，《宋元明清書目題跋叢刊》影印道光中《海山仙館叢書》本，第 1 册，第 476 頁。

於經解類的只有《六經圖》,其他各經(含《孟子》)均作爲叢書子目收錄的。而真正的經解類著作如《(刊謬)正俗》《經典釋文》《群經音辨》等劃歸小學類。知其類目劃分的標準并不統一,比較混亂。最值得關注的是,《孟子》由子部儒家類升入經部,這樣的設置反映了當時學術發展的實況,《孟子》升經,而且附在《論語》類,揭示出宋人觀念裏《論》《孟》之間的特殊聯繫。

陳振孫,生於淳熙十年(1183),卒於景定二、三年之間(1261—1262),晚於尤袤。其所著《直齋書錄解題》,原書五十六卷久佚,四庫館臣從《永樂大典》中輯出,重編爲二十二卷,印入《武英殿聚珍版叢書》,後又收入《四庫全書》。其書分類基本上因襲舊、新《唐志》和《崇文總目》,略有調整。經部分《易》、《書》、《詩》、《禮》、《春秋》、《孝經》、"語孟"、經解、讖緯、小學十類。

《孟子》及其相關論著,在北宋以前的史志或官修目錄,如《漢志》,《隋志》,舊、新《唐志》,《崇文總目》中,都被列入子部儒家類,變動出現在南宋。隨著唐代後期儒學復興運動和北宋時期道學的興起,《孟子》地位日隆,北宋神宗熙寧中當作兼經(《論》《孟》)列爲科舉考試的科目,逐漸進入經書序列。尤其是南宋孝宗淳熙中朱熹編撰《四書章句集注》,《孟子》成爲《四書》之一,地位進一步提升。《孟子》類著作在《遂初堂書目》中的位置,也由子部升爲經部。尤袤此舉正反映了《孟子》升入經書序列,學術地位的變化,往往與政治、思想的發展狀態相一致,相應地在目錄學類目劃分上就不能不做出調整。《遂初堂書目》只是將《孟子》附於經部《論語》類,陳氏則將《語》《孟》

并列,并且首次將《孟子》列爲類目名稱。"語孟"類序曰:"前志《孟子》本列於儒家,然趙岐固嘗以爲則象《論語》矣。自韓文公稱孔子傳之孟軻,軻死不得其傳,天下學者咸曰'孔孟'。《孟子》之書,固非荀、楊以降所可同日語也。今國家設科取士,《語》《孟》并列爲經,而程氏諸儒訓解二書,常相表裏,故今合爲一類。"① 可見陳氏著眼於兩方面的考量:一是熙寧變法以《論》《孟》設科取士;一是道學的發展提升了《孟子》的當代價值。元代也尊孟子,延祐元年(1314)恢復科舉考試,《孟子》同樣列入考試内容,所以《文獻通考》一仍《直齋書録解題》舊例,將《論語》《孟子》合爲一類。明代《四書》地位更高,《四書大全》"初與《五經大全》并頒,然當時程式,以《四書》義爲重,故五經率皆庋閣,所研究者惟《四書》,所辨訂者亦惟《四書》。後來《四書》講章,浩如烟海,皆是編爲之濫觴。蓋由漢至宋之經術,於是始盡變矣"②。所以,明末清初《千頃堂書目》就進一步改變了《遂初堂書目》單設《論語》類(《孟子》附)和《直齋書録解題》并立"語孟"類的做法,於《論》《孟》二類之外另設《四書》類。至《明史・藝文志》則徑立《四書》類,不再重出《論》《孟》二類。這種做法後爲《四庫全書總目》所承襲,其類序云:"《論語》《孟子》,舊各爲帙;《大學》《中庸》,舊《禮記》之二篇。其編爲《四書》,自宋淳熙始;其懸爲令甲,則自元延祐復科舉始,古來無是名也。……元邱葵《周禮補亡序》稱'聖朝以

---

① 《直齋書録解題》卷三"語孟"類序,第 72 頁。
② [清]永瑢等:《四庫全書總目》卷三六經部三十六《四書》類二《四書大全》提要,中華書局影印清乾隆六十年浙江杭州刻本,1965 年版,第 302 頁。

六經取士'①，則當時固以《四書》爲一經。前創後因，久則爲律，是固難以一説拘矣。今從《明史·藝文志》例，别立《四書》一門，亦所謂禮以義起也。……元明以來之所解，則皆自《四書》分出者耳。《明史》并入《四書》，蓋循其實，今亦不復强析其名焉。"②

《國語》的隸屬關係也是比較特殊的，《漢書·律曆志》始有《春秋外傳》之稱，《漢志》收在六藝略《春秋》類，《隋志》，舊、新《唐志》及《崇文總目》《郡齋讀書志》《遂初堂書目》《直齋書錄解題》《文獻通考》《宋史·藝文志》等一仍其舊，直至《四庫全書總目》才正式著錄於史部雜史類。當然，宋人如陳振孫已經意識到其書不同於《春秋》經傳的特殊性，"自班固志藝文，有《國語》二十一篇，左邱明所著；至今與《春秋傳》并行，號爲'外傳'。今攷二書雖相出入，而事辭或多異同，文體亦不類，意必非出一人之手也。司馬子長云'左邱失明，厥有《國語》'，又似不知所謂。唐啖助亦嘗辨之"③。

《直齋書錄解題》對小學類的收書範疇做了規範，專收文字、

---

① 邱葵《釣磯詩集》書後附錄《周禮全書序》作"今新制以六經取士"（《續修四庫全書》影印道光二十六年汲古書室刻本，第1321册，第203頁）。《全元文》卷四四三以光緒十九年補刊本《馬巷廳志》爲底本，"新制"上有"國朝"二字（江蘇古籍出版社1999年版，第13册，第20頁）。而明弘治十四年錢俊民刻本丘葵《周禮補亡》（《四庫全書存目叢書》影印本，齊魯書社1997年版，經部第81册，第4頁）卷首序作"聖朝"。由此可知，邱葵别集中只稱"今"，并無"聖朝"或"國朝"字樣；且序文中邱氏自稱"至我宋淳熙間"云云，則邱葵以宋人自居，"今"字當指元朝（"聖朝"或"國朝"當爲明清人臆加），意謂元朝以五經加四書爲六經取士。

② 《四庫全書總目》卷三五經部三十五《四書》類序，第289頁。以上參照徐有富《文獻學研究》，第149—150頁。

③ 《直齋書錄解題》卷三《春秋》類《國語》二十一卷解題，第54頁。

訓詁方面的書籍，而將書法類的書歸入子部雜藝類。小學類序曰："自劉歆以小學入六藝略，後世因之，以爲文字、訓詁有關於經藝故也。至《唐志》所載《書品》《書斷》之類①，亦厠其中，則龐矣。蓋其所論書法之工拙，正與射御同科，今并削之，而列於雜藝類，不入經錄。"

此外，還有一個重大變化，那就是首次將《樂》類從經部析出，歸入子部，單立音樂類。《文獻通考》卷一八六《經籍考十三》經部《樂》類序引陳氏曰：

> 劉歆、班固雖以《禮》《樂》著之六藝略，要皆非孔氏之舊也，然"三禮"至今行於世，猶是先漢舊傳；而所謂《樂》六家者，影響不復存矣。竇公之《大司樂章》既已見於《周禮》②，河間獻王之《樂記》亦已錄於《小戴》③，則古樂已不復有書。而前志相承，乃取樂府、教坊、琵琶、羯鼓之類以充《樂》類，與聖經并列，不亦悖乎！晚得鄭子敬氏《書目》獨不然，其爲説曰："儀注、編年，各自爲類，不得附於《禮》《春秋》；則後之樂書，固不得列於六藝。"今從之而著於子

---

① 舊、新《唐志》小學類均著錄庾肩吾《書品》一卷（《舊唐書》卷四八，第1986頁；《新唐書》卷五七，第1447頁）。《新唐志》又著錄張懷瓘《書斷》三卷（《新唐書》卷五七，第1450頁）。《舊唐書》卷一六八錢徽本傳稱其家多書畫，"鍾、王、張、鄭之迹在《書斷》《書品》者"兼而有之（第4383頁）。

② 《漢志·樂類序》曰："六國之君，魏文侯最爲好古，孝文時得其樂人竇公，獻其書，乃《周官·大宗伯》之《大司樂》章也。"（《漢書》卷三〇，第1712頁）

③ 《漢志·樂類序》曰："武帝時，河間獻王好儒，與毛生等共采《周官》及諸子言樂事者，以作《樂記》，獻八佾之舞，與制氏不相遠。"（《漢書》卷三〇，第1712頁）

録雜藝之前。

《七略》以降，歷代書目的經部（類）皆列《樂》類，實際上作爲原典的《樂經》已不復存，著録的不過是"樂府、教坊、琵琶、羯鼓之類"，"與聖經并列"，殊爲不類，所以陳氏批駁了歷代沿襲這種類目設置的辦法，依從《鄭氏書目》①，將《樂》類列入子部。

讖緯之學的盛衰也可以通過綜合目録中相關類目的變化反映出來。《隋志》將《七録·技術録》中的讖緯書改隸經部，姚名達先生對此提出質疑："既非聖人之書，何以混列一部？"②至於讖緯同經書的密切關係，《隋志·經部·讖緯類序》的説法頗具代表性，其文有曰："起王莽好符命，光武以圖讖興，遂盛行於世。漢時，又詔東平王蒼，正'五經'章句，皆命從讖③。俗儒趨時，益爲其學，篇卷第目，轉加增廣。言'五經'者，皆憑讖爲説。"此後，舊、新《唐志》就都循例設讖緯類於經部，《崇文總目》《郡齋讀書志》《遂初堂書目》則僅見《易緯》於《易》類，不單獨列

---

① 鄭寅，字子敬，莆田人，卒於南宋理宗嘉熙元年(1237)。《直齋書録解題》卷八史部目録類著録《鄭氏書目》七卷，"莆田鄭寅子敬以所藏書爲七録，曰經，曰史，曰子，曰藝，曰方技，曰文，曰類"（第236—237頁），知其書類目劃分有別於傳統的四部分類法。

② 姚名達：《中國目録學史·分類篇·五代史志之經籍志》，《民國叢書》第一編影印本，上海書店出版社1989年版，第47册，第88頁。

③ 據《後漢書》卷四二《光武十王列傳·東平憲王傳》，蒼，光武子，封東平王，"少好經書，雅有智思"（第1433頁），受詔正"五經"章句事不見於本傳記載。蒼之兄輔，封沛王，"矜嚴有法度，好經書，善説《京氏易》《孝經》《論語》傳及圖讖，作《五經論》，時號之曰《沛王通論》"（《後漢書》卷四二本傳，第1427頁），或即其人？

爲類目。《直齋書録解題·乾坤鑿度》二卷解題曰：

  讖緯之説，起於哀、平、王莽之際，(莽)以此濟其篡逆，公孫述效之，而光武紹復舊物，乃亦以《赤伏符》自累，篤好而推崇之，甘與莽、述同志。於是，佞臣陋士，從風而靡。賈逵以此論左氏學，曹褒以此定《漢禮》，作"大予樂"①。大儒如鄭康成，專以讖言經，何休又不足言矣。二百年間，唯桓譚、張衡力非之，而不能回也。魏、晉以革命受終，莫不傅會符命，其源實出於此。隋、唐以來，其學寖微矣。考《唐志》，猶存九部八十四卷，今其書皆亡，唯《易緯》僅存如此。及孔氏《正義》，或時援引，先儒蓋嘗欲删去之，以絶僞妄矣②。使所謂"七緯"者皆存，猶學者所不道，況其殘缺不完，於僞之中又有僞者乎？姑存之以備凡目云爾。③

---

① 據《後漢書》本傳，曹褒奉章帝命"乃次序禮事，依準舊典，雜以五經讖記之文，撰次天子至於庶人冠婚吉凶終始制度，以爲百五十篇，寫以二尺四寸簡"。是爲《漢禮》。和帝即位，"太尉張酺、尚書張敏等奏褒擅制《漢禮》，破亂聖術"，而《漢禮》卒不行。所謂作"大予樂"并非曹褒所爲，乃其父曹充事。永平三年(60)，明帝問以制禮樂事，充對曰："《河圖括地象》曰：'有漢世禮樂文雅出。'《尚書琁機鈐》曰：'有帝漢出，德洽作樂，名予。'"所以明帝下詔曰："今且改太樂官曰太予樂，歌詩曲操，以俟君子。"(以上《後漢書》卷三五，第1203、1201頁)

② [宋]歐陽修《論删去九經〈正義〉中讖緯劄子》批評九經三傳《正義》"所載既博，所擇不精，多引讖緯之書，以相雜亂，怪奇詭僻，所謂非聖之書，異乎《正義》之名也"。所以，他主張"悉取九經之疏，删去讖緯之文，使學者不爲怪異之言惑亂，然後經義純一，無所駁雜。其用功至少，其爲益則多"(《歐陽修全集》卷一一二《奏議》卷一七，中華書局2009年重印2001年版，第4册，第1707頁)。

③ 《直齋書録解題》卷三，第80頁。

這篇解題簡要地敘述了讖緯之學興衰的歷史，也說明了陳氏單立讖緯類目的緣由。隨著讖緯之學的衰微，宋代的諸家目錄已不再單獨設爲類目。陳氏也注意到僅存《易緯》的實際情況，但考慮到學術演進的連續性和一貫性，還是以爲存目。《宋史·藝文志》以下，除《文獻通考》因襲陳氏分類外，其他如《明史·藝文志》《四庫全書總目》等都把這一類目直接摒除了①。

《宋史·藝文志》（以下簡稱《宋志》）主要依據宋朝四種《國史藝文志》著録的政府藏書（呂夷簡等纂修《三朝國史》，包括太祖、太宗、真宗三朝；王珪等纂修《兩朝國史》，包括仁宗、英宗兩朝；李燾等纂修《四朝國史》，包括神宗、哲宗、徽宗、欽宗四朝；《中興四朝國史·藝文志》據《中興館閣書目》及《續書目》編成，著録高宗、孝宗、光宗、寧宗四朝藏書）删并整理而成。按其類目體系，經部下分十類：《易》（包括《易乾鑿度》三卷、《易緯》七卷、《易緯稽覽圖》一卷、《易通卦驗》二卷，原注：并鄭玄注）、《書》、《詩》、《禮》、《樂》、《春秋》、《孝經》、《論語》（包括王肅注《孔子家語》十卷）、經解（包括《周公謚法》一卷、《春秋謚法》一卷、沈約《謚法》十卷、賀琛《謚法》三卷等十餘種謚法類書，以及《白虎通》、《經典釋文》、《刊謬正俗》、《七經小傳》、沈貴瑶《四書要義》七篇、陳應隆《四書輯語》四十卷、劉元剛《三經演義》一十一卷［原注：《孝經》《論》《孟》］）、小學（《爾雅》、《廣雅》、類書歸入這一類，含石經）等。可見，其書保持著官修目録的傳統，類目劃分大體依據《新

---

① 以上參照《校讎廣義·目録編》第四章"目録的分類沿革"第二節"四部分類法形成以後的內部調整"，第131—133頁。

唐志》等宋代編修的目録。《孟子》并未單獨列爲類目，仍入子部儒家類。

《宋志》經部《禮》類著録張九成《中庸説》一卷、《大學説》一卷，《孝經》類著録張九成《解》四卷，《論語》類著録張九成《解》十卷，經解類著録張九成《鄉黨少儀咸有一德論孟子拾遺》共一卷（《直齋書録解題》經解類著録是書，"論"下有"語"字），以及張九成《中庸》《大學》《孝經》説各一卷、又《四書解》六十五卷（后者屬於《國史藝文志》不著録，新增補入的）；子部儒家類著録張九成《孟子拾遺》一卷、張氏《孟子傳》三十六卷。可見《宋志》類目劃分和書籍歸并比較混亂，也反映了《孟子》乃至《四書》在經學史和目録學史上的地位陟黜、游移的軌迹。《中庸説》《大學説》各一卷，《直齋書録解題》卷二經部《禮》類著録同（《少儀解》附），"曲江本《中庸》六卷、《大學》二卷"，可知不同版本卷數實有差異。《孝經解》，《直齋書録解題》卷三《孝經》類著録一卷，與《宋志》不同。《論語解》，袁本《昭德先生郡齋讀書志》卷五上趙希弁《附志》經解類、陳振孫《直齋書録解題》"語孟"類皆著録爲二十卷，與《宋志》不同。張氏有關《孟子》的著作的著録最爲複雜，《孟子拾遺》（與《論語·鄉黨》《禮記·少儀》《古文尚書·咸有一德》合成爲一卷），并無異議。《孟子解》，《附志》經解類著録爲三十六卷（《宋志》子部儒家類著録張氏《孟子傳》三十六卷，當即其書），《直齋書録解題》"語孟"類著録爲十四卷。蓋《孟子解》或稱解，或稱傳，在流傳過程中書名、卷數多有變化、分合。今本《（張狀元）孟子傳》二十九卷（《四部叢刊三編》影印涵喜齋舊藏宋刊本、《四庫全書》本）。所謂《四書解》，當即其

《論》《孟》《學》《庸》四種書解說合編,《中庸說》《大學說》各一卷、《論語解》二十卷,《孟子傳》三十六卷,《孟子拾遺》一卷,凡五十九卷,與六十五卷之數不合,恐係不同版本所致(如曲江本《中庸說》《大學說》卷數即多出六卷,卷數正合)。《杭州府志·藝文一·四書類》著錄其《大學說》一卷、《中庸說》一卷、《論語解》二十卷、《孟子解》十四卷、《拾遺》一卷、《孟子傳》二十九卷,又《四書解》六十五卷,(原注:《孟子傳》,文淵閣著錄。)按曰:"《宋史·藝文志》既分載《學》《庸》《論》《孟》等書,而又別載《四書解》六十五卷。今考《四書》之名始於朱子,當張九成說經,《四書》之名未立,且各書卷數與《四書解》六十五卷之數合之,僅多一卷。疑《四書解》爲前各書之總題,《宋史》或誤有複衍。乾隆《志》因之,今姑仍之以俟考。"① 是說將十四卷本《孟子解》和今本《孟子傳》二十九卷重複統計,其計算方法恐非是。

宋元時期還有三部特殊的目錄,那就是《通志·藝文略》《玉海·藝文》《文獻通考·經籍考》。鄭樵(1104—1162)編纂《通志·藝文略》主張通錄古今存佚之書,在此基礎之上考察學術源流,而分類是其基本手段。他認爲所分類目要詳細,有條理性。《通志·校讎略第一·編次必謹類例論》曰:

《易》本一類也,以數不可合於圖,圖不可合於音,讖緯不可合於傳注,故分爲十六種。《詩》本一類也,以圖不可

---

① [清]龔嘉儁修,李榕纂:《杭州府志》卷八六,《中國方志叢書》華中地方第199號,臺灣成文出版社影印民國十一年鉛印本,1976年版,第1682頁。

合於音，音不可合於譜，名物不可合於詁訓，故分爲十二種。《禮》雖一類，而有七種，以《儀禮》雜於《周官》可乎？《春秋》雖一類而有五家，以啖、趙雜於《公》《穀》可乎？《樂》雖主於音聲，而歌曲與管絃異事。小學雖主於文字，而字書與韻書背馳。……以此觀之，《七略》所分，自爲苟簡；四庫所部，無乃荒唐。……類例既分，學術自明，以其先後、本末具在……覩其書，可以知其學之源流。①

鄭氏將每一經書都分別做了進一步的學術類別的區分，所謂《易》分十六種、《詩》分十二種是這樣的："《易》雖一書，而有十六種學，有傳學、有注學、有章句學、有圖學、有數學、有讖緯學，安得總言《易》類乎？《詩》雖一書，而有十二種學，有詁訓學、有傳學、有注學、有圖學、有譜學、有名物學，安得總言《詩》類乎？"②《通志·藝文略》突破了傳統的四部分類法，總分十二類，其中傳統的經部文獻分爲經類、禮類、樂類、小學類凡四類，將禮、樂、小學獨立於經類之外，這恐怕是考慮到禮樂側重躬行實踐的特點以及小學實爲經書之輔翼。其中，前兩類之下又分小類，經類分《易》、《書》、《詩》、《春秋》、《春秋外傳》（《國語》）、《孝經》、《論語》、《爾雅》、經解；禮類分《周官》、《儀禮》、《喪服》、《禮記》、《月令》、會禮、儀注。而每一小類之下又分子目，如《易》類分《古易》、石經、章句、傳、注、集注、義疏、論説、類例、譜、考正、數、圖、音、讖緯、擬《易》；

---

① 《通志》卷七一，《通志二十略》，第1804頁。
② 《通志·總序》，《通志二十略》，第8頁。

《論語》類分《古論語》、正經、注解、章句、義疏、論難、辨正、名氏、音釋、讖緯、續《語》。

王應麟（1223—1296）編纂的類書《玉海》包含"藝文（門）"二十九卷（卷三五至六三），下分四十四類，其中經部分爲《易》（擬《易》附）、《書》、《詩》、"三禮"（又見禮制）、《春秋》、續《春秋》（又見編年）、《論語》、《孝經》、《孟子》、經解（總六經）、讎正五經（石經）、小學十二類。不難看出，其分類與傳統的官修或史志目錄有所不同。經部未立樂類，別置音樂門，兼著錄樂、樂書、樂章、樂舞、樂器等，這和《直齋書錄解題》單立子部音樂類的旨趣相同；續《春秋》主要收史書，却列於經部，似承襲《七略》的傳統，應該是考慮到體裁的一致性，以便於檢索；《孟子》單獨列爲類目，較之《直齋書錄解題》將《語》《孟》合爲一類更進了一步；讎正五經（石經）也單列，前此一般都收在小學類，這與唐、五代、兩宋朝廷非常重視校訂經書文本的工作有關，而石經鎸刻（唐開成石經、五代後蜀廣政石經、北宋嘉祐石經）和雕版印刷（五代、兩宋國子監校刻群經版本）就是其重要成果。此外，王氏還注意到不同部類、不同類目間的互著，如"藝文門"經部有三禮類，有關禮制的內容又見於"禮儀門"下設的禮制類；"藝文門"經部有續《春秋》類，而史部又有編年類。可見，王應麟在類目設置上繼承了《七略》以來目錄學的優良傳統，充分考慮到了宋代經學發展的實際狀況。

馬端臨（1254—1324）編纂的《文獻通考》成於元大德十一年（1307），泰定元年（1324）由西湖書院刻成，後至元五年（1339）余謙修補重印。其中《經籍考》七十六卷，是一部輯錄體的提要目錄，書目著錄、提要及大、小類序都是輯錄前人著作的相關內容而成的。經部分《易》、《書》、《詩》、《禮》、《春秋》、《論語》、《孟子》、《孝經》、經解、《樂》、儀注、謚法、讖緯、小學。類目劃分斟酌前人的四部目錄,但有所變更。如《樂》類後移,按語云:

> 古者《詩》《書》《禮》《樂》皆所以垂世立教,故班史著之六藝,以爲經籍之首。流傳至於後世,雖有是四者,而俱不可言經矣。故自唐有四庫之目,而後世之所謂《書》者入史門,所謂《詩》者入集門,獨《禮》《樂》則俱以爲經。於是,以歷代典章、儀注等書厠之六典①、《儀禮》之後;歷代樂府、教坊諸書厠之《樂記》、司樂之後,猥雜殊甚,陳氏之言善矣。然樂者,國家之大典,古人以與禮并稱,而陳氏《書錄》則置之諸子之後,而儕之於技藝之間,又太不倫矣。雖後世之樂不可以擬古,然既以樂名書,則非止於技藝之末而已。況先儒釋經之書、其反理詭道爲前賢所擯斥者,亦沿經之名,得以入於經類,豈後世之樂書,盡不足與言樂乎?故今所叙錄,雖不敢如前志相承以之擬經,而以與儀注、讖緯并列于經解之後、史子之前云。②

馬氏既不贊同陳振孫將《樂》類厠於子部的做法,但也考慮到

---

① 這裏所謂的"六典"是指周制六種法典,即治典、教典、禮典、政典、刑典、事典。《周禮·天官·大宰》:"大宰之職,掌建邦之六典,以佐王治邦國。"(《周禮正義》卷二,第58頁)并非指唐玄宗朝纂修的《(大)唐六典》,那是史部職官類書。

② 《文獻通考》卷一八六《經籍考十三·經類·樂類》,第1589頁。

《樂》類書籍多"歷代樂府、教坊諸書",所以將其置於經解之後,并沒有像《七略》以降傳統的分類法那樣與《禮》類并列。另外,馬氏又將古來目錄傳統上劃歸史部的儀注類改隸經部。儀注類收錄禮儀制度(主要是朝廷的)方面的書,如叔孫通《朝儀》、曹褒《漢禮》、蔡邕《獨斷》[①]以及《開元禮》《郊祀錄》《太常因革禮》《封禪記》等。《漢志·六藝略·禮類》著錄儀注類書四家115卷,這是因爲當時史部并未獨立。《七錄》記傳錄有儀典部,知其已單獨設爲類目。《隋志》於史部設儀注類,著錄59部1029卷(通計亡書,合69部3094卷),序曰:"儀注之興,其所由來久矣。……是後相承,世有制作。然猶以舊章殘闕,各遵所見,彼此紛爭,盈篇滿牘。而後世多故,事在通變,或一時之制,非長久之道,載筆之士,刪其大綱,編于史志。而或傷於淺近,或失於未達,不能盡其旨要,遺文餘事,亦多散亡。今聚其見存,以爲儀注篇。"以下舊、新《唐志》《崇文總目》《遂初堂書目》《宋志》等均沿襲其例,唯有《通志》《文獻通考》列入經部,可見對於其書性質之爲經抑或史的判斷容有不同。當然,具體書籍的歸屬更有不同。如《開元禮》,《新唐志》《宋志》歸入史部儀注類,《崇文總目》《遂初堂書目》則隸於經部禮類。這也反映了時人對於儀注類書與三禮之間關係的認識的不同。又如隋代《江都集禮》,《隋志》并未列入史部儀注門,而是作爲經解(五經總義)類書隸於經部《論語》類,其後在《舊唐志》中與《大唐新禮》《紫宸禮要》一同置於經部禮類,反映了唐人視本朝之禮等同

[①] 《直齋書錄解題》卷六史部禮注類著錄是書二卷,"記漢世制度、禮文、車服,及諸帝世次,而兼及前代禮樂"(第182頁)。

禮經的觀念①。

歷代謚法類著作多入經解（五經總義）類（《七略》附在《孝經》類，《隋志》附在《論語》類），馬氏以爲不妥，另設謚法類，次於儀注類之後，按曰："謚者，國家送終之大典。今歷代史志，俱以謚法入經解門，則倫類失當。今除《周公謚法》《春秋謚法》二項入禮門，而歷代之謚法，則俱附於儀注之後，庶以類相從云。"②《周公謚法》一卷（原注：即《汲冢周書·謚法篇》）、《春秋謚法》一卷（原注：即杜預《春秋釋例·謚法篇》），③宋代目錄如《崇文總目》《郡齋讀書志》《直齋書錄解題》等見於著錄，確實不同於其他謚法書。陳振孫已有揭示，《直齋書錄解題》卷三經部經解類著錄《六家謚法》二十卷，"六家者，《周公》《春秋》、廣謚、沈約、賀琛、扈蒙也。今按《周公》即汲冢書之《謚法解》；《春秋》即杜預《釋例》所載也。"馬端臨按曰：

然某嘗考之。名《周公》者，即《汲冢周書·謚法篇》；名《春秋》者，即杜預《釋例·謚法篇》。唐及國史《藝文志》皆不載。近世學者就二書中采出，公（指雁湖李氏［璧］《跋六家謚法》）固以疑其非古，然猶未明其爲《汲冢書》與《釋例》，故并及之。④

---

① 劉安志《關於大唐開元禮的性質及行用問題》轉述吳麗娛《唐禮摭遺——中古書儀研究》和姜伯勤《敦煌藝術宗教與禮樂文明》説（《中國史研究》2005年第3期，第100—101頁）。承趙永磊先生賜告劉文，謹志謝忱。
② 《文獻通考》卷一八七《經籍考十四·經類·儀注類》，第1595頁。
③ 《宋史》卷二〇二《藝文志一》經部經解類，第5070頁。
④ 《文獻通考》卷一八八《經籍考十五·經類·謚法類·六家謚法》，第1603頁。

明代也有一部特殊的目錄學著作，這就是焦竑（1540—1620）的《國史經籍志》（萬曆中成書）。是書沿用《通志·藝文略》"紀百代之有無"的體例編纂而成，并非著錄當代見存之書。經類分《易》、《書》、《詩》、《春秋》、《禮》、《樂》、《孝經》、《論語》、《孟子》、經總解、小學。除《孟子》獨立外，其他類目與唐宋時代大多官修或史志目錄相差無幾，這與《通志》大刀闊斧地將經部劃分爲經類、禮類、樂類、小學類的做法并不一致。但每一類目下所分的子目又與《通志》大體相同或相近，明顯可以看出因襲的痕迹，如《易》類分《古易》、石經、章句、傳注、集注、疏義、論說、（類）例、譜、考正、數、圖、音、讖緯，《論語》類分古文、正經、傳注、疏義、辨正、名氏（圖）譜、音釋、續《語》、事紀（纪一作记）、廟典。可見，焦氏也重分類，以此考察學術源流。章學誠評價曰："雖其識力不逮鄭樵，而整齊有法，去汰裁甚，要亦有可節取者焉。"①

明末清初黃虞稷（1629—1691）編纂的《千頃堂書目》，主要著錄明人著作，并在每類之後補錄《宋史·藝文志》未著錄之宋末及遼、金、元三代著作。經部分《易》、《書》、《詩》、三禮、禮樂、《春秋》、《孝經》、《論語》、《孟子》、經解、《四書》、小學（附算學、小學）等十二類。從表面上看起來，分類標準似乎不夠統一，實際上却反映了宋元以降經學發展的新特點。《四庫提要》指出："經部分十一門，既以《四書》爲一類，又以《論語》《孟子》各爲一類；又以說《大學》《中庸》者入於三禮類中，蓋欲略存古例，用意頗深。然明人所說《大學》《中

---

① 《校讎通義》卷二《焦竑誤校漢志第十二》，第63頁。

庸》皆爲《四書》而解,非爲《禮記》而解,即《論語》《孟子》亦因《四書》而説,非若古人之别爲一經,專門授受,其分合殊爲不當。《樂經》雖亡,而不置此門,則律吕諸書無所附,其删除亦未允也。"① 其説恐未必盡是。《四書》類與《學》《庸》《論》《孟》重複設置,確屬分合不當;但這種做法又不爲無據,顯現出這一時期經學發展内在規律性的作用和影響——《學》《庸》《論》《孟》之學實際上存在著兩條發展脉絡,一是賡續傳統的漢唐章句注疏之學(正經注疏),一是以朱子爲中心的程朱系統新注成爲主流②。從這個意義上講,這樣劃分類目也是有其學理依據的。樂類不單列類目,這顯然是受到《直齋書録解題》的影響。但陳氏在删去經部樂類的同時於子部另立音樂一類,而黄氏將樂類與禮類合并,名曰禮樂類,次於禮書之後,獨立於"三禮"之外,收録《大明集禮》及喪禮、祭禮、家禮、射禮等方面的書。

清初編纂的《明史·藝文志》(以下簡稱《明志》)是在黄虞稷《明史·藝文志稿》的基礎上,由王鴻緒删改而成的。中國古代史志目録的編纂方法由記一代藏書之盛轉變爲記一代著述之盛,自《明志》始。經類子目分爲十:《易》、《書》、《詩》、《禮》、《樂》、《春秋》、《孝經》、諸經(相當於五經總義類)、《四書》、小學。其類目劃分也是唐宋以降比較規範的傳統方式。值得注意的是,受到黄虞稷《千頃堂書目》的影響,《四書》完全獨立爲類

---

① 《四庫全書總目》卷八五史部四十一目録類一是書提要,第 732 頁。
② 參見拙作《經學文獻的衍生和通俗化——以近古時代的傳刻爲中心》,《北京大學學報》2013 年第 3 期,第 115—116 頁。同名專著《緒論》,第 15—17 頁。

目,《論》《孟》不再重出。

《四庫全書總目》經部分《易》、《書》、《詩》、禮（下分子目:《周禮》、《儀禮》、《禮記》、三禮總義、通禮、雜禮書）、《春秋》、《孝經》、五經總義、《四書》、《樂》、小學（下分子目：訓詁、字書、韻書）。可見，其類目劃分根據學術進步和圖書事業發展的實際狀況做了相應的調整，特點有三：一是《禮》類類目劃分精細，反映了歷代禮學研究的總體成果。除"三禮"外，如宋聶崇義《三禮圖集注》、明劉績《三禮圖》等屬於三禮總義；宋陳祥道《禮書》、朱熹《儀禮經傳通解》、清秦蕙田《五禮通考》等入通禮；宋司馬光《書儀》、舊題朱子《家禮》等歸雜禮書之屬。二是《樂》類後移，汲取了《直齋書錄解題》和《文獻通考》的正確做法。三是小學類下分為三小類，符合截至清代的歷代小學著作的門類和特點，《爾雅》《廣雅》等屬訓詁，《説文》等為字書，《廣韻》《集韻》等入韻書類，類目及其特徵非常清晰。這就是余嘉錫先生所謂編目之宗旨"必求足以考見學術之源流"①。如《四書》類，《千頃堂書目》已有之，《明志》做了規範，《總目》因之，類序曰：

> 今從《明史·藝文志》例，別立《四書》一門，亦所謂禮以義起也。朱彝尊《經義考》於《四書》之前仍立《論語》《孟子》二類。黃虞稷《千頃堂書目》凡説《大學》《中庸》者，皆附於《禮》類，蓋欲以不去籩豆，略存古義。然朱子書行五百載矣，趙岐、何晏以下古籍存者寥寥，梁武帝

---

① 《目錄學發微》之一 "目錄學之意義及其功用"，第8頁。

義疏以下，且散佚并盡，元明以來之所解，皆自《四書》分出者耳。《明史》并入《四書》，蓋循其實，今亦不復强析其名焉。①

儘管《大學》《中庸》爲《禮記》之篇目，《論語》《孟子》皆先秦古書，但元明以來的注解一以朱子《章句集注》爲圭臬，少有出乎這一系統之外者，實際上形成了獨立於傳統的正經注疏系統之外的五經四書系統，并且占據絶對的統治地位。因此，目録分類如果不考慮學術發展和書籍存佚的實際狀況，只是追求理論上的略存古例，就會名不符實，扞格不通，所以《總目》務實地將《論》《孟》等相關著作全部歸入《四書》類，這樣類目準確明晰，避免重出。除了類目的變動和調整，個別書的歸類亦有微調，如按照傳統分類《白虎通》多在經解（五經總義）類，《獨斷》多在儀注類，《總目》俱歸入子部雜家類。這實際上反映了清人對於這些書内容和性質的判斷較之前代發生了變化。

張之洞《書目答問》五卷的五分法，後來多所沿用，在目録學史上具有相當重要的地位。如姚名達先生所云，"張氏雖絶對無意於打倒四庫，而四庫之敗壞自此始萌其朕兆也"②。爲了更清晰地理解其經部的類目劃分，試將卷一經部總目列表如下：③

---

① 《四庫全書總目》卷三五經部三十五《四書》類一，第289頁。
② 《中國目録學史·分類篇·對於〈隋志〉部類之修正與補充》，第144頁。
③ 文字録自〔清〕張之洞著，范希曾補正《書目答問補正》（中華書局1963年版）。

表 1　張之洞《書目答問》經部總目表

目錄	正文標題	正文尾題
正經正注第一（原注："十三經""五經四書"合刻本、諸經分刻本，附諸經讀本。）	正經正注第一（原注：此爲誦讀定本，程試功令，説經根柢。注疏本與明監本"五經"功令并重。）	以上正經正注合刻本 以上正經正注分刻本（原注：注疏乃欽定頒發學官者；宋元注乃沿明制通行者；《四書》文必用朱注；"五經"文及經解[1]，古注仍可采用。不知古注者，不得爲經學。） 以上諸經讀本附
列朝經注經説經本考證第二（原注：《易》《書》《詩》《周禮》《儀禮》《禮記》、三禮總義、《樂》《春秋左傳》《春秋公羊傳》《春秋穀梁傳》《春秋》總義、《論語》《孟子》《四書》《孝經》《爾雅》、諸經總義、諸經目録文字音義、石經。）	列朝經注經説經本考證第二（原注：空言臆説、學無家法者不録。）	右列朝經注經説經本考證（原注：此類各書爲讀正經正注之資糧。）
小學第三（原注：《説文》、古文、篆、隸、真書各體書、音韻、訓詁。）	小學第三（原注：此小學謂六書之學，依《漢書·藝文志》及《四庫目録》。）	右小學（原注：此類各書爲讀一切經史子集之鈐鍵。）

注：1. 一本"五經文"上有"鄉會試"三字。

所謂"正經正注"是指列爲科舉考試程式的經書注本，包括"正經注疏"（十三經經、注文）和"五經四書"（宋元人新注）兩大系統。版本類型又可分爲合刻本和分刻本。合刻本是指作爲叢書刊行的，如北監本、毛本、殿本、阮本等"十三經注疏"和明經廠本、崇道堂本、武昌局本"五經四書"。分刻本指諸經注、疏、注疏或朱學系統新注單獨刊刻的版本，如蘇州汪氏覆刻《儀禮》單疏本、曹寅揚州詩局仿宋刻本《周易本義》、璜川吳氏仿宋刻本《四書集注》等。諸經讀本是作爲附錄的，如通行《春秋四傳》合刻本、道光敕撰《左傳讀本》等。

　　分析上表，可以得出這樣的信息：1、張氏將傳統的經學文獻劃分爲三大類，這既適應當時學術尤其是經學發展的實際狀況，同時也充分考慮到學校教育和科舉考試的官學定本，較爲妥當。2、各經的不同注釋體式、不同版本類型在不同類目中著錄，如經注本、單疏本、注疏合刻本、"五經四書"本見於正經正注，而歷代相關注釋見於列朝經注經説經本考證，不重出。3、每一類下子目設置也比較合理。於"三禮"外另設三禮總義，這是因爲"三禮家不考禮制"，如《白虎通義》前此諸書多入五經總義（經解）類（《四庫全書總目》歸入子部雜家類），這裏與《三禮圖集注》《五禮通考》等一同收入此類。於"三傳"外另設《春秋》總義，收錄唐陸淳《春秋集傳纂例》、元趙汸《春秋金鎖匙》、清顧棟高《春秋大事表》等。《論語》《孟子》之所以於《四書》外單列，是因爲"《論語》《孟子》，北宋以前之名；《四書》，南宋以後之名。若統於《四書》，則無從足'十三經'之數，故視注解家之分合別列之"。實際上，這也反映了清代考據學發達的實況，清人相關著作如劉寶楠《論語正義》、焦循《孟子正義》等多爲揭櫫漢學之作,并不從屬於狹義的五經四書系統,所以獨立列爲類目是謂得之。另外,把諸經總義和諸經目錄文字音義分列,也是特具卓識的。如《九經古義》《經傳釋詞》《經義述聞》《御纂七經》《七緯》《古經解鉤沉》等入諸經總義;《授經圖》《經義考》《九經三傳沿革例》《七經孟子考文補遺》《十三經注疏校勘記》《經典釋文》《五經文字》《九經字樣》《經籍籑詁》等入諸經目錄文字音義。4、《爾雅》不納入小學類,小學類大體上都是嚴格意義上的語言文字學書籍。總而言之,正如姚名達先生所云,《書目答問》"惟經部(分類)獨大異於四庫,祇分正經正注、列朝經注經說經本考證、小學三類,劃正文與後儒之專著爲二,斯爲特異,古人所不及爲。要之,《書目答問》在分類史上之地位,不在創造,而在對《四庫總目》加以他人所不敢爲之修正"①。

四、經學文獻歷代著錄類目

以上我們將經學文獻在歷代重要的綜合目錄中的相關著錄及經部(類)的類目設置狀況進行了歷時性的考察,通過類目的變化可以洞見學術思想的變遷、書籍數量多寡的變化乃至現實政治等因素的影響。現以姚名達先生《中國目錄學史·分類篇·四部分類源流一覽表》爲基礎,爰加釐訂增益,開列經學文獻的歷代著錄類目一覽表如下:

---

① 《中國目錄學史·分類篇·對於〈隋志〉部類之修正與補充》,第143—144頁。

表 2　經學文獻歷代著錄類目一覽表

	《易》	《書》	《詩》	《禮》	《樂》	《春秋》	《四書》《論語》	《四書》《孟子》	《孝經》	小學	詁訓	經解（五經總義）	讖緯	儀注	諡法
《七略·六藝略》（《漢志》）	1	2	3	4	5	6	7	子部儒家類	8 《爾雅》、經解附	9		附在《孝經》類	內篇術伎錄緯讖部	附在禮類	
《七錄·內篇·經典錄》	1	2	3	4	5	6	7	子部儒家類	8	9			內篇記傳錄緯部	內篇記傳錄儀典部	
《隋書·經籍志·經類》	1	2	3	4	5	6	8 《爾雅》、經解附	子部儒家類	7	10		附在《論語》類	9	史部儀注類	附在《論語》類
《古今書錄》（《舊唐書·經籍志·甲部經錄》同）	1	2	3	4	5	6	8	子部儒家類	7	12	11 《爾雅》《廣雅》類書	10 作經解	9 作圖緯	史部儀注類	附在經解類
《新唐書·藝文志·甲部經錄》	1	2	3	4	5	6	8	子部儒家類	7	11 《爾雅》《廣雅》類書附		10 作經解		史部儀注類	附在經解類
《崇文總目·經部》	1	2	3	4 諡法附	5	6	8 經解附	子部儒家類	7	9 《爾雅》《廣雅》類書附		附在《論語》類	《易緯》入《易》類	史部儀注類	附在《禮》類

续表

	《易》	《书》	《诗》	《礼》	《乐》	《春秋》	《四书》《论语》	《四书》《孟子》	《孝经》	小学	诂训	经解（五经总义）	谶纬	仪注	谥法
《郡斋读书志·经部》	1	2	3	4 谥法附	5	6	8	子部儒家类	7	10《尔雅》《广雅》类书附		9 作经解	《易纬》入《易》类	史部仪注类	附在《礼》类
《遂初堂书目·经部》	2	3	4	5	6	7	8 作《论语》类	作《孝经》《孟子》附		9《尔雅》《广雅》类书附		1¹	《易纬》入《易》类	史部仪注类和《礼》类互见	附在史部仪注类
《直斋书录解题·经部》	1	2	3	4	5	5	7 作"语"	作"孟"	6	10《尔雅》《广雅》类书附		8 作经解	9	史部礼仪注	附在经解类
《文献通考·经籍考》	1	2	3	4	10	5	6	7	8	14《尔雅》《广雅》类书附		9 作经解	13	11	12
《宋史·艺文志》	1	2	3	4	5	6	8	子部儒家类	7	10《尔雅》《广雅》类书附		9 作经解	《易纬》入《易》类	史部仪注类	附在经解类
《千顷堂书目·经部》	1	2	3	4 三礼 5 礼乐		6	8 11《四书》	9	7	12《尔雅》类书附		10 作经解		史部仪注类	附在史部典故类

續表

	《易》	《書》	《詩》	《禮》	《樂》	《春秋》	《四書》 《論語》	《四書》 《孟子》	《孝經》	小學	詁訓	經解（五經總義）	讖緯	儀注	諡法
《明史·藝文志·經類》	1	2	3	4	5	6	9 作《四書》		7	10 《爾雅》類書附		8 作諸經		史部儀注類	附在史部故事類
《四庫全書總目·經部》	1	2	3	4	9	5	8 作《四書》		6	10 《爾雅》《廣雅》類書附		7 作五經總義	《易緯》作馬《易》類附錄	附在史部政書類 典禮之屬	附在史部政書類 典禮之屬

注：1. 如上所述，《遂初堂書目·經部》並未設置相當於經解（五經總義）的類目，相關的書僅有三、四種，或在經總類，或在小學類。

分析上表，一方面可以得出對於經學文獻歷代著錄狀況的初步認識，另一方面也可以總結出經部（類）類目演變的一般規律：

  1.《易》《書》《詩》《禮》四類次序及類目名稱古來并無變化（除了《遂初堂書目》將經總類置於首位，所以這四類依次遞減爲二至五位）。

  2.《樂》類多與《禮》類并列，次於《禮》後，并稱禮樂，居第五位（《遂初堂書目》爲第六位）。例外的有，《直齋書錄解題》將《樂》類從經部剔出，移入子部，另設音樂類。《文獻通考》雖然沒有將《樂》類移出經部，但次序後移，置於經解類之後。《四庫全書總目》更將《樂》類置於五經總義類、《四書》類之後。

  3.《春秋》類大體上也無變化，或在《禮》《樂》之後，居第六位（《遂初堂書目》爲第七位）；或在《禮》後（如前揭《直齋書錄解題》《文獻通考》《四庫全書總目》），居第五位。由於《國語》一直被視作《春秋外傳》，所以由漢至宋始終收在《春秋》類，直至《四庫全書總目》才著錄於史部雜史類，知清人對於其書內容和性質的認定已趨公允。

  4.《四書》類情況較爲複雜，《郡齋讀書志》以前（包括《宋志》）只有《論語》類，《孟子》置於子部儒家類，遑論《四書》類之名。其中，《七略》《七錄》以《孝經》次《論語》後，其他各書反是。《遂初堂書目》首次升《孟子》入經，附於《論語》類。《直齋書錄解題》并設《語》《孟》類，《文獻通考》分設《論語》《孟子》類，尚未置立《四書》類。《千頃堂書目》則於《論》《孟》兩類之外另設《四書》類，

《明志》及《四庫全書總目》徑設《四書》類，《論》《孟》不再重出。

5.《孝經》類次於《春秋》類之後，或在《論語》（或《孟子》）之後，如《七略》《七錄》及《文獻通考》，居第八位；或在《論語》（或《四書》類）之前，如《隋志》，舊、新《唐志》，《崇文總目》，《郡齋讀書志》，《直齋書錄解題》，《宋志》，《明志》，居第七位（《直齋書錄解題》之《樂》類入子部，《四庫全書總目》之《樂》類後移，故居第六位）。《遂初堂書目》將《孝經》類書附在《論語》類。

6.《爾雅》，《七略》附在《孝經》類，《隋志》附在《論語》類，實際上與經解（五經總義）類書性質和作用相當。《舊唐志》則於小學類之外另設詁訓類，收《爾雅》類書。《新唐志》以下均在小學類，并無變動。

7.小學類大體上沒有變化，基本上都置於經部之末。《舊唐志》析出詁訓類，收《爾雅》《廣雅》類書，與他書不同。

8.《隋志》以前（含《隋志》）經解（五經總義）類均不獨立，或附在《孝經》類，或附在《論語》類。《舊唐志》以下，單獨列為一類，或稱經解，或稱諸經，或稱五經總義。

9.讖緯在《七錄》中列入術伎錄，不在經典錄。《隋志》舊、新《唐志》《直齋書錄解題》《文獻通考》單設讖緯（或作圖緯）類。宋代以降除《直齋書錄解題》和《文獻通考》外，其他各書則不設專類，附於相關經書類目之內（《易緯》著錄於《易》類）。不難看出，類目設置的這種變化適時而又明確地反映了學術思想的演變和書籍數量的多寡。

10.儀注類書原在史部（《七略》未獨立成類目，附在

《禮》類），各書并無不同，唯《通志》《文獻通考》列入經部（前者在禮類下，後者獨立爲類目，與《禮》《樂》并列），另設儀注類。謚法類書一般都在經解（五經總義）類（這一類未獨立之前，與之同樣附於《論語》類），只有《崇文總目》《郡齋讀書志》將謚法類書附在禮類，與他書不同；《文獻通考》單列謚法類，次於儀注類之後。

通過對經學文獻的目錄學研究，可以洞悉經學文獻的歷代著錄狀況，以及經部類目演變的一般規律。不難看出，從漢代到清代一千多年間經部保持著相對穩定的狀態，儘管由於學術流變、書籍數量、政治走向等方面的因素在時間和空間上每有因革損益，類目名稱、次序或書籍歸屬相應地有所調整、變化，但其主體內容未嘗少變，以經爲單位來劃分類目的原則也未始改易。在古人看來，"經稟聖裁，垂型萬世，刪定之旨，如日中天，無所容其贊述"。所以，歷代目錄所著錄者不過是"經"的傳世文本及歷代説解，"所論次者，詁經之説而已"；這就要求著錄的原則是"參稽衆説，務取持平，各明去取之故"①。正是出於對"經者，常也"②這一萬世不易的定理的認識，所以經部內容也才總體上保持穩定；也正是出於探究其去取之緣由和分類之標準的需要，所以才能揭示出經部類目演變的規律。

（原載《國學研究》第 37 卷，今據以收入）

---

① 《四庫全書總目》卷一經部總序，第 1 頁。
② ［漢］班固著，［清］陳立疏證：《白虎通疏證》卷九《五經》，中華書局 1994 年版，第 447 頁。

第二編　經學文獻的個案研究

正經正注成立考

"正經正注"語出清張之洞《書目答問》，爲經部類目之名稱，兼指列爲科舉程式的通行本"十三經注疏"（經、注文）和程朱系統新注"五經四書"，可以理解爲廣義的範疇。事實上，古人更爲通行的用法是狹義的，係指"十三經"及其相應的漢、魏以降古注，相當於張之洞原概念外延的一部分[①]。正經——"十三經"在先秦、秦漢時期俱已成書，正注則出現在漢、魏、晋時期（唐開元以降《孝經》通行玄宗御注除外），分別是《周易》魏王弼、晋韓康伯注，《尚書》僞漢孔安國傳，《毛詩》漢毛亨、毛萇詁訓傳、鄭玄箋，《周禮》鄭玄注，《儀禮》鄭玄注，《禮記》鄭玄注，《春秋左傳》晋杜預集解，《春秋公羊傳》漢何休解詁，《春秋穀梁傳》晋范甯集解，《論語》魏何晏集解，《孝經》唐玄宗御注，《爾雅》晋郭璞注，《孟子》漢趙岐章句。無論是正經還是正注都是歷史的，不是一成不變的，不同時代乃至不同地域的正經及其正注容有不同，即便是同一時代的同一正經的正注也可能不止一個。上述正經正注是唐宋時期最終定型的，延續至今，這是經

[①] 詳參拙作《經學文獻的衍生和通俗化——以近古時代的傳刻爲中心》，《北京大學學報》2013年第3期，第112頁。同名專著《緒論》，第1頁。

過歷史選擇的靜態結果。本篇著重考察的是歷史選擇的動態過程本身，亦即正經是如何從五經、七經、九經到九經三傳、十三經漸次形成的？前揭漢魏晉古注之所以最終能夠成爲正注，又經歷了怎樣的歷史選擇過程？爲什麽如《周易》、《尚書》、《論語》鄭玄注、《周易》、《尚書》、《毛詩》、《論語》、"三禮"、《左傳》王肅注、《左傳》服虔注、《孝經》所謂古文"孔（安國）傳"和今文"鄭（玄）注"等在特定歷史時期内也曾頗爲通行但終究未能成爲正注呢？本篇擬探究并嘗試解決這些問題，亦即正經正注的成立。

一、正經名實考

"正經"這個範疇，不僅不同時代、不同人的認知不盡相同，即便是同一時代不同人的認知也未必相同。我們大體上以時代先後爲次，略事剖判。東漢桓譚《新論》有"正經"篇，論及"三易"、《古文尚書》、《禮記》、《古論語》、《古孝經》、《左傳》及揚雄《太玄經》等[①]。《新論》所謂"正經"，當爲述賓結構詞組（《新論》其他篇目如《譴非》《袪蔽》《離事》《辨惑》等亦多爲述賓結構），意謂諟正、正定經書，與後世普遍理解的偏正結構不同。荀爽著有《尚書正經》[②]，其書已佚，但從書名來看，當亦爲述賓結構。鄭玄傳承《毛詩》之正變説，將與變風、變雅相對

[①] 桓譚《新論》久佚，清人有輯本，此據朱謙之先生校輯《新輯本桓譚新論》卷九，中華書局 2009 年版，第 38—42 頁。

[②]《後漢書》卷六二《荀爽傳》，第 2057 頁。

的正《詩》稱之爲"正經",曰:"文武之德……及成王,周公致太平……謂之《詩》之'正經'。……故孔子錄懿王、夷王時詩,訖于陳靈公淫亂之事,謂之'變風''變雅'。"①漢人亦有專稱某經爲正經者,如孔穎達《禮記正義》卷首題解備述"《周禮》見於經籍,其名異者,見有七處",或稱禮經,或稱經禮,或稱禮儀,或稱周官(經),"《禮説》云'有正經三百'"②,《禮説》係漢代緯書,所謂"正經"代指《周禮》,似與緯書相對。

漢代劉向、歆父子校書編目,始創七分法的目錄學分類體系,六藝略與諸子略并列,魏晉以降四部分類更有經部和子部之別。所以有以正經別於諸子者,如晉葛洪曰"正經爲道義之淵海,子書爲增深之川流"③;唐人所修《晉書》稱"譙周以司馬遷《史記》書周秦以上,或采俗語百家之言,不專據正經"④。此處"正經"乃泛指經書,以與子書相對。或具體專指某一部類經書,如西晉武帝太康十年(289)詔"往者衆議除明堂五帝位,考之禮文正經不通"⑤;或與緯書相對,如南朝梁許懋《封禪議》稱鄭玄引《孝經鈎命決》云云"此緯書之曲説,非正經之通義也","夫封禪者,不出正經,惟《左傳》云云",批評鄭玄"不能推尋正經,

---

① 《附釋音毛詩注疏》卷首《詩譜序》,中華書局影印嘉慶二十年南昌府學"重刊宋本十三經注疏"本(阮本),2013年重印2009年版,第555頁。

② 《附釋音禮記注疏》卷首,中華書局影印阮本,第2655頁。

③ [晉]葛洪著,楊明照校箋:《抱朴子外篇校箋》卷三二《尚博》,中華書局2007年重印1991年版,第98頁。卷四四《百家》重出,第441頁。

④ 《晉書》卷八二《司馬彪傳》,第2142頁。

⑤ 《宋書》卷一六《禮志三》,第423頁。《晉書》卷一九《禮志上》次句引作"考之禮文不正"(第584頁),《通典》卷四二禮二·沿革二·吉禮一"郊天"上引作"考之於禮不正"(中華書局1996年版,第1174頁)。

專信緯候之書"①。値得注意的是，其所謂正經當指狹義的五經，不包括《春秋》三傳等傳記。他如北魏劉芳《陳終德爲祖母持重又議》先後引《易》《書》《詩》及《論語》，"斯皆正經及《論語》士目上世位之明證也，士皆世禄也"②，知其所謂"正經"亦指五經，并不包括《論語》等傳記。但同時亦有用以泛指經書者，如北魏孝文帝《皇太子冠禮有三失詔》"《家語》雖非正經，孔子之言，與正經何異"③，所謂正經當包括《論語》在内。

唐朝明確規定了科舉取士的正經爲九經，并且明確使用"正經"這個範疇，如開元中纂修的《唐六典》既已如此。又如高宗永徽二年（651）長孫無忌奏議"而今從鄭之説，分爲兩祭，圜丘之外，別有南郊，違棄正經，理深未允"④；永隆二年（681）《條流明經進士詔》"如聞明經射策，不讀正經，抄撮義條，才有數卷"⑤。再如玄宗開元中司馬貞《孝經老子注易傳議》以爲《子夏易傳》"旨趣非遠，無益後學，不可將帖正經"⑥。王維《奉敕詳帝皇龜鏡圖狀》稱龜鏡圖"又多不出于正經，或取諸子之説，又取曹植《飛龍篇》、摯虞《庖犧讚》等，是一時文章之語，非正

---

① ［清］嚴可均：《全上古三代秦漢三國六朝文·全梁文》卷五八，中華書局1965年版，第3295頁。

② 同上書，《全後魏文》卷三八，第3706頁。

③ 同上書，《全後魏文》卷六，第3542頁。《魏書》卷一〇八之四《禮志四》之四引"與"下無"正"字（第2811頁）。《通典》卷五六禮十六·沿革十六·嘉禮"皇太子冠"引無"雖非正經"四字（第1577頁）。

④ 《通典》卷四三禮三·沿革三·吉禮二，第1194頁。

⑤ ［宋］宋敏求編：《唐大詔令集》卷一〇六"政事貢舉"，中華書局2008年版，第549頁。

⑥ ［清］董誥等編：《全唐文》卷四〇二，中華書局1982年影印嘉慶十九年内府刊本，第4107頁。

經本傳之事"①。相應地也已出現了正經正史的提法，如武宗會昌六年（846）鄭遂等奏議"正經正史，兩都之廟可徵"，顧德章奏議"則立廟東都，正經、史無據"，張薦等奏議"輒敢徵據正經，考論舊史"②。所謂正經，還多具體指稱某經之文本，如孔穎達等《周易》坤初六《小象》正義曰："夫子所作象辭，元在六爻經辭之後，以自卑退，不敢干亂先聖正經之辭。"③《尚書序·正義》"作序者不敢廁於正經，故謙而聚於下"④。《禮記·樂記》正義引馬昭云："《家語》，王肅所增加，非鄭所見；又尸子雜説，不可取證正經，故言未聞也。"⑤武后聖曆初（698）張柬之著論駁斥王元感，列舉"四驗"（《春秋》及三傳、《尚書》、《禮記》、《儀禮》）"并禮經正文，或周公所制，或仲尼所述"，"宣帝時少傅后蒼因淹中孔壁所得五十六篇著《曲臺記》，以授弟子戴德、戴聖、慶溥三人，合以正經及孫卿所述，并相符會"⑥。穆宗長慶元年（821）詔稱"孤竹管是祭天之樂，出於《周禮》正經"⑦。上述諸例蓋分別指代《易》《書》《禮記》《儀禮》《周禮》經文。此外，唐人亦有泛指經書，與子、史書相對者，如《漢書·王莽傳》"其文爾雅依托"顏師古注："爾雅，近正也。謂近於正經，依古義而

---

① ［唐］王維著，陳鐵民校注：《王維集校注》卷一一，中華書局 2013 年重印 1997 年第 1 版，第 1017 頁。
② 《舊唐書》卷二六《禮儀志六》，第 987、994、1006 頁。
③ 《周易兼義》卷一，中華書局影印阮本，第 32 頁。
④ 《附釋音尚書注疏》卷一，中華書局影印阮本，第 242 頁。
⑤ 《附釋音禮記注疏》卷三八，第 3325 頁。
⑥ 《舊唐書》卷九一《張柬之傳》，第 2936—2938 頁。
⑦ 《舊唐書》卷一六《穆宗本紀》，第 488 頁。

爲之説。"① 司馬貞《史記索隱》曰："《五帝德》《帝繫姓》皆《大戴禮》及《孔子家語》篇名。以二者皆非正經，故漢時儒者以爲非聖人之言，故多不傳學也。"② 又曰："東方朔亦多博觀外家之語，則外家非正經，即史傳褻説之書也。"③ 王顔《追樹十八代祖晋司空太原王公神道碑銘》"今於正經揭道字爲志，於子史揭道字爲翼"④。五代沿襲唐制，亦以九經三傳爲正經，如後唐明宗敕令國子監校刻"監本九經"（經注本）稱"朕以正經事大，不同諸書"⑤，童子"仍所念書，并須是部帙正經，不得以諸雜零碎文書，虚成卷數"⑥。

北宋朝廷藏書主要在三館，宮中如玉宸殿亦有藏書八千餘卷，真宗曰："此唯正經、正史，屢經校讎，他小説不與。"⑦ 知其亦采用正經、正史的類目劃分方法。真宗爲紀念太宗而興建的龍圖閣亦有藏書，下設經典閣、史傳閣、子書閣、文集閣、天文閣、圖畫閣六閣⑧。其中經典閣總3341卷，目録30卷，正經314卷，經解1035卷，訓詁495卷⑨，此外還有小學、儀注、樂書三

---

① 《漢書》卷九九中，第4114頁。
② 《史記》卷一《五帝本紀》，第47頁。
③ 《史記》卷一二六《滑稽列傳》，第3203頁。
④ 《全唐文》卷五四五，第5531頁。
⑤ 《全唐文》卷一一一《委馬縞等勘諸經敕》，第1135頁。
⑥ 《全唐文》卷一一〇《童子科出身不得遽授親人官勅》，第1124頁。
⑦ ［宋］王應麟：《玉海》卷五二書目"景德玉宸殿藏書"，武秀成、趙庶洋校證：《玉海藝文校證》卷一八，鳳凰出版社2013年版，第871頁。
⑧ 《玉海》卷五二書目"景德六閣圖書"引《實録》，武秀成、趙庶洋校證：《玉海藝文校證》卷一八，鳳凰出版社2013年版，第871頁。又見於宋李燾《續資治通鑑長編》卷五九景德二年四月戊戌，中華書局2004年版，第1329頁。
⑨ 《玉海》卷四二經解"咸平校定七經疏義"，《玉海藝文校證》卷八，第388頁。

類①。所謂正經 314 卷頗難索解,既與經解相對,則可以理解爲僅包括正經注疏,其餘歷代注解屬於經解類。截至景德二年(1005),九經三傳全部單疏本已由國子監校定、刊行完畢,卷數之和爲 345,而前此五代監本九經三傳經注本卷數之和爲 160,所以如果是包括全套九經三傳的經注本和單疏本的話,當有 505 卷;如果僅爲經注本(甚至可能包括白文本),則不當有 314 卷之多。因此,我們傾向於認爲,因爲"龍閣書屢經讎校,最爲精詳"(真宗語)②,所以其藏書當只注重其精而不在乎其全,所以所藏正經注疏(經注本和單疏本)僅有 300 餘卷。

較之唐人,宋人對於正經這個範疇的運用更加多元,并不統一。或指代六經,如歐陽修《讀書》詩有曰"正經首唐虞,僞說起秦漢"③。朱子議貢舉云"今樂經亡而禮經闕,二戴之禮已非正經,而又廢其一"④。或指代經注本,元祐中,鑒於"學者至不誦正經,唯竊安石之書以干進",所以呂公著改革科舉,"經義參用古今諸儒説,毋得專取王氏"⑤,正經當指不同於王氏新學之"三經新義"的正經注疏。或指代《春秋》經,與三傳相對而言,如程頤稱"《春秋》有三傳及三本正經,共是六本"⑥。紹興五年(1135)禮部議,"蓋以《春秋》正經載十二公二百四十二

---

① 《玉海》卷五二書目"景德六閣圖書"引《實錄》,《玉海藝文校證》卷一八,第 871 頁。

② 同上。

③ 《歐陽修全集·居士集》卷九,第 1 册,第 139 頁。

④ 《宋史》卷一五六《選舉志二》,第 3634 頁。

⑤ 《宋史》卷三三六《呂公著傳》,第 10775—10776 頁。

⑥ 《二程集·河南程氏外書》卷七《胡氏本拾遺》,中華書局 1980 年版,第 394 頁。

年之事，解語簡約，比之五經爲略；立之學官，歷時滋久，問目所在，易於周徧"，所以《春秋》義題仍聽於三傳解經處相兼出題①。十三年，高閌上《乞貢舉試〈春秋〉只於正經出題奏》，認爲"此法殊失尊經之意。今欲只於《春秋》正經出題，庶使學者專意經術"②。馬端臨還對《春秋》正經做出明確界定，"按《春秋》古經，雖《藝文志》有之，然夫子所修《春秋》，其本文世所不見。而自漢以來所編古經，則俱自三傳中取出經文，名之曰正經耳"③。或指代《周易》經文（上、下經六十四卦卦爻辭），如程迥指出"若納甲、卦氣之類，皆出緯書，不能合於正經，今不取"④。朱子談"讀《易》之法，先讀正經，不曉則將《彖》《象》《繫辭》來解"⑤。俞琰大德十年（1306）題《易學啓蒙小傳》識語稱"此書係借陳笑閒寫本抄録，其正經二篇并'十翼'與晦庵無異，其注'十翼'即晦庵本，故不復録"⑥。或指代經書白文本，以與注或注疏相對，如《中興館閣書目》著録五代後蜀《周易揲蓍法》一卷，引序言云"廣政壬戌歲（962），青山人以閩閫揲蓍

---

① 《附釋文互註禮部韻略》附貢舉條式，《四部叢刊續編》影印瞿氏鐵琴銅劍樓舊藏宋刊本。

② 曾棗莊、劉琳主編：《全宋文》卷四一三八（上海辭書出版社2006年版，第188册，第158頁），輯自《宋會要輯稿》選舉四之二七。

③ ［元］馬端臨：《文獻通考》卷一八二《經籍考九》，中華書局影印商務印書館《萬有文庫》十通本，1986年，第5374頁。

④ 《周易古占法・占説第八》，明嘉靖中范欽校、范氏天一閣刊《范氏二十種奇書》本。

⑤ 《朱子語類》卷六七《易》三"綱領下・讀《易》之法"，中華書局2011年重印1986年版，第1661頁。

⑥ ［宋］税與權：《易學啓蒙小傳・朱文公晁吕二氏〈古易〉得失辨》，（臺灣）商務印書館影印文淵閣《四庫全書》本，第19册，第24頁。

法鄙俚乖違，故依正經及注疏集出"①，此處正經則指《周易》經傳白文本。《通志·藝文略》經類《論語》類分爲正經、注解等類目，其中正經僅有蔡邕《今文石經論語》二卷②，實即熹平石經，爲《論語》白文本，何晏等諸家注則屬於注解類。馬端臨曾引其父馬廷鸞《儀禮注疏序》描述《儀禮》單疏本"正經、注語，皆標起止，而疏文列其下"③，所謂正經，與注相對，係指《儀禮》白文。

元、明、清三代對於正經的理解大體沿襲宋人，也是多元的④。至清末張之洞則把列爲科舉程式的"十三經注疏"（經、注文）和程朱等宋元人新注五經皆視作正經、正注，其文有曰：

"十三經注疏"及相台岳氏本"五經"，皆古注。（原注：《易》，王弼、韓康伯注。《書》，孔安國傳。《詩》，鄭康成注。《春秋左傳》，杜預《集解》。《禮記》，鄭康成注。）沿明制通行之"五經"皆宋、元注。（原注：《易》，朱子《本義》，程《傳》。《書》，蔡沈《傳》。《詩》，朱子《集傳》。《春秋》，舊用胡《傳》，今廢，仍用《左傳》杜注。《禮記》，

---

① 〔宋〕馮椅：《厚齋易學》附錄二"先儒著述"下，（臺灣）商務印書館影印文淵閣《四庫全書》本，第 16 册，第 839 頁。

② 〔宋〕鄭樵：《通志·藝文略第一》經類第一，王樹民點校：《通志二十略》，中華書局 1995 年版，第 1479 頁。

③ 《文獻通考》卷一八〇《經籍考七·儀禮疏》引，第 5332 頁。

④ 古人對於"正經"的認定，當然不僅僅局限於儒家經典。他如道藏三洞經典亦有稱正經者，如薛幽棲《太上洞玄靈寶無量度人上品妙經叙》"以三洞正經居前，三大副經居後，《道德》二篇爲輔弼"（《全唐文》卷九二八，第 9674 頁）。中醫針灸經絡"正經十二，別絡走三百餘支"（〔清〕張金吾編：《金文最》卷一二〇附錄竇杰《鍼經標幽賦》，中華書局 1990 年版，第 1720 頁）。

陳澔［當作澔］《集説》。）此爲正經正注。[①]

其《書目答問》也正好踐行了這種理念。卷首目録"正經正注弟一"，（原注："十三經""五經四書"合刻本、諸經分刻本，附諸經讀本。）卷一經部"正經正注第一"，（原注：此爲誦讀定本，程試功令，説經根柢。注疏本與明監本"五經"功令并重。）尾題"以上正經正注合刻本""以上正經正注分刻本"。（原注：注疏乃欽定頒發學官者；宋元注乃沿明制通行者；《四書》文必用朱注；"五經"文及經解，古注仍可采用。不知古注者，不得爲經學。）[②]如上所述，本篇對於正經正注采用狹義的界定方式，即指十三經及其特定古注，五經四書系統不與焉[③]。

二、正經成立考

正經不是一成不變的，而是歷史的，具有鮮明的時代性，不同時代的正經容有不同。宋代甫告成立的"十三經"的構成頗爲複雜，如龔自珍所云，六經（《易》《書》《詩》《禮》《樂》《春秋》）由來已久，餘者或以傳爲經，如《左傳》《公羊傳》《穀梁

[①] ［清］張之洞：《輶軒語·語學第二·通經》，《張文襄公全集》卷二〇四，民國十七年（1928）新城王氏北平文華齋刊本，第14頁a。

[②] 以上引文分別見於清張之洞著，范希曾補正《書目答問補正》（上海古籍出版社1983年版）相應部分（目録第1頁，正文第1、7頁）。

[③] 我們認爲，近古時代五經四書系統從正經注疏系統中獨立出來，并一躍而成與之分庭抗禮的另一主幹系統。説詳本書《經學文獻與經學文獻學芻議》（第12—23頁）。

傳》；或以記爲經，如《禮記》；或以傳記爲經，如《論語》《孝經》；或以群書爲經，如《周禮》；或以子爲經，如《孟子》；或以經之輿儓爲經，如《爾雅》①。不管《樂》本有經還是《樂》本無經，至少到漢代六藝實際上就只剩下五經。自文、景帝始立《詩》《書》《春秋》等經博士，至武帝時立《易》《書》《詩》《禮》《春秋》五經博士，這是漢代的正經。《春秋》"三傳"、《禮記》以及《論語》《孝經》《孟子》《爾雅》都是傳記。據趙岐《孟子題辭》，"孝文皇帝欲廣遊學之路，《論語》《孝經》《孟子》《爾雅》皆置博士。後罷傳記博士，獨立五經而已"②。錢大昕以爲，傳記博士之罷當在武帝建元五年（前136）立五經博士之時③。東漢又有"七經"之名④，一般認爲是五經加《論語》《孝經》。在漢代，孔子被神化，地位拔高，行事罩上了神異光環，故《論語》成爲學習和尊奉的聖經。漢朝重視孝道，提倡"以孝治天下"。所以《論語》《孝經》雖非正經，却得以躋身於經書序列⑤。此外，漢代其他經書如《大戴禮記》原本是與《禮記》并行的儒家經典，後以鄭玄注"三禮"（《周禮》《儀禮》《禮記》），《禮記》逐漸成爲正經，其書遂至湮没無聞，從屬於《禮記》類。董仲舒《春秋

---

① ［清］龔自珍：《龔自珍全集》第一輯《六經正名》，第 36—38 頁。
② 《孟子注疏解經》卷首，中華書局影印阮本，第 5793 頁。
③ 《潛研堂集》卷九《答問六》，上海古籍出版社 2009 年版，上册，第 135 頁。
④ 《後漢書》卷二七《趙典傳》注引謝承《（後漢）書》曰："（趙）典學孔子七經、河圖、洛書，内外藝術，靡不貫綜，受業者百有餘人。"（第 947 頁）《三國志》卷三八《蜀書·秦宓傳》曰："蜀本無學士，文翁遣相如東受七經，還教吏民，於是蜀學比於齊魯。"（中華書局 1982 年第 2 版，第 973 頁）
⑤ 據劉歆《七略》删取其要而成的《漢書·藝文志》，其"六藝略"類目除六藝外尚有《論語》《孝經》和小學三種。

繁露》雖非經書，蓋其書多主《公羊》以立論，故後世多從屬於《公羊》類。

漢代無論是西漢五經博士還是東漢十四博士，其爲正經則一也，即五經。至魏晉時期，則有十九博士，據王國維先生研究，分別歸屬正經《易》《書》《詩》及"三禮""三傳"之不同家法①。東晉以降已有變化，"魏及晉西朝置十九人，江左初減爲九人，皆不知掌何經。元帝末，增《儀禮》《春秋公羊》博士各一人，合爲十一人。後又增爲十六人，不復分掌五經，而謂之太學博士也"。至南朝沿襲東晉制，"國子祭酒一人，國子博士二人，國子助教十人。《周易》《尚書》《毛詩》《禮記》《周官》《儀禮》《春秋左氏傳》《公羊》《穀梁》各爲一經，《論語》《孝經》爲一經，合十經。助教分掌"②。知其實爲十一經，博士不復分經，助教各掌一經。

至有唐一代，號稱九經，《易》《書》《詩》外"三禮""三傳"分而習之，是爲狹義的九經；廣義的九經則另包括《論語》《孝經》《爾雅》，所謂九經三傳，實爲十二經。值得注意的是，較之漢代，唐代"五經"頗有異同，《易》非今文施、孟、梁丘、京氏而是費氏《易》，《書》非今文歐陽和大小夏侯而是僞古文，《詩》非今文魯、齊、韓三家而是古文《毛詩》，《禮》非《禮經》(《儀禮》)而是《禮記》，《春秋》非《春秋》經而是兼有經傳的《春秋左傳》。朝廷明確規定"正經有九"爲國子監"教授之經"③

----

① 《漢魏博士考》，《王國維手定觀堂集林》卷四，浙江教育出版社2014年，第94—96頁。

② 以上《宋書》卷三九《百官志上》，第1228頁。

③ [唐]李林甫等：《唐六典》國子監卷第二十一，中華書局2008年版，第558頁。

和科舉取士"明經各試所習業",其中《禮記》《左傳》爲大經,《毛詩》《周禮》《儀禮》爲中經,《周易》《尚書》《公羊傳》《穀梁傳》爲小經①。《孝經》《論語》并須兼習。明經試兩經,進士一經,每經十帖,《孝經》二帖,《論語》八帖②。天寶元年(742),"明經停《老子》,加習《爾雅》"。十一載,"明經所試一大經及《孝經》《論語》《爾雅》,帖各有差","進士所試一大經及《爾雅》"③。國子博士掌教授"五分其經以爲之業,習《周禮》《儀禮》《禮記》《毛詩》《春秋左氏傳》"。對於"其習經有暇者,命習隸書并《國語》、《説文》、《字林》、'三蒼'、《爾雅》。每旬前一日,則試其所習業"④。自魏晉直至唐代,漢人所謂傳記已漸次包含在經的範圍之內。唐代朝廷頗爲重視正定經書文本的工作,貞觀七年(633)十一月,頒新定五經⑤。董其事者爲顏師古,《舊唐書》本傳記其事云:

---

① 雖然正經有九,但因爲各經字數及難易程度等原因,至唐代中葉《周禮》《儀禮》《公羊》《穀梁》乃至《左傳》已少人問津。開元八年七月,國子司業李元瓘上言:"三禮、三傳及《毛詩》《尚書》《周易》等,并聖賢微旨,生人教業,必事資經遠,則斯道不墜。今明經所習,務在出身,咸以《禮記》文少,人皆競讀。《周禮》經邦之軌則,《儀禮》莊敬之楷模,《公羊》《穀梁》歷代崇習,今兩監及州縣,以獨學無友,四經殆絕。事資訓誘,不可因循。"(《通典》卷一五選舉三"歷代制"下,第355頁)十六年國子祭酒楊瑒奏:"今之明經,習《左傳》者十無二三,若此久行,臣恐左氏之學,廢無日矣。……又《周禮》《儀禮》及《公羊》《穀梁》殆將廢絕,若無甄異,恐後代便棄。望請能通周、儀《禮》、《公羊》、《穀梁》者,亦量加優獎。"(《舊唐書》卷一八五下《良吏傳下》,第4820頁)

② 《唐六典》尚書吏部卷第二,第45頁。"尚書禮部"卷第四所記相同(第109頁)。

③ 《通典》卷一五選舉三"歷代制"下,第356頁。

④ 《唐六典》國子監卷第二十一,第559頁。

⑤ 《舊唐書》卷三《太宗本紀下》,第43頁。

太宗以經籍去聖久遠，文字訛謬，令師古於秘書省考定五經，師古多所釐正，既成，奏之。太宗復遣諸儒重加詳議，于時諸儒傳習已久，皆共非之。師古輒引晉、宋已來古今本，隨言曉答，援據詳明，皆出其意表，諸儒莫不歎服。於是兼通直郎、散騎常侍，頒其所定之書於天下，令學者習焉。①

十二年（638），太宗"又以儒學多門，章句繁雜，詔國子祭酒孔穎達與諸儒撰定'五經義疏'"②，初名曰"義贊"，有詔改爲《五經正義》③。後又經反覆審定，至高宗永徽四年（653），"太尉（長孫）無忌、左僕射張行成、侍中高季輔及國子監官，先受詔修改《五經正義》，至是功畢，進之，詔頒於天下，每年明經依此考試"④。代宗大曆十年（775）國子司業張參承詔再次校定經書文本，這也是開成石經雕鐫的直接動因。經過校定的文本"初書於屋壁，其後易以木版，至開成間乃易以石刻也"⑤。文宗大和七年（833）至開成二年（837），雕鐫九經三傳，在長安國子監講論堂兩廊立石，是爲開成石經，成爲士人傳習和科舉考試的官學定本。

五代後唐至後周歷經四朝二十餘年刊刻完成的"監本九經"

---

① 《舊唐書》卷七三，第2594頁。詳見唐吳兢《貞觀政要》卷七《崇儒學》第二十七（明刊本）。

② 《舊唐書》卷一八九上《儒學列傳上》，第4941頁。

③ 《新唐書》卷一九八《儒學列傳上》，第5644頁。

④ 以上宋王溥《唐會要》卷七七《論經義》，中華書局1998年版，第1405頁。《五經正義》頒行天下，明經依此考試，又見於《舊唐書》卷四《高宗本紀上》（第71頁）。

⑤ ［清］永瑢等：《四庫全書總目》卷四一經部四十一小學類二《五經文字》提要，中華書局影印清乾隆六十年浙江杭州刻本，1965年，第348頁。

亦即九經三傳經注本，經文所從出之底本即開成石經，這是儒家經典首次雕版印刷。北宋國子監校定刊行群經的工作持續了六十餘年，先後校刊《五經正義》、"七經疏義"單疏本，并重刊經注本，這是中國歷史上規模最大、延時最久的儒家經典整理、刊行工程①。於是，九經三傳經注本和單疏本盡皆具全。《孟子》除漢代一度列爲傳記博士外，由漢至唐皆作爲子部儒家類著作。隨著唐代後期儒學復興運動和北宋時期道學的興起，《孟子》地位日隆，逐漸進入經書序列，於是有所謂"十三經"。尤其是南宋孝宗淳熙中朱子編撰《四書章句集注》，《孟子》成爲《四書》之一，地位進一步提升。宋初科舉猶仍唐制，熙寧變法，進士罷廢詩賦，以經義取士，"士各占治《易》《詩》《書》《周禮》《禮記》一經，兼《論語》《孟子》"②。《論》《孟》被當作兼經，列爲科舉考試的科目。元祐四年（1089），立經義、詩賦兩科，凡專經進士，須習兩經，"以《詩》《禮記》《周禮》《左氏春秋》爲大經，《書》《易》《公羊》《穀梁》《儀禮》爲中經"③；凡詩賦進士，"於《易》《詩》《書》《周禮》《禮記》《春秋左傳》内聽習一經"，是爲宋人所謂六經，如八行本《禮記正義》黃唐跋提及的"六經疏義"即此六經，南宋早期浙東刊行的八行本亦即此六經；《春秋》三傳分別言之則爲"六經三傳"，如魏了翁《毛義甫〈六經正誤〉序》"盡取六經三傳諸本"④。六經以外"又以《孟子》升經，《論

---

① 參見拙著《經學文獻的衍生和通俗化》第一章"正經注疏的衍生和傳刻"第二節"北宋國子監校刻群經考"，北京大學出版社2014年版，第45—68頁。
② 《宋史》卷一五五《選舉志一》，第3618頁。
③ 同上書，第3620—3621頁。
④ 《全宋文》卷七〇八〇，第310冊，第43頁。

語》《孝經》爲三小經，今所謂'九經'也①；《春秋》三傳分別言之則爲"九經三傳"（十一經），如撫州公使庫本"舊板惟六經三傳，今用監本添刊《論語》《孟子》《孝經》，以足'九經'之數"②，實爲九經三傳，他如余仁仲萬卷堂刊"建本十一經"亦然；南宋末廖瑩中世綵堂刊九經，元岳浚翻刻時增刻《公》《穀》二傳，亦爲九經三傳，凡十一經。近古時代最爲通行的十行本有宋刻、元刻之別，宋刻亦爲十一經③，至元刻十行本則湊齊十三經之數④，嗣後明清彙刻"十三經注疏"亦均爲十三經。

三、正注成立考

漢代立於學官的五經博士，"初，《書》唯有歐陽（高），《禮》后（蒼），《易》楊（何，王先謙《補注》以爲楊［何］乃田［何］字之誤），春秋《公羊》而已。至孝宣世，復立大小夏侯《尚書》，大小戴《禮》，施、孟、梁丘《易》，穀梁《春

---

① 《玉海》卷四二"經解／總六經"，《玉海藝文校證》卷八，第342頁。

② ［宋］黃震：《慈溪黃氏日抄分類》卷九二《修撫州六經跋》，《中華再造善本》影印上海圖書館藏明洪武翻刻本（郭立暄：《中國古籍原刻翻刻與初印後印研究·通論編》，中西書局2015年，第58頁）。除此之外另刻《儀禮》（黃書同卷《修撫州儀禮跋》）。

③ 張麗娟：《宋代經書注疏刊刻研究》第六章"建陽坊刻十行注疏本及其他宋刻注疏本"第一節"南宋建陽坊刻十行注疏本"，北京大學出版社2013年版，第385—386頁。

④ 其中《儀禮》是白文本及楊復《儀禮圖》《旁通圖》，并非注疏合刻本。當然，宋人已有"十三經"之稱，不過并不多見，如袁本《郡齋讀書志·（趙希弁）讀書附志》經類著錄五代後蜀廣政石經爲"石室十三經"（其中《孟子》係北宋補刻）。

秋》。至元帝世，復立京氏《易》"。以上皆爲今文學，只有平帝朝古文經一度立於學官，"又立《左氏春秋》《毛詩》《逸禮》《古文尚書》，所以罔羅遺失，兼而存之，是在其中矣"①。至東漢初《易》施、孟、梁丘、京氏，《尚書》歐陽、大、小夏侯，《詩》齊、魯、韓，《禮》大、小戴，《春秋》嚴、顔，號稱十四博士②。而民間古文學的發展勢不可當，影響力逐漸超越今文學，於是三國之際今、古文學代謝，"古文學之立於學官，蓋在黄初之際"，魏和西晋博士皆爲十九人，"除《左傳》杜注未成、《尚書》孔傳未出外，《易》有鄭氏、王氏，《書》有賈、馬、鄭、王氏，《詩》及《三禮》鄭氏、王氏，《春秋左傳》服氏、王氏，《公羊》顔氏、何氏，《穀梁》尹氏，適得十九家，與博士十九人之數相當"③，其中"惟《禮記》《公》《穀》三家爲今學，餘皆古學"。蜀、吴亦置博士，雖員數無考，而風尚略同。所以，王國維先生説"學術變遷之在上者，莫劇於三國之際"④。經、注原本各自別行，王國維先生認爲六朝以後行世者，只有經注本而無單經本⑤。《三國志·魏書》記載高貴鄉公和博士淳于俊的問答，其

① 以上《漢書》卷八八《儒林傳贊》，第3620—3621頁。

② 《後漢書》卷七九上《儒林列傳序》，第2545頁。王國維先生認爲東漢初曾置慶氏《禮》博士（《漢魏博士考》，第94頁）。

③ 余嘉錫先生認爲，王國維先生所謂"王氏"，"其意以指王肅。愚謂王弼所注，魏時誠未必立學，至於東晋，博士十九人，《周易》唯有王氏。觀陸澄言，泰元立王肅《易》，以其在玄、弼之間。則元帝時所立，實是弼注。西晋初年，清談盛行，疑弼注已立博士。王静安所考十九人家法，出於意測，恐未足爲據也"（《四庫提要辨證》卷一經部一《周易正義》十卷，中華書局2012年重印2007年第2版，第6—7頁）。

④ 以上《漢魏博士考》，《王國維手定觀堂集林》卷四，第94—96頁。

⑤ 王國維：《五代兩宋監本考》卷上，《宋元版書目題跋輯刊》影印本，北京圖書館出版社2003年版，第3册，第525頁。

文略曰：

> 帝又問曰："孔子作《彖》《象》，鄭玄作注，雖聖賢不同，其所釋經義一也。今《彖》《象》不與經文相連，而注連之，何也？"俊對曰："鄭玄合《彖》《象》于經者，欲使學者尋省易了也。"①

可見，至少魏立於學官的《周易》鄭注已是經注本。孔穎達《毛詩正義·周南關雎詁訓傳第一》云："漢初爲傳訓者，皆與經別行。三傳之文不與經連，故石經書《公羊傳》皆無經文。……及馬融爲《周禮》之注，乃云欲省學者兩讀，故具載本文。"②可見已有馬融創例在先。而從出土文獻來看，海昏侯簡《詩》已帶有注文，由是知經注本至少在西漢既已出現，魏晉時期蓋已通行。

至東晋元帝大興元年（318）所立正經數目縮減，博士員數亦削減，"議欲修立學校，唯《周易》王氏、《尚書》鄭氏、古文孔氏、《毛詩》、《周官》、《禮記》、《論語》、《孝經》鄭氏、《春秋左傳》杜氏、服氏，各置博士一人。其《儀禮》《公羊》《穀梁》及鄭《易》，皆省不置博士"③。於是有荀崧於四年上疏，建議"宜爲鄭《易》置博士一人，鄭《儀禮》博士一人，《春秋公羊》博士一人，《穀梁》博士一人"④。有司奏"宜如崧表"，元帝詔曰："《穀

---

① 《三國志》卷四《魏書四·三少帝紀》，第 136 頁。
② 《附釋音毛詩注疏》卷一，第 562 頁。
③ 《宋書》卷一四《禮志一》，第 360 頁。《晋書》卷七五《荀崧傳》記載略同，唯揭示背景曰"時方修學校，簡省博士"（第 1976 頁）。
④ 《晋書》卷七五《荀崧傳》，第 1978 頁。

梁》膚淺，不足立博士。餘如所奏。"① 并於是歲增置鄭《易》、鄭《儀禮》及《公羊》博士三人②。

進入南北朝時期，南北經學好尚不同，主要表現在各正經所主之正注頗有異同，《隋書·儒林傳序》曰：

> 南北所治章句，好尚互有不同。江左《周易》則王輔嗣，《尚書》則孔安國，《左傳》則杜元凱。河洛《左傳》則服子慎，《尚書》《周易》則鄭康成。《詩》則并主於毛公，《禮》則同遵於鄭氏。大抵南人約簡，得其英華；北學深蕪，窮其枝葉。考其終始，要其會歸，其立身成名，殊方同致矣。③

以上只就五經而言南北所主正注之異同，不過是粗綫條的大致輪廓④。具體説來，南朝以文學著稱，不重經術，梁武帝天監四年

---

① 《宋書》卷一四《禮志一》，并記載結果云"會王敦之難，事不施行"（第362頁）。《晋書》卷七五《荀崧傳》迻録詔書，立作置，奏上無所字，不上無事字，行上無施字（第1978頁）。

② 余嘉錫先生引《南齊書·陸澄傳》"太常荀崧請置《周易》鄭玄注博士，行乎前代"（卷三九，第684頁）和《晋書·元帝紀》"置《周易》《儀禮》《公羊》博士"（卷六，第154頁），推定《晋書》所謂"會王敦之難，事不施行"的記載是錯誤的，大興四年即從崧之請而增置除《穀梁》之外博士三人，其中《易》即鄭氏（《四庫提要辨證》卷一經部一《周易正義》十卷，第4—5頁）。

③ 《隋書》卷七五，第1705—1706頁。唐李延壽《北史》卷八一《儒林列傳序》略有異同，"南北"上有"大抵"二字，"治"作"爲"（中華書局2003年重印1974年第1版，第2709頁）。

④ 余嘉錫先生指出，言經學源流者多所援引的這段論述，不過"史臣綜數百年風氣加以概括，約舉大都云爾。若細加剖判，考其變遷，則時有不同，地有不同，學以人傳，人因習異，未有能共軌同風顧若畫一者也"（《四庫提要辨證》卷一經部一《周易正義》十卷，第14頁）。

（505），"乃詔開五館，建立國學，總以五經教授，置五經博士各一人。於是以平原明山賓、吳郡陸璉、吳興沈峻、建平嚴植之、會稽賀瑒補博士，各主一館"①。而北人純樸，專宗鄭、服，儒學爲盛。北魏道武帝初定中原，"始建都邑，便以經術爲先。立太學，置五經博士，生員千有餘人"。其後諸帝及至北齊、北周亦雅重經典，以經術進者如盧玄、高允、劉芳、李彪、盧景宣、沈重、熊安生等，"是以天下慕嚮，文教遠覃"②。具體到各經，"（鄭）玄《易》《書》《詩》《禮》《論語》《孝經》，（服）虔《左氏春秋》，（何）休《公羊傳》，大行於河北。王肅《易》，亦間行焉"。杜預注《左氏》，"齊地多習之，自梁越以下傳受講説者甚衆"③。"河北講鄭康成所注《周易》"，"河南及青、齊之間，儒生多講王輔嗣所注《周易》，師訓蓋寡"。北朝大儒徐遵明兼通《尚書》，所傳"并鄭康成所注，非古文也。下里諸生，略不見孔氏注解"。三禮并出遵明之門，"諸生盡通《小戴禮》，於周、儀《禮》兼通者十二三焉"。通《毛詩》者多出於魏朝博陵劉獻之。河北諸儒能通《春秋》者，"并服子慎所注"，亦出遵明之門。又有姚文安、秦道靜"初亦學服氏，後更兼講杜元凱所注。其河外儒生俱伏膺杜氏"。除五經外，"其《公羊》《穀梁》二傳，儒者多不措懷。《論語》《孝經》，諸學徒莫不通講"④。青、齊之間，多講王弼《周易》注、杜預《春秋

---

① 《南史》卷六一《儒林列傳序》，第1730頁。
② 《北史》卷八一《儒林列傳序》，第2704—2706頁。
③ 《魏書》卷八四《儒林列傳序》，第1834頁。
④ 以上《北齊書》卷四四《儒林列傳序》，第583—584頁。余嘉錫先生根據上述《魏書》和《北齊書》的材料分析，"則北朝境内，河北、河南、青齊三地所治章句，其好尚亦互有不同，河南、青齊多講王注，惟大河以北，方宗鄭玄。是鄭、王兩《易》，已中分北朝，若更益以江左，則王義所被，不止三分有二，儒玄盛衰，於兹可見"（《四庫提要辨證》卷一經部一《周易正義》十卷，第15頁）。

經傳集解》,"蓋青、齊居南北之中,故魏晉經師之書,先自南傳於北"①。

隋朝結束了南北朝的分裂局面,國家的統一也促成了經學的整合和統一,原本南北不同好尚的正注也逐漸趨向統一。清皮錫瑞論曰:"天下統一,南并於北;而經學統一,北學反并於南。……北人篤守漢學,本近質樸;而南人善談名理,增飾華詞,表裏可觀,雅俗共賞。故雖以亡國之餘,足以轉移一時風氣,使北人舍舊而從之。"②隋煬帝時舊儒多已凋亡,"二劉拔萃出類,學通南北,博極今古,後生鑽仰,莫之能測。所製諸經義疏,搢紳咸師宗"③。二劉皆北人,而所傳如費甝《尚書義疏》和偽《孔傳》又是南學,"此北學折入於南之一證"④。繼隋之後,唐代前期以闡釋五經的傳記的作者如左丘明、子夏等,以及漢代有傳經之功者如伏勝、高堂生等,漢代直至魏晉古注在當時仍舊通行者如鄭玄、王弼等配享孔子,貞觀二十一年(647)詔曰:

左丘明、卜子夏、公羊高、穀梁赤、伏勝、高堂生、戴聖、毛萇、孔安國、劉向、鄭眾、杜子春、馬融、盧植、鄭玄、服虔、何休、王肅、王弼、杜元凱、范甯等二十一人,并用其書,垂於國冑。既行其道,理合襃崇。自今有事太學,可與顏子俱配享孔子廟堂。⑤

---

① 《經學歷史》之六"經學分立時代",中華書局 2014 年版,第 133 頁。
② 《經學歷史》之七"經學統一時代",第 135—136 頁。
③ 《隋書》卷七五《儒林列傳序》,第 1707 頁。
④ 《經學歷史》之六"經學分立時代",第 133 頁。
⑤ 《舊唐書》卷一八九上《儒學列傳上》,第 4941—4942 頁。又見於《貞觀政要》卷七《崇儒學》第二十七。

知其對待經書的漢魏晉古注采取一種開放式、兼容并包的態度，正反映了經學領域的統一和融合。科舉明經試策，"皆錄經文及注意爲問"；帖經"其進士帖一小經及《老子》"，"皆經、注兼帖"①。可知策問和帖經都兼及經文和注文。至開元中纂修《唐六典》已明確規定國子監教授之"正經"及其"正業"：

《周易》，鄭玄、王弼注；《尚書》，孔安國、鄭玄注；三禮、《毛詩》，鄭玄注；《左傳》，服虔、杜預注；《公羊》，何休注；《穀梁》，范甯注；《論語》，鄭玄、何晏注；《孝經》《老子》，并開元御注。舊令：《孝經》，孔安國、鄭玄注。②

除《孝經》在玄宗御注之前兼習孔、鄭注外，餘者終唐之世并無變動。由諸經所主之正注來看，明顯地呈現出南北統一、兼容并包的學術傾向，這與統一的封建國家的文化政策和學術導向是完全一致的，同時也是漢唐章句注疏之學的集成和總結。當然，各經所取之正注淵源有自，皆非主觀臆測，應該都是延續漢魏以降的學術傳統。由陳入隋至唐的陸德明《經典釋文》即頗具代表性③，

---

① 《唐六典》尚書吏部卷第二，第 45 頁。
② 《唐六典》國子監卷第二十一，第 558 頁。
③ 《經典釋文》卷首有陸氏自序，稱其書撰集於"癸卯之歲，承乏上庠"之時。《四庫提要》考證癸卯爲陳後主至德元年（即隋開皇三年，583），"德明年甫弱冠，即能如是淹博耶？或積久成書之後，追紀其草創之始也"（《四庫全書總目》卷三三經部三十三五經總義類是書提要，第 270 頁）。余嘉錫先生則明確認定至德元年即爲《釋文》成書之年，援引錢大昕《跋經典釋文》（《潛研堂文集》卷二七）、《十駕齋養新錄·陸德明》和盧文弨《釋文考證》引臧鏞堂說，推知是歲德明年已三十（《四庫提要辨證》卷二經部二《經典釋文》，第 65—66 頁）。

"爲唐人義疏之先聲"①，各經所主據以注釋音義的底本均爲經注本，《易》"今以王（弼）爲主，其《繫辭》以下王不注，相承以韓康伯注續之，今亦用韓本"；《書》"今以孔（安國）氏爲正，其《舜典》一篇，仍用王肅本"；《詩》"唯《毛詩》鄭（玄）箋獨立國學，今所遵用"；三禮"今三禮俱以鄭（玄）爲主"；《春秋》三傳"《左氏》今用杜預注，《公羊》用何休注，《穀梁》用范甯注"（原注："二傳近代無講者，恐其學遂絶，故爲音以示將來。"）；《孝經》"《古文孝經》世既不行，今隨俗用鄭注十八章本"；《論語》"（何晏《集解》）盛行於世，今以爲主"；《爾雅》"今依郭（璞）本爲正"②。不難看出，除《孝經》開元以降主玄宗御注外，《釋文》所主各家注均爲唐宋以降成爲正注者，爲唐宋疏義（《正義》）所本，這一方面説明雖然唐代朝廷規定的"正經"的"正業"體現出南北統一、兼容并包的傾向，但確如皮錫瑞所謂"北學反并於南"，主要還是因仍南朝以來正注之舊，另一方面也説明由南北朝至隋唐已逐漸形成并固定下來這一學術傳統，這是經過歷史選擇的結果，歷經近古時代延續至今。

唐貞觀中孔穎達等纂修《五經正義》，他如賈公彦、徐彦③、楊士勛所撰"二禮"（《儀禮》《周禮》）、"二傳"（《公羊傳》《穀梁傳》）疏，疏（《正義》）文所釋不僅有經文，還有相應的注文，所據正注除《孝經》外悉同前揭陸氏《釋文》。更爲重要的

---

① 《經學歷史》之七"經學統一時代"，第 146 頁。
② ［唐］陸德明著，吳承仕疏證：《經典釋文序録疏證·注解傳述人》，中華書局 1984 年版，第 37—145 頁。
③ 《四庫全書總目》卷二六經部二十六《春秋》類一《春秋公羊傳注疏》提要從北宋董逌《廣川藏書志》説，以爲徐彦當在唐貞元、長慶以後（第 211 頁）。現在一般認爲徐彦是北朝人。

是，雖然開成石經的文本係白文本，但其所從出之底本均爲經注本，而且明確地反映在文本之中，如《周易》起首題"周易上經乾傳第一"，次行低六字署"王弼注"，他皆類此。至五代國子監監本九經三傳刊行，即爲經注本，除《孝經》爲御注本外餘者亦皆悉同《釋文》，這是正經正注首次集中、系統地整理和頒行，標志著正經正注最終確立。至北宋國子監校刊單疏本，新修《論語》《孝經》《爾雅》三經疏，亦分別以何氏、玄宗、郭氏注本爲主，至此九經三傳正經注疏得以完成。《孟子》進入經書序列最晚，以趙注爲主，假托北宋大儒孫奭的《孟子疏》成書於南宋前期，於是有"十三經注疏"。

與正經的時代性相一致，正注也具有很強的時代性，不同時代的正注往往是不同的。自孔子徵文考獻，删述六經，其後子夏、荀卿有傳經之功，開啓漢代經學。而從漢代經今、古文學并行，直至唐宋正注最終明確下來，成爲後世通行的樣態，其間迭經遞嬗，每多變故，既有學術發展的内在規律性，又有政治、思想等其他多重因素的影響。下面，我們具體説明各經正注的歷代沿革[①]。

漢代《周易》先後立於學官者爲今文楊何及施、孟、梁丘和京氏，費氏《易》未得立。東漢馬融、鄭玄及魏王肅[②]、王弼皆傳費氏《易》，并爲之注。魏、西晋鄭玄、王肅置博士，永嘉之亂，施氏、梁丘之《易》亡，孟、京之《易》人無傳者，唯鄭康成、王輔嗣所注行於世。東晋元帝大興四年以降，"玄、弼兩立，元嘉

---

① 所據資料的文獻來源爲《史記・儒林列傳》《漢書・儒林傳》《漢書・藝文志》《後漢書・儒林列傳序》《經典釋文・序録・注解傳述人》《隋書・經籍志》《魏書・儒林列傳序》《北齊書・儒林列傳序》及唐宋諸經疏（《正義》）序，恕不一一出注。

② 所謂王肅《易傳》實係其父王朗所作、由肅撰定，後立於學官（《三國志》卷一三《魏書十三・王肅傳》，第419頁）。

建學，因仍不改。故晉、宋之際，鄭、王兩學并行於世"①。南朝宋元嘉中顏延之黜鄭置王，至齊永明中以王儉、陸澄之力鄭《易》得重置博士，然立學未久，旋即停廢。梁、陳兩朝鄭、王二注并列國學②，"鄭氏《易》之在南朝，日以益微，特未有明詔廢之而已"③。北朝鄭注爲盛，青齊亦講王氏，而師説蓋寡。隋代王注盛行，鄭學浸微。總之，"鄭學行而衆説廢，王學盛而鄭氏又微，自東晉以後，僅此二家相爲起伏，馬融、王肅且不能與之爲敵，何論其餘？至陳、隋之際，而王氏定於一尊"④，所以陸德明《釋文》所據即爲王（韓）注本。至唐雖然明確規定王、鄭兩家均爲正注，但孔穎達等據以纂修《正義》的正注實爲王（韓）注，敦煌寫本《周易》（經注本）悉皆王注本（未見《繫辭》以下韓康伯注本），可知唐代實際通行本爲王注本。王注之所以最終壓倒鄭注而成爲正注，其實是有著深刻的思想根源和學術傳統的⑤。

---

① 《四庫提要辨證》卷一經部一《周易正義》十卷，第5頁。
② 余嘉錫先生指出，南朝沿用晉制，"博士不復分經，而助教則各掌一經也"，"然則《隋書·經籍志》所謂梁陳鄭玄、王弼二注列於國學者，不過許令學官於講《周易》之時用此二注之説，非復一經分立兩家如東漢五經博士十四人各以家法講授之比矣。……是博士助教講經，於國家立學之書，得以其意有所專主也。《周易》鄭、王兩家，雖同立國學，而時方尚玄，學官自必多講王注，縱徵引及鄭，適足供其詰難耳"（同上書，第9—10頁）。
③ 同上書，第11—13頁。
④ 同上書，第3頁。
⑤ 余嘉錫先生論曰："夫王《易》之行，亦因緣時會，漢自桓、靈以後，莊、老之學漸興，爰逮有魏，寖成風氣。……及晉、宋之際，佛學漸盛，往往依附道家，以爲外護……然則弼藉《周易》以談老、莊；江南諸儒，復藉弼注以闡佛教；老、莊既魏、晉所尊，佛教又南朝所尚；此弼注所以盛行，鄭《易》由斯漸廢也。……況北朝舊崇釋老，河南本講王《易》，再得江南宿儒爲之講述義疏，有不翕然響應相習成風者乎？"（同上書，第6—7、14—15頁）

漢代《尚書》立於學官者爲今文歐陽和大小夏侯，孔壁《古文尚書》及孔安國傳未得立（僅平帝朝一度立爲學官）。魏、西晉所立爲賈逵、馬融、鄭玄、王肅，及永嘉之亂，歐陽、大小夏侯《尚書》并亡，東晉并立鄭氏和古文孔氏。南朝梁、陳所講有鄭、孔二家，北朝則唯傳鄭氏，至隋雖孔、鄭并行，但尊崇古文，鄭氏甚微，《釋文》所據即僞《孔傳》本。唐代孔氏列爲正注，敦煌寫本《尚書》（經注本）即爲僞《孔傳》本。

漢代魯、齊、韓今文三家《詩》立於學官，古文《毛詩》僅在平帝朝一度得立。東漢時鄭衆、賈逵、馬融、鄭玄等并爲《毛詩》作傳、箋，王肅更述毛非鄭。魏、西晉鄭氏、王氏并列學官，三家《詩》漸廢，《齊詩》魏已亡，《魯詩》亡於西晉，《韓詩》人無傳者。南北朝直至隋唐唯《毛詩》傳箋獨立國學，《釋文》所據及敦煌寫本（經注本）即爲《毛詩》傳箋本。

漢代《禮經》（《儀禮》）於高堂生後又立大、小戴和慶氏三家博士，王莽又立《周官》（《周禮》）。大、小戴分別删省七十子後學者之百三十一篇記，是爲大、小戴《禮記》。馬融、盧植考定《小戴禮記》，鄭玄據以注之。鄭興、鄭衆父子傳《周官經》，後馬融作傳，以授鄭玄，玄作注。玄原本習小戴《禮經》，後校以古經，擇善而從。魏、西晉鄭氏、王氏并立學官，南北朝至隋唐唯鄭注"三禮"立於國學，餘者多散亡，故《釋文》所釋"三禮"即爲鄭注本，敦煌寫本《禮記》（經注本）亦爲鄭注本。

通漢之世《春秋》學則有《公羊》立於學官，宣帝立《穀梁》，平帝一度立《左傳》。東漢《左傳》影響漸大，光武帝建武中，以魏郡李封爲《左傳》博士，及封卒，因不復補[①]。魏、西晉《春秋左氏傳》立服氏、王氏，《公羊》立顏氏、何氏，《穀梁》立尹氏，東晉則只立《春秋左氏傳》杜氏、服氏。至南北朝，南朝主杜氏，北朝主服氏。隋代杜氏盛行，服氏及《公》《穀》浸微，至唐代《左傳》杜氏大行於世。《釋文》所釋"三傳"分別爲杜氏、何氏、范氏注本，敦煌寫本《左傳》《穀梁傳》（經注本）即分別爲杜預和范甯《集解》本。

漢代《孝經》有孔壁古文，孔安國作傳；又有顏芝之子貞所獻之今文，有所謂鄭注，是否爲鄭玄所作則在疑似之間。東晉立鄭氏，梁代孔氏和鄭氏二家并立國學，《孔傳》本亡於梁亂，陳及北周、北齊唯傳鄭氏，故《釋文》所釋爲今文鄭注本。至隋王劭訪得《孔傳》，劉炫爲之作《述議》，雖然當時即有懷疑的聲音，但還是著令，與鄭氏并立，唐代仍之，直至开元中玄宗御注頒行天下，二者皆廢。

漢代《論語》有《魯論》《齊論》和《古論》，《張侯論》係從《魯論》爲定，但參考《齊論》。鄭玄注以《張侯論》爲本，參考《齊論》《古論》。魏何晏《集解》纂集諸家解説，正始中上之，遂行於世，《齊論》遂亡，而《古論》先無師説。東晉立鄭氏，南朝梁、陳鄭玄、何晏并立國學，而鄭氏甚微，北朝北周、北齊唯立鄭氏。《釋文》所釋即爲何氏《集解》本。至隋唐，仍是鄭、何并行，而民間鄭學盛行，敦煌寫本《論語》（經注本）即兼有鄭注和《集解》本，至五代監本九經三傳經注本則爲《集解》

[①] 《釋文·序録·注解傳述人》稱"和帝元興十一年，鄭興父子奏上《左氏》，乃立於學官，仍行於世，迄今遂盛行"。錢大昕已辨其誤（《潛研堂文集》卷七《答問四》，第 86 頁）。

本。但南朝梁皇侃《義疏》所據之經注本即爲《集解》本,所以宋人以之爲藍本纂修新疏時即以《集解》爲正注。

《爾雅》自漢人終軍以下傳承有緒,劉歆等并爲之注,只有郭璞注爲世所重。《七略》附在《孝經》類,《隋志》附在《論語》類,與經解(五經總義)類書性質和作用相當。《舊唐志》則於小學類之外另設詁訓類,收《爾雅》諸書。《新唐志》以下均在小學類,并無變動。唐代《爾雅》只是作爲國子監生習經的輔助,與《說文》《字林》同屬小學類書。《釋文》所釋及敦煌寫本、五代監本九經三傳(經注本)皆爲郭注本。北宋國子監校刊"七經疏義"始修新疏,"以景純爲主"①,與《論語》《孝經》并列,於是郭注正式成爲《爾雅》正注。

雖然漢文帝朝《孟子》一度列爲傳記博士,但《孟子》在北宋以前的史志或官修目錄,如《漢志》《隋志》《舊唐志》《新唐志》《崇文總目》中,都被列入子部儒家類。北宋《孟子》升經,南宋以降目錄始列入經部。《孟子》注,除東漢趙岐章句外,尚有唐陸善經注。北宋國子監重刊五代監本九經三傳經注本的同時,即由孫奭主持校刊《孟子》趙注,并據趙注本纂修《音義》二卷,知其以趙注爲正注。

四、餘論:正經注疏成立考

因爲唐宋疏(《正義》)兼釋經、注文,所以疏所取資和所

---

① [宋]邢昺等:《爾雅疏叙》,靜嘉堂文庫藏宋刻宋元明遞修本《爾雅疏》卷首。

闡釋的經、注文即爲兼具正經及其正注的經注本。南北朝義疏既已如是，如見存南朝梁皇侃《論語義疏》"今日所講，即是《魯論》，爲張侯所學、何晏所集者也"①；北朝《尚書》通行鄭注，"下里諸生，略不見孔氏注解。武平末，河間劉光伯、信都劉士元始得費甝義疏，乃留意焉"②；《隋志》所著錄之《周易》義疏，計有褚仲都、張譏、周弘正、劉瓛等，孔疏於諸家之語多有采擷，"皆以王注爲本，可知也"③。知其據以敷陳義疏者皆爲特定古注（經注本）。貞觀十四年（640），太宗下詔表彰南北朝至隋義疏作者，其文有曰：

> 梁皇侃、褚仲都，周熊安生、沈重，陳沈文阿、周弘正、張譏，隋何妥、劉炫等，并前代名儒，經術可紀；加以所在學徒，多行其疏，宜加優異，以勸後生。可訪其子孫見在者，錄名奏聞，當加引擢。④

當時所推重者，由此約略可知。據《隋志》，其義疏之作有皇侃《禮記義疏》《論語義疏》，褚仲都《周易講疏》《論語義疏》，熊安生《禮記義疏》，沈重《毛詩義疏》《周官禮義疏》《禮記義疏》，沈文阿《春秋左氏經傳義略》，周弘正《周易義疏》，張譏《周易講疏》，何妥《周易何氏講疏》，劉炫《尚書》《毛詩》《春

---

① 《論語義疏》卷首皇侃自序，中華書局 2013 年版，第 5 頁。
② 《北齊書》卷四四《儒林列傳序》，第 583 頁。
③ 《經典釋文序錄疏證·注解傳述人》，第 50 頁。
④ 《舊唐書》卷一八九上《儒學列傳上》，第 4941—4942 頁。又見於《貞觀政要》卷七《崇儒學》第二十七。

秋左氏傳》《古文孝經述義》等。這些義疏應該也就是朝廷層面頗爲推獎的，恰爲孔穎達主持纂修《五經正義》及賈公彥、徐彥、楊士勛諸疏所取資。《周易正義》所釋者爲王弼、韓康伯注本，"唯魏世王輔嗣之注，獨冠古今，所以江左諸儒，并傳其學；河北學者，罕能及之。其江南義疏，十有餘家，皆辭尚虛玄，義多浮誕"①。《尚書正義》所釋者爲僞《古文》僞孔安國傳本，"但古文經雖然早出，晚始得行，其辭富而備，其義弘而雅，故復而不厭，久而愈亮。江左學者，咸悉祖焉。近至隋初，始流河朔"，"其爲正義者"諸家之中"惟劉焯、劉炫最爲詳雅"②。《毛詩正義》所釋者爲《毛詩》毛亨、毛萇傳、鄭玄箋本，"晋宋二蕭之世，其道大行；齊魏兩河之間，茲風不墜"，"其近代爲義疏者"有劉軌思、劉焯、劉炫等③。《禮記正義》所釋者爲鄭玄注本，"王、鄭兩家，同經而異注。爰從晋宋，逮于周隋，其傳禮業者，江左尤盛"，其爲義疏者南北皆有，"其見於世者"唯皇（甫）侃、熊安生二家而已④。《春秋（左傳）正義》所釋者爲杜預《春秋經傳集解》本，服虔等"各爲詁訓，然雜取《公羊》《穀梁》以釋左氏"，杜注"專取丘明之傳，以釋孔氏之經"，"今校先儒優劣，杜爲甲矣，故晋宋傳授，以至于今"。其爲義疏者則有沈文阿、蘇寬、劉炫⑤。他如賈公彥《周禮疏》《儀禮疏》，所釋者皆爲鄭玄注本；徐彥《春秋公羊疏》，所釋者爲何休注本；楊士勛《春秋穀梁疏》，

---

① ［唐］孔穎達：《周易正義序》，乾隆四年武英殿刻本《周易注疏》卷首。
② ［唐］孔穎達：《尚書正義序》，殿本《尚書注疏》卷首。
③ ［唐］孔穎達：《毛詩正義序》，殿本《毛詩注疏》卷首。
④ ［唐］孔穎達：《禮記正義序》，殿本《禮記注疏》卷首。
⑤ ［唐］孔穎達：《春秋正義序》，殿本《春秋左傳注疏》卷首。

所釋者爲范甯注本。至北宋國子監先後校刊《五經正義》、"七經疏義"，其中《論語》《孝經》《爾雅》三經新疏爲邢昺等所纂修，所釋者分別是何晏《集解》[①]、唐玄宗御注[②]、郭璞注本[③]。至於《孟子》升經最晚，舊題孫奭所作《孟子正義》實爲邵武士人僞作，《正義序》係據孫氏《孟子音義序》改纂而成[④]。"自陸善經已降，其所訓説，雖小有異同，而共宗趙氏。今既奉敕校定，仍據趙注爲本"[⑤]，知其所釋者亦爲趙岐注本。僞疏最早出現在注疏合刻本之中，時間當不晚於南宋孝宗朝[⑥]。至此，正經（十三經）正注之疏（《正義》）全部完成，使得各經相應的特定古注最終確立爲正注，從而正經注疏系統甫告成立[⑦]。

[①] 《四庫全書總目》卷三五經部三十五四書類一《論語正義》提要稱"今觀其書，大抵翦皇（侃）氏之枝蔓，而稍傅以義理。漢學、宋學，茲其轉關"（第291頁）。

[②] 邢昺等《孝經注疏序》稱"今特剪截元（行沖）疏，旁引諸書，分義錯經，會合歸趣，一依講説，次第解釋，號之爲講義也"（殿本《孝經注疏》卷首）。

[③] 邢昺等《爾雅疏叙》稱"惟東晉郭景純，用心幾二十年，注解方畢，甚得六經之旨，頗詳百物之形，學者祖焉，最爲稱首。其爲義疏者，則俗間有孫炎、高璉，皆淺近俗儒，不經師匠"，所以"考案其事，必以經籍爲宗；理義所詮，則以景純爲主"（静嘉堂文庫藏宋刻宋元明遞修本《爾雅疏》卷首）。

[④] 詳參拙著《經學文獻的衍生和通俗化》第一章"正經注疏的衍生和傳刻"第九節"《孟子音義》《正義》辨——以學術史的考察爲中心"，第270—313頁。

[⑤] 《孟子音義》卷首《孟子音義序》，（臺灣）商務印書館影印文淵閣《四庫全書》本，第196册，第31頁。

[⑥] 詳參本書《正經注疏合刻早期進程蠡測——以題名更易和内容構成爲中心》，第329—330頁。

[⑦] 八行本《禮記正義》卷末黄唐跋文有曰："本司舊刊《易》《書》《周禮》，正經、注、疏萃見一書，便於披繹。"（《中華再造善本》影印國圖藏南宋紹熙三年兩浙東路茶鹽司刻宋元遞修本）所謂"正經、注、疏"當指諸經白文及其注與疏。

正經注疏是近古時代經學文獻兩大主幹系統之一，也是整個經學文獻的核心，隨著正經和正注漸次成立并最終得以確立，歷經從漢代直至宋代千餘載的遞嬗，成爲那些時代經學史發展的一條主綫。從正經注疏往上追溯，雖然不同時代的正經和正注容有不同，但最終確立的正經及其正注都是淵源有自的，符合學術發展的内在理路和規律性，這是歷史選擇的靜態結果；而在歷史選擇的動態過程中具有標志性的事件是南北朝義疏之學的興起、陳隋之際陸氏《釋文》的編纂、唐開成石經的雕鎸、五代監本九經三傳（經注本）的刊行以及唐宋《五經正義》、"七經疏義"的纂修。

（原載《中國考據學》第一輯，今據以收入）

西漢《公羊》學授受源流考

一、《公羊》學的淵源和早期傳承

關於《公羊》學的淵源和早期傳承，最早也最權威的記載是東漢戴宏《春秋解疑論》，其文有曰：

> 子夏傳與公羊高，高傳與其子平，平傳與其子地，地傳與其子敢，敢傳與其子壽。至漢景帝時，壽乃共弟子齊人胡母子都著於竹帛。與董仲舒皆見於圖讖。①

論及《公羊傳》由口傳心授、口耳相傳到書於竹帛的過程，何休

---

① 何休《春秋公羊傳序》徐彥疏引，稱"戴宏序"，中華書局影印阮本《春秋公羊傳注疏》卷首，第4759頁。王應麟《漢藝文志考證》引作"戴宏序"，姚振宗《漢書藝文志條理》引作《春秋解疑論》，二者均脫"與董仲舒皆見於圖讖"一句，唯惠棟《後漢書補注》卷一八引文有之（《續修四庫全書》影印嘉慶九年桐鄉馮集梧德裕堂刊本，第270冊，第609頁）。何休《春秋公羊傳序》"斯豈非守文持論敗績失據之過哉"，徐彥疏曰："持論者，執持《公羊》之文，以論《左氏》，即戴宏《解疑論》之流矣。"當爲姚氏題目所本。

曰："《春秋》有改周受命之制，孔子畏時遠害，又知秦將燔《詩》《書》，其說口授相傳，至漢公羊氏及弟子胡母生等乃始記於竹帛，故有所失也。"① 徐彦亦曰："《公羊》者，子夏口授公羊高，高五世相授，至漢景帝時，公羊壽共弟子胡母生乃著竹帛。胡母生題親師，故曰《公羊》。"② 當然，這個傳承統緒是不能坐實的。如《四庫提要》已注意到《公羊》學傳授之經師不盡出於公羊氏（說詳下文）。崔述論曰："子夏生於春秋之末，下去漢景帝時有四百有餘歲矣，安得五傳而至胡母子都？此乃傳《公羊》者自侈其說，以爲其師親受業於子夏，以炫耀當世而不足信。"③ 崔適亦曰："子夏少孔子四十四歲，孔子生於襄公二十一年，則子夏生於定公二年，下迄景帝之初，三百四十餘年。自子夏至公羊壽，甫及五傳，則公羊氏世世相去六十餘年，又必父享耄年，子皆夙慧，乃能及之，其可信乎？"④ 至古史辨派更指斥爲東漢人所臆造⑤。我們認爲，無論是從公羊氏五世相傳的時間來推算，還是從《公羊》學傳授經師之兼及家族內外，都只能作爲《公羊》學從先秦至漢代傳承的大致脉絡來認識，不可坐實。至於西漢《公羊》學的授受源流，《史記》《漢書》的記載最爲系統。《史記·儒林列傳》曰：

董仲舒爲人廉直。是時方外攘四夷，公孫弘治《春秋》

---

① 《春秋公羊傳注疏》卷二"紀子伯莒子盟于密紀子伯者何無聞焉爾"何休注，第4783頁。
② 《春秋公羊傳注疏》卷一題解疏，第4764頁。
③ 《崔東壁遺書·洙泗考信餘錄》卷三，上海古籍出版社1983年版，第401頁。
④ 崔適：《春秋復始》卷一《序證·公羊傳當正其名曰春秋傳》，《續修四庫全書》影印民國七年北京大學鉛印本，第131冊，第381頁。
⑤ 錢玄同：《重論經今古文學問題》，《古史辨》第五冊，上海古籍出版社1981年版，第76—77頁。

不如董仲舒，而弘希世用事，位至公卿。董仲舒以弘爲從諛。弘疾之，乃言上曰……故漢興至于五世之間，唯董仲舒名爲明於《春秋》，其傳公羊氏也。胡毋生，齊人也。孝景時爲博士，以老歸教授。齊之言《春秋》者多受胡毋生，公孫弘亦頗受焉。……仲舒弟子遂者：蘭陵褚大，廣川殷忠，溫呂步舒。褚大至梁相。步舒至長史，持節使決淮南獄，於諸侯擅專斷，不報，以《春秋》之義正之，天子皆以爲是。弟子通者，至於命大夫；爲郎、謁者、掌故者以百數。①

《漢書·儒林傳》曰：

胡毋生字子都②，齊人也。治《公羊春秋》，爲景帝博士。與董仲舒同業，仲舒著書稱其德。年老，歸教於齊，齊之言《春秋》者宗事之，公孫弘亦頗受焉。而董生爲江都相，自有傳。弟子遂之者，蘭陵褚大，東平嬴公，廣川段仲，溫呂步舒。大至梁相，步舒丞相長史，唯嬴公守學不失師法，爲昭帝諫大夫，授東海孟卿、魯眭孟。……（嚴彭祖）與顏安樂俱事眭孟，由是《公羊春秋》有顏、嚴之學。③

① 《史記》卷一二一《儒林列傳》，第3128—3129頁。
② 母，《史記》作"毋"。起初只有"母"字，甲、金文多借"母"爲"毋"，作否定副詞使用（母、毋音極近）；小篆已分化成"母""毋"二字，所以《説文》兼收二字，但借"母"爲"毋"的現象還是很普遍。至於作爲姓氏的"胡母/毋"，郭忠恕《佩觿》曰："胡毋之毋（原注：音無）用母（原注：父母之母，今《公羊序》如此，失之矣），其濫讀有如此者。"承章莎菲女史告知，謹志謝忱。陳直先生引王應麟《姓氏急就篇》及漢印，皆作胡毋；但亦有作胡母者，如王羲之十七帖文是也。（《史記新證》，天津人民出版社1979年版，第187頁。）
③ 《漢書》卷八八《儒林傳》，第3616頁。

師古曰:"遂謂名位成達者。"宋祁曰:"遂之者,當删之字。"劉敞曰:"遂之者,之字衍。"《史記》正作"遂者",可以爲證,意謂弟子之中功成名就者。《史》《漢》記述西漢《公羊》學的傳承統緒,皆追溯至胡毋生和董仲舒二人,相提并論,這是因爲西漢前期"言《春秋》於齊魯自胡毋生,於趙自董仲舒"①,二人都是西漢《公羊》學的開創者,景帝時同爲博士。不過,從二人與公孫弘的關係來看,胡毋有爲師之義,董則爲競爭對手,由是知胡毋當略早②。

---

① 《史記》卷一二一《儒林列傳》,第 3118 頁。
② 據劉汝霖先生考證,公孫弘受學胡毋生,"當在其年老歸教於齊之後。……至遲不過景帝五年,而又在子都辭博士之後,故知子都之初爲博士在景帝初年也"(《漢晉學術編年》卷一,上海科學技術出版社影印商務印書館 1935 年再版,第 65 頁)。據鍾肇鵬先生考證,董仲舒(前 194—前 114)文帝元年(前 179)前後習《公羊春秋》,景帝元年(前 156)"已是著名的經師,受學弟子甚衆",爲景帝博士亦在是歲(《春秋繁露校釋》附録二《董仲舒年表及生卒考》,河北人民出版社 2005 年版,第 1114—1115 頁)。我們認爲,《史記》《漢書》本傳只是説董"孝景時爲博士",并未説明具體時間,所以繫於景帝元年恐未必是。蘇輿《董子年表》按曰:"爲博士不知何年,故通著於景帝。然仲舒至元狩間即以老病致仕,則其爲博士時,雖不如平津六十之年,亦非賈生弱冠之比矣。"(《春秋繁露義證》後附,中華書局 2011 年重印 1992 年版,第 478 頁)蘇氏説近是。因爲董雖然景帝朝既已爲博士,但活躍在政治舞台上的時間主要是在武帝朝。拙作完成之後,我們又看到了程元敏先生《漢經學史》,更加堅信這一觀點。程先生曰:"景帝先立胡毋生爲此經博士。……自家開科授徒必私有家法,家法即其教本。又逮胡氏罷博士歸齊教學,亦必有書本,即《公羊傳》之寫本當定著於此際。胡毋生爲齊人,故《公羊傳》中多齊地方言,故此書爲胡作成(本屈先生説)。……胡毋生博士,罷官職歸里後,景帝繼立董仲舒爲《春秋公羊》學博士,西漢無同時一部經書立二博士之理由事例,故定立董在胡去職後。"(《漢經學史》卷二"漢文帝、景帝朝之經學",(臺灣)商務印書館 2018 年版,第 57—59 頁)承蒙陳恒嵩教授惠賜程先生大作,謹志謝忱。

《史記》《漢書》二書的相關記載頗有文句相同或相似者，知《史》當爲《漢》所本；但二者又有差異，且較之《史》，《漢》頗有增益者，知《漢》資料來源并非僅限於《史》。《史》叙事先董後胡毋，《漢》先胡毋後董（董另有本傳），而且叙述方式又有不同。《史》是二者各自獨立記述，眉目清晰；《漢》記述的主體是胡毋，又將有關董的相關記述錯雜其間，加入"而董生爲江都相，自有傳"一句；并强調二者之間的聯繫，胡毋生"與董仲舒同業，仲舒著書稱其德"。這種叙述方式就直接影響到對於下文"弟子遂之者"的理解，也就是説，所謂"弟子"究爲誰之弟子？《史》明確揭示"仲舒弟子遂者"，絶無疑義；《漢》"弟子遂之者"，在有關胡毋生的主體性叙述語境之中，却接在董生云云之後，這就極易産生歧解。由上下文理來分析，似當指胡毋生，但以爲董仲舒亦通。事實上，後世確曾産生過兩種完全不同的理解。説詳下文。而且，"弟子遂者"的具體所指，《史》《漢》亦有不同。褚大、段忠、吕步舒三人，二書所記相同①，但《漢書》著意強調的東平嬴公却不見於《史記》所記弟子之列，而且嬴公其人不見於《史記》。因爲嬴公是唯一一個不失師法的弟子，而且後世的眭孟直至嚴、顔之學均爲其所出，所以其授受承上啓下，最爲關鍵。關於嬴公的授受源流，所授弟子有孟卿、眭孟、貢禹，這是明確的。《漢書·儒林傳》除記載嬴公"授東海孟卿、魯眭孟"外，又提及"始貢禹事嬴公，成於眭孟"；眭孟本傳亦稱

---

① 段仲當即殷忠，段與殷形近而訛，仲、忠音近而訛。《史記·集解》："徐廣曰：殷，一作'段'，又作'瑕'也。"齊召南殿本《漢書·考證》："廣川段仲，《史記》作殷忠。"王先謙《漢書補注》卷八八《儒林傳》："徐廣注殷一作段，則段字是。"（上海古籍出版社影印光緒二十六年王氏虚受堂刻本，2008年，第3册，第248頁）

其"從嬴公受《春秋》"①，可爲佐證。至於其淵源所自，繼《史》《漢》之後，頗有分歧。鄭玄《六藝論》曰：

> 治《公羊》者胡毋生、董仲舒，董仲舒弟子嬴公，嬴公弟子眭孟，眭孟弟子莊彭祖及顏安樂，安樂弟子陰豐、劉向、王彥。②

荀悅《漢紀·成帝紀二》曰：

> 景帝時，胡母子都與董仲舒治《春秋公羊》，皆爲博士。瑕丘人江公治《穀梁》，與仲舒議《春秋》，不及仲舒，武帝時遂崇立《公羊》。而東平嬴公受其業，昭帝時爲諫議大夫，授魯國眭孟。孟授東海嚴彭祖，彭祖授顏安樂，由是有顏、嚴之學。③

陸德明《經典釋文·序録》曰：

> 漢興，齊人胡毋生、趙人董仲舒并治《公羊春秋》。蘭

---

① 師古曰："嬴，姓也。公，長老之號耳。"宋鄧名世《古今姓氏書辯證》："漢有嬴公，治《公羊春秋》，爲眭孟師。世居東平，不知爲何國之後，望出東平。"鄭樵《通志·氏族略第三》："漢有嬴公，治《公羊》，望出河東太原。"（《通志二十略》，第104頁）

② 《春秋公羊傳序》"傳《春秋》者非一"疏，中華書局影印阮本，第4759頁。皮錫瑞《六藝論疏證》不過援引《漢書·儒林傳》，并未加以疏解（《續修四庫全書》影印光緒二十五年刊《師伏堂叢書》本，第171冊，第286頁）。

③ 《兩漢紀·漢紀》卷二五，中華書局2002年版，上冊，第436頁。

陵褚大、東平嬴公、(原注：諫大夫)。廣川段仲、温呂步舒皆仲舒弟子。嬴公守學，不失師法，授東海孟卿及魯眭弘。(原注：字孟，符節令)。弘授嚴彭祖及顔安樂，由是《公羊》有嚴、顔之學。①

唐劉知幾籠統地説"漢興，董仲舒、公孫弘并治《公羊》，其傳習者有嚴、顔二家之學"②，没有明確記載各自的傳承統緒，而是强調二氏"并治"，或許是一種模糊處理的方式。由上可知鄭玄、荀悦、陸德明對於《史》《漢》的理解都是一致的，以爲西漢《公羊》學的傳承統緒是從董仲舒開始的。《後漢書》對於嬴公之爲誰之弟子的理解則與上述諸家不同，可見歧解至少在南朝宋時已經出現了。《儒林列傳下》引"前書"曰：

　　齊胡母子都傳《公羊春秋》，授東平嬴公，嬴公授東海孟卿，孟卿授魯人眭孟，眭孟授東海嚴彭祖、魯人顔安樂。彭祖爲《春秋》嚴氏學，安樂爲《春秋》顔氏學，又瑕丘江公傳《穀梁春秋》，三家皆立博士。③

按照范曄的理解，西漢《公羊》學的傳承當溯源自胡毋生，且孟卿和眭孟并非同輩，而是有授受關係的。唐初編纂完成的《隋書·經籍志一》春秋類序曰：

---

　　① [唐]陸德明著，吴承仕疏證：《經典釋文序録疏證·注解傳述人》，中華書局 1984 年版，第 117 頁。
　　② [唐]劉知幾著，[清]浦起龍通釋，王煦華先生整理：《史通》卷一二《古今正史第二》，上海古籍出版社 2016 年版，第 309 頁。
　　③ 《後漢書》卷七九下，第 2577 頁。

初,齊人胡母子都傳《公羊春秋》,授東海嬴公。嬴公授東海孟卿,孟卿授魯人眭孟,眭孟授東海嚴彭祖、魯人顏安樂。故後漢《公羊》有嚴氏、顏氏之學,與《穀梁》三家并立。①

《隋志》所記傳承統緒是清晰的、明確的,悉同《後漢書》;只有一點細微差別,那就是嬴公籍貫作"東海",與《後漢書》作"東平"不同②。

二、近古的相應記載

與漢唐以來《漢書》《六藝論》和《後漢書》《隋志》所記兩條迥異的傳承統緒并行相對應,宋代以降的相關記載大體上亦仍其舊,分呈兩條不同的路徑。宋徐天麟《東漢會要》卷一二《文學中·春秋家》引"前書"云云,與《後漢書》符同。王應麟《玉海》卷四十《藝文·五傳》雜引《史記·儒林列傳》和《漢書·儒林傳》,未及"而董生爲江都相"云云,"武帝尊《公羊》家,由是大興"下云"胡母生弟子嬴公授孟卿、眭孟"。卷四二《藝文·漢師法》亦曰:"胡母生治《公羊》,弟子唯嬴公守學,不失師法。"由是知王氏明確認定嬴公是胡毋生弟子,至於孟卿與眭孟的關係,却并未采取《後漢書》和《隋志》孟卿授眭孟的説法。

---

① 《隋書》卷三二,第 932—933 頁。
② 前此各書(《漢書》《漢紀》《後漢書》《釋文》)均作"東平",疑《隋志》涉下文東海孟卿而誤。

元馬端臨《文獻通考》卷一八二《經籍考九》則徑引《隋志》云云，亦以爲胡毋生授嬴公。明朱睦㮮《授經圖》卷一五胡毋生傳記，首先約略《漢書·儒林傳》成文，"言《春秋》者多宗事之"下無公孫弘、董生云云，徑接"授東平嬴公、廣川段仲。嬴公爲昭帝諫大夫，授東海孟卿，卿授魯人眭孟"。知其并未專據《漢書·儒林傳》，而是結合了《後漢書》的相關記載。董斯張《廣博物志》卷二六胡毋生傳記亦與《後漢書》同。清熊賜履《學統》卷三四"公羊高"條曰："至漢景帝時，壽乃與弟子齊人胡毋子都、趙人董仲舒著以竹帛。子都授東海嬴公，嬴公授同郡孟卿，孟卿授魯人眭孟。"所謂胡毋生授"東海嬴公""嬴公授同郡孟卿"説當出自《隋志》。至於把著以竹帛之人於公羊壽和胡毋生之外加上董仲舒，未見於他書記載，或受到緯書《孝經説》的影響。説詳下文。朱軾《史傳三編》卷二稱"初，《公羊》之學自齊胡毋子都作《條例》以授東平嬴公，嬴公授東海孟卿，孟卿授魯人眭孟"云云，史源當爲《後漢書》，但胡毋生作《條例》以授嬴公的説法則爲他書所無。周長發《經解》亦曰："初，齊人胡毋子都傳《公羊春秋》，後授嬴公，再傳而有孟卿、眭孟、嚴彭祖、顏安樂諸家。"[1] 追溯西漢《公羊》學一綫之傳，源出胡毋生。王鳴盛《十七史商榷》卷二七《師法》認爲"（孟）喜之改師法，乃爲梁丘賀輩所誣耳，其實不改也。而漢人説經重師法，則於此可見。下文胡毋生之弟子東平嬴公，則表其不失師法是也。"所謂"下文"即指《漢書·儒林傳》次於《周易》授受源流之後有關

---

[1] 《皇清文穎》卷一三，（臺灣）商務印書館影印文淵閣四庫本，第1449册，第619頁。

《春秋》的記載，知其據上下文理徑將贏公認定爲胡毋生弟子。畢沅《傳經表》所記《公羊》學授受源流，孔子傳子夏，子夏傳公羊高，五世相傳，至壽，次胡母生，次贏公、公孫弘、褚大、段仲、呂步舒，次眭孟和孟卿，次嚴彭祖、顏安樂[①]。知其綜合《漢書·儒林傳》、戴宏序及《後漢書》《隋志》等而成。唐晏《兩漢三國學案》卷九《春秋》所記《公羊》學傳承統緒引自《隋志》，亦稱胡毋生授東海贏公。

持贏公係董仲舒弟子説者，如宋王欽若等編纂的類書《册府元龜》卷五九八"學較部二"照録前揭《漢書·儒林傳》原文，"而董生爲江都相"下無"自有傳"三字，直接"弟子遂之者"云云，知其或理解爲董仲舒弟子[②]。鄭樵《通志》卷一七二《儒林傳第一》亦然，"弟子遂之者"之作"業"。清代前期欽定的《日講春秋解義·總説·經傳源流》和《春秋傳説彙纂·綱領一》皆取《釋文》説，以爲贏公乃仲舒弟子。朱彝尊《經義考》卷二八五"承師"亦稱贏公爲仲舒弟子。余蕭客《古經解鉤沈》卷二二《春秋公羊傳》、惠棟《九經古義》卷一三《公羊古義》皆引《六藝論》，當亦認同其説。蘇輿《春秋董氏學》卷七《傳經表第七》則以贏公爲"董子親授弟子"。

這種糾結的狀態還反映在同一著作中存在著自相矛盾者，如宋章如愚《山堂考索》前集卷六"六經門·《春秋》類"《春秋三

[①] [清]畢沅：《傳經表》，《叢書集成初編》影印《式訓堂叢書》本，中華書局重印本，1985年版，第69—74頁。《傳經表》《通經表》一般認爲是洪亮吉所作。

[②] 雖然我們可以把類書（或政書等）刪省"自有傳"三字理解爲節引史料或通順辭氣，但刪省之後的文本客觀上所呈現出來的意義確實是把下文"弟子"和董仲舒直接聯繫起來。

傳傳授之圖》胡毋生傳記，亦照錄前揭《漢書·儒林傳》原文，"而董生爲江都相"下無"自有傳"三字，似當以嬴公等爲董仲舒弟子。而卷首所列漢代《春秋》學傳授圖則顯示爲董仲舒傳胡毋生，胡毋生傳丁褚大（誤衍丁字）、嬴公、段仲温（温字原係呂步舒里籍，誤屬上讀）、呂步舒，嬴公傳眭孟和孟卿，眭孟傳嚴彭祖和顏安樂。圖文相左，且由董仲舒傳胡毋生，知其絶無根據，向壁虛造。而前集卷七"六經門"《六經總論上》和續集卷一一"經籍門"《春秋總論》又明確指出胡毋生授東平嬴公，嬴公授東海孟卿，孟卿授魯人眭孟，資料來源當爲《後漢書》。成書於清代前期且同時收入《四庫全書》的兩部方志亦有二説：《大清一統志》卷一四三"泰安府二"稱嬴公"從胡母生受《公羊春秋》"；而《山東通志》卷二八之一"人物志"則稱嬴公"與蘭陵褚大、廣川段仲、温呂步舒俱事董仲舒，受《公羊春秋》"。可見，二者所記傳承統緒不同，一以嬴公爲董仲舒弟子，一以爲胡毋生弟子。趙繼序《漢儒傳經記》卷七稱公羊壽傳胡毋生和董仲舒，胡毋所授僅公孫弘，褚大、嬴公、段仲温、呂步舒皆從董受；但自注云："胡毋之學，亦授嬴公、段仲温。"知趙氏意在調和二説。

三、清代以降的相關考辨

清人比較早地注意到有關漢代《公羊》學傳承統緒記載的歧異并加以考辨者，是方中履，其《古今釋疑》卷二《春秋》"（漢初）治《公羊》者，本之胡毋子都、董仲舒"注云：

《儒林傳》：胡毋子都與董仲舒同業，胡毋生授公孫弘，而董生弟子嬴公授孟卿、眭孟，眭孟授嚴彭祖、顏安樂，由是《公羊》有顏、嚴之學。《隋志》謂胡毋生授嬴公，又謂孟卿授眭孟，恐誤。徐彥疏又云胡毋生授董氏，未詳。何休則依胡毋生《條例》而作《解詁》。

方氏考察《漢書》和《隋志》相關記載的不同，主要是嬴公和眭孟二人的師承，認同《漢書》説。至於胡毋生和董仲舒的關係，則付之闕如。惠棟《後漢書補注》注釋"前書"："胡母子都傳《公羊春秋》"，引戴宏序和何休《公羊傳》注"《春秋》其説口授相傳"云云，對於胡毋生和董仲舒的關係則未加考證。至於下文"嬴公"的注釋，只引鄭玄《六藝論》，亦未加辨證[①]。齊召南所作殿本《考證》曰："《儒林傳》：嬴公，東平人，受《公羊春秋》於董仲舒，故眭弘書稱'先師董仲舒'也。"[②] "眭弘書"指《漢書》眭弘（字孟）本傳記載的昭帝時弘所上書，其文有曰："先師董仲舒有言，雖有繼體守文之君，不害聖人之受命。"周壽昌《漢書注校補》"先師董仲舒有言"注云："眭孟受學於嬴公，嬴公受學於董仲舒。嬴在昭帝時爲諫大夫，孟爲符節令，應得及仲舒時。漢儒講家法，故嬴公之師，孟亦稱先師也。"[③] 齊氏注意到眭孟自

[①] 《後漢書補注》卷一八，《續修四庫全書》影印嘉慶九年桐鄉馮集梧德裕堂刊本，第270冊，第609頁。王先謙《後漢書集解》卷七九下逕引惠氏説（《續修四庫全書》影印民國四年長沙王氏刊本，第273冊，第316—317頁），知其亦無所考。

[②] 《漢書補注》卷七五亦引"官本《考證》"（第3冊，第96頁），知其認同齊氏説。

[③] 《漢書注校補》卷四五，上海古籍出版社影印清光緒十年周氏思益堂刻本，2006年，第755頁。

稱董仲舒爲"先師"這條材料,由此反推,證明嬴公師承董仲舒。周氏進一步展開解釋此説,從兩個方面立論,一是二人所處時代有交集,一是漢儒家法容許稱本人老師的老師爲先師。《春秋公羊經傳解詁序》"傳《春秋》者非一"陳立疏云:

> 《後漢書·儒林傳》引前書,以嬴公、孟卿、眭孟以下皆爲胡母子都弟子;據《六藝論》,則皆董仲舒弟子。范氏誤以前書"弟子遂之者"綴於胡母子都下,誤認爲胡母弟子。其實彼文自承"董生爲江都(王)相,自有傳"連綴之爾。惟胡母子都弟子不見諸史,何氏之學出於李育,育多據胡母生《條例》,故與董生等説往往不同。①

陳氏注意到《後漢書》和《六藝論》有關嬴公等師承的記載存在歧異,主要還是從《漢書·儒林傳》文理上加以解釋,似覺牽強。同時,他考察李育多據胡毋生《條例》,而何休之學出於李育,意謂何氏所傳當爲胡毋生之學。姚振宗《漢書藝文志拾補》卷一嚴彭祖《春秋公羊傳》十二卷引《隋志·〈春秋〉類序》,按曰:

> 按《儒林傳》載,胡毋生弟子唯有公孫弘一人,嬴公乃董仲舒弟子。又嬴公授孟卿及眭孟,眭孟非受之孟卿,與此言傳授大異。眭孟名弘,有列傳,傳載其自言"先師董仲舒",則嬴公確爲仲舒弟子。②

---

① 《公羊義疏》卷七六,中華書局 2017 年版,第 2923—2924 頁。
② 《漢書藝文志拾補》卷一,《二十五史藝文經籍志考補萃編》第二卷,清華大學出版社 2011 年版,第 232 頁。

姚氏《隋書經籍志考證》卷六嚴彭祖《春秋公羊傳》十二卷同樣引《隋志·〈春秋〉類序》，按曰：

> 此本范書《儒林傳》，其言授受與《漢書》及《六藝論》異。《眭弘傳》云"從嬴公受《春秋》"，則非受之孟卿，蓋眭孟與孟卿同師嬴公者也。又嬴公爲董仲舒弟子，《眭弘傳》自言"先師董仲舒"。而嬴公爲胡母生弟子，《漢書》亦無明文，當從《六藝論》。①

綜合這兩條按語，知其所涉及的文獻有《漢書·儒林傳》《後漢書·儒林列傳》《六藝論》《隋志》等，姚氏或係沿襲齊召南説，指認嬴公確爲仲舒弟子；同時也辨析了孟卿和眭孟的關係，指出二者實爲同輩，并無授受關係。不過，前後對比，姚氏後來的説法似乎略有鬆動。

皮錫瑞則主要討論董仲舒的師承問題，及胡母、董二人學理上的關聯，曰：

> 太史公未言董子受學何人，而與胡母同爲孝景博士，則年輩必相若。胡母師公羊壽，董子或亦師公羊壽。何休《解詁序》謂"略依胡母生《條例》"，疏云："胡母生以《公羊》經傳傳授董氏，猶自别作《條例》。"太史公但云公孫宏受胡母，不云董子亦受胡母。《漢書·儒林傳》於胡母生云"與董

---

① 《隋書經籍志考證》卷六，《二十五藝文經籍志考補萃編》第十五卷，第1册，第265頁。

仲舒同業。仲舒著書稱其德",云同業,則必非受業。戴宏序、鄭君《六藝論》皆無傳授之説,未可爲據。何氏云依胡毋而不及董,《解詁》與董書義多同,則胡毋、董生之學,本屬一家。①

皮氏極論胡毋生和董仲舒并無師承關係,但認爲二家之學可能同出公羊壽,本屬一家,或有折衷之意。

近現代學者多以爲嬴公乃董仲舒弟子,如劉師培②、馬宗霍先生皆然③。劉汝霖先生《漢晋學術編年》蓋從《漢書·儒林傳》説,指認嬴公等并皆董仲舒弟子,公孫弘爲胡毋生弟子,其受學當在胡毋年老歸教於齊之後,而胡毋初爲博士是在景帝初年。從其書傳授表來看,胡毋師承公羊壽,董則所出淵源不明④。武内義雄《中國哲學思想史》所列《春秋》學授受系統則爲胡毋生傳董仲舒,仲舒又傳嬴公⑤。吕思勉先生《秦漢史》、蒙文通先生《經學抉原》、錢穆先生《兩漢經學今古文平議》、周予同先生《群經概論》亦皆以爲董仲舒傳嬴公。段熙仲先生確切地認定"董生之

―――――――

① 《經學通論·〈春秋〉·論董子之學最醇微言大義存於董子之書不必驚爲非常異義》,中華書局 2011 年版,第 4—5 頁。
② 參見《經學教科書》第一册第十二課"兩漢《春秋》學之傳授",上海科學技術文獻出版社影印 1906 年國學保存會初印本,第 12 頁。
③ 參見《中國經學史》第六篇"兩漢之經學",商務印書館《中國文化史叢書》本,1936 年初版,第 49 頁。
④ 參見《漢晋學術編年》卷一,第 62—66 頁。
⑤ 參見〔日〕武内義雄:《中國哲學思想史》第十一章"前漢底經學",汪馥泉譯,商務印書館 1936 年版,第 130 頁。

學，一傳爲嬴公，最守師法。嬴公再傳爲嚴、顏，二氏必本於董生無疑"①。徐復觀先生則有較爲詳盡的考證：

> 董氏與胡毋生爲同僚同輩，兩傳都叙述得很清楚。因《董仲舒傳》可確證呂步舒爲董仲舒的及門弟子，因《睦孟傳》可確證睦孟爲董仲舒的再傳弟子，因而也可間接證明嬴公是董氏的及門弟子；他們四個人是一組的，也可由此推斷其餘兩人也是董氏的弟子，由此而能斷定兩漢《公羊》之學，乃出於董仲舒而非出於胡毋生，可破千載的迷霧。②

徐先生在清人之說的基礎上，進一步論證嬴公師承董仲舒。裴普賢先生以爲董仲舒傳其學於嬴公③。呂凱先生援引《六藝論》，當亦認同其說④。張濤、項永琴先生認爲嬴公是董仲舒弟子⑤。周桂鈿先生以爲《後漢書》的記載是錯誤的，"誤解"了《漢書·儒林傳》的記載，也援引睦孟本傳"先師董仲舒有言"云云，認爲嬴公乃董仲舒弟子。其書所列《春秋》學傳授表，胡毋生和董仲

---

① 《春秋公羊學講疏》第一章"經傳注疏作述考略"附錄"《春秋公羊傳解詁》所據本考"，南京師範大學出版社 2002 年版，第 15 頁。

② 《中國經學史的基礎·西漢經學史》之二"西漢經學的傳承·《春秋》的傳承及其傳承中的問題·漢代《公羊傳》的傳承統緒出於董仲舒而非胡毋"，臺灣學生書局 1982 年版，第 178 頁。

③ 參見《經學概述》第六章"《春秋》與三傳"，臺灣開明書店 1969 年版，第 113 頁。

④ 參見高明先生主編：《群經述要·春秋公羊傳述要》，臺灣黎明文化事業股份有限公司 1979 年版，第 133 頁。

⑤ 參見《秦漢齊魯經學》之七"聚訟紛紜的《春秋》之學·威名顯赫的《公羊》學"，山東文藝出版社 2004 年版，第 131 頁。

舒皆師承公羊壽[1]。趙伯雄先生也注意到這兩種不同的記載，認爲"把上述《漢書》那段話中的褚大等人理解爲董仲舒的弟子也許更合理一些"，亦引用"先師董仲舒有言"云云以爲佐證[2]。持相反意見者，如馬勇先生以爲胡毋生的"學術傳人爲嬴公，史稱嬴公之學受自胡毋生，成於董仲舒"，所注文獻出處是《漢書·儒林傳》[3]，知其并未深考史傳，主觀臆斷，意在調和。趙生群先生亦以爲胡母生傳嬴公，嬴公傳孟卿和眭孟[4]。程元敏先生論述董仲舒《公羊》學授受源流援引《經典釋文·序録》，據此可推知嬴公乃董仲舒弟子[5]；論及武帝朝經學，明確提出胡毋生傳嬴公，嬴公授孟卿[6]。

總之，清代以降，除齊召南據《漢書》眭弘本傳"先師董仲舒有言"反推嬴公師承董仲舒之外，只有徐復觀先生注意到《漢書》董仲舒本傳提及吕步舒爲董仲舒弟子這一條新材料，進而根據嬴公、吕步舒等四人爲一組，推斷其餘兩人也是董仲舒弟子。此外，并無新材料之發現與使用，舊説之釐析與辨正，大體上輾轉相承，取其一端而已。

---

[1] 參見《董學探微》第三章"漢代《公羊》學傳授考"，北京師範大學出版社 2008 年第二版，第 419—422 頁。

[2] 參見《春秋學史》第五節"西漢《春秋》學的傳授·《春秋公羊》學的傳授"，山東教育出版社 2014 年版，第 120—121 頁。

[3] 參見《漢代〈春秋〉學研究》第二章"《公羊》學：一門經世致用的学问·公孙弘《公羊》学的实践意义"，四川人民出版社 1992 年版，第 54 頁。

[4] 參見趙生群《〈公羊傳〉的流傳與異變》，程章燦編：《中國古代文學文獻學國際學術研討會論文集》，鳳凰出版社 2006 年版，第 42 頁。

[5] 參見《漢經學史》卷二"漢文帝、景帝朝之經學"，第 60 頁。

[6] 參見《漢經學史》卷四"漢武帝朝之經學"，第 118 頁。

四、《公羊》學早期授受源流考

綜合以上學術史的梳理，雖然文獻不足徵，但我們鈎沉索隱，探賾洞微，還是可以得出一些推論的。

除漢唐文獻的原始記載外，清人直至今人主嬴公師承董仲舒說者，他們所認定的最有力證據就是齊召南注意到的《漢書》眭弘本傳"先師董仲舒有言"云云，以此反推嬴公師從董仲舒。但是，我們認爲，齊說恐未必是。劉歆《移太常博士書》曰："至孝武皇帝，然後鄒、魯、梁、趙頗有《詩》《禮》《春秋》先師，皆起於建元之間。"師古曰："前學之師也。"齊召南《考證》曰："案此即所謂經師也。眭弘上書稱'先師董仲舒'，即是其義也。"不難看出，儘管此處齊氏《考證》亦聯繫眭弘本傳，但他的解釋是"經師也"，只是泛指，并不是他對眭弘本傳所解釋的那樣，稱呼本人的已故老師或老師的老師爲先師的意思。至於顏師古的意思也是明確的，實指某經之學的早期研治者。我們發現，《漢書》"先師"一詞用例除《地理志》外①，餘者皆爲師古所釋之義，如《蔡義傳》蔡義自稱"竊以聞道於先師，自托於經術也"。《梅福傳》匡衡奏議曰："《禮記》：孔子曰：'丘，殷人也。'先師所共傳，宜以孔子世爲湯後。"《孔光傳》太后詔稱"太師光，聖人之後，先師之子"，光爲孔子十四世孫，"先師"指光父孔霸，從夏侯勝習《尚書》，故太后稱爲先師。而且，鄭玄所用"先師"之

---

① 《漢書》卷二八下《地理志下》："周成王時，封文、武先師鬻熊之曾孫熊繹於荊蠻，爲楚子。"（第1665頁）此處"先師"當即我們今天所理解的已故老師之義。

義亦多指某經之學的早期研治者①。如《尚書注疏》卷一《堯典》"允釐百工，庶績咸熙"疏引《鄭志・答趙商》："先師以來，皆云火掌爲地。"《毛詩注疏》卷二之一《燕燕》"先君之思，以勗寡人"疏引《鄭志・答炅模》："爲記注時就盧君，先師亦然，後乃得毛公傳，記古書義又且（宜）然。"卷三之一《定之方中》"樹之榛栗，椅桐梓漆"疏引《鄭志・張逸問》："今仲梁子，先師，魯人，當六國時，在毛公前。"卷十四之一《甫田》"琴瑟擊鼓，以御田祖"疏引《鄭志・答趙商》："故先師之説，黎兼之，亦因火土位在南。"綜上所述，我們認爲，"先師董仲舒"并非如清人所理解的那樣，當如師古所云，實爲泛指某經之學的早期研治者，其義當與漢人所謂"後師"相對而言②。所以，也就不能根據這句話反推嬴公是董仲舒弟子。

這樣，也就可以解釋爲什麼《史記》所記董仲舒弟子只有吕步舒等三人，絶無嬴公，這并非無意造成的疏漏，而是有意闕省。《漢書》另增嬴公，當有所本，但對於嬴公之爲胡毋生弟子抑或董仲舒弟子則表述含糊，以致後人産生了兩種不同的理解。那麼，是否有可能存在第三種理解呢？我們有一個大膽的假設，根據《漢書》胡毋和董二人交相錯雜的敍述方式，認爲班固有意在《史

---

① 例外者如《尚書注疏》卷一《堯典》"虞書"疏引鄭玄《書贊》云："我先師棘子下生安國，亦好此學。"（阮元《校勘記》："按子字衍文。"中華書局影印本，第248頁、第260頁）此處"先師"當即已故老師之義。不難發現，此處與前揭《漢書・地理志》用例相同，"先師"上皆有修飾之定語，頗有規律性。

② 《春秋公羊傳注疏》卷三"子沈子曰"，何休注："子沈子，後師。"（中華書局影印阮本，第4799頁）《四部叢刊》影印余本同。《校勘記》："宋本、閩、監、毛本同，誤也。蜀大字本作己師。解云'知子沈子爲己師者'亦作己字，當據正。"（第4802頁）

記》"弟子遂者"一句中間加"之"字,其意在於説明嬴公等四人乃胡毋和董氏二人之弟子,嬴公係胡毋之弟子,吕步舒等三人係董之弟子。當然,從後世的相關記載來看,絶無這種理解,所以我們只是提出假設而已,疑以傳疑,付之闕如。事實上,從《史記》"言《春秋》於齊魯自胡毋生,於趙自董仲舒""齊之言《春秋》者多受胡毋生"和《漢書》"齊之言《春秋》者宗事之"而言,嬴公爲東平(今屬山東)人,恰爲齊地,且其所授孟卿爲齊人,眭孟爲魯人,與《史記》説完全契合,所以我們推擬嬴公其實師承胡毋生,并未從董仲舒受學。雖無直接的文獻依據,《後漢書》《隋志》以下,持這種觀點者代有其人,或可爲佐證。

至於胡毋生和董仲舒的關係,《史》《漢》并無異義,皆以爲同僚且同輩[①]。東漢以降,始有新説,提出董仲舒受學於胡毋生。前揭徐彦疏引戴宏序有一句重要的表述,往往爲前人所失載,那就是"與董仲舒皆見於圖讖",次於"至漢景帝時,壽乃共弟子齊人胡母子都著於竹帛"之後。那麽,怎樣理解這句話呢?我們從傳世文獻中爲它找到了注脚。東漢李固《祀胡毋先生教》有曰:"故宣尼豫表之曰:'胡毋生知時情,匿書自藏,不敢有聲。'"[②]所謂宣尼預言不言而喻出於緯書,實際上反映了漢人關於胡毋生傳承《公羊傳》的一種認識。無論是從時間上還是從《公羊》其書的傳承過程來看,胡毋生都不可能有如伏生一樣的經歷,壁藏經書文本(因爲景帝前《公羊傳》只是口説流行,并未書於竹帛),

---

① 蘇輿《董子年表》引鄭玄《六藝論》和戴宏序、《孝經説》,得出結論"是董與胡毋同爲子夏六傳弟子"(《春秋繁露義證》後附,第 476 頁)。

② [唐]許敬宗:《文館詞林》卷六九教四,《續修四庫全書》影印民國《適園叢書》本,第 1582 册,第 552 頁。下同。

但畢竟漢代《公羊》文本的成立以及離析章句,都是由胡毋生完成的。所以,王充甚至把他與《公羊》《穀梁》二傳的創始人并題,"公羊高、穀梁寘、胡母氏皆傳《春秋》,各門異户"①。董仲舒見於讖緯,《論衡·實知篇》論曰:

  孔子將死,遺讖書……又曰:"董仲舒亂我書。"其後,江都相董仲舒,論思《春秋》,造著傳記。……則言"董仲舒亂我書",亦復不可信也。②

然而,在《案書篇》中,王充的態度却有變化,以爲"讖書云'董仲舒亂我書',蓋孔子言也",并且詳盡地分析有關"亂"字的三種解釋:

  讀之者或爲"亂我書"者,煩亂孔子之書也;或以爲亂者,理也,理孔子之書也。共一"亂"字,理之與亂,相去甚遠。然而讀者用心不同,不省本實,故説誤也。……案仲舒之書,不違儒家,不及(反)孔子,其言煩亂孔子之書者,非也;孔子之書不亂,其言理孔子之書者,亦非也。孔子曰:"師摯之始,《關雎》之亂,洋洋乎盈耳哉!"亂者,於(終)孔子言也。孔子生周,始其本;仲舒在漢,終其末。班叔皮續《太史公書》,蓋其義也。賦頌篇下其有"亂曰"章,蓋其類也。③

---

① [漢]王充著,黃暉校釋:《論衡校釋》卷二九《案書篇》,中華書局 2006 年重印 1990 年第 1 版,第 1163 頁。
② 同上書卷二六,第 1069—1072 頁。
③ 同上書卷二九,第 1170—1171 頁。

也就是説，所謂"亂我書"，猶如班彪續《史記》，當即董仲舒續完《春秋》之義。雖然王充反讖緯，但對待這一條材料的態度却有反覆，説明他還是認同的。《儒增篇》亦引儒書言："董仲舒讀《春秋》，專精一思，志不在他，三年不窺園菜。"① 由此可知，在漢人看來，董仲舒在《公羊》學成立，或者具體地説在文本成立的過程中，還是起到了相當重要的作用。劉歆評價"仲舒遭漢承秦滅學之後，六經離析，下帷發憤，潛心大業，令後學者有所統壹，爲羣儒首"②。亦可爲證。

總之，根據讖緯之書的記載，胡毋、董二人在《公羊傳》文本成立的過程中都發揮了作用。緯書《孝經説》亦曰：

孔子曰"《春秋》屬商，《孝經》屬參"，然則其微似之語獨傳子夏。子夏傳與公羊氏，五世乃至漢，胡母生、董仲舒推演其文，然後世人乃聞此言矣。③

不難看出，這也是把胡毋、董二氏均納入公羊氏家學的傳承統緒中來，并且明確揭示二人所起的作用是"推演其文"，亦即文本的推定和演繹。所以，前揭熊賜履《學統》逕稱公羊壽與弟子胡毋生、董仲舒著以竹帛。至於胡毋、董之間有無師承關係，何休《春秋公羊傳序》"往者略依胡毋生《條例》，多得其正"，徐彦疏曰："胡毋生本雖以《公羊》經傳傳授董氏，猶自別作《條例》，

---

① 《論衡校釋》卷八，第373頁。
② 《漢書》卷五六《董仲舒傳贊》，第2526頁。
③ 《春秋公羊傳注疏》卷一"春秋公羊經傳解詁隱公第一"徐彦疏引，第4764頁。

故何氏取之以通《公羊》也。"① 這是明確論及胡毋、董二氏具有師承關係的最早記載。吳承仕先生以爲"其説不見於惇史,疑莫能質也"②。我們認爲,儘管徐彦此説於古無徵,但就《公羊》文本傳承而言,未必没有道理。前揭《漢書·儒林傳》提及"仲舒著書稱其德",稱頌胡毋生德行,具體内容不詳。而李固《祀胡毋先生教》得以傳世,彌足珍貴,其書記載董仲舒稱"胡毋子都,賤爲布衣,貧爲匹夫。然而樂義好禮,正行至死。故天下尊其身,而俗慕其聲,甚可榮也"。知仲舒著書稱其德之時,胡毋生已死,更可證明上文所論胡毋、董雖然同輩,但胡毋略早的説法。而且,李固還講到他本人對於胡毋生的認識和評價,其文有曰:

> 自宣尼没,七十子亡,經義乖散,秦復火之。然胡毋子都禀天淳和,沈淪大道,深演聖人之旨,始爲《春秋》,制造章句。是故嚴、顔有所祖述微效,後生得以光啓,斯所謂法施於人者也。……太守以不材,嘗學《春秋》胡毋章句,每讀其書,思睹其人,不意千載,來臨此邦,是乃太守之先師,又法施於人。

通過"始爲《春秋》,制造章句"和李固本人研習"胡毋章句"的表述,以及上文所引緯書材料,結合戴宏序、《論衡》、徐彦疏等,可知漢人都把胡毋生視作漢代《公羊》學的開創者,《公羊》文本的成立以及章句的創制,都是由胡毋生完成的,其所起作用

---

① 《春秋公羊傳注疏》卷首,中華書局影印阮本,第4760頁。
② 《經典釋文序録疏證·注解傳述人》,第118頁。

最大。而且,根據西漢的慣例,只有立於學官才能創作章句,所以儘管胡毋、董二氏皆爲景帝博士,但應該是胡毋生先立,董仲舒後立,這從董稱頌胡毋時其人已亡或可推知。總之,雖然胡毋、董二人并無直接的師承關係,但胡毋不僅是協助公羊壽書於竹帛者,還是最早名家的《公羊》學者,并且創作完成章句。而董仲舒在其後,王充所引儒書所謂"讀《春秋》",則可以理解爲在《公羊傳》書於竹帛之後,董仲舒誦讀其書文本。所以,我們認爲,董仲舒所受《公羊》文本甚至還有章句,當出自胡毋生。當然,較之胡毋,董在漢代儒學史尤其是《公羊》學史上的地位和影響更大,這與二者政治地位之懸殊密切相關。漢初直至文景時期一貫奉行黄老之學,儒學受到壓制,這或許就是胡毋"匿書自藏,不敢有聲"所指向的背景。而董所起到的作用除了誦讀、傳承《公羊》文本,更從陰陽災異的角度加以闡發,從而深刻地介入現實政治,使之大顯於世。

那麽,董仲舒直接的學術淵源又是怎樣的呢?《公羊》學最初主要是在公羊氏家族内部傳承,所以戴宏序所叙傳承統緒只是公羊氏家族内部的簡單系統。實際上,如《四庫提要》所言,"今觀《(公羊)傳》中有子沈子曰、子司馬子曰、子女子曰、子北宫子曰,又有高子曰、魯子曰,蓋皆傳授之經師,不盡出於公羊子"[1]。也就是説,《公羊》學的傳承并不局限於公羊氏家族内部,授受其學者也不乏外人。從這一點來説,董仲舒是趙人,他未嘗師事公羊壽或胡毋生,而是從其他的學術淵源受學也是完全可能

---

[1] [清]永瑢等:《四庫全書總目》卷二六經部二十六《春秋》類一《春秋公羊傳注疏》提要,中華書局影印清乾隆六十年浙江杭州刻本,1965年,第210—211頁。

的①。何休《春秋公羊傳序》所謂"傳《春秋》者非一"②,殆此之謂也。

附帶説明一下,《漢志》著録《公羊章句》三十八篇,不著撰人。有關其作者,沈欽韓《疏證》注意到幾種可能是章句的記載:

> 《公羊疏》:"顔安樂等解此《公羊》,苟取頑曹之詞。"又:"莊、顔之徒以周王爲天囚。"何休《序》云:"講誦師言,至於百萬,猶有不解。"《後書》:"張霸減定《嚴氏春秋》爲二十萬言,更名張氏學。"③

知沈氏直以爲章句出於嚴、顔之學。王先謙《補注》引沈氏説,以爲"皆章句也"④,認同其説。姚振宗的觀點則有所不同,《漢書藝文志拾補》卷一胡母生《春秋公羊傳章句》曰:

> 又按《儒林傳》云:"瑕邱江公受《穀梁春秋》及《詩》於魯申公。武帝時,江公與董仲舒并。上使與仲舒議,不如仲舒。而丞相公孫弘本爲《公羊》學,比輯其義,卒用董生。

---

① 《左傳》傳承過程中的重要人物虞卿是戰國晚期趙相,《漢志》著録其《虞氏微傳》,知其《左傳》學在西漢仍有存留。虞卿又傳同郡荀卿,荀子對漢代經學的影響則更大。雖然虞卿、荀子等所傳爲《左傳》,但究爲《春秋》學,由此亦可説明董仲舒《公羊》學另有淵源也是有可能的。承蒙王翊同學提示《公羊》學介入現實政治的取嚮和戰國時期《春秋》學的傳承,謹志謝忱。

② 何休:《春秋公羊傳序》,中華書局影印阮本,第4759頁。

③ 沈欽韓:《漢書疏證》卷二四,上海古籍出版社影印光緒二十六年浙江官書局刻本,2006年版,第668頁。

④ 《漢書補注》卷三〇《藝文志》,第3册,第220頁。

於是上因尊《公羊》家，由是《公羊》大興。"《藝文志》：《公羊章句》三十八篇，不著撰人，疑即董氏書、胡毋氏章句。據李子堅言，當時匿書自藏，殆歸教於齊，齊之學《春秋》者傳之，至後漢猶存，爲何劭公等所祖述。①

不過，四年之後完成的《漢書藝文志條理》説法已有變化，其文有曰：

> 按《儒林傳》又云云，則此《章句》似董生爲之也，不即其弟子嬴公下及嚴、顏諸人所作。以其出自衆人，故不著名氏。《隋志》有嚴彭祖《公羊傳》十二卷，恐非此書。又後漢李固言胡毋生有《春秋章句》，當時匿書自藏，則又非此書矣。②

姚氏没有吸納沈欽韓的意見，這無疑是正確的。但他起先以爲章句乃胡毋生所作，但書出董仲舒；後來徑以爲董仲舒所作，成於衆手，只是不會晚到嬴公及以下。他雖然注意李固（子堅）《祀胡毋先生教》提及胡毋生《春秋章句》，但還是從先入爲主的前提——西漢《公羊》學溯源於董仲舒出發，以爲董仲舒所作，頗覺牽強。至於他認爲"匿書自藏"的對象是胡毋生章句，恐非是；如上所述，這是緯書假托孔子的預言，當指《春秋》經。余嘉

---

① 姚振宗：《漢書藝文志拾補》，《二十五史藝文經籍志考補萃編》第二卷，第228頁。

② 姚振宗：《漢書藝文志條理》，《二十五史藝文經籍志考補萃編》第三卷，第95頁。

錫先生引李固《祀胡毋先生教》,認爲"然則自胡毋生已有章句矣"①。由上文所論亦可證實余先生説,《公羊章句》的作者問題實際上關乎西漢《公羊》學授受源流。

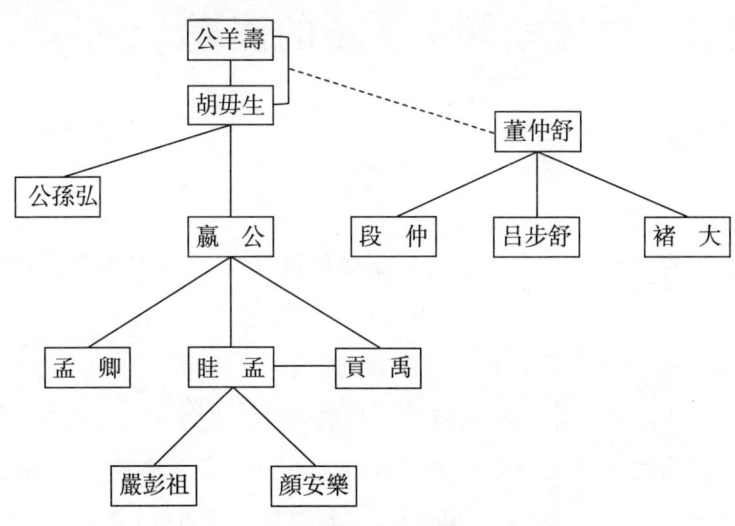

```
                    公羊壽
                      │
                    胡毋生 - - - - - - ┐
           ┌──────────┤              │
        公孫弘         │              董仲舒
                      │         ┌─────┼─────┐
                     贏公      段仲  吕步舒  褚大
                ┌─────┼─────┐
               孟卿   睢孟   貢禹
                      │
                  ┌───┴───┐
                嚴彭祖   顏安樂
```

圖 4　西漢《公羊》學傳承統緒示意圖

（原載《中國經學》第 26 輯,今據以收入）

---

① 《漢書藝文志索隱稿選刊》下,《中國經學》第三輯,廣西師範大學出版社 2008 年版,第 5 頁。

傳賀知章草書《孝經》與唐宋時代《孝經》文本的演變

傳賀知章草書《孝經》（以下簡稱賀書），今藏日本宫内廳書陵部，麻紙本，長卷幅式，高25.7厘米，橫305.4厘米。接粘麻紙共9葉，接縫處上下均鈐有朱文印記。烏欄界行，共141行，行四至十六字不等，凡1847字。此卷未具作者名款，卷尾小楷題識"建隆二年冬十月重粘表　賀監墨迹"14字，建隆二年(961)爲宋太祖趙匡胤稱帝後的第二年，"賀監"即賀知章，知其宋初既已傳爲賀知章所書。卷首、尾均鈐有"伯子隆彪"朱文印記，或爲日本人印記，不可考。卷首另有一白文印記，印文不可辨。卷後有明陳獻章（1428—1500）成化十三年丁酉（1477）跋，其文有曰：

> 藝非專門不工，非多識無以□□（辨認）真僞。予觀此卷所書《孝經》，意象閒遠，決非俗士所能到。但以爲知章書，則余固不能知。鍾君其問諸米老輩。時成化丁酉石齋書于賀知章□後。

可見陳獻章對此卷是否爲知章所書尚持審慎的懷疑態度。不過，日本學者如神田喜一郎等還是認爲遵從舊説更爲妥當，他認爲陳獻章是位道學先生，并不擅長書畫鑒定，不必太過拘泥①。

一、賀書流傳日本及其作者的判定

賀知章（659—744），字季真，會稽永興(今浙江蕭山）人。少以文詞知名，武后證聖元年（695）登進士第，復擢進士超拔群類科，初授國子四門博士，又遷太常博士。天寶三載（744）還鄉爲道士，無幾壽終，年八十六。知章性放曠，晚尤縱誕，自號"四明狂客"，又稱"秘書外監"。事見《舊唐書》卷一九〇中《文苑傳》、《新唐書》卷一九六《隱逸傳》、元辛文房《唐才子傳》卷三本傳。知章"能文，善草、隸，當世稱重"。時人稱其書法"縱筆如飛，酌而不竭"②。温庭筠《秘書省有賀監知章草題詩，筆力遒健，風尚高遠，拂塵尋玩，因有此作》詩稱其"落筆龍蛇"，草書如"出籠鷺鶴"③。北宋淳化中，李至上表，"引唐秘書省有薛稷畫鶴、郎餘令畫鳳、賀知章草書，當時目爲三絶"④，可知知章在秘書省之時即以草書聞名。

知章也確有草書《孝經》之作傳世。在宋代，知章書法作品

---

① 平凡社編：《書道全集》卷八，平凡社1974年版，第179頁。
② ［清］卞永譽：《式古堂書畫匯考》卷一書一［唐］李嗣真《續書評·真行》，（臺灣）商務印書館《景印文淵閣四庫全書》本，1986年版，第827册，第22頁下。《景印文淵閣四庫全書》本以下簡稱四庫本。
③ 《温庭筠詩集》卷四，《四部叢刊》景清述古堂鈔本，第10頁a。
④ ［宋］程俱：《麟台故事》卷四《恩榮》，《十萬卷樓叢書》本，第7頁a。

"今御府所藏草書一十有二",其中有"《孝經》二"①。至明王世貞《古今法書苑》仍著錄內府所藏賀知章"《孝經》二",清卞永譽《式古堂書畫匯考》卷四書四"宣和御府藏・草書(章草附)"著錄賀知章草書"《孝經》二"等多種,"內一軸不完",皆迻錄自《宣和書譜》,元明以降傳承統緒不明。賀書是否即宣和御府所藏兩通知章草書《孝經》之一,現已無從考正。

關於賀書流傳日本的時間和經過,江戶時代古學派的代表人物伊藤仁齋(1627—1705)和伊藤東涯(1670—1736)父子均有記載。東涯《盍簪錄》有曰:

> 予所觀書畫最古者,唐賀知章所寫《孝經》一卷。書林添尚義游長崎,互市所得。紙尤古,其贉小楷十三字②,曰"建隆三年十月重粘表賀監真迹"。吁,亦遠矣!末有白沙陳公甫跋語,曰……先子在日,尚義持來丐審定。先子考王氏《法書苑》曰宋宣和內府有賀知章《孝經》二本,恐此其一本,叙其事爲跋以還之。聞今歸于一勳戚之家云。

"建隆二年"誤作"三年","墨迹"誤作"真迹"。所謂"先子"跋語見於仁齋《古學先生文集》,題《賀知章〈孝經〉跋》,其文有曰:

---

① [宋]佚名《宣和書譜》卷一八《草書六・唐》,《叢書集成初編》影印《津逮秘書》本,中華書局 1985 年重印本,第 1633 冊,第 398 頁。

② 所謂"贉"即卷冊首尾托裱綾絹,古稱玉池,是在正文前後接粘紙絹以供題跋或鈐印的裝飾部分。

右唐賀季真寫《孝經》一部，其真贗不可得而識焉。卷末有宋建隆間題識若干字，又近時有陳公甫先生跋。賀監距今已垂千禩矣，他無所考證，唯此二語頗足信據。按王世貞《法書苑》記云"內府所藏賀知章《孝經》二"，所謂"內府"蓋宋宣和內府也。豈靖康之變散落人間而來此歟？今觀其步驟之法，悉退筆以因其勢，如流水之迅去，如虺蛇之疾趨，卒然飛動，無所拘關，非後人之所能及。而觀王氏書"《孝經》二"，則此其一歟？可謂神物呵護不可誣焉，聊書此以送所藏之人云。寶永改元甲申冬十二月日伊藤維楨識。

可見，仁齋以爲建隆題識和陳獻章跋鑿鑿可據，又從王世貞《（古今）法書苑》的相關記載（實際上出自《宣和書譜》）及賀書書法藝術特色推定，信從賀知章所書之説。結合父子二人的記載可知，仁齋時請求鑒定賀書的是書賈添尚義，得之長崎互市，而東涯時已易主，歸"一勳戚之家"插架。

　　那麼，"一勳戚之家"究竟謂誰呢？明治時期書法家山田永年（1844—1913）作於明治十四年（1881）的《過眼餘唱》第一集錄詩一首："《孝經》劇迹歸天府，今日人間寓目難。自家幸有傳摹在，尚做當年定武看。"題解曰：

　　近衛藤公舊藏草書《孝經》一卷，相傳爲唐賀知章筆，後流落人間，近終入御府。筆法超妙，希世劇迹。先是吾友立田藍川嘗一觀焉，余問其何如，曰佳則佳，然既無款署可徵，且其書法覺少有和習，未可斷爲賀書也。余聞之，心頗恔焉，因益欲一見，而不可得。未幾，遂入御府矣。後始得觀畑氏摹本，卷首及接縫處有紅支方印，其文不詳；可詳者，唯一方印，曰"伯隆彪子"者耳。卷尾有"建隆二年冬重粘表賀監□迹"十二字及黑文方印，印文亦不詳。最後有明人跋，曰……由此觀之，西人亦不斷爲賀書也。然其筆迹渾圓，恐非唐以下之書，即非賀，亦必出當代名手，固當寶重者。余既恨不親接真迹，因借畑氏摹本，更傳摹一本，置之機上，每作草書，往往取法焉。側聞頃官將以西洋撮影法摹之，命好手以爲刻本。余竊幸他日獲照其刻本，以校正吾傳摹之誤也。[1]

對於賀書作者的認定，當時著名的書法家立田藍川[2]認爲未可遽定爲知章所書，甚至認爲"其書法覺少有和習"。山田氏則以爲唐人之作，但不一定是知章書。可見，二人與伊藤父子的鑒定意見已有不同。山田氏還明確指出賀書的早期藏家是江户時代初期的近衛信尹（1565—1614，即"近衛藤公"），這樣就明確了所謂"一勳戚之家"即指"五攝家"之一的近衛家。神田喜一郎先生根據上述文獻記載認定，此卷乃江户德川時代書賈得自長崎，後爲近衛家熙所得[3]，明治初年一度散落民間，後輾轉入藏御府[4]。後來

---

[1] 以上轉引自神田喜一郎《唐賀知章書〈孝經〉に就きて》，支那學社編《支那學》2（2），弘文堂書房1938年，第150—151頁。承蒙佐藤浩一教授惠賜神田先生大作書影，得窺全豹，謹志謝忱。

[2] 京都大學圖書館藏有明治三年立田藍川書《村上義光父子碑》拓本。

[3] 神田先生也只是推測，因爲近衛家熙《槐記》等書并無記載。詳見《唐賀知章書〈孝經〉に就きて》，第152頁。

[4] 《唐賀知章書〈孝經〉に就きて》，第151—153頁。後來，神田先生的觀點似有變化，認爲江户時代中期傳到日本，中經近衛家熙之手，明治初年獻納皇室。詳見《書道全集》卷八，第179頁。

的日本學者如中川憲一①、藤原楚水②等大體上也因襲這一觀點。

明治十年（1877），賀書被發現，并經書法家日下部東作（1838—1922）和太政官三條實美（1837—1891）的斡旋獻入宮內省。至於後來宮內省覆刻，據說還是得益於楊守敬。他"在古書店看到日本翻刻的賀知章草書《孝經》精於國內的各種傳本，推測其真迹有可能保存在日本。經過調查，瞭解到其真迹果然收藏於宮內省。這段佳話傳開，宮內省決定重新翻雕《孝經》"③。明治十四年，宮內省七等屬堀博（號皆春）奉命將草書《孝經》雙鉤上版，由木村嘉平擔任雕版工作。覆刻本卷末有號稱明治漢文壇宗主的川田剛（1829—1896）明治十七年甲申（1884）跋，其文有曰：

右　御府所藏無款草書《今文孝經》一卷，接粘麻紙九葉，竪八寸六分，衡一丈零八寸，罫分百四十一行，每行自四字至十六字不等，凡千八百四十七字。與開元本、石臺本對校，《士章》闕"君取""則忠"四字；《三才章》闕"不"

---

① 大阪市立美術館編：《唐寫本·圖版解說》，同朋舍1981年，第163頁。

② 〔日〕藤原楚水：《圖解書道史》第三卷第十八章"唐代的書道"，省心書房1972年版，第524頁。中文《賀知章草書〈孝經〉簡介》見於《書法雜志》編輯部編《書法文庫　群星璀璨》，上海書畫出版社2008年版，第148頁。藤原文原始出處爲陳佑真先生查檢所得，謹志謝忱。

③ 陳捷：《關於楊守敬與日本刻工木村嘉平交往的考察》第三"楊守敬與木嘉平的相識"，《中國典籍與文化論叢》第七輯，北京大學出版社2005年版，第129頁。關於賀知章草書《孝經》的再發現及其由宮內省收藏、覆刻的前後經過，可參看《鳴鶴先生叢話》及書法雜誌《書之友》第六卷第五號上刊載的野本白雲《關於賀知章〈孝經〉》一文。

字;《諫爭章》闕"友"字,并係蟲蝕。《三才章》衍"地之義也"四字,脫"則天之明,因地之利"八字;……頗有異同。而筆法遒勁,鴻飛瀾翻,肥瘦疾徐,變化無窮。紙尾小楷題"建隆二年冬十月重粘表賀監墨迹"十四字,亦醇古可愛。按:"建隆",宋藝祖年號。"賀監"即唐人賀知章,字季真,事玄宗,爲集賢院學士,兼秘書監,後弃官爲道士,自稱"四明狂客",善草、隸書,與張旭齊名,事迹具新、舊《唐書》本傳。南唐李氏《澄清堂帖》刻知章所摹王羲之書,董其昌稱曰"宋元以後,羲之再生"。今此書脫胎羲之,則爲賀監真迹無疑。且《孝經》漢魏以來古、今文并行,唐開元中玄宗撰注用今文,又詔元行冲等爲疏,令集賢院寫頒中外。天寶初重修、刻石,世謂之《石臺孝經》。知章直集賢院,在開元、天寶間,此安知非其稿本乎?

我邦建學,參取唐制,大寶中兼用孔、鄭二注,貞觀二年加以玄宗注,經筵開講,例進讀焉。當是時,遣唐有使,留學有生,求法沙門,航海往來,以迄宋元,斷紙零箋,流傳此間,而完好如斯卷,世未多見。因令宮內七等屬臣堀博鈎摹,一趨一磔,務不失真,四閱寒暑,鋟版告竣。蓋書者,六藝之一;孝者,百行之宗。家藏一本,人臨數行,亦聖朝右文之澤矣哉!明治甲申紀元節宮內文學從五位臣川田剛謹書。

除交代覆刻緣起、經過及其稽古右文的意義,川田氏還對其文本異同略事校勘,并根據其筆法脫胎於王羲之推定爲賀知章所書,雖無確證,亦可備一説;但進而據知章開元、天寶間直集賢院而推測賀書或爲玄宗《御注》之稿本，判定其官方屬性，則完全是向壁虛造。我們認爲，對於賀書作者和時代的認定必須結合文本系統的研究，僅憑筆法或職官無法得出令人信服的結論。説詳下文。

繼伊藤父子和川田氏認定此卷爲賀監真迹之後，神田喜一郎以下日本學者大都信從其説。著名的書法史研究學者伏見冲敬（1917—2002）則認爲，此卷署賀知章書，"雖無確切的證據，但一直作爲他的字迹傳下來的。肯定是唐代人寫的，賀監擅長草、隸書，與張旭齊名，因而推測是他的字"①。知其説仍在疑似之間。

中國近現代學者當中最早注意到賀書的是羅振玉（1866—1940），1900年（庚子）他從日本友人處獲贈宫内省覆刻本，亦認同日本學者的鑒定意見，曰：

> 賀季真書，史稱其得二王之秘，然傳世甚少，吾郡《龍瑞宫記》乃復本耳，且寥寥數十字，不足以見一斑。庚子冬，日本人安村君類嘗以賀監草書《孝經》見贈，雋快過於孫虔禮。首尾無賀名，惟末行有楷書"建隆二年冬十月重粘表　賀監墨迹"款一行，乃其國内府所藏。予付海上友人影印，以詒同好。②

---

① 〔日〕伏見冲敬：《中國書道の新研究》下"賀知章草書《孝經》"，二玄社1981年，第108頁。〔日〕伏見冲敬：《中國書法史・字體與風格（唐、五代）》，寶金蘭譯，天津人民美術出版社2000年版，第122頁。

② 《俑廬日札》拾遺，中國歷史文獻研究會編：《中國歷史文獻研究集刊》第二集，岳麓書社1981年版，第269—270頁。

羅氏又撰有《賀秘監草書〈孝經〉跋》，與這一則日記可以相互印證，其文有曰：

> 賀秘監書，傳世至少，今日石刻之存者，惟吾越《龍瑞宮記》寥寥數十字耳。史稱其傳右軍筆法，恨不得多見其筆墨。乃於海外忽得此本，峻拔婉秀，更在孫虔禮上。執此上窺山陰，殆不難由門户而升堂奧，可寶也。墨迹存日本宫内省，此刻本亦宫内省所藏，民間傳拓極稀。曩擬影摹上石，以廣流傳，乃力量綿薄，不償此願。久秘篋中，得無罪過。①

可見羅氏亦將賀書與孫過庭（虔禮）草書相提並論，並強調知章傳承王羲之筆法，對於此卷之為知章書並無疑義，意欲影摹而未果。

與羅振玉大體同時，近人歐陽輔《集古求真》卷八《草書・孝經》有曰："此刻出自日本，以前未見稱道。原無書人姓名，唯卷尾有小字一行云……遂名為賀知章書，未必可信。筆法頗似孫過庭《書譜》，即非賀監手迹，亦草書正軌。"② 知其與日本學者的通行説法已有不同。現代著名書法家張伯英先生（1871—1949）又有進一步的論述，其所撰日本刻本賀監《孝經》一卷提要曰：

---

① 《羅雪堂先生全集・續編四・貞松老人外集》卷二，臺灣大通書局有限公司1989年版，第1731頁。

② 《石刻史料新編》影印民國十二年江西開智書局本，臺灣新文豐出版公司1982年版，第11册，第8561頁。

唐賀知章書。明治甲申川田剛跋，於各本文字異同及刻帖原委叙述頗詳。此書未有款識，卷末楷字一行……川田剛云……南唐李氏《澄清堂帖》，知章所摹，董其昌稱"宋元以後，羲之再生"。"此書脱胎羲之，賀監真迹無疑"。按《東觀餘論》，南唐李主得賀監重摹《十七帖》，勒石置澄心堂。董香光、邢子願、孫退谷皆言澄清堂帖爲賀監手摹、南唐時刻者，因《十七帖》而致誤也。澄清堂帖羲之書五卷，乃宋施武子刻於海陵者，帖中顯然避南宋諱。而邢、董、孫諸賢漫不加察，見其摹勒稍精，謂是南唐石刻，不知南唐時有澄心堂無澄清堂，川田引董説而未深考。世人皆以澄清堂帖爲南唐，故附論及之。《建中靖國續帖》有賀監臨右軍書，筆致高朗，非此《孝經》所及。此雖草法精熟，而行筆過駛，無含蓄韵味。宋人題爲賀監殊未可信，蓋唐人失名之書耳。[①]

張氏首先辨析了南唐澄心堂（賀知章重摹王羲之《十七帖》）和宋澄清堂（施宿摹刻王羲之書）之別，糾正了董其昌（香光）、邢侗（子願）、孫承澤（退谷）直至川田剛之誤。然後以北宋徽宗《建中靖國續法帖》（相對於太宗《淳化閣帖》而言）賀知章臨王羲之書與賀書比較，從筆法風格上推斷并非知章所書，但其爲唐人書則可以肯定。李天馬《張氏法帖辨僞》引述張氏説[②]，即

[①] 《張伯英碑帖論稿·附録法帖提要》，河北教育出版社2006年版，第3冊，第170頁。

[②] 《張氏法帖辨僞》，齊魯社1987年版，第63—64頁。

著録爲唐人書。王壯弘先生與張氏説同,亦以爲賀監草書《孝經》僞,乃唐人書①。王乃棟甚至認爲"此帖《孝經》草法過於程式化,用筆及結體均缺少變化,似爲唐時寫經生所作"②。這種説法未免過猶不及。近年來,多數書法鑒賞著作徑將此卷署賀知章書,藉以研究其書法藝術,還有人重復川田剛的舊説,認爲"而賀知章作爲集賢院學士的時間正是在開元、天寶期間,此草書《孝經》安知非其稿本乎"③?這無疑是主觀臆斷,牽強附會。賀書爲小草,係用硬毫所書,凌厲爽健,明净灑脱,頗有率真自然之趣,固非寫經生之作;風格與孫過庭《書譜》相近,均爲祖述晋人,尤其是二王,間有漢隸筆致。全篇明快利落,一氣呵成,豪邁清雅,絶非出自宋以降人之手。

二、傳孫過庭草書《孝經》

孫過庭(648—703?)大約生活在唐太宗貞觀後期至武則天聖曆元年(698)之間,擅長書法和書法理論,尤工草書。過庭"作草書,咄咄逼羲、獻,尤妙於用筆,俊拔剛斷,出於天材,非功用積習所至。善臨模,往往真贋不能辨。文皇嘗謂'過庭小字,書亂二王',蓋其似真可知也"④。唐張懷瓘亦稱其"章草書憲章二

---

① 《碑帖鑒別常識·影印本歷代墨迹真僞表》,上海書畫出版社1985年版,第112頁。

② 王乃棟:《中國書法墨迹鑒定圖典》,文物出版社2004年版,第41頁。

③ 雨田:《從草書〈孝經〉看賀知章的書法藝術》,陳燮君主編:《上海文博論叢》總第16輯,上海辭書出版社2006年版,第83—86頁。

④ 《宣和書譜》卷一八《草書六·唐》,四庫本,第1633册,第403頁。

王，工於用筆，俊拔剛斷，尚異好奇"①；李嗣真總結其風格"丹厓（崖）絶壑，筆勢堅勁"②。《宣和書譜》著録"今御府所藏草書三"，《書譜序》上、下二及《千文》，并無《孝經》。傳孫過庭草書《孝經》（以下簡稱孫書）最早見於明人張丑（1577—1643）《真迹日録》的著録，提及"孫過庭行書《孝經》一卷，真迹也。今在董太史家，其字與《書譜》稍異，是早年筆"③。既與《書譜》比較，則所謂"行書"當爲"草書"之訛。入清後首見於康熙二十九年（1690）奉旨摹勒上石的《懋勤殿法帖》，大約嘉慶之前藏於内府，嘉慶以後陳設於瀋陽故宫。據《瀋陽故宫志·清代盛京皇宫文物清册·翔鳳閣恭貯宫殿各宫并文溯閣、夏園、廣寧行宫陳設器物清册》清·道光（上），保極宫陳設第25項爲"《孝經》册頁壹册（嘉慶十年上留）"。今藏臺北"故宫博物院"。論者多以爲宋人僞托，如王壯弘先生以爲孫書僞，宋人所書④；王乃棟贊同其説⑤。楊仁愷則持審慎的態度，"儘管著録中鑒定其爲宋人之作，也未便信而不疑。一切都得通過比較研究，得出來的結論，才是可靠的"⑥。臺北"故宫"網站"筆有千秋業"展覽著録爲唐孫過庭書《孝經》册（25.1×13.3×38）⑦，題解曰："此草書册傳爲唐孫過庭所書，但

① ［唐］張懷瓘：《書斷》卷下"能品"，四庫本，第812册，第72頁下。
② 《式古堂書畫匯考》卷一書一（唐）李嗣真《續書評·草書》，四庫本，第827册，第23頁上。
③ 盧輔聖主編：《中國書畫全書》，上海書畫出版社2009年版，第4册，第390頁。
④ 《碑帖鑒別常識·影印本歷代墨迹真僞表》，第111頁。
⑤ 王乃棟：《中國書法墨迹鑒定圖典》，第40頁。
⑥ 《楊仁愷書畫鑒定集·唐孫過庭〈千字文〉第五本墨迹考》，河南美術出版社1999年版，第211頁。
⑦ 網址http://www.npm.gov.tw/exh94/writing9410/selection_01.htm，2015-1-7。

與其傳世名迹《書譜》風格不同。册中'敬'字皆以'欽'字替代，應是避宋太祖祖父趙敬之名諱。祝允明（1460—1526）跋中稱此爲孫過庭所作，且與晉人書風無異，他也補書了破損處的闕文。"我們研究發現，孫書"敬"字出現多處，但并非全部代以"欽"字，《喪親章》"生事愛敬"一處并未改字，仍作"敬"字①。宋石經《孝經》"敬"即作"欽"；《論語》各章的"敬"字亦皆改作"欽"，可知宋諱"敬"字代以"欽"字是通行的做法。此外，我們還發現《事君章》"匡救其惡"的"匡"字代以"正"字，避宋太祖趙匡胤名諱。宋石經"匡"亦作"正"。由此可知，孫書之爲宋人僞托當無疑義。

值得注意的是，《宣和書譜》還著錄"今御府"所藏歐陽詢書法作品四十，其中亦有草書《孝經》②。而且，宋代書法家米芾還提及"歐陽詢黃麻紙草書《孝經》，是馬季良龍圖孫大夫直溫所收，今歸薛紹彭家"。不過，"歐陽詢《孝經》一卷，薛臨寄錢公，未見真迹"③。此外，清代還有其他草書《孝經》見於著錄，如翁同龢同治元年（1862）十一月朔"於廠肆携刻本草書《孝經》一册，前有唐太守（當作宗）敕，間數有魏徵、褚遂良、虞世南真書，以補其殘缺。不知何時僞造，而崇雨舲極嘆賞之，真夢囈也"④。這兩種草書《孝經》册今不知是否存於天壤間。

---

① 孫書有祝允明補書，因未見原件，無從確定此處是否爲允明所補，暫且存疑。
② 《宣和書譜》卷八《行書二·唐》，第1632册，第205頁。
③ ［宋］米芾：《書史》，《叢書集成初編》據《百川學海》本排印，第1593册，第11—14頁。又見於清李調元輯《諸家藏書簿》卷三，《叢書集成初編》據《函海》本排印，第1563册，第18頁。
④ 陳義傑整理：《翁同龢日記》，中華書局1989年版，第1册，第249頁。

三、唐宋時代《孝經》文本的演變

唐宋時代《孝經》文本的演變極爲複雜，一方面兼有今、古文及其不同注本的彼此消長，同時又有唐玄宗先後兩次《御注》（"開元始注"和"天寶重注"），另一方面跨越寫本時代和刻本時代尤其是二者切換的關節點。應該説，這在經書文本演變和文獻衍生的歷史進程中都頗具典型意義。如前所述，前人對於賀書、孫書作者和時代的認定多憑書法風格或筆法特點，缺乏直接的、確切的文本依據，而問題的解決還是有賴於內證的提出，所以我們擬從文本切入，通過文本校勘，將其置於唐宋時代《孝經》今、古文以及《始注》《重注》文本變遷的背景之下來考察，這樣就可以相對準確地進行定位和判斷。基於此，進而以賀書爲坐標系，全面整合不同歷史時期及不同文本類型的石經、寫（鈔）本、刻本，旨在通過這一相對完整的文本系統來考察唐宋時代《孝經》文本的演變軌迹。

漢初，河間人顏芝之子顏貞獻《孝經》，凡十八章，是爲今文；武帝時，又有《古文孝經》，出於孔壁，二十二章，相傳有孔安國傳。至劉向校經籍，以十八章爲定。漢末今文有所謂鄭氏注，相傳或云鄭玄。最晚從東晉元帝大興（318—321）中開始，《孝經鄭注》置立博士，南北朝大多一仍其制，僅梁代一度"安國及鄭氏二家，并立國學，而安國之本，亡於梁亂"。隋代儘管有經劉炫之手復出的《孔傳》，"後遂著令，與鄭氏并立"[①]，但朝

[①] 以上《隋書》卷三二《經籍志一》，第935頁。

野頗有議論，并不十分認同。唐初，《孝經》"雖備存秘府，而簡編多有殘缺。傳行者唯孔安國、鄭康成兩家之注，并有梁博士皇侃《義疏》，播於國序"①。開元七年（719）三月一日，鑒於《孝經》《尚書》有今、古文和孔、鄭注的問題，"其中旨趣，頗多踳駁；精義妙理，若無所歸。作業用心，復何所適"，玄宗敕令"諸儒并訪後進達解者，質定奏聞"②。六日又下詔，指出"《孝經》者，德教所先。自頃已來，獨宗鄭氏；孔氏遺旨，今則無聞"的情況，"其令儒官詳定所長，令明經者習讀。若將理等，亦可并行"③。玄宗朝整理、考訂《孝經》文本并加以注釋的工作當始於此時。四月七日，左庶子劉知幾上《孝經注議》，列舉十二條證據，主張"行孔廢鄭"；國子祭酒司馬貞則持相反的意見，充分肯定《鄭注》的價值，但也并未鑿實作者一定是鄭玄④。玄宗還是比較清醒的，令二書并行不悖，今文《鄭注》"可令依舊行用"，"孔（安國）所注傳習者稀，亦存繼絕之典"⑤。不過，官方通行本依舊是今文《鄭注》，所以一些邊遠地區如敦煌

---

① 《孝經注疏》卷首成都府學主鄉貢傅注奉右撰《孝經注疏序》，中華書局影印阮本，第 5517 頁。

② 詔又見於宋宋敏求編，洪丕謨等點校本《唐大詔令集》卷八一"政事·經史"《令諸儒質定古文孝經尚書詔》，學林出版社 1992 年版，第 423 頁。"旨"作"指"，"駁"作"駮"。

③ 以上［宋］王溥《唐會要》卷七七《論經義》，中華書局 1998 年版，第 1405—1406 頁。

④ 同上書，第 1408 頁。

⑤ 同上書，第 1409 頁。敕見《唐大詔令集》卷八一"政事·經史"《行何鄭所注書敕》，"亦存"作"宜布"，"繼絕之典"後尚有"頗加獎飾"四字（第 423 頁）。

終唐之世一直都通行今文本，即使是在唐代後期乃至五代《御注》大行於世之時仍然如此。而日本古代長期流傳、最爲通行的是古文《孔傳》本，直至江户時代今文《鄭注》始從《群書治要》中輯出；《御注》本亦曾頒行，且兼具《始注》《重注》，但相對而言流傳不廣。

開元十年（722）和天寶二年（743），玄宗兩注《孝經》，是謂"開元始注"和"天寶重注"。玄宗《御注》兼取孔、鄭，經文所據底本是今文本，但同時也參考古文。而且，《始注》和《重注》對於今、古文的去取又有所不同。天寶四載，以《重注》刻石太學，是謂《石臺孝經》，爲後來諸本所祖述。其後通行的《御注》本皆爲《重注》，文本系統相當穩定，而孔、鄭注漸次亡佚。《開成石經》始刊於唐文宗大和七年（833），開成二年（837）告竣，其中《孝經》文本即出自《石臺孝經》。五代後唐長興三年（932）至後周廣順三年（953），四朝國子監先後歷經二十餘年，校刊完成監本九經三傳（經注本），其經文即以《開成石經》爲據，標志著經書由寫本時代正式進入刻本時代，成爲近古衆多經書刻本的祖本，對於穩定的經書文本及固定的閱讀範式的形成具有重要意義。北宋國子監又翻刻五代監本九經三傳，今皆不傳於世。現存最早的經注本《御注》是日本宮内廳書陵部藏北宋仁宗天聖、明道間刻本。玄宗御注《孝經》的同時，爲配合《始注》，元行冲爲之作《疏》[①]；《重注》頒行後，《疏》亦曾重修。北宋咸平中，邢昺等以元行冲《疏》爲藍本，再爲《重注》作新《疏》。此後，玄宗《重注》、邢昺《疏》成爲《孝經》正經

[①] 《新唐書》卷二〇〇《儒學下》本傳，第5691頁。

注疏系統的標準文本而通行於世。兩宋國子監刻有單疏本《孝經疏》，今無傳本。現存最早的注疏合刻本是中國國家圖書館（以下簡稱國圖）藏元刻本，據宋諱字有特殊標識來看，當出自宋代建本。從《石臺孝經》《開成石經》直至監本九經三傳以降衆多刻本，形成了相當穩定的《重注》本系統。《始注》中國久佚，北宋人已不見其書。現存最早的《始注》本是京都御所東山御文庫藏室町時代三條西實隆手抄本（所謂逍遥院内府卷子本）。寬政十二年（1800），源弘賢加以摹刻；光緒十年（1884），黎庶昌、楊守敬又據源弘賢摹刻本覆刻，收入《古逸叢書》，始爲國人所知。

總之，唐宋時代《孝經》文本經歷了不同載體（石經、寫本、刻本）、不同系統（今、古文連同鄭、孔注及《始注》《重注》）、不同類型（白文本、經注本、單疏本、注疏合刻本）的變異，在時間先後及地域分布上都表現出不同程度的複雜性和多元化；最終落實到文本上，相應地也就發生了變易。所幸上述諸本如今大多尚可見其傳本（其中不乏後人傳抄、覆（翻）刻乃至校訂、改易者），得以建構相對完整的、包含歷時、共時諸本的文本系統，這不能不說神物擁呵，是其他諸經所無法比擬的。

四、文本校勘及其屬性的認定

爲了準確地揭示唐宋時代《孝經》文本的演變軌迹，當須對這個由不同載體、不同（子）系統、不同類型構建而成的文本系統進行剖析，比勘文本，辨明屬性。試匯校衆本經文，以賀書爲底本，參校《開元始注》(寬政十二年源弘賢摹刻逍遙院內府卷子本)、《石臺孝經》(西安地圖出版社影印拓本，1994年)、《開成石經·孝經》(高峽主編《西安碑林全集》183卷所收拓本，廣東經濟出版社、海天出版社，1999年版)、伯3369/4775 (卷末有唐懿宗咸通十五年(874)和僖宗乾符三年(876)題識。上海古籍出版社、法國國家圖書館編《法國國家圖書館藏敦煌西域文獻》，上海古籍出版社1994年版，第23册，第360—362頁)、伯3698 (尾題後有己亥年題記，研究者認爲抄寫時間的下限是五代後晋天福四年己亥(939)①。同上書第26册，第353—354頁)、斯1386 (天福七年(942)抄寫。中國社會科學院歷史研究所等編《英藏敦煌文獻(漢文佛經以外部分)》，四川人民出版社1992年版，第3卷，第1—3頁)、北宋小字本(宫内廳書陵部藏北宋天聖、明道間刻本《御注孝經》)、孫書(臺北"故宫"網站書影)、京大古寫本(京都大學圖書館藏鎌倉後期《御注孝經》寫本，存一至九、十七、十八章)、十行本(國圖藏元泰定三年(1326)注疏合刻本《孝經注疏》)諸本，并以《孔傳》本(京都大學圖書館清家文庫藏鎌倉末鈔本《古文孝經》)、《鄭注》本(伯3428+2674，裝裱紙上有咸通四年(863)雜寫，《法國國家圖書館藏敦煌西域文獻》，第17册，第184—186頁)比對，兹將異文列表於下：

———

① 許建平：《敦煌經部文獻合集》群經類孝經之屬《孝經》，中華書局2008年版，第4册，第1884頁。

表 3 《孝經》異文對照表

今文章目	竇書	《開元始注》	《石臺孝經》	《開成石經》	伯3369/4775	伯3698 斯1386	北宋小字本	孫書	京大古寫本	十行本	備注
1. 開宗明義章弟一	開宗明義章弟一[1]	弟作第	弟作第	弟作第	章目原缺，以下各章均作"弟"。	同	弟作第	同	弟作第	弟作第	《鄭注》本同；《孔傳》本作"第"。
2.	民用和睦	用作由	同	同	[2]	睦作儵	同	同	同	同	下文《庶人章》"用天之道"、"謹身節用"，《紀孝行章》"雖日用三牲之養"，《始注》"用"均作"由"，小字旁注"用"，知其形近而訛。
3.	體身髮膚	體身作身體	體身作身體	體身作身體	體身作身口	體身作身體	體身作身體	體身作身體	體身作身體	體身作身體	《孔傳》本亦作"身體"，知竇書偶誤。
4.	終於立身	同	同	同	同	同	同	同	"身"下有"也"字。	同	《孔傳》本與古文孝經阿部隆一先生《孔傳古文孝經校勘記》(《校記》) (以下簡稱《校記》[3]，參校諸本皆同)，知京大本應加虛字也。

續表

今文章目	賀書	《開元始注》	《石臺孝經》	《開成石經》	伯3369/4775	伯3698	斯1386	北宋小字本	孫書	京大古寫本	十行本	備注
5.	事修厥德	修作循	修作循	修作循	修作循	同	修作循	修作循	修作循	修作循	修作循	《孔傳》本亦同，不過據《校記》，猿投神社藏建久六年寫本等多種參校本作"循"。《始注》本誤作"循"，蓋由"循"字形近而訛。
6.	天子四章弟二	刑于四海	同	同	同	同	刑作形	同	同	同	同	《鄭注》本、《孔傳》本亦同（據《校記》，正應本（大東急記念文庫藏六年寫本）等二本作"形"）；《經典釋文》出文爲"形"。伯3698《五刑章》"刑"亦作"形"。
7.	《甫刑》云	同	同	同	同	甫作呂	同	同	同	同	同	《鄭注》本亦同，《孔傳》本作"呂"（據《校記》，參校諸本均作"呂"），知《御注》本此處從今文。
8.	卿大夫章弟四	非先王之法服不敢服	同	法作灋	同	同	同	同	同	同	同	同	《孔傳》本同。以下諸"法"字各本情况亦同。

續表

	今文章目	賀書	《開元始注》	《石臺孝經》	《開成石經》	伯3369/4775	伯3698	斯1386	北宋小字本	孫書	京大古寫本	十行本	備注
9.	非先王之法言不敢道	道作噵		同	同		脫文	同	同	同	道作噵	同	《鄭注》本亦同，《孔傳》本作"噵"。據《校記》，足利本（足利學校遺蹟圖書館藏室町末鈔本）等多種參校本作"道"，親長應二年寫本（尊經閣文庫藏明應二年寫本）作"噵"。石經、寫本、刻本均作"道"，作"噵"當出自日系古寫本。或由"噵"為古"導"字，說變古來。
10.	滿言天下無口過	滿言作言滿		滿言作言滿	滿言作言滿		滿言作言滿	滿言作言滿	滿言作言滿	滿言作言滿	滿言作言滿	滿言作言滿	《孔傳》本亦作"言滿"，知賀書偶誤。
11.	士章第五	士章第五	"士"下有"人"字。	同	同	"士"下有"人"字。	"士"下有"人"字。	"士"下有"人"字。	同	同	同	同	《孔傳》本"士"作"士人"；《鄭注》三慶本（大東急記念文庫藏天正十九年寫本）等六種參校本作"士人"，蓋涉今文而訛。此處《始注》本從今文，而《重注》各本從古文。

续表

今文章目	写本	《开元始注》	《石台孝经》	《开成石经》	伯3369/伯4775	伯3698	斯1386	北宋小字本	孙奭书	京大古写本	十行本	备注
12.	资於事父以事君	父作君（小字旁注"父"字）	同	同	同	同	同	同	同	同	同	《郑注》本、《孔传》本亦同，知《始注》本偶误。
13.	而（"君取"二字残泐）其敬	而君取其敬	而君取其敬	而君取其敬	而君取其敬	而君取其敬	而君取其敬	而君取其敬	而君取其敬	而君取其敬	而君取其敬	《郑注》本、《孔传》本亦同。
14.	故以孝事君则忠（"君则三字残泐）	故以孝事君则忠	故以孝事君则忠	故以孝事君则忠	故以孝事君则忠	故以孝事君则忠	故以孝事君则中	故以孝事君则忠	故以孝事君则忠	故以孝事君则忠	故以孝事君则忠	《郑注》本、《孔传》本亦同。
15. 庶人章第六	而患不及者	同	同	同	"者"上有"己"字。	"者"上有"己"字。	"者"上有"己"字。	同	脱"者"字。	同	同	《孔传》本同（据《校记》），三庆本等绝大多数参校本均同，不作弗；《郑注》本"者"上有"己"字，知《御注》本此处从古文。

续表

今文章目	賀書	《賜元始注》	《石臺孝經》	《開成石經》	伯3369/4775	伯3698/斯1386	北宋小字本	孫書	京大古鈔本	十行本	備注
16.	未之有也	無"之"字。	同	同	同	之作知	同	同	無"之"字。	同	《鄭注》本、《孔傳》本亦同（據《校記》，參校諸本並無脫"之"字者）。《始注》誤脫"之"字。賀書誤符"之"字。
17. 三才章第七	地之義也[地之義也]	地之義也	地之義也	地之義也	地之義	地之義	地之義也	地之義也	地之義也	地之義也	《孔傳》本作誼（誼，義之義），且無"也"字，《鄭注》本亦無"也"字，知《銜注》本徑加"也"字。
18.	(則天之明，因地之利)	則天之明，因地之利	則天之明，因地之利	則天之明，因地之利	則天之明，因地之利	則天之明，因地之利	則天之明，因地之利	則天之明，因地之利	則天之明，因地之利	則天之明，因地之利	《鄭注》本、《孔傳》本亦同。賀書"而民是則之"下脫"則天之明，因地之利"八字。
19.	先王見教之可以化民也	無"也"字。	同	同	民作人	民作人	同	同	同	同	《孔傳》本同，《鄭注》本民作人，知《始注》本誤脫"也"字。

續表

今文章目	賀書	《開元始注》	《石臺孝經》	《開成石經》	伯3369/4775	伯3698	斯1386	北宋小字本	孫書	京大古寫本	十行本	備注
20.	道之以禮樂	道作導	道作導	道作導	同	同	同	道作導	同	道作導	道作導	《鄭注》本同;《孔傳》本作"導"(據《校記》,唯足利本等二本作"道",國會本(國會圖書館藏近世初寫本)作"導")。可知《御注》此處從今文,而賀書、孫書作"道",當出自唐寫本之通行寫法。
21.	示之以惡好	示之以好惡	示之以好惡	示之以好惡	示之以好惡	是之以好惡	示之以好惡	示之以好惡	示之以好惡	示之以好惡	示之以好惡	《鄭注》本、《孔傳》本亦同,知賀書誤倒。
22.	孝治章第八	(故得万國之歡心,以事其先王)	故得萬國之歡心,以事其先王	故得萬國之歡心,以事其先王	故得萬國之權心,以事其先王	故得萬國之歡心,以事其先王	故得萬國之觀("歡"訛字)心,以事其先王	故得萬國之權心,以事其先王	故得萬國之歡心,以事其先王	故得萬國之權心,以事其先王	故得萬國之歡心,以事其先王	《鄭注》本、《孔傳》本亦同(均作"歡")。知賀書"而"下脫"況於公、侯、伯、子、男"故得萬國之歡乎"下脫"故得萬國之歡心,以事其先王"十二字。斯1386《孝治章》之"治"作"利",似避高宗諱"治"字,但代以"利"字者未見其他書證。

续表

今文章目	宝书	《开元始注》	《石台孝经》	《开成石经》	伯3369/4775	伯3698	斯1386	北宋小字本	孙奭	京大古写本	十行本	备注
23.	故得万国之欢心	万国作百姓	万国作百姓，欢作权	同	故得□□之欢心	万国作百姓	万国作百姓	万国作百姓，欢作权	万国作百姓	万国作百姓，欢作权	万国作百姓，欢作权	《郑注》本、《孔传》本（均作"欢"）亦同，知贺书涉上文而误。
24.	以事其先君	君作王	同	同	同	同	君作臣	同	君作王	君作王	同	《郑注》本、《孔传》本亦同。其他敦煌写本有作"王"字者[4]，知《始注》本、孙书、京大本渊源有自。
25.	不敢失于臣妾	"妾"下有"之心"二字。	同	同	"妾"误作"倭"，"倭"下有"之心"二字。	"妾"下有"之心"二字。	"妾"下有"之心"二字。	同	同	"妾"下有"之心"二字。	同	《郑注》本、《孔传》本"妾"下亦有"之心"二字（楼《校记》，参校诸本皆同），知《始注》本从之，而《重注》本始删去此二字。
26.	祭则鬼享之	同	享作亭	同	同	同	同	同	同	同	同	《丧亲章》"以鬼享之"各情况相同。
27. 圣治章第九	敢问圣人之德无以加	"人"下"之"无字。	同	同	同	"人"下有"之"字。	德误作得	同	同	同	同	《郑注》本、《孔传》本亦同，知《始注》本脱"之"字。
28.	人为贵	同	同	同	同	"人"下有"最"字。	同	同	同	"贵"下有"也"字。	同	《郑注》本、《孔传》本亦同，知京大本应加虚字也。

续表

今文章目	贺书	《开元始注》	《石台孝经》	《开成石经》	伯3369/4775	伯3698/斯1386	北宋小字本	孙书	京大古写本	十行本	备注
29.	严父莫大于配天	"莫"下无"大"字（小字旁注"大"字）。	同	同	同	同	同	同	同	同	《郑注》本、《孔传》本亦同，知《始注》本误脱"大"字。
30.	夫圣之德	"圣"下有"人"字。	"圣"下有"人"字。	"圣"下有"人"字。	"圣"下有"人"字。	"圣"下有"人"字。	"圣"下有"人"字。	"圣"下有"人"字。	"圣"下有"人"字。	"圣"下有"人"字。	《郑注》本、《孔传》本亦有"人"字，知贺书脱"人"字。
31.	（圣人）因严以教敬，因亲以教爱。圣人之教不肃而成，其政不严而治）	圣人因严以教敬，因亲以教爱。圣人之教不肃而成，其政不严而治	圣人因严以教敬，因亲以教爱。圣人之教不肃而成，其政不严而治	圣人因严以教敬，因亲以教爱。圣人之教不肃而成，其政不严而治	圣人因严以教敬，因亲以教爱。圣人之教（脱"教"字）不肃而成，其政不严而治	圣人因严以教敬，因亲以教爱。（脱"圣之"八字），其政不严而治	圣人因严以教敬，因亲以教爱。圣人之教不肃而成，其政不严而治	圣人因严以教敬，因亲以教爱。圣人之教不肃而成，其政不严而治	圣人因严以教敬，因亲以教爱。圣人之教不肃而成，其政不严而治	圣人因严以教敬，因亲以教爱。圣人之教不肃而成，其政不严而治	《郑注》本、《孔传》本亦同，知贺书"以养父母日严"下脱"圣人"以下二十六字。

續表

今文章目	賀書	《開元始注》	《石臺孝經》	《開成石經》	伯3369/4775	伯3698/斯1386	北宋小字本	孫書	京大古寫本	十行本	備注
32.	厚莫重焉	莫作無	同	同	重作大	原作"大"，旁注改作"重"。	同	同	同	同	《鄭注》本、《孔傳》本亦同。
33.	不在於善	在作居（小字旁注"在"字）	同	同	同	同	同	同	同	同	《鄭注》本亦同。《孔傳》本在作宅，據《校記》議，《孔傳》本宅作度，曰："度之為居，書傳常訓。"天文本（慶應義塾圖書館藏天文廿三年鈔本）正作"居"。知此處《始注》本源出古文，《重注》本則從今文。
34.	而皆在於凶德	在"下無"於"字。	同	同	同	同	同	同	同	同	《鄭注》本、《孔傳》本亦同，知《始注》本誤脫"於"字。

續表

今文章目	賓書	《開元始注》	《石臺孝經》	《開成石經》	伯3369/4775	伯3698	斯1386	北宋小字本	孫書	京大古寫本	十行本	備注
35.	雖得之，君子不貴也	"得"下有"志"字。"貴"下無"也"字。	同	同	"字"下有一字，似為"所"字。"貴"下無"也"字。	"字"下有"所"字。"貴"下無"也"字。	"字"下有"所"字。"貴"下無"也"字，旁注"也"字。	同	同	同	同	《鄭注》本"字"下"有所"字，"貴"下無"也"字；《孔傳》本作"雖得志，君子弗從也"（據《校記》，校語本皆同）。由是知今古文所致，乃隋唐混淆古文所致。此處《始注》本近古文，《重注》本則出自今文。
36.	言可道	道作導	同	同	同	同	同	同	同	同	同	《鄭注》本同；《孔傳》本作"導"（據《校記》，足利本等多種參校本作"道"，仁和本（仁和寺藏室町鈔本）誤作"尊"），知其覺目日系古寫本。
37.	而能行其政令	"而"下無"能"字。	"而"下無"能"字。	"而"下無"能"字。	"而"下無"能"字。	"而"下無"能"字。	"而"下無"能"字。	"而"下無"能"字。	"而"下無"能"字。		"而"下無"能"字。	《鄭注》本、《孔傳》本亦同，知賓書誤衍"能"字。

续表

今文章目	贺书	《开元始注》	《石臺孝经》	《开成石经》	伯3369/4775	伯3698	斯1386	北宋小字本	孙书	京大古写本	十行本	备注
38. 其仪不忒		忒作惑（注文引作"忒"）	同	同	忒作惑		忒作惑	同	同		同	《郑注》本、《孔传》本亦同（据《校记》，诸本皆同，唯斯直本（斯道文库藏室町末钞本）作"惑"）。
39. 纪孝行章第十	在醜而争则兵	"醜"下无"而"字。	同	同	同	同	同	同	同		同	《郑注》本、《孔传》本亦同，知《始注》本误脱"而"字。
40. 五刑章第十一	非圣人者无法	无"圣人者无法"六字。	同	同	同	同	同	同	同		同	《郑注》本、《孔传》本亦同（《孔传》本无作亡），知《始注》本"要者無上"下脱此六字。
41. 广要道章第十二	教民礼亲爱	"民"下无"礼"字。	"民"下无"礼"字。	"民"下无"礼"字。	民作人"人"下无"礼"字。	"民"下无"礼"字。	民作人"人"下无"礼"字。	"民"下无"礼"字。	"民"下无"礼"字。		"民"下无"礼"字。	《孔传》本同，《郑注》本民作人，知贺书误衍"礼"字。

續表

今文章目	賀書	《開元始注》	《石臺孝經》	《開成石經》	伯3369/4775	伯3698	斯1386	北宋小字本	孫書	京大古寫本	十行本	備注
42.	莫善於弟	弟作悌	弟作悌	弟作悌	弟作悌	同	弟作悌	弟作悌	同		弟作悌	《孔傳》本同（據《校記》，足利本等多種參校本作"悌"；《鄭注》《教以弟》本作"悌"，《廣至德章》、《弟君子》《廣揚名章》、《應感章》"孝弟之至"、"事兄弟"、《廣至德章》"孝弟之至"各本異文情况與此相同。
43.	敬一人則千萬人悦	則作而	則作而	則作而	同	同	同	則作而	則作而		則作而	《鄭注》本同；《孔傳》本作"而"。可知此處《御注》從古文；賀書則從今文。
44. 廣至德章弟十三	君子之教以孝者也	"孝"下無"者也"二字。	"孝"下無"者"字。	"孝"下無"者"字。	"孝"下無"者也"二字。	"字"下脱"之教"二字。"孝"下無"者也"二字。	"孝"下無"者也"二字。	"孝"下無"者"字。	"孝"下無"者"字。		"孝"下無"者"字。	《孔傳》本無"者"字（據《校記》，參校諸本均無"者"字）；《鄭注》本無"者也"二字。由是知《重注》本從今文，而《始注》本自古文出。賀書有衍文。

续表

今文章目	賀書	《開元始注》	《石臺孝經》	《開成石經》	伯3369/4775	伯3698/斯1386	北宋小字本	孫書	京大古寫本	十行本	備注
45.	非家至而日見之	同	"之"下有"也"字。	"之"下有"也"字。	"家至"誤乙作"至家"。"之"下有"也"字。	同	"之"下有"也"字。	"之"下有"也"字。		"之"下有"也"字。	《鄭注》本、《孔傳》本亦同（據《校記》，猿投神社本等多種參校本"之"下有"也"字，或涉《重注》本而增）。
46.	教以孝	同	同	同	同	同	同	"孝"上無"教以"二字。		同	《孔傳》本亦同，知孫書誤脫"教以"二字。
47.	其執能順民如此	同	同	同	執作熟，民作人	執作熟，順作訓，民作人	同	"能"下無"順"字。		同	《孔傳》本同（據《校記》，參校諸本順皆作訓；弘安本（文政六年福山藩主阿部正精覆刻弘安十年鈔本）、延慶本（東洋文庫藏延慶元年鈔本）執作爇），知晚唐五代《孝經》文本出現了今、古文混同的情況。孫書誤脫"順"字。

續表

今文章目	《開元始注》	《石臺孝經》	《開成石經》	伯3369/4775	伯3698	斯1386	北宋小字本	孫書	京大古寫本	十行本	備注
48. 其大者乎	同	同	同	同	同	同	同	"大"上無"其"字。		同	《孔傳》本亦同，知孫書誤脫"其"字。
49. 廣揚名章弟十四 居家理，治可移於官	"治"上有"故"字。	"治"上有"故"字。	"治"上有"故"字。	理作治治作理移作以	理作治治作理		"治"上有"故"字。	"治"上有"故"字。		"治"上有"故"字。	《鄭注》本同；《孔傳》本亦有"故"字，《校記》絕大多數參校本均有"故"字，唯實本（高野山寶壽院藏鐮倉後期寫本，誤脫），知《御注》本此處從古文。賀書誤脫"故"字。
50. 而名立於後世矣	"立"下無"於"字。	同	同	同		"立"下無"於"字。	同	同		同	《鄭注》本，《孔傳》本亦同，然白文本《今文孝經》亦有"於"字者，知《始注》本不爲無據，此處或從今文。
51. 諫爭章弟十五	同	同	同	爭作諍	爭作諍	爭作諍	同	同		爭作諍	《鄭注》本作"諍"；《孔傳》本章目作"諫記"（據《校記》，三千院本等多種參校本作"諍"），正文作"爭"。由是知此處《御注》從古文。

續表

今文章目	資書	《開元始注》	《石臺孝經》	《開成石經》	伯3369/4775	伯3698	斯1386	北宋小字本	孫書	京大古寫本	十行本	備注
52.	可謂諍矣	矣作乎	矣作乎	矣作乎	矣作乎	矣作乎	矣作乎	矣作乎	矣作乎		矣作乎	《鄭注》本、《孔傳》本亦作"乎",知賀書誤作"矣"。
53.	是何言歟(是何言歟)	是何言與,是何言與	是何言與,是何言與	是何言與,何言與	是何言歟	是何言與,何言與	是何言歟,是歟,何言歟	是何言與,是歟,何言與	是何言歟,是歟,何言歟		是何言與,何言與	《鄭注》本(作"歟"),《孔傳》本(據《校記》、參校諸本均作"與",未見有作"歟"字者)亦爲疊句,知賀書誤脫"是何言歟"四字。
54.	不失天下	同	"失"下有"其"字。	"失"下有"其"字。	脫文	"失"下有"其"字。	"失"下有"其"字。	"失"下有"其"字。	"失"下有"其"字。		"失"下有"其"字。	《孔傳》本同(據《校記》,參校諸本均無"其"字,《鄭注》本有"其"字。知此處《始注》本從今文,《重注》本從古文。
55.	則身不陷於不義	"則"下無"身"字。	同	同	同	同	同	同	同		同	《鄭注》本、《孔傳》本亦同,知《始注》本誤脫"身"字。
56.	故能則不義則爭之	"故"下無"能"字。	"故"下無"能"字。	"故"下無"能"字。	脫文	"故"下無"能"字。	"故"下無"能"字。	"故"下無"能"字。	"故"下無"能"字。		"故"下無"能"字。	《鄭注》本、《孔傳》本亦無"能"字,知賀書誤衍。

續表

今文章目	賀書	《開元始注》	《石臺孝經》	《開成石經》	伯3369/4775	伯3698/斯1386	北宋小字本	孫書	京大古寫本	十行本	備注
57.	應感章第十六	應感	同	修作惰	同	應感作感應	應感作感應	同	同		應感作感應	《孔傳》本同（據《校記》，參校諸本均作"應感"；《鄭注》本作"感應"。知《御注》此處從古文。
58.	修身慎行	修作惰	修作惰	修作惰	修作惰	同	修作惰	修作惰		修作惰	《孔傳》本同（據《校記》，弘安本等多種參校本作"惰"）；《鄭注》本作"惰"。
59.	恐辱先也	同	同	同	辱作辱	也作人	同	同		同	《鄭注》本、《孔傳》本亦同。
60.	君子之事君章第十七	同	同	同	"上"下無"也"字。	"上"下無"也"字。	同	同		君作孝	《鄭注》本、《孔傳》本亦同，均作"君"（《鄭注》本無"也"字），知十行本涉正文而訛。
61.	故上下能相親也	同	同	同	"下"下有"理"字。"親"下無"也"字。	"下"下有"治"字。"親"下無"也"字。	"下"作"治"。"親"下無"也"字。	同	脫"也"字。	同	《孔傳》本同（據《校記》，三千院本等多種參校本"下"下無"也"字，"親"下無"也"字）；《鄭注》本"下"下有"治"字，"親"下有"也"字，知《御注》此處從古文。

續表

	今文章目	賀書	《開元始注》	《石臺孝經》	《開成石經》	伯 3369/4775	伯 3698/斯 1386	北宋小字本	孫書	敦大古籍本	十行本	備注
62.	喪親章弟十八	忠心藏之	忠作中	忠作中	忠作中	同	同	忠作中	忠作終	忠作中	忠作中	《鄭注》本、《孔傳》本亦同（據《校記》，參校諸本均作"忠"），孫書誤作"終"。《御注》不同於今文各本，當據通行《毛詩》本改。
63.		孝子之喪親也	無"也"字。	同	喪作事		無"也"字。	同	同	無"也"字。	同	《孔傳》本同（宮內廳書陵部藏室町末鈔本）等六種參校本脫"也"字；《鄭注》本無"也"字，知此處《始注》本從今文，《重注》本從古文。
64.		此哀慼之情也	同	同	同	此句缺，據下文知其作"慼"。	慼作戚	同	同	同	慼作戚	《孔傳》本同（據《校記》，延慶本等多數校本作"戚"），知十行本臆改。
65.		教民無以死傷生也	"生"下無"也"字。	"生"下無"也"字。	"生"下無"也"字。	民作人"生"下無"也"字。	"生"下無"也"字。	"生"下無"也"字。	同	"生"下無"也"字。	"生"下無"也"字。	《孔傳》本及古文諸本同，知賀書從古文，與今文《鄭注》本、《御注》本不同。

续表

今文章目	贺书	《开元始注》	《石台孝经》	《开成石经》	伯3369/4775	伯3698/斯1386	北宋小字本	孙书	京大古写本	十行本	备注
66.	丧不过三年	同	同	同	同	"不"下无"过"字。	同	同	同	同	《郑注》本、《孔传》本亦同。
67.	为之棺椁、衣衾而举之	为之棺椁"和"衣衾而举之"下皆无"之"字。	同	同	同	同	同	同	同	同	《郑注》本、《孔传》本亦同,知《始注》本误脱。
68.	陈其簠簋而哀戚之	"簋"下无"而"字,"之"脱"哀"二字。	"簋"下无"而"字。	"簋"下无"而"字。	"簋"下无"而"字。	"簋"下无"而"字。	"簋"下无"而"字。	"簋"下无"而"字,脱"哀"二字。	"簋"下无"而"字。	"簋"下无"而"字。	《郑注》本、《孔传》本同,《御注》本同,知贺书误衍,孙书误脱。
69.	而安厝之	厝作措,"措"下脱"之"字。	厝作措	厝作措	厝误措	厝作措	厝作措	厝作措	厝作措	厝作措	《孔传》本亦作"措"。

续表

今文章目	贺书	《开元始注》	《石臺孝经》	《开成石经》	伯3369/4775	斯1386/伯3698	北宋小字本	孙书	京大古写本	十行本	备注
70.	死生之义备矣	义作仪	同	同		义作仪	同	同	同	同	《郑注》本同,《孔传》本义作谊(据《校记》,正平本等五本作"义")。

注:1. 据潘妍艳同学释读,各章章目或作"第",或作"弟",二者草书形近,常相混用。
2. 凡参校本缺泐处均不出异文,付之阙如。下同。
3. [日]阿部隆一:《古文孝经旧钞本の研究》(资料篇),《斯道文库论集》(6),1968年,第127—1060页。下引阿部先生说出处同。
4.《敦煌经部文献合集》群经类孝经之属《孝经》,第4册,第1908页。

1. 參校諸本文本屬性的認定

分析上述各本異文，不難看出最突出的特點是《重注》系統內部石經和刻本的文本具有超強的穩定性，如《石臺孝經》《開成石經》、北宋小字本、十行本，表中開列文本基本相同，明顯屬於同一系統，系統內部異文并不多見。其中，《石臺孝經》用字最規範，如 No. 8《卿大夫章》"非先王之法服不敢服"之"法"作"灋"，與其他各本皆不同。《開成石經》僅有一處異文，No. 63《喪親章》"孝子之喪親也"之"喪"誤作"事"，係明人補字。北宋小字本未見異文。十行本大體一致，間有改易，如 No. 51《諫爭章》"爭"作"諍"、No. 57《應感章》"應感"作"感應"、No. 64《喪親章》"此哀感之情也"之"感"作"戚"等均非臆改，都有著今、古文的版本依據。No. 60《事君章》"君子之事上也"之"君"作"孝"，恐涉下一章"孝子"云云而訛。這也證明五代監本九經三傳（經注本）的經文依據《開成石經》的説法是可靠的，而《開成石經·孝經》出自《石臺孝經》，爲後來諸本所祖述。五代、北宋直至元代刻本系統的文本是非常穩定的，遞相因襲，少有改易。

其他幾種寫（鈔）本，包括賀書、孫書、《始注》本、敦煌各本《今文》、京大本以及《孔傳》本等，雖多寡不一，是非各異，但都存在著相當數量的異文，這也是寫（鈔）本的性質所決定的，即個性化和不穩定性，具有不同於石經或刻本的特殊性。其中，日系古寫本表現出一定的特殊性，如 No. 4《開宗明義章》"終於立身"，今、古文諸本皆同，京大本"身"下有"也"字，知其臆加虛字。No. 28《聖治章》"人爲貴"，京大本亦臆加虛字"也"。No. 9《卿大夫章》"非先王之法言不敢道"之"道"，《孔傳》本、《始注》本作"噵"，京大本作"導"，石經、衆多寫本、刻本均作

"道",作"尊"當始自日系古寫本,作"導"或由作"尊"訛變而來。No. 36《聖治章》"言思可道"異文情況略同。No. 16《庶人章》"未之有也",《鄭注》本、《孔傳》本皆同,《始注》本、京大本誤脱"之"字。就異文來看,京大本與《始注》《重注》本同者有25處(No. 1、3、6、7、8、10、13、14、15、17、18、20、21、22、23、26、30、31、60、62、64、65、66、68、69),不同於二者的異文僅有5處(No. 4、9、24、28、61),其中除No. 9《卿大夫章》"非先王之法言不敢道"之"道"誤作"導"、No. 24《孝治章》"以事其先君"之"君"作"王"之外,其餘3處異文均爲臆增虛字,並無特異性,所以京大本之爲《御注》本並無疑義。那麽,它究竟是《始注》本還是《重注》本呢?我們進行統計的結果是,同於《始注》而不同於《重注》者有4處(No. 16、24、25、63),除No. 24《孝治章》"以事其先君"(《重注》本同;《始注》本、孫書、京大本"君"作"王",敦煌寫本亦有作"王"字者)、No. 25《孝治章》"不敢失於臣妾"(《重注》本同;今、古文各本"妾"下有"之心"二字,《始注》本、京大本從之)外,其餘2處均爲虛字異同;而同於《重注》不同於《始注》者有13處(No. 2、5、11、12、19、27、29、32、33、34、35、67、70),頗多特異性的異文,所以可以肯定京大本實屬《重注》本系統。

敦煌本《孝經》無論是白文本還是經注本都是《今文》系統,《御注》僅一見(斯6019),至於《古文孝經》則迄未之見。陳鐵凡先生已經注意到這一現象[1],我們通過對上述今、古文及《御

---

[1]《敦煌本〈孝經〉類纂弁言》,《孔孟月刊》16卷1期,1977年9月,第18頁。白文本和《鄭注》本兩類寫卷的具體情況參見許建平先生《敦煌經籍叙録》卷八,中華書局2006年版,第387—419頁。

注》各本的校勘確實也證實了這一點。用以參校的白文本《(今文)孝經》(伯3369/4775、伯3698、斯1386)及經注本《(今文)孝經鄭注》(伯3428+2674)的經文顯係同一系統,彼此特異性的異文非常少。這四個敦煌寫本的抄寫時間均在唐代後期和五代,去《始注》和《重注》頒行已有三百餘年,其中後晉的兩個寫本還處在五代監本九經三傳的刊行過程之中,但其文本系統并未因此而受到《御注》本的影響,保持著一貫的《今文孝經》的文本源流。因爲六朝以降行世者,只有經注本而無單經本①,所以單經本(白文本)當亦出自經注本;也就是説,敦煌地區通行的《孝經》文本系統是獨立於《御注》之外的鄭注今文本。

2.《始注》和《重注》的注釋特點及其對於今、古文的不同去取

《重注》在保持《始注》總體注釋風格的前提之下,在文字、訓詁和修辭上都做了修訂②。我們以《御注》本爲參照系,通過比勘今、古文諸本,可以進一步洞悉《御注》對於今、古文文本的因襲或改易,乃至具體地釐清《始注》和《重注》對於今、古文的不同去取。試將相關異文分組考察,約有以下四種情況:I《御注》本從古文不從今文。No. 15《庶人章》"而患不及者",古文本、《御注》本同,而今文本"者"上有"己"字。No. 43《廣要道章》"敬一人則千萬人悦",今文本同,與古文本、《御注》本

---

① 王國維:《五代兩宋監本考》卷上,《宋元版書目題跋輯刊》影印本,北京圖書館出版社2003年版,第525頁。

② 參見拙作《〈孝經〉開元始注與天寶重注比較研究》,《北京大學中國古文獻研究中心集刊》第7輯,北京大學出版社2008年版。

作"而"不同。No. 49《廣揚名章》"居家理，治可移於官"，今文本同，古文本、《御注》本"治"上有"故"字。No. 51《諫爭章》，今文本作"諍"，古文本章目及正文多作"爭"，《御注》本正作"爭"。No. 57《應感章》，古文本、《御注》本同，今文本作"感應"。No. 61《事君章》"故上下能相親也"，古文本、《御注》本同；今文本"下"下有"治"字，"親"下無"也"字。
Ⅱ《御注》本從今文不從古文。No. 7《天子章》"《甫刑》云"，今文本、《御注》本同，《古文》各本"甫"作"呂"。No. 20《三才章》"道之以禮樂"，今文本、《御注》本同，古文本作"導"。
Ⅲ《御注》本不同於今、古文。如上所述，《御注》經文文本雖係今文，但在今、古文有異文的情況下還是有所取捨的，或從今文，或從古文，擇善而從，皆有依據，但也有不同於今、古文而自行創制者，多爲增減補完語氣的語助詞①。如 No. 17《三才章》"地之義也"，今文、古文各本均無"也"字，知《御注》本徑加"也"字。No. 62《事君章》"忠心藏之"，今文、古文各本皆同，《御注》本獨不同，當據通行本《毛詩》改。當然，《始注》《重注》成書有先後，文本有變更，所以通常是《始注》尚從舊本，而《重注》始有改易。如 No. 44《廣至德章》"君子之教以孝者也"，古文本"孝"下無"者"字，有"也"字；今文本無"者也"二字，《始注》本與之同。由是知《始注》本尚從今文，而《重注》本始據古文而加"也"字。No. 45《廣至德章》"非家至而日見之"，今文、古文各本、《始注》本皆同，而《重注》本

---

① 我們今天所能看到的今文、古文乃至《始注》寫本所反映出來的文本僅爲實際狀況之片段或局部，無論是在時間還是空間上都有很大的局限性。所以，嚴格地講，所謂"自行創制"只是相對於我們今天所能達到的認識程度而言。

始於"之"下加"也"字。Ⅳ《始注》《重注》分途,去取不同。No. 11《士章》章目,古文本基本上都作"士",《今文》諸本"士"下有"人"字,此處《始注》本從今文,而《重注》本從古文。No. 25《孝治章》"不敢失於臣妾",《重注》本同;今文、古文各本"妾"下有"之心"二字,《始注》本從之。No. 33《聖治章》"不在於善",《今文》各本、《重注》本同;古文本"在"作"宅"(或作"度""居"),《始注》本正作"居",知此處《始注》本源出古文,《重注》本從今文。No. 35"雖得之,君子不貴也",《重注》各本同,今文本"子"下有"所"字,"貴"下無"也"字;古文本作"雖得志,君子弗從也"。《始注》本作"雖得志之君子不貴",知其近古文,《重注》本則出自今文。No. 63《喪親章》"孝子之喪親也",古文本同,《鄭注》本無"也"字。知此處《始注》本從今文,《重注》本從古文。

3. 賀書、孫書文本系統的推定

《始注》本顯誤的異文有 14 處(No. 2、5、12、16、19、27、29、32、34、38、39、40、55、67),其中,賀書除 No. 5 同於《孔傳》本外其餘 13 處均與《重注》本同。賀書顯誤的異文有 18 處(No. 3、10、17、18、21、22、23、30、31、37、41、44、49、52、53、56[①]、68、69),其中,除 No. 44《始注》本與《重注》本不同外其餘 17 處二者皆同。在餘下的 38 處異文中,賀書與《始注》本、《重注》本二者皆同的有 23 處(No. 4、6、7、8、13、14、15、20、24、26、28、46、47、48、51、57、58、59、

---

① 據潘妍艷同學告知,"能"字右側有三點,表示刪去,則賀書文本不誤,衍文已做刪除標記。

60、61、64、65、66），同於《始注》本而不同於《重注》本者有二（No. 45、54），同於《重注》本而不同於《始注》本者有九（No. 9、11、25、33、35、36、50、63、70），與二者皆異的僅有4處（No. 1、42、43、62）。No. 1、42兩例均爲假借字，并不具有特異性。No. 43《廣要道章》"敬一人則千萬人悦"，作"則"不作"而"；No. 62《事君章》"忠心藏之"，作"忠"不作"中"，雖然可視作書家書寫習慣或知識背景所致，但實際上分別有著今、古文的依據。而且，與《始注》本相同的No. 45《廣至德章》"非家至而日見之"，《重注》本於"之"下加"也"字；No. 54《諫爭章》"不失天下"，《重注》本"失"下有"其"字。賀書兩處均爲脱省虚字，儘管可以視作脱文，但我們毋寧相信這是《始注》本痕迹的殘留。總之，通過以上對於賀書異文的統計和分析，知其并非一般的鄭注今文本系統，顯係《御注》本，更確切地説實爲略帶《始注》痕迹的《重注》本。賀書文本系統的推定對於其作者的認定具有重要意義。

孫書與《始注》本、《重注》本二者相同的異文有34處；除去《始注》本顯誤的異文14處，與《重注》本相同的異文有11處（No. 9、11、25、33、35、36、44、45、54、63、70），均爲《始注》本和《重注》本差異明顯，而孫書皆從《重注》本；與《始注》本同而不同於《重注》本者僅No. 24一處，京大本及個別今文寫本并與之同，知其另有所據；再除去孫書顯誤的異文6處（No. 15、46、47、48、62、68），孫書與《御注》本不同者僅有4處（No. 1、42、53、65）。試將孫書與《御注》本不同者略作分析。No. 1《開宗明義章》弟一，《御注》本弟作第；No. 42《廣要道章》"莫善於弟"，《御注》本弟作悌；No. 53《諫爭章》

"是何言歟",《御注》本歟作與；No. 65《喪親章》"教民無以死傷生也",《御注》本"生"下無"也"字。以上四例孫書均與賀書同，恐非偶然，且或從今文，或從古文，知其淵源有自，也可以解釋爲唐宋時代《孝經》的書法作品可能存在著某種特定的用字習慣。所以，可以肯定地説孫書實乃《重注》本《御注》。關於孫書的作者和時代，如前所述，一般認爲出自宋人僞托。我們通過文本校勘來重新審視，恰可印證其説。較之賀書，孫書更加規範、嚴整，顯係《御注》本系統，且爲穩定的《重注》本，所以絶無可能出於《御注》之前。而孫過庭生活在貞觀後期至武后時期，遠在玄宗開元之前，所以絶無可能是其所書。

五、賀書作者和時代的推擬

既已明確了賀書的文本屬性，就可以將其置於唐宋時代《孝經》文本演變的大背景之下來定位。開元十年六月二日，唐玄宗自注《孝經》，"頒于天下及國子學"[①]。至天寶二年五月二十二日，上重注，亦頒于天下"[②]。這是《始注》和《重注》完成并頒行的準確時間。我們再回過頭來考察一下這一時間段賀知章的仕履情况。開元九年（721），知章已任職秘書省[③]。十年，張説爲

---

① 《舊唐書》卷八《玄宗本紀上》曰："（開元十年）六月辛丑，上訓注《孝經》，頒于天下。"（第 183 頁）
② 《唐會要》卷三六《修撰》，第 658 頁。
③ 《隋唐五代墓誌彙編·河北卷·大唐故銀青光禄大夫行大理少卿上柱國渤海縣開國公封□□□并序》，署"秘書□□會稽賀知章"撰（天津古籍出版社1991年版）。

麗正殿修書使，奏請知章等入書院，同撰《六典》《文纂》，累年無功，後轉太常少卿。十三年，遷禮部侍郎，加集賢院學士，又充皇太子侍讀。十四年，改授工部侍郎，兼秘書監同正員，依舊充集賢院學士。二十六年，遷太子賓客、銀青光祿大夫兼正授秘書監①。至於知章請爲道士、求還鄉里的時間，《舊唐書》本傳稱"天寶三載，知章因病恍惚，乃上疏請度爲道士，求還鄉里"；《新唐書》本傳則曰"天寶初，病，夢游帝居，數日寤，乃請爲道士，還鄉里"。《唐會要》則明確記載了上疏時間："其年（天寶二年）十二月二十日，太子賓客賀知章請爲道士還鄉，捨會稽宅爲千秋觀。"②又據《舊唐書》卷九《玄宗本紀下》記載，天寶二年"十二月乙酉，太子賓客賀知章請度爲道士還鄉"。三載正月庚子，"遣左右相已下祖別賀知章於長樂坡上，賦詩贈之"。由是知知章上疏在二年十二月二十日，而離開長安在三載正月五日③。

麗正殿修書院開元十三年更名集賢殿書院，通稱集賢院。據《唐六典·集賢殿書院》，"集賢院學士掌刊緝古今之經籍，以辯明邦國之大典，而備顧問應對。……凡承旨撰集文章，校理經籍，月終則進課于內，歲終則考最于外"④。可見，集賢學士的主要任務就是秉承圣旨編纂、校理經籍。秘書省（監）爲經籍皮藏之地，

---

① 有關知章改授工部侍郎及遷太子賓客的時間，史傳記載不詳，這裏采用傅璇琮先生等《唐才子傳校箋》卷三"賀知章"條的考證結論（中華書局1987年版，第455—456頁）。

② 《唐會要》卷五〇《尊崇道教·雜記》，第880頁。

③ 《會稽掇英總集》卷二載玄宗《送賀知章歸四明詩》并序，以及李林甫等所和應制詩。參見《唐才子傳校箋》卷三"賀知章"條（第458頁）。

④ ［唐］李林甫等：《唐六典》中書省集賢院史館匭使卷第九，中華書局2008年版，第280—281頁。又見於《舊唐書》卷四三《職官志》二，第1852頁。

亦負校理之責。《唐六典·秘書省》所謂"秘書監之職，掌邦國經籍圖書之事"①。以其爲清要之職，故不爲權貴所喜。唐佚名《兩京（雜）記》②記載：

> 唐初，秘書省唯主寫書、貯掌、勘校而已。自是門可張羅，迥無統攝官署。望雖清雅，而實非要劇。權貴子弟及好利誇侈者，率不好此職。流俗以監爲宰相病坊，少監爲給事中、中書舍人病坊，丞及著作郎爲尚書郎病坊，秘書郎及著作左郎爲監察御史病坊。言從職不任繁劇者，當改入此省。然其職在圖史，非復喧卑，故好學君子厭于趨競者，亦求爲此職焉。③

只有篤志好學、不亟亟於仕進者致力於斯，知章便是這樣的人，長期任職秘書省，樂在其中。《封氏聞見記》曰：

> 賀知章爲秘書監，累年不遷。張九齡罷相，於朝中謂賀曰："九齡多事，意不得與公遷轉，以此爲恨。"賀素詼諧，應聲答曰："知章蒙相公庇廕不少。"張曰："有何相庇？"賀曰："自相公在朝堂，無人敢罵知章作獠；罷相以來，爾汝單

---

① 《唐六典》秘書省卷第十，第297頁。又見於《舊唐書》卷四三《職官志》二，第1855頁。

② 有關《兩京雜記》的名實及佚文，詳參辛德勇先生《兩京新記輯校》（三秦出版社2006年版）。

③ 《太平廣記》卷一八七《職官》引《兩京記》，中華書局1986年版，第4冊，第1405頁。

字，稍稍還動。"九齡大慚。①

雖係戲謔之言，知章性情由此可見一斑。張九齡開元二十四年罷相，則此事當在是歲之後。開元九年至天寶二年，知章長期兼任秘書省和集賢院的工作②，兩署平行，彼此關聯，但均司圖書庋藏，經籍校讎。知章任職期間，正好處在《始注》頒行前後至《重注》頒行伊始這一時期。他親身經歷了玄宗朝《孝經》今、古文之爭以及先後兩次《御注》，所以極有可能第一時間接觸到《御注》，乃至直接參與校理、具寫的工作。作爲集賢學士和秘書監，他對於由此所產生的文本變易應該是有清醒的認識的。《重注》頒行甫爾，故其記憶深處的《孝經》文本不可能是穩定的《重注》本，很有可能殘留著今、古文乃至《始注》的痕迹。如上所述，賀書所體現出來的文本特徵正是這種樣態。也就是說，從時間和知識背景及仕履來分析，知章是具備作爲賀書作者的必要條件的。

如果賀書確係知章所作，那么當作於天寶二年五月《重注》頒行至三載知章還鄉病逝近一年的時間之内。二年五月頒行《重注》詔曰"宜付所司，頒示中外"③，當已完成集賢院校理、具寫

―――――

① ［唐］封演著，趙貞信先生校注：《封氏聞見記校注》卷一〇《諷切》，中華書局2005年版，第92頁。

② 國圖藏拓本《皇朝秘書承攝侍御史朱公妻太原郡君王氏墓誌并序》，即署"秘書監、集賢學士賀知章"撰（周紹良、趙超：《唐代墓志彙編》開元三六七，上海古籍出版社1992年版，第1403頁）。

③ 詔見宋王欽若等編纂，周勛初先生等校訂《册府元龜》卷四〇《帝王部·文學》，鳳凰出版社2006年版，第1册，第431頁。

工作，所以送付有司以頒行①。截至三載十二月，應已完全落實，詔曰："自今已後，宜令天下家藏《孝經》一本，精勤教習。學校之中，倍加傳授。州縣官長，明申勸課焉。"②而《石臺孝經》的刊立更在四載，重訂元行沖《疏》則遲至五載。也就是說，儘管天寶二年五月頒行，但真正實現《重注》本遍布天下恐在三載以後。當然，如上所述，天寶二年（五月頒行至十二月請爲道士之前）知章作爲秘書監、集賢學士很可能是預其事的。而且，三載元月還鄉至去世之前，他還寫有書法作品③。因此，我們認爲，賀書由知章作於這段時間的可能性是存在的，但絶非職務作品。

具體說來，尚可從三個方面加以論析：其一，最主要也是最直接的原因是異文校勘的結論，賀書雖係《重注》本，但尚存今、古文之孑遺，以及《始注》之痕迹，并非穩定的《重注》文本系統，可見書人雖知曉《重注》本，但浸淫於今、古文及《始注》本的知識背景和書寫傳統，正好合乎《重注》頒行伊始、并未完全通行的時間節點，以及知章供職機構所提供的可能性。其二，賀書"淵""世""民""治"等唐諱字均不缺筆或使用代字。太

---

① 天寶五載（746）五月二十四日，爲配合玄宗"重注"，再次頒行《疏》，詔曰："《孝經書疏》，雖粗發明，幽賾無遺，未能該備，今更敷暢，以廣闕文。仍令集賢院具寫，送付所司，頒示中外。"（《唐會要》卷七七《論經義》，第1411頁）由此可知，《御注》及《疏》的校理、具寫工作主要是由集賢院負責完成的。

② 《唐會要》卷三五《經籍》，第645頁。又見於《舊唐書》卷九《玄宗本紀下》（第218頁）。《唐大詔令集》卷七四《典禮‧九宮貴神》收錄孫逖撰《親祭九宮壇大赦天下制》（第377頁），玄宗親祭九宮壇一事在十二月，即有詔敕，文字略有異同，其中"學校"作"鄉學"。

③ 紹興東南宛委山南坡飛來石上有《龍瑞宮記》，署秘書監賀知章書，凡12行，行15字，陰刻，正書。據稱作於天寶三載。太

宗朝避諱比較寬鬆，武德九年詔曰："依禮，二名義不偏諱。……近代以來，曲爲節制，兩字兼避，廢闕已多，率意而行，有違經誥。今其官號、人名及公私文籍有'世'及'民'兩字不連續者，并不須避。"① 但由于南北朝直至隋代以來的傳統，避諱風氣依然盛行。高宗時將避諱範圍縮小，顯慶五年正月一日詔："孔宣設教，正名爲首。戴聖貽範，嫌名不諱。比見抄寫古典，至於朕名，或缺其點畫，或隨便改換，恐六籍雅言，會意多爽；九流通義，指事全違，誠非立書之本。自今以後，繕寫舊典文字，并宜使成，不須隨義改易。"② 玄宗時避諱還是比較嚴格的，知章參與編修的《唐六典》曰："凡上表、疏、箋、啓及判、策文章，如平闕之式。"李林甫等注："若寫經史群書及撰錄舊事，其文有犯國諱者，皆爲字不成。"③ 其三，出以草書，且文中脫衍、訛誤甚多。唐人稱其"性放善謔，晚年尤縱，無復規檢。……每興酣命筆，好書大字，或三百言，或五百言，詩筆唯命。問有幾紙，報十紙，紙盡語亦盡；二十紙、三十紙，紙盡語亦盡。忽有好處，與造化相爭，非人工所到也"④。《舊唐書》本傳亦稱"知章性放曠，善談笑，當時賢達皆傾慕之。……遨遊里巷，醉後屬詞，動成卷軸，文不加點，咸有可觀。又善草、隸書，好事者供其牋翰，每紙不過數十字，共傳寶之"。可見，知章性情豪放不羈，故自號"四

---

① 《唐會要》卷二三《諱》，第 452 頁。又見於《舊唐書》卷二《太宗本紀上》（第 29 頁），"二名"下無"義"字，"經誥"作"經典"。

② 《唐會要》卷二三《諱》，第 452 頁。《唐大詔令集》卷一〇八《政事·禁約上》有《寫書御名不闕點劃敕》，"之本"下有"意也"二字（第 515 頁）。

③ 《唐六典》尚書禮部卷第四"郎中"，第 113 頁。

④ ［唐］竇臮撰，［唐］竇蒙注：《述書賦注》卷下，四庫本，第 812 冊，第 93 頁上。

明狂客",又稱"秘書外監",書法作品多係興之所至或酒酣之作,故而其二、三兩條可以知章性情來解釋,但同時也説明賀書并無官方屬性,因爲不避御諱并且訛誤較多與其供職秘書省、集賢院的工作職責極不相符。所以,賀書有可能是知章在天寶二年五月至翌年去世之前這段時間內所作,絕非職務作品,亦非照本迻録,當爲記憶所及,信手拈來,所以在文字和避諱方面顯得比較隨意。

當然,這只是諸多可能性中最大的一個,他如玄宗《重注》頒行之後、《石臺孝經》刊立之前某人所作,但因知章名顯而托名於他(或係宋初重裝之時錯誤地認定);再如知章當時確有草書《孝經》之作,但今本乃後人摹本,并非真迹。不過,據上述身份、仕履、職守、性格、時地等方面綜合考量,知章足以當之。

(原載《文史》2015年第1輯,今據以收入)

《五經文字》引石經輯考
——兼論漢魏石經在唐代的接受

東漢末,由於經學章句漸疏,經書輾轉傳寫,文字多有舛誤,而官方并無統一的標準文本。在這種學術背景之下,靈帝詔諸儒校定經書文字,以當時通行之隸書雕鎸石經,宦者李巡首倡,蔡邕董其事。始於熹平四年(175),訖於光和六年(183),歷時九年。是爲漢熹平一(今)體(字)石經。由於漢石經所立七經均爲今文經,而東漢以降古文經學發展迅猛,至曹魏更多立學官,於是正始中刊立古文經《尚書》《春秋》二經及《左傳》以補之[①],出以古文、小篆和隸書三體,是爲魏正始三體(字)石經。

一、漢魏石經在唐代的接受

北魏初,漢魏石經已頹落,東魏武定四年(546)自洛陽徙

[①] 王國維先生認爲魏石經除《尚書》《春秋》外另刊《左傳》,不過"實未得全書十之二三"(參見王國維《魏石經考(二)》,《王國維手定觀堂集林》卷一六,第393—394頁)。但馬衡先生不贊同此説,他認爲正式雕鎸的只有《尚書》《春秋》二經,《隸續》所録《左傳》35字爲試刻之字。(馬衡:《凡將齋金石叢稿》卷六"石經"《魏石經概述》,中華書局1996年版,第224頁)。

於鄴都，值河陽岸崩，遂没於水，得至鄴都者不盈太半。北周大象元年（579），又由鄴都遷洛陽。隋開皇六年（586）又從洛陽遷入長安。唐貞觀初，魏徵始收聚之，十不存一[①]。雖然殘石存者無多，但"其相承傳拓之本，猶在秘府"[②]，而且見於《隋志》著録，分别爲一字石經和三字石經。其中，一字石經有《周易》一卷（原注：梁有三卷）、《尚書》六卷（梁有今字石經鄭氏《尚書》八卷，亡）、《魯詩》六卷（梁有《毛詩》二卷，亡）、《儀禮》九卷、《春秋》一卷（梁有一卷）、《公羊傳》九卷、《論語》一卷（梁有二卷）[③]。正是漢石經所刻七經，部分拓本卷數較之南朝梁所存者已有所變化[④]，知其已有缺佚。三字石經則有《尚書》九卷（梁有十三卷）、《尚書》五卷、《春秋》三卷（梁有十二卷）。其後，兩《唐志》亦著録今字石經和三字石經，卷數及經目又有變化。《舊唐志》著録今字石經《易》篆三卷、《尚書》五

---

① 以上參照馬衡先生《從實驗上窺見漢石經之一斑》（《凡將齋金石叢稿》卷六"石經"，第199—210頁）及《漢石經概述》（《考古學報》1955年第2期）。有關漢魏石經自北魏至唐初的保存狀況，略見於《隋書》卷三二《經籍志一》（第947頁）和唐封演《封氏聞見記·石經》（趙貞信校注：《封氏聞見記校注》卷二，中華書局2005年版，第11—12頁），文字略有異同。

② 《隋書》卷三二《經籍志一》，第947頁。《封氏聞見記·石經》"拓"字原注："一作秘。"在作存，"秘府"下有"而石經自此亡矣"七字（《封氏聞見記校注》卷二，第12頁）。北宋黄伯思稱"開元中嘗藏拓本於御府，以'開元'二字小印印之，與灋書、名畫同藏。蓋唐世以前未録前代石刻，獨此見收，其可寶如此"（《東觀餘論》卷上"記石經與今文不同"，明汲古閣刻本，第44葉b）。

③ 《隋書》卷三二《經籍志一》，第945—946頁。

④ 雖然對於《隋志》所著録之"傳拓之本"之爲拓本亦或揭本歷來有爭議，但我們認爲這只是技術層面的問題，大體能存原石之真則并無根本性的不同。所以，本篇采用王國維先生的觀點（《魏石經考〔四〕》曰："惟《隋志》著録之二種石經，確爲拓本。"〔第399頁〕），認定爲拓本。

卷、鄭玄《尚書》八卷、《毛詩》三卷、《儀禮》四卷、《左傳經》十卷、《公羊傳》九卷、《論語》二卷（蔡邕注）及三字石經《尚書》古篆三卷、《左傳》古篆書十三卷[①]。《新唐志》著録今字石經《論語》二卷、《易》篆三卷、《尚書》本五卷、鄭玄《尚書》八卷、《毛詩》三卷、《儀禮》四卷、《左傳經》十卷、《公羊傳》九卷、蔡邕今字石經《論語》二卷及三字石經《尚書》古篆三卷、《左傳》古篆書十二卷[②]。這説明開元以後秘府所藏石經拓本的缺佚狀況更爲嚴重[③]。

因爲東漢熹平石經和曹魏正始石經刊立時間間隔較近，且同立於太學門外（漢石經在太學講堂東側，魏石經在西側），雖然字體（一爲隸書一體，一爲古文、小篆和隸書三體）、經目皆有所不同，但至少在南北朝時已有人將二者混淆。晋人尚能區分，如衛恒《四體書勢》稱"至正始中，立三字石經"[④]。至南朝宋范曄《後漢書·儒林列傳序》稱"靈帝乃詔諸儒正定五經，刊於石碑，爲古文、篆、隸三體書法"[⑤]。北朝楊衒之《洛陽伽藍記》記漢國子學堂"堂前有三種字石經二十五碑，表裏刻之，寫《春秋》《尚書》二部，作篆、科斗、隸三種字，漢右中郎將蔡邕筆之遺迹也"[⑥]。實

---

① 《舊唐書》卷四八《經籍志上》，第 1986—1987 頁。

② 《新唐書》卷五七《藝文志一》，第 1447、1450 頁。

③ 王國維先生認爲中宗、睿宗以後頗已散佚（徐浩《古迹記》載中宗曾以"内府真迹"賜公主及宰相等），至開元時魏石經僅得十三紙（郭忠恕《汗簡略叙目録》），另有實息所見四紙（《魏石經考（四）》，第 400 頁）。

④ 《晋書》卷三六《衛恒傳》引，第 1061 頁。

⑤ 《後漢書》卷七九上，第 2547 頁。

⑥ 周祖謨校釋：《洛陽伽藍記校釋》卷三"報德寺"，中華書局 1963 年版，第 122—123 頁。

際上這是魏三字石經，并非蔡邕書丹的漢一字石經。陸德明作於由陳入隋的《經典釋文》亦稱"靈帝乃詔諸儒正定五經於石碑之上，爲古文、篆、隸三體書法"①。前揭《隋志》經部小學類序論及漢魏石經，云："又後漢鎸刻七經，著於石碑，皆蔡邕所書。魏正始中，又立三字石經。"中華書局點校本校記："三原作一，據《晉書·衛恒傳》改。"實際上，此處徑改是錯誤的，底本原作一不誤②，這恰恰説明初唐人對於一字、三字石經尚混淆不清。而且，《隋志》和兩《唐志》所著録之一（今）字石經和三字石經即多有訛混。所謂"今字石經鄭氏《尚書》八卷"即便是出以隸書，亦必非漢石經，因爲漢石經所收《尚書》爲歐陽氏今文經。"《毛詩》"亦顯誤，漢石經《詩經》實爲今文經《魯詩》，并非古文經《毛詩》。"今字石經《易》篆"亦不免牴牾，既云今字，則必爲隸書，何談篆乎？我們認爲，所謂"篆"或係籠統地稱正書（楷體）之前的字體。至於《尚書》古篆"和"《左傳》古篆書"，王國維先生認爲"既云'三字石經'，復云'古篆書'，疑唐人就三字石經拓本中專録其古、篆二體，未必即是拓本"③。"《左傳經》

---

① 《經典釋文序録疏證·條例》，第 7 頁。陸氏自序稱其書撰集於"癸卯之歲，承乏上庠"之時。《四庫提要》考證癸卯爲陳後主至德元年（即隋開皇三年，583），余嘉錫先生即明確認定至德元年爲《釋文》成書之年（余嘉錫《四庫提要辨證》卷二經部二《經典釋文》，中華書局 2007 年版，第 65—66 頁）。

② 宋洪適已經注意到《隋志》"其論云漢鎸七經，皆蔡邕書，又云魏立一字石經，其説自相矛盾"（《隸釋》卷一四"石經《論語》殘碑"，清同治十年洪氏晦木齋刻本，第 14 葉 a；《隸續》卷四"魏三體石經《左傳》遺字"略同，同治十年洪氏晦木齋刻本，第 4 葉 b）。又，《玉海·藝文·石經》和《文獻通考·經籍考十六》所引皆作一，亦可爲證。

③ 《魏石經考（四）》，第 399—400 頁。

十卷"，《隋志》所著録之《春秋經》僅一卷，而《左傳》爲古文，魏石經有之，漢石經不容有之，則十卷拓本當爲魏石經（當即《隋志》所著録之梁代尚存的三字石經《春秋》十二卷，兼有《春秋經》和《左傳》；如果理解爲《左傳》所附《春秋經》，則必無十卷之多）[①]。"今字石經《論語》二卷"，《新唐志》重出，一署蔡邕，一無作者，當即《舊唐志》所謂蔡邕注《論語》，實際上并非蔡注，不過是蔡邕書丹的漢石經而已。他如中唐杜佑所撰政書《通典》誤稱蔡邕等書石經"爲古文、篆、隸三體"[②]。竇臮撰《述書賦》稱"伯喈三體，八分二篆"，竇蒙注："今見打本三體石經四紙，石既尋毀，其本最稀。"[③]亦仍誤稱漢石經爲三體。總之，唐人對於漢魏石經的認識頗多舛誤。

鄭樵溯端竟委，提出"石經之學，始於蔡邕"，不過"今之所謂'石經'者，但刻諸石耳，多非蔡氏之經"[④]。由專指至泛指，由狹義至廣義，這也是符合人類認識事物的規律性的。唐人的認識過程即大致如是，由專指蔡邕所書漢石經，到泛指漢魏石經[⑤]，雖然對其究爲一體抑或三體，多不能明。《通典》稱靈帝"乃詔

---

① 王國維先生索性認爲《唐志》所録"殆不能視爲拓本也"（《魏石經考（四）》，第399—400頁）。

② 《通典》卷一三《選舉一》，第319頁。

③ 《述書賦》卷上，四庫本，第812册，第79頁。

④ 《通志·藝文略第一》經類第一《易》石經，王樹民點校：《通志二十略》，中華書局1995年版，第1450頁。

⑤ 我們認爲，唐前以儒家經典爲題材雕鎸而成的石經，除漢魏石經外，有可能還存在著刊立個別單經的情況，如前揭《隋志》和兩《唐志》著録的"今字石經鄭氏《尚書》八卷"。後來我們發現，張國淦先生《歷代石經考》有專篇"七朝以外石經附考"已明確提出這一問題，唐前另有晋石經和魏太武石經的存在（賈貴榮輯：《歷代石經研究資料輯刊》，北京圖書館出版社2005年影印本，第4册，第549—551頁）。

諸儒讐定五經，而鐫石以刊其文，使蔡邕等書，爲古文、篆、隸三體，立於太學門，謂之'石經'"①。張參《五經文字序例》亦稱"時蔡伯喈亦以減學之後，經義分散，儒者師門各滯所習，傳記交亂，訛僞相蒙，乃請刊定五經備體，刻石立于太學之門外，謂之'石經'"②。唐代秘書省設校書郎和正字，"掌讎校典籍，刊正文字"，而文字的字體有五："一曰古文，廢而不用；二曰大篆，惟於石經載之③；三曰小篆，謂印璽、旛旐、碑碣所用；四曰八分，謂石經、碑碣所用；五曰隸書，謂典籍、表奏及公私文疏所用。"④不難看出，官修的《唐六典》所使用之"石經"範疇實則兼具專指和泛指，其二大篆所謂石經無疑是指魏石經，其四八分所謂石經則是專指漢石經（雖然魏石經三體之中亦有八分，但我們揣摩"惟於石經載之"和"謂石經、碑碣所用"不同的表達方式即可推知）。而且，唐代國子監設書學博士二人，"掌教文武官八品已下及庶人子之爲生者，以石經、《説文》、《字林》爲專

———

① 《通典》卷一三《選舉一》，第 319 頁。
② 《中華再造善本》影印國圖藏清初席氏釀華艸堂影宋抄本《五經文字》卷首。
③ 本篇完成之後，曾延請北大中文系博士生王翊同學審讀，謹志謝忱。王翊案：籀文係指《史籀篇》中的文字，大篆"本來是指籀文這一類時代早於小篆而作風跟小篆相近的古文字而言的"，而古人即有用大篆泛指早於小篆的古文字者（裘錫圭老師《文字學概要》四"形體的演變（上）"（二）"西周春秋文字"，商務印書館 1988 年版，第 57 頁）。《唐六典》所謂"大篆"當指比較莊重、用於鎸刻石經的那一類篆書，其實也是小篆，這樣就能解釋爲什麼下文說小篆用於印璽、旛旐、碑碣，却没有提到石經。這種按照載體、用途區分字體、創立名稱的傳統正是從秦書八體、新莽六書繼承下來的。
④ [唐] 李林甫：《唐六典》秘書省卷第十，中華書局 2008 年版，第 300 頁。唐人習慣上把當時通行的字體（即楷書）稱爲隸書，把漢隸稱爲八分（參見《文字學概要》五"形體的演變（下）：隸楷階段的漢字"（二）"漢代隸書的發展"，第 79 頁）。

業，餘字書亦兼習之"。修業的年限是"石經三體書限三年業成，《說文》二年，《字林》一年"①。既云"石經三體"，可知書學博士的專業亦兼具漢魏石經。唐代字樣學的開山之作是貞觀中顏師古所作《字樣》，"折衷於篆隸正俗之間，取其適中，以爲楷法"②；繼之則有杜延業《群書新定字樣》，約成於高宗、武后時期。杜書世無傳本，敦煌卷子（斯388）存杜書殘卷③，卷末有杜氏識語，自稱"依顏監《字樣》甄録要用者，考定折衷，刊削紕繆"，"其字一依《說文》及石經、《字林》等書"，"其有字書不載、久共傳行者，乃云相承共用"。杜書係據顏師古《字樣》增删、考訂之作，所以可推知"《說文》及石經、《字林》"亦當爲師古《字樣》所取材，與書學博士所習是完全一致的，蓋一時宗尚如是，學術取向如是，可知中國古代學術與政治的關聯是相當緊密的。五代後蜀林罕編纂字書《林氏字源編小說》(《郡齋讀書志》著録

---

① 《唐六典》國子監卷第二十一，第562頁。《舊唐書》卷四四《職官志三》（第1892頁）、《新唐書》卷四八《百官志三》（第1267—1268頁）所記略同。王國維先生認爲，"石經業成年限多於《說文》《字林》，則存字當必不少。然六朝舊拓，唐中葉後蓋已無存，偶有殘拓，珍重與鍾（原作鐘，據1928年羅振玉刊《海寧王忠慤公遺書》本改）、王真迹等，則書學博士所用以教授者，亦當爲寫本而非拓本。"（《魏石經考〔四〕》，第400頁）。也就是說，漢魏石經拓本僅存於秘府，包括書學博士在內普遍傳承者實爲寫本。

② 周祖謨：《周祖謨文字音韻訓詁講義·中國文字學發展史》之四"唐代的刊正字體與《說文》研究"，天津古籍出版社2004年版，第21頁。南北朝以降楷書成爲主要字體（裘錫圭老師認爲，"可以把南北朝看作楷書階段的開端，把魏晉時代看作隸書、楷書兩個階段之間的過渡階段"〔《文字學概要》五"形體的演變（下）：隸楷階段的漢字"（六）"楷書的形成和發展、草書和行書的演變"，第96頁〕），這一時期俗體流行，於是有唐代正字運動，明辨正、俗體，以期確立正體的地位。

③ 張涌泉：《敦煌俗字研究·導論》第二章"敦煌俗字概說"，上海教育出版社1996年版，第32—35頁。

爲《林氏小説》,凡三卷),明確指出《五經文字》《九經字樣》所取材"或云《説文》者,即前來兩《説文》也;或云石經者,即蔡邕於國學所立石經也;或云隸省者,即隸減也。唐立石經,乃蔡邕之故事也"①。由此可知,唐人所謂石經還是以特指漢石經爲主②。

　　漢魏石經的刊立,旨在正定經書文本,所以《隋志》經部小學類序稱其功用"相承以爲七經正字"③,由是知這是漢魏以降對於石經的共同認知。唐人著述諸如字樣及群經音義、《正義》(疏)等引及石經者,大致皆出於這種考量。今可考較早引用石經者爲由南朝經隋入唐的陸德明《經典釋文》,《周易音義·繫辭上》:"'洗心',京、荀、虞、董、張、蜀才作先。石經同。"《毛詩音義上·淇奥》"'緑竹'",《韓詩》竹作薄,音徒沃反,云:薄,萹筑也。石經同。"④所引《易》《詩》石經必爲漢石經。如上所述,石經也是顔師古《字樣》和杜延業《群書新定字樣》等取材的重要來源之一,直接目的就是正字。貞觀中,孔穎達主持纂修《五經正義》,其中有兩例引及石經。《尚書正義·堯典》小題

---

① 《全唐文》卷八八九《林氏字源編小説序》,中華書局影印嘉慶十九年內府刊本,1982年,第9291頁。林罕所謂"兩《説文》"係指許慎《説文》原本以及李陽冰"就許氏《説文》復加刊正,作三十卷,今之所行者是也"(第9291頁)。

② 前揭《隋志》《封氏聞見記》記述漢魏石經自北魏至唐初的保存狀況,前者上文預先分別交待漢魏石經的刊立情況,而後者只提及漢石經(今本中間有缺文,故不能確定絶對未及魏石經)。後者文末有"而石經自此亡矣"一句,爲前者所無,如果上文確實只論及漢石經,則所謂"石經"係特指漢石經。二書相關記載的異同實際上也反映了唐人對於"石經"專指、泛指的模糊認識。

③ 《隋書》卷三二《經籍志一》,第947頁。

④ 分別見於《經典釋文》卷二、五,上海古籍出版社影印國圖藏宋刻宋元遞修本,1985年,第126、236頁。

"古文尚書堯典第一"《正義》曰:"檢古本并石經,直言'堯典第一',無'古文尚書'。以孔君從隸古,仍號古文,故後人因而題于此,以別伏生所出、大小夏侯及歐陽所傳爲今文故也。"①《春秋左傳正義》隱公元年"仲子生而有文在其手,曰爲魯夫人"杜注《正義》:"隸書起於秦末,手文必非隸書。石經古文虞作㐺,魯作㒳,手文容或似之。"②前者實係漢石經抑或魏石經不可考,因爲二者小題原本皆無"古文"字樣;後者則明確揭示古文,知其必爲魏石經。同樣是在貞觀中,釋玄應所纂《一切經音義》涉及石經異文者計有邦、宴二字:"邦伴,石經作𠬝、邦、𨛜三形,同。"③"宴坐,石經爲古文燕字,同。"④此二例所謂石經當爲魏石經,故而兼具古文等三體。所謂石經邦字的三種字形𠬝、𨛜、邦,雖古文、小篆爲隸定後之楷體,但與魏石經古、篆、隸三體字形🀄、🀄、🀄完全對應⑤。漢石經兼有🀄、🀄二字,所謂石經宴爲古文燕字,可推知當爲魏石經。而貞元、元和間釋慧琳所纂《一切經音義》除上述邦、宴二字所引魏石經因仍玄應《音義》之舊外,凡引石經者或徑稱"石經",或冠以姓名稱"蔡邕石

---

① 《附釋音尚書注疏》卷二,中華書局影印阮本,第247頁。《尚書》單疏本、八行本小題作"古文尚書堯典第一",平水本、九行本、十行本則作"堯典第一",阮本仍之。

② 《附釋音春秋左傳注疏》卷二,中華書局影印阮本,第3718頁。

③ 徐時儀:《一切經音義三種校本合刊·玄應音義》卷四《賢劫經》第一卷,上海古籍出版社2008年版,第82頁。

④ 《一切經音義三種校本合刊·玄應音義》卷八《維摩詰所説經》上卷,第166頁。

⑤ 魏石經殘字參見孫海波《魏三字石經集録》(北平大業印刷局1937年"考古學社專集"第17種,簡稱《集録》),同時參考清孫星衍《魏三體石經遺字考》(嘉慶刊《平津館叢書》甲集本,簡稱《遺字考》)。

經"，如違字"石經加辵作違"，罰字"石經從寸，經或作䍝，通用也"，芬字"石經從草"，析字"石經從斤作析，形聲字"，虵字"蔡邕石經加虫作蛇"，蹉字"蔡邕石經隨俗作差"，飤字"石經今作食"等。值得注意的是，胞字重出，一作"蔡邕石經加肉作胞"①，一作"石經作胞"②；奪字重出，一作"石經從寸作奪，古文作敓、挩"③，一作"蔡邕石經從寸作奪"④。由是知其所謂"石經"係特指漢石經。其中，罰字"石經從寸"，漢石經作▨、▨，確係從寸，而魏石經隸書作▨、▨、▨，從刀。蹉字"蔡邕石經隨俗作差"，而魏石經隸書作▨（《遺字考》）。此二例亦可說明慧琳《音義》所引石經確爲漢石經，與玄應《音義》引用魏石經不同。

二、《五經文字》引石經輯考

唐蘭先生早在20世紀上半葉就提出中國文字學的"字樣學"概念，唐代開成石經附刻的大曆中張參《五經文字》（以下簡稱《文字》）三卷和大和中唐玄度《九經字樣》（以下簡稱《字樣》）

---

① 《一切經音義三種校本合刊·慧琳音義》卷二《大般若波羅蜜多經》第一百八十一卷，第548頁。
② 《一切經音義三種校本合刊·慧琳音義》卷六《大般若波羅蜜多經》第五百六卷，第607頁。
③ 《一切經音義三種校本合刊·慧琳音義》卷三《大般若波羅蜜多經》第三百二十六卷，第557頁。
④ 《一切經音義三種校本合刊·慧琳音義》卷一三《大寶積經》卷八八，第748頁。馬王堆漢墓帛書《周易》兌卦名即作"奪"。兌、奪音近相通。

一卷即唐代字樣學的代表著作。二書皆爲正字書，"相承以爲七經正字"的石經自然也是其取材的重要來源之一。《字樣》未嘗明確引及石經，而《文字》於字頭及部首字形多所引用，與《説文》《字林》及經典相承并列，以爲字樣的來源之一。今人的相關研究成果涉及《文字》《字樣》音切、重文、俗字、部首及其與《説文》的關係等，似未有專門研究所引石經者，故本篇嘗試考之。

如上所述，唐人著述所引石經兼有漢魏石經。《文字》編寫時間在玄應和慧琳《音義》之間，稱引石經均稱"石經"，并無修飾之定語。那麼，其所謂"石經"究指爲何？爲了解決這個疑問，我們須從《文字》本身探尋答案。出於正定文字的宗旨和目的，《文字》主要所取材者與國子監書學博士所業是一致的，"今制國子監置書學博士，立《説文》、石經、《字林》之學，舉其文義，歲登下之，亦古之小學也"。張參《文字·序例》論及取材之主次和先後，其文有曰：

《説文》體包古今，先得六書之要；有不備者，求之《字林》。其或古體難明、衆情驚懼者，則以石經之餘，比例爲助。（原注：若㞢變爲亙，晉變爲晉之類。《説文》㞢、晉，人所難識，則以石經遺文亙與晉代之。）石經湮没，所存者寡，通以經典及《釋文》相承隸省，引而伸之，不敢專也。（原注：若𡨋變爲壽，槀變爲栗之類，石經湮没，經典及《釋文》相承作耳。）

《文字》取材以《説文》《字林》、石經爲主，依次以爲準的，然後乃及經典相承及陸氏《釋文》，總之無一字無來歷。漢石經宜作🈳，晋作🈳，確與《說文》字形不同，故以爲正字。壽、栗不見於殘存石經拓本所謂"石經遺文"①，所以才取材於經典及《釋文》。《序例》對於上述所取材諸書皆有解説，其中論及石經云：

> 時蔡伯喈亦以滅學之後，經義分散，儒者師門各滯所習，傳記交亂，訛僞相蒙，乃請刊定五經備體，刻石立于太學之門外，謂之"石經"，學者得以取法焉。遭離變難，僅有存者。

可見，張參明確指出石經即漢石經，隻字未及魏石經。下文更稱正定文字的意義所在，"雖未如蔡學之精密，石經之堅久，慕古之士，且知所歸"，亦特指漢石經，殆無疑義。這個論斷，與前揭林罕《林氏字源編小説序》稱《文字》所引石經爲漢石經是完全一致的。

此處不避繁重，悉數輯出《文字》明確稱引石經諸字頭及部首字形，以國圖藏清初席氏釀華艸堂影宋抄本爲底本，校以乾隆五年（1740）揚州馬氏叢書樓刊本（簡稱馬本，無異文者則不出校）。同時，略取漢魏石經可與《文字》所引石經字形相對應者若干②，轉相發明，相互印證。如下表所示：

---

① 魏石經殘存小篆、隸書分别有🈳、🈳字（《集錄》），可爲參證。
② 漢石經采用馬衡先生遺著《漢石經集存》（科學出版社1957年）。魏石經采用前揭孫海波《集錄》，參考孫星衍《遺字考》。

表 4 石經字形對照表

序號	卷次	部首	字頭	注文	馬本異文	漢魏石經（分別簡稱漢、魏隸）
1.	上	木部（冒也，冒地而生，從屮，下象根形。今依石經省作木）				漢、魏隸作木。
2.			桃桃	上《說文》，下石經。		漢㫧（殘，僅有上半）、魏隸同。
3.			築築	上《說文》，下石經。		漢築、同。
4.			橚楠	上《說文》，從㮈，下石經。		
5.			樓樓	上《說文》，下石經。	樓作㮉。	
6.			榉	《說文》作榉，石經作㮉。	榉作㮉。	
7.		手部（拳也，凡在左者皆依石經作扌）				漢㨗、㨗、魏隸捷，皆從扌。
8.			指指	上《說文》，下石經。		
9.			牆牆	上《說文》，下石經。		
10.		米部	粲粲	上《說文》，下石經。從米者訛。		
11.		人部	僑	石經從畬。		

續表

序號	卷次	部首	字頭	注文	馬本異文	漢魏石經（分別簡稱漢、魏隸）
12.		彳部	得得	上《說文》，下石經。		漢隸作㝵，同。
13.			復復	上《說文》，下石經。		與魏隸复，魏隸䨱，字形相同。所謂《說文》𠙽（覆），𠙽（履）二字所從夊的字形不同，分別可與所謂《說文》和石經相對應。
14.			御	從午從止從卩，卩音節。石經作衘。		漢《易》《書》《論語》確以衘，漢𢕅，魏隸𢕅，這種字形居多，但《書》有從止作𢕅者。《隸續》楷定字形作衘[1]
15.		辵部（《說文》作是，從彳從止，今依石經作此。）				漢𢒈，魏隸 𢒈𢕑𢕑𢕑 皆從辵。
16.			㢟	石經作㢟。凡從于者皆放此。		
17.		夊部（《說文》從彳引之，今依石經作夊）				魏篆、隸于分別作亏、亐。

續表

序號	卷次	部首	字頭	注文	馬本異文	漢魏石經（分別簡稱漢、魏隸）
18.		宀部	憲	從丰，丰音介。石經省從士。從工者訛。		
19.			寁寏	上《說文》，從工者訛。		
20.			寂宗	上《說文》，下石經。今依《說文》。		漢、魏隸叔作䆠，同。
21.			宜	上《說文》，下石經。		漢、魏隸宜，略同。
22.		冃部	冑	從由下冃，兜鍪也。冑裔字從肉，今依石經變肉作月，與日相類。今冑、胤字別見肉部。		
23.		目部	睪睘	上《說文》，下石經。見《詩》。凡瞏、擐之類皆從睘。		漢睪、睘所從裏同。
24.				罒部（《說文》作网，今依石經作罒，凡從四，非從石經作罒，與罒不同）放此，非從四，四從口中八，與罒不同）		漢罒、魏隸罒，皆從罒。
25.			罰罰	上《說文》，下石經。五經多用上字。		漢罰、魏隸罰罰，從寸；魏隸罰罰（《遵字考》從寸，《集錄》未見有從寸者），從刀。

續表

序號	卷次	部首	字頭	注文	馬本異文	漢魏石經（分別簡稱漢、魏隸）
26.		肉部（《說文》肉字在左右及下皆作肉，與肉同，今依石經變肉作月，偏傍從月者皆放此）				漢㒼，魏隸从月。
27.			散散	上《說文》，下石經。		漢散，魏隸散，皆從肉，形有所不同。
28.		月部	明朙	上古文，中《說文》，下石經，今并依上字。		漢明，魏隸朙，同。月字魏隸作月（《隸續》楷定字形作月）。
29.		舟部	俞俞	上《說文》，從人從舟從刂，刂音工外反。下依石經，變舟作月。		漢俞，同。俞及俞字聲符前，魏隸俞、俞、俞，皆從月。
30.			朕朕	上石經，下經典相承隸省凡朕，勝之類皆從上字。		漢朕，魏隸朕、朕，皆從朕。
31.		丹部	青青	上《說文》，從生，從丹。下石經。		魏隸青從青，略同。
32.		魚部（象魚尾形，《說文》作魚，今依石經作魚）				漢魚，同。漢魯字所從魚亦同。

續表

序號	卷次	部首	字頭	注文	馬本異文	漢魏石經（分別簡稱漢、魏隸）
33.	中	艹部	䓆蕺	上《說文》，下石經。		
34.			荅 荅	上《說文》，下石經。此荅本小豆之一名，對荅之荅本作畣。經典及人間行此荅已久，故不可改變。		漢䕃、䕃，與所謂《說文》字形相同。
35.			薛薛	上《說文》，下石經。		漢䕃，同。
36.		廿部	庶	作庻同，石經作庶。		魏篆、隸分別作䕃、䕃，（《隸續》篆書作庚）。
37.		竹部	䉬䉬	上《說文》，下石經。	䉬作䉬。	
38.		革部	鞏鞏	上《說文》，下石經。		
39.		多部	弱弱	上《說文》，下石經。凡字從弱者皆放此。		漢䕃，同。
40.		髟部（長髮㐬猋，從長從彡，今依石經作彡）				

續表

序號	卷次	部首	字頭	注文	馬本異文	漢魏石經（分別簡稱漢、魏隸）
41.		心部（象形，《說文》作㣺，令依石經作心，其在左右者，經典相承隸省作忄，又作⺗）				魏隸作㣺，同。漢心字作偏旁在左者如 䀛、䀛、在下者如 䀛、䀛、䀛 與 䀛 亦皆相同。
42.			憼警	上《說文》，下石經。見《周書》。		
43.			恐恐	上《說文》，下石經。		
44.		犬部（今依石經，凡在左者皆作犭，彳音犬）				漢 犮、㹜、魏隸 㹜、㹜、皆從犭。
45.		言部	善善	上《說文》，下石經。《周禮》注。		漢 㗊、魏隸 㗊、同。
46.		阝部	鄭郭	上《說文》，下石經。		
47.		卩部（《說文》作卩，今依石經并省點）	卸	從午從止。卿字從此，石經變止作山。		如上所述，漢卿字多從山，有從止者。
48.			卿鄉	上《說文》，從二卩相對，下石經。	卩作節。	漢 㗊、㗊、略同。

續表

序號	卷次	部首	字頭	注文	馬本異文	漢魏石經（分別簡稱漢、魏隸）
49.		昌部（今依石經作阝）				漢、魏隸陂、陘、陞、陳、降、陟、陵、隨，皆從阝。
50.			陰陰	上《說文》，下石經。		漢、同。
51.		刀部（今依石經作刀，凡字在右者，皆省作刂）				漢剝、削、副、刺，魏隸剔，皆從刂。
52.		斤部	所	石經作所。		漢所，魏隸所，同。
53.		戈部	賊賊	上《說文》，下石經。		漢賊，略同。
54.		門部（從二戶，今依石經作門）				漢閈、閏，魏隸閒、閔、闕、閑，皆從門。
55.		内部	离	《說文》從中從禽省。今依石經作离。	中作屮	漢离（離）字聲符窩，同。
56.		巛部	州	從重巛。今依石經作州。		漢州，同。
57.	下	水部	溉溉	上《說文》，下石經。又音氣，溉灌之溉。		
58.			淳淳	上《說文》，下石經。		
59.			淑	石經從尗。		漢、魏隸取作淑、淑，同。

續表

序號	卷次	部首	字頭	注文	馬本異文	漢魏石經（分别簡稱漢、魏隸作）
60.	人部		會會	從曾省，上《說文》，下石經。		漢會字多作會、會、會，與所謂石經同；漢間亦有作會者，與所謂《說文》字形相同。
61.			舍舍	上《說文》，從曱從口，口音闌。下石經。	曱作屮，口作口，闌作圍。	漢會、會，有所不同。
62.	食部（《說文》從人從皀，皀，彼立反，今依石經作食，凡字在左者，又省一畫作食，既之類皆同）				"又省一畫作食"食作食。	漢食，同。漢飤、飤，皆從食。
63.			鑒鑑	上《說文》，下石經。		鑒字聲符盥，如盥作盥，然。
64.	女部		婁婁	上《說文》，從中從女，下石經。		漢婁、婁，有所不同。
65.	幸部（《說文》從大從羊，羊音干，今依石經作幸）					漢幸、執，從幸。
66.	見部		覞	石經作覞。	覞作覞。	

續表

序號	卷次	部首	字頭	注文	馬本異文	漢魏石經（分別簡稱漢、魏隸）
67.		夊部	夋夋	上《說文》，下石經。		
68.			夏夏	從富省從夊。上《說文》，下石經。		
69.			憂憂	上《說文》，從頁從心夊，下石經。		
70.		女部（《說文》作攴，從卜從又，今依石經作攵）				漢隸、魏隸從攴者如；但間亦有從攵者如（《公羊》），從攵者如。魏隸從商攵、漢隸從商攵從攵。
71.		又部	叔尗	上《說文》，下石經。今經典並依《說文》作叔。		漢隸、魏隸楷定字形本，《遺字考》作，字形有誤。
72.			書書	上《說文》，下石經。		漢、同。
73.		囊部	囊囊	上《說文》，下石經。		

續表

序號	卷次	部首	字頭	注文	馬本異文	漢魏石經（分別簡稱漢、魏隸）
74.		一部	丕丕	上《說文》，下石經。下見《春秋傳》。		
75.			北丘	上《說文》，從北下一，下石經。		漢 ，魏隸 ，實乃《說文》字形，與所謂石經字形不同。
76.		黽部	鼀黽	象形，舊也外骨內肉。《說文》，下石經。		漢 ，同。
77.		歹部（《說文》作歺，今依石經作歹，列骨之殘）				
78.		日部	晉晉	上《說文》，下石經。		漢 ，魏隸 ，《續》楷定字形作晉，《遵字考》）作 ，略同。
79.			昝昔	上《說文》，此字本是脯腊字，上象肉文，得日而乾，後加作腊，以此爲古昔字。下石經。	脯字缺，作空格。	魏隸 ，同。

续表

序號	卷次	部首	字頭	注文	馬本異文	漢魏石經（分別簡稱漢、魏隸）
80.		日部	䶉曹 曹	上《說文》，中經典相承隸省，凡字從曹者皆放此。下石經。		漢■，魏■，與所謂石經字形不同，魏隸■，《隸續》楷定字形作曹，《遺字考》作■）則同。
81.		劦部	拹	石經作拹。		
82.		庀部	處虐	上《說文》，下石經。		
83.		血部	盇盍	上《說文》，下石經。今依石經。		漢■，字聲符盍與之相同，《說文》盍從血大。

注：1. 宋洪適《隸續》卷四"魏三體石經《左傳》遺字"，清同治十年洪氏晦木齋刻本，第 1 葉 a 至第 3 葉 a。下同。
2. 漢碑宜字多作且，漢疑魏石經此處殘泐，故似從宀。
3. 王頌案：散字所從"攴"形與"殳"形頗爲相似，二者形義近，故有時通作。

由上表可以看出，《文字》所謂"石經"的楷書字形（字頭及部首）實係由隸書（八分）楷定而來的①，基本上都可以在漢石經得到印證，當然，魏石經的隸書亦皆大多相同，但總體而言當以漢石經爲主，這與前揭張參《序例》的相關論述是一致的。揆諸情理亦然，漢石經出以隸書一體，且有七經之多；而魏石經只有二經一傳，且隸書僅爲三體之一，所以無論是素材的基數還是操作的可行性，《文字》所能取材的隸書字形必然主要來源於漢石經。就具體例子而言，如例 25 漢、魏石經罰（䍁）字字形分別爲從寸和從刀，而《文字》所取者爲前者②。但是，一則魏石經隸書字形大體沿襲漢石經，二者整體上并無二致，由上表亦可知其大致相同，如 13、27、28、45、52、71、75 諸例；二則如例 80 漢、魏石經曹字字形具有較爲明顯的差異，而《文字》與後者同；例 36 魏石經篆、隸分別作 、 ，恰爲《文字》所揭示的庋、庶二字形，恐非偶然。所以，我們認爲，《文字》所謂石經字形雖主要取材於漢石經，但并未排除魏石經，間采其隸書字形，這與書學博士的專業也是相對應的。而且，也與《文字》的著眼點即探求漢字由隸書至楷書的楷定規律相關。從部首用字來看，如木部"今依石經省作木"，手部"凡在左者皆依石經作扌"，辶部"今依石經作此辶"，夂部"今依石經作夂"，罒部"今依石經作罒"，

---

① 王翊案：裘錫圭先生説"隸古定"係"指用隸書的筆法來寫古文的字形"，"後人把用楷書的筆法來寫古文字的字形稱爲'隸定'"（《文字學概要》五"形體的演變（下）：隸楷階段的漢字"（二）"漢代隸書的發展"，第 78 頁）。但嚴格來説隸書并非古文字，把隸書字形變爲楷書字形可以説是"楷定"。

② 當然，我們今天所能見到的殘石及宋代以降的傳拓之本只占漢魏石經的極小部分，所以本篇采擷的石經字形只是散見個例，我們的研究方法相應地也是不完全歸納法，這是需要加以説明的。

肉部"今依石經變肉作月",魚部"今依石經作魚",髟部"今依石經作髟",心部"今依石經作心",犬部"今依石經,凡在左者皆作犭",卩部"今依石經并省點",刀部"今依石經作刀,凡字在右者,皆省作刂",門部"今依石經作門",食部"今依石經作食,凡字在左者,又省一畫作食(當作飠)",幸部"今依石經作幸",夊部"今依石經作夊",歹部"今依石經作歹",確係多爲隸書楷定的字形。從其所稱舉石經字形來看,雖然大多可與漢石經相互印證,但也存在一些今存殘字無法印證的字形,如復字作【】,荅作【】,并不與所謂石經字形相符,而與所謂《說文》字形相同(【】所從復字則與所謂石經相符);御字多作【】,與所謂石經字形相同,但漢石經間有作【】者;會字多作【】,與所謂石經字形相同,但漢石經間有作【】者;從攵旁諸字如【】、【】、【】、【】、【】,皆從攵,但間有從支者如【】,從殳者如【】;舍字作【】,婁字作【】,丘字作【】,與所謂石經字形不符。這些特例說明,一方面漢石經本身隸書字形并不完全統一,蓋以其先後歷時九年,非成於一時;又成於衆手,書丹、雕鐫之人或有不同(漢石經和魏石經隸書也不無異同);另一方面,還存在著另外兩種可能性,一是我們今天所能看到的漢石經及魏石經隸書殘字較之唐人少之又少,二是《文字》據隸書楷定的楷書字形有誤。

三、結語

漢魏石經分別是在今、古文經學背景之下刊立的,也是儒家經典最早的兩次刻石,尤其是前者,對於漢代以降經書文本的傳承和定型具有重要的意義和深遠的影響。雖然南北朝以降對於漢魏石經的認識已多訛混,至隋唐時期石經已十不存一,但拓本傳承有緒,藏於秘府。唐代對石經頗爲重視,秘書省專設校書郎和正字"正定文字",其中字體大篆和八分即源出石經(古文當亦如是);國子監置書學博士,專業即有"石經三體"。也正是因爲漢魏石經"相承以爲七經正字"的特殊作用,所以漢魏以來成爲正定經書文字的主要來源和重要參考,以至於唐代字樣學的重要著作如杜延業《群書新定字樣》和張參《文字》等都據以爲準的,後者更是直接援引漢石經(間及魏石經隸書)作爲字頭及部首字形的重要來源之一。至於大和、開成中雕鎸石經,則將《文字》《字樣》兩種正字書附刻九經三傳,這樣唐石經之中又反映了漢魏石經文字形體的部分信息。漢魏石經字體在唐代得到了很好的傳承和研習,唐人的相關著述如《五經正義》、佛經音義等亦見引用,大致脉絡是中唐以降如《文字》、慧琳《音義》所引主要是漢石經,而前此如《釋文》、《五經正義》、玄應《音義》等則兼有漢魏石經。而且,魏石經古文還成爲宋代以降所謂"古文"的唯一源頭,如宋初校刊《説文》,"句中正輩用以書《説文》古文";其他"則郭忠恕之《汗簡》、夏竦之《古文四聲韻》、吕大臨、王楚、王俅、薛尚功輩所摹之三代彝器,皆其一系","當爲六朝以來相傳之舊體也","今溯此體之源,當自三字石經始矣"。直至清人"《西清古鑑》等書所摹古款識,猶用是體。蓋行於世者幾二千年,源其體勢,不得不以魏石經爲濫觴矣"[1]。

雖然宋代、清代金石學發達,加之近現代學者所做的工作,

---

[1] 《魏石經考(五)》,第401—402頁。

所集漢魏石經殘字已頗爲可觀。但本篇輯出的《文字》所引漢石經字頭及部首字形（間亦有魏石經隸書字形），可以在一定程度上擴充已知漢魏石經隸書（八分）字形的數量，豐富有關漢字隸楷演變細節的認知[①]，對於石經和文字學研究也都有一定的積極意義。

（原載《嶺南學報》第 15 期，今據以收入）

[①] 梁春勝《漢字部件演變研究》第三章和第四章總結隸楷階段漢字部件的演變規律，提出訛變、訛混、糅合、簡化、繁化、類化、草書楷化、變形音化、變形義化等九種途徑（復旦大學中國語言文學系 2009 年博士學位論文）。

《五經文字》《九經字樣》石經系統和刻本系統研究

　　筆者嘗撰《〈五經文字〉〈九經字樣〉刊石、雕版考略》[①]，對於二書編纂、書壁、刊石、雕版諸事略作考證。唐開成中雕鎸石經九經三傳（以下唐石經簡稱石經），同時附刻大曆中張參《五經文字》三卷（以下簡稱《文字》）和大和中唐玄度《九經字樣》一卷（以下簡稱《字樣》）兩種正字書，流傳後世。五代國子監自後唐至後周二十餘年間校刊監本九經三傳，同時也附刻二書，成於後晉開運三年（946），"祭酒田敏合二者爲一編"[②]。於是《文字》《字樣》後世遂有石經和刻本兩個系統。陳振孫《直齋書録解題》經部經解類著録《文字》三卷、《字樣》一卷，解題曰："二書却當在小學類，以其專爲經設，故亦附見於此。往宰南城出謁，有持故紙鬻於道者，得此書，乃古京本，五代開運丙午所刻也，

[①] 拙著《經學文獻的衍生和通俗化》第三章"其他系統或載體的經學文獻"第六節"經學文獻的特殊載體——石經研究"上，北京大學出版社2014年版，第650—668頁。

[②] 《玉海》卷四三"唐《九經字樣》《五經文字》"，武秀成、趙庶洋校證：《玉海藝文校證》卷九，鳳凰出版社2013年版，第407頁。李德輝據《宋史》田敏本傳推斷，田敏生於廣明元年（880），卒於開寶四年（971），年九十二（《全唐文作者小傳正補》卷八六五，遼海出版社2012年版，第1137頁）。

遂爲家藏書籍之最古者。"① 其書所著録者正是五代監本。至北宋，國子監先有據五代監本翻刻的二書分刊本②，徽宗重和中又以王安石《字説》爲圭臬而重編、删省、再造而成二書合編本《新定五經字樣》一卷。

一、宋代以降兩個系統的傳本

《文字》《字樣》自五代、北宋刊行以後，南宋至明代迄無刻本，唯有開成石經及其拓本一脉單傳。所以才有顧炎武稱"石刻在關中，向無板本③，間有殘缺，無別本可證"④，朱彝尊感喟"今諸書皆有雕本，獨《五經文字》《九經字樣》止有拓本無雕本"⑤，爲一闕事。明末清初之際，武林趙氏尚有宋刻本《字樣》，而《文字》宋刻本蓋已不存於世，僅有影宋抄本傳世，如毛氏汲古

---

① 《直齋書録解題》卷三，徐小蠻、顧美華點校本，上海古籍出版社 1987 年版，第 81 頁。

② 王國維《五代兩宋監本考》卷中著録北宋監本即有《五經文字》三卷、《九經字樣》一卷（第 531 頁），而卷下南宋監本未著録二書。我們認爲王先生的判斷是正確的，雖然並無直接的證據證明南宋監本没有二書，但從南宋監本實乃取諸江南州郡收入監中的情况來看，確實没有二書刊行的相關記載。

③ ［清］顧炎武《金石文字記·唐國子學石經》援引《册府元龜》，注意到"是此二書（《文字》《字樣》）曾有印板，而自宋以來學者不言之，何也"（《歷代石經研究資料輯刊》影印嘉慶十六年（1811）川上草堂《秋浦叢鈔》本，第 7 册，第 199—200 頁）。

④ 顧炎武:《日知録》卷一八"張參《五經文字》"，上海古籍出版社影印道光十四年黄氏西溪草廬刻黄汝成《集釋》本，1985 年版，第 1376 頁。

⑤ 《曝書亭集》卷四九《〈五經文字〉跋》，《四部叢刊》影印康熙原刊本。

閣即有二書影宋抄本。此外，季振宜《季滄葦藏書目・宋元雜板書・韻書》著錄《九經字樣》，注："案瞿本多宋抄本二字。"[1] 知其亦爲影宋抄本。中國國家圖書館（以下簡稱國圖）藏清初席氏釀華草堂影宋抄本《五經文字》三卷（以下簡稱席本）[2]。八行十四字，注小字雙行二十一字，據稱由宋刻本影抄。烏絲欄墨筆抄寫，影摹極其精妙。匡高 20.2cm，寬 15cm。卷首鈐席氏"趙宋本""墨妙筆精""席鑒之印""席氏玉照""別字蕤山"，汪氏"汪印士鐘""三十五峰園主人"，楊氏"儀晉觀堂鑒藏甲品""東郡楊紹和字彥和藏書之印"，周氏"周暹"；卷末鈐席氏"希世之珍""學然後知不足""虞山席鑑玉照氏收藏"，汪氏"平陽汪氏藏書印"、楊氏"楊彥和讀書""東郡楊氏鑒藏金石書畫印""東郡楊氏宋存書室珍藏""聊城楊承訓珍藏書畫印"。此外，第一册卷端、第二、三册首另有席氏"釀華艸堂"、汪氏"秋浦""憲奎"、楊氏"儀晉觀堂""宋存書室""楊氏協卿平生真賞""協卿真賞""楊以增字益之又字至堂晚號冬樵行弌""關西節度系關西""東郡楊二""紹和筑岩"及"袁廷檮借觀印"等印記，每册藏金紙面有"興國福壽院轉輪大藏經"圓印。卷末有毛扆（1640—1713）跋，但全書首尾皆無毛氏印鑒。楊紹和以爲席本即《汲古閣秘本書目》著錄本[3]。席本迭經席鑒（1700—1722）、汪士鐘、楊氏海源閣直至周叔弢先生遞藏，流傳有緒。

---

① 《汲古閣珍藏秘本書目》《季滄葦藏書目》，嘉慶中黃氏士禮居刊《士禮居叢書》本。

② 此處采用《國家圖書館藏稀見字書四種》影印本，中華書局 2015 年版。

③ ［清］楊紹和:《楹書隅錄》卷一影宋精鈔本《五經文字》三卷三册、影宋精鈔本《新加九經字樣》一卷一册解題，中華書局影印光緒二十年聊城海源閣刻本，1990 年，第 421 頁。

席本《文字》卷首有田敏《國子監重刊書序》,此序不見於《全唐文》及其他總集①,是一篇非常重要的佚文,故不避繁重,迻録全文於下:

臣聞後漢立石經於太學,前朝復刊勒於國庠,皆不備注文,未全載籍,既難傳習,何以興行?今我國家道焕文明,化同書軌,將弘啓迪,務廣典墳。於是博采古文,旁求碩學,詳校麤注,明徵指歸,寫案字書,雕成印本。計彼艱難之始,雖積歲而漆版方成;閲兹簡易之功,不終日而五經可集。誠謂光前絶後,超異古今者也。

然有諸經文字,雖各依憑六體,或從避忌一時,苟不辨説所宜,亦恐誤惑來者。若漢惡水而改洛,(原注:後漢都洛陽,以火德王而惡水,改洛字爲各傍作佳。今《禮傳》作雒,《詩》《書》作洛。)秦嫌辠以似皇。(原注:《説文》云自取辛苦即爲辠,故辠字自下作辛。秦始皇欲其後世皆皇,嫌與辠字相似,改爲罒下作非,即《爾雅》《周禮》辠字是。)周人不諱二名,捨故起於親盡。前朝悉避羣廟,闕文徧在諸經。或取形聲,(原注:世字,《説文》三十年爲世。前朝諱世,若單言世,則省一畫,而作廿;若從偏傍,或形相似,或取聲相近。以廿形似云,即石經牒、枼、弃之類,今添正作牒、葉、棄矣。又與正云字相亂,音他兀反,流、疏、徹之類。又言世字一畫曳長之,世、曳聲相近,則石經"漏洩""縲

---

① 《全唐文》卷八六五只收田敏三篇奏疏,其一爲《進印板書奏》,當輯自《册府元龜》。陳尚君先生輯校《全唐文補編》卷一〇五收《不允田敏致仕詔》,輯自《宋史》卷四三一。

紲"之類，今添正作"漏泄""縲紲"矣。若依前以世作云，則紲字似紛紜字。）或省點畫。（原注：前朝諱民，若單言民，則省點與斜畫而作民，若從偏傍則省上畫而作氏，則石經泯、愍、昏之類①，今添正作泯、愍、昏矣。又與正氏字相亂，氏謂姓氏之氏，即抵、祇、底之類，二字相亂，故特明之。）若不指正，漸失根源。《書》《禮》《春秋》，未全改正；（原注：《尚書》《禮記》《春秋》在天福年前。或前朝諱淵，石經作渊，《說文》云深也，從水，兩畫象古岸，中有橫水。猶以淵、世、民依石經省點畫，其餘虎、治、顯、旦、隆、基、亨、豫、适、誦、純、恒、湛等字於印本并已添正矣。唯《月令》是前期刪定，以丙丁爲景丁，又以治音直吏反，與雉同音，改雉爲野，以虎爲武，今《月令》石經、印本并仍舊。）"二南"、《十翼》，可得歸真。（原注：《毛詩》《周易》聖朝所雕，淵、世、民字并於印本亦添正矣。緣印本與石經及張參《五經文字》不同，故辨明之。）

臣幸以官守膠庠，時逢校定，睹經文之或異，慮學者之未詳。竊思發明，俾知部類，則有大曆中國子司業張參纂成《五經文字》三卷，刻石於長安太學。采定古今隸省，聚類分門，音訓互明，偏傍曲盡，實文字之要道，儒學之成規。但僻在方隅，藐殊年代，傳聞蓋寡，磨滅良多，惜將隊於斯文，願續鐫於印版。又開成中立石經歲，別有一卷《新加九

---

① 田敏舉昏字爲例恐非是。昏，會意字。《說文》："日冥也，從日，氐省。氐者，下也。一曰民聲。"初文從日從氏（或從氏），後氏（氏）訛變爲民字（以上據《字源》王志平先生說，天津古籍出版社 2012 年版，第 604 頁）。由是知石經作昏并非避諱，添正作昬亦無必要。

經字樣》,補張參之所不載,仍標雜辨,實益後生。雖《公》《穀》繫於《春秋》,《周》《儀》同於禮典,是以張參三卷通而謂之"五經"。(原注:張參《五經文字》部內并載《公羊》《穀梁》《周禮》《儀禮》中字,皆已音訓出見矣。)然有所異聞,誠宜具載,今亦雕刻,附集末焉。開運丙午歲九月十一日檢校尚書右僕射守國子祭酒臣田敏序。

這篇序文的意義絕不僅僅在於佚文本身的文獻價值,對於小學、文獻學、學術史的研究也都有積極意義。大體而言,可從以下四個方面來看:1、五代刊行監本九經三傳的重要意義,因爲前此熹平石經、開成石經皆爲經書白文本,而作爲官方定本頒行的經注本群經肇始於此。2、序文的核心也是最有價值的部分揭示了五代監本九經三傳以及《文字》《字樣》避諱與石經之異同。石經避唐諱,後唐刊行的監本《尚書》《禮記》《春秋》淵、世、民缺筆,一仍石經之舊,餘者如虎、治、顯、旦、隆、基、亨、豫、适、誦、純、恒、湛等則不缺筆,已添正。後晉刊行的監本《毛詩》《周易》則全不避唐諱,所有諱字均已添正。石經《文字》《字樣》自然也避唐諱,而田敏主持刊行的後晉監本則不避諱,諱字皆已添正。如席本《文字》卷中愍字注:"傷也。前朝廟諱偏傍準式省從氏,凡泯、昏之類皆從氏。今《詩》《易》改却從民。"石經拓本字頭作㦖,"前朝"二字作緣(廟上空一字,下同),泯作泜,昏作昏,無"今《詩》《易》改却從民"七字。卷下湛字注:"經典或借爲沈,又借爲湛饐之湛,予廉反。"拓本字頭及注文中湛字皆缺筆作湛,予作子,反下有"廟諱省"三字(石經殘泐)。純字注:"音鶉,從屯。又音準,緣也。又或徒本反,或音屯。"拓本字頭缺筆作紲，"音屯"下有"廟諱省"三字（石經殘泐）。紲字注："紲本從世。前朝廟諱偏傍皆作曳，今并改作世。"拓本字頭作紲，注："紲本文從世，緣廟諱偏傍，今經典并準式例變。"《字樣》十部世字注："前朝廟（廟字月旁缺兩橫）諱省一畫，今添正作世。"拓本世字頭作廿，注："今廟諱作廿。"水部淵字注："廟諱闕右畫作渁，今添正作淵"。拓本字頭作渁，注"廟諱闕右畫作渁，訛"。上述諸例恰可與田敏序相印證，可知後晉校刻之時不僅把唐諱缺筆一律添正（我們發現也有個別遺漏，如《文字》卷上手部揲字，席本作揲，仍避世字，代以云字），涉及避諱諸字的相關注文亦皆有所改易。3、序文關於避諱的另一個重要意義在於，揭示了唐代避諱的具體細節。如顧炎武所論，"《禮》天子事七廟，自肅至敬七宗，而高祖、太宗創業之君，不祧者也，玄宗以上則祧廟也，故不諱。文宗則今上也，古者卒哭乃諱，故生不諱"[①]。也就是說，文宗以上七代即肅、代、德、順、憲、穆、敬宗及高祖、太宗避諱，高、中、睿、玄及文宗不避。但對於避諱的具體情形却不甚了了，而田敏序有詳盡的說明。如世、民字，若單字則缺筆作廿、𠃌；若作爲偏傍，則有三種不同方式：或取形相似，廿形似云，故代以云字，牒、葉、棄從世字者改爲牒、葉、弃（難免與原本從云字者相亂，如流、疏、徹）；或取聲相近，世、曳聲近，則泄、紲從世字者改爲洩、紲（前揭《文字》紲

[①]《金石文字記·唐國子學石經》，《歷代石經研究資料輯刊》影印本，第7册，第192—194頁。嚴可均對其說提出質疑，曰："是大和時，代宗至敬宗親廟六，與太祖、高祖、太宗不祧之廟而九。以史證經，合若符契。顧氏以唐事七廟而入肅宗，非也。"(《唐石經校文》卷一，《歷代石經研究資料輯刊》影印光緒八年（1882）元尚居重刊《四録堂類集》本，第7册，第213—214頁)

字,石經即作㞢);或省點畫,民作爲偏旁則省上畫而作氏,泯、愍從民字者改爲汦、愍(難免與原本從氏字者相亂,如抵、祇、底)。這些細節對於認識唐代避諱,乃至異體字、俗字等都具有重要意義。4、具論《文字》《字樣》的內容以及後晉刊行的意義,值得注意的是,序中提及石經"磨滅良多",知其時已有殘泐、剝蝕。

席本《文字》卷末有毛扆(斧季)跋,其文有曰:

> 吾家當日有印書作,聚印匠廿人刷印經籍。扆一日往觀之,先君適至,呼扆曰:"吾縮衣節食,遑遑然以刊書爲急務,今板逾十萬,亦云多矣。竊恐秘冊之流傳者,尚十不及一也。汝曹習而不察,亦知印板始於何時乎?蓋權輿於李唐,而盛於五代也。"後夏日納涼,請問其詳。先君曰:"古人讀書,盡屬手抄。至唐末益州始有墨板,皆術數、字學小書,而不及經傳。經傳之刻,在於後唐。"自後考之,後唐長興三年詔用西京石經本,雇匠雕印,廣頒天下。(原注:見《五代會要》第八卷。)宰臣馮道等奏曰:"請依石經文字刻九經印板。"又按《國史志》,長興三年"詔儒臣田敏校九經,鏤本於國子監"。扆購得《五經文字》一部,係從宋板影寫者,比大曆石本注益詳備。前有開運丙午九月十一日田敏序。按丙午,開運三年也,則田敏之奉詔在後唐長興三年,越十六年,至石敬塘之世而雕成印本。由此觀之,蓋祖於五代本矣。石刻舉世有之,但剝蝕處杜撰、增補,殊不足據,要必以此本爲正也。虞山毛扆識。

毛扆所購影宋抄本當即前揭《汲古閣珍藏秘本書目》著錄本,非其影抄。葉德輝《書林清話》據《楹書隅錄》迻錄此跋，感慨曰："觀此則扆之耽於小學，可以概知。而其父子殷殷刻書之心，信有至樂，宜今日爲藝林佳話也。"[1] 毛氏跋語援引毛晉敘述雕版印刷史的内容，旨在揭示五代刊行監本九經三傳的意義。具體到此影宋抄本的意義，石經雖流傳至今，但歷經歲久侵蝕，唐、五代以降改纂，尤其是明嘉靖中關中地震損毁，萬曆中補字頗不足據，尤以《文字》《字樣》爲甚，所以益發顯現出此本的重要性，毛氏稱"要必以此本爲正也"洵爲通人之論。此外，毛氏還推定影宋抄本係以五代監本爲祖本，其説是也。

毛扆所得影宋抄本原本兼有《文字》和《字樣》，既而《字樣》失之，後又失而復得，頗爲曲折。國圖藏清初席氏釀華艸堂影宋抄本《新加九經字樣》一卷（以下簡稱席本），八行十四字，注小字雙行二十字。卷首鈐席氏"趙宋本""席鑒之印""席氏玉照""釀華艸堂"，汪氏"秋浦""憲奎"，楊氏"楊東樵讀過""楊紹和讀過""彦合珎玩"等印記。卷末鈐席氏"虞山席鑑玉照氏收藏""學然後知不足""希世之珍"，楊氏"儀晋觀堂鑒藏甲品""東郡楊氏鑒藏金石書畫印""楊彦合讀書"，以及"袁廷檮借觀印"等藏印。《字樣》卷末毛扆跋記其事始末甚詳，其文有曰：

> 余當年有《九經字樣》與《五經文字》并得，崑山校《經解》時兩書皆攜去，歸時失去《九經字樣》，不勝悵怏。

---

[1] 《書林清話》卷七"明毛晋汲古閣刻書之二"，中華書局1999年影印原古籍出版社1957年版，第194頁。

聞武林趙師道書坊有宋板者①，覓之不得。後聞錢遵王往彼影寫一本，亦未之見。昨過錢塾家，（原注：遵王孫也。）始得見之，借歸，與石刻細校。石刻宀字之末多寧、寍二字，此本無之。據注云"一十一字，五字重文"，則無者爲準。又乏字注"文反正爲乏"，石刻誤作"人反正"。雨部霝字"音靈"，石刻誤"音灵"。則此本勝於石刻矣。至釋看字云"凡物見不審則手遮目看之，故從手"；釋蓋字云"今或作盖者，乃從行書艹，與荅、若、著等字皆訛俗"；釋鼎字云"上從貞，下象析木以炊。篆文片如此，析之兩向，左爲爿，爿音牆，右爲片。今俗作鼎，云象耳足形，誤也"；釋晨字云"從臼，象叉手辰省之義"，其於小學可謂精詳矣。此書既得之，又失之，今復宛轉而得之，殆彼蒼憐余篤好小學，投老而使之一樂乎？亟命友人影寫一通，寫畢述此，以識生平之幸云。庚寅秋八月虞山毛扆識，旹年七十有一。

庚寅爲康熙四十九年（1710），則毛扆復得《字樣》當在是歲。所謂崑山校《經解》，係指徐乾學主持刊行《通志堂經解》，毛氏原藏本《字樣》失於彼時。"復得"是在錢曾（字遵王）之孫處所見影宋抄本，而彼本當即錢曾據杭州趙氏所藏宋刻本影寫，毛扆又倩人據之影抄。錢曾《讀書敏求記》未著錄《文字》和《字樣》二書。《也是園藏書目》卷一著錄《文字》三卷、《字樣》一卷，未注明版本。《錢遵王述古堂藏書目錄》卷一著錄"張參《五經文

---

① 明永樂中有官至趙藩左長史趙季通者，字師道，天台人。此處趙氏當指仁和（今杭州）趙昱、趙信小山堂。說詳下文。

字》一卷，抄"。《文字》傳本悉爲三卷，絕無一卷者，頗疑抄本一卷當即毛氏據以影寫的影宋抄本《字樣》。

　　毛扆手編、擬出售之用的《汲古閣珍藏秘本書目》著錄"宋板影抄"《五經文字》三本，六兩；"影宋板精抄"《九經字樣》一本，二兩。孫從添（1692—1767）《上善堂書目》著錄"汲古閣景宋抄《九經字樣》一本（樸學齋藏本）""汲古閣景宋抄《五經文字》一本（樸學齋藏本）"。由此可知，汲古閣確有二書之影宋抄本，但後歸林佶（1660—1722）樸學齋及至孫氏上善堂插架。國圖藏影宋抄本《文字》《字樣》，雖并有毛扆跋，但絕無毛氏乃至孫氏、林氏藏印，所以國圖著錄爲席氏影宋抄本甚是，當係席鑒據汲古閣影宋抄本影寫，同時也過錄了毛扆跋。毛氏藏書散出，席鑒、孫從添以同鄉之誼所得最多，席鑒得以影抄蓋有此因緣。

　　席本《字樣》的祖本即仁和趙氏小山堂所藏宋刻本。趙昱號谷林，弟信號意林，時稱"二林"。子一清，字誠夫，能昌其家學。趙氏藏本乃明代文淵閣舊藏，"計十九翻，有文淵閣鈐記，乃前明御府故物也。……此書遇宋代廟諱如朗、桓等字皆闕筆，而唐廟諱如虎、淵、世等字俱增添改正"①。乾隆辛酉（六年，1741）全祖望"得見於杭之趙氏，係宋刻，爲明文淵閣本。吾友谷林徵士之子誠夫摹鈔之，而疏開成石本之異同於其下。前年揚之徵士馬四半查得宋拓開成石本，已雕之矣。予乃亟令并刻此編，而誠

―――――――――
　　① ［清］沈初撰，盧文弨等校：《浙江采集遺書總錄》丙集經部群經類著錄清杭州趙昱小山堂藏鈔本《新加九經字樣》一卷解題迻錄趙昱跋。（張升編：《四庫全書提要稿輯存》，北京圖書館出版社2006年版，第1冊，第302—304頁。)

夫喜爲難得之書，令予題之"①。全祖望題記和趙昱跋語皆以爲此本乃重和合編本，實際上是把後晉田敏并刻二書（分刊本）與北宋重和重編本混淆②。當時趙昱之子一清已完成宋刻本《字樣》的影摹及校勘工作，鑒于馬曰璐（號半槎，或作半差）已據石經之宋拓本刊行《文字》《字樣》，所以全氏推動《字樣》刊刻完成。趙氏刻本今存中國科學院圖書館，著録爲"清初趙氏刻本，趙執信校"《新加九經字樣》一卷（以下簡稱趙本）③。首《新加九經字樣序》，署"覆定石經字體官朝議郎權知沔王友翰林待詔上柱國賜緋魚袋臣唐玄度撰"，三行正文起。白口，左右雙邊，八行十四字，小字雙行二十字。正文部首字、總凡之數字、字頭用大字，注文小字雙行。趙信按語均低一字，出以雙行小字。據卷首趙信自序，鑒於"鏤板始於後周廣順，今已不可得。其刻石關中者，明嘉靖乙卯地震損壞，多爲後人屢改。康熙乙未歙人項氏刊板以行世，其中仍多舛謬"，所以才著手刊行，"今從姚懷祖獲觀趙氏學士樓所藏宋槧④，凡十九頁，此顧亭林、朱竹垞俱未得見者也，詢爲可寶"。於是，趙信"用手摹校定重鏤板以行之"，"亟借黃子松石所藏石刻先後搨本凡三種，及項氏板本，校讎一過。注字筆畫各有不同，用標注於每部之後，參觀互證，庶稱善

① 《鮚埼亭集外編》卷二三《重和〈五經字樣〉板本題詞》，《全祖望集彙校集注》本，上海古籍出版社 2000 年版，中冊，第 1184 頁。
② 拙作《〈五經文字〉〈九經字樣〉刊石、雕版考略》論之已詳，茲不贅述。
③ 承蒙羅琳老師襄助，得以校閱此本，幸何如之！略記於此，謹志謝忱。
④ 據清吳騫《光陽叢筆》，"武林趙氏，居錢塘門內，有學士樓，藏書甚富，凡宋元珍本，皆不惜厚價購之"。（[清] 丁丙:《武林坊巷志》，浙江人民出版社 1990 年版，第 7 冊，第 117 頁。）

本"。至於其所從出之宋本,"惜無序文可考年月,第卷中遇宋聖祖、欽宗諱則闕筆,遇唐廟諱則補正,其爲南宋刊槧無疑"。自序和按語均署趙信,并未提及一清,與全祖望所記頗有齟齬,其詳不可考。楊紹和注意到,"然意林校語皆附於每部之後,以致行式移易,殊失其真;且校之此本,仍不無訛謬。是意林所據,雖出宋槧,亦未若此本之盡善矣"①。楊氏説未必盡是。趙信按語出在每部之後,均低一字,并不與正文相混,正文尚保存宋本行款舊式。當然,趙本的舛誤確實也是客觀存在的,説詳下文。

作爲宋本,避諱是其顯著特徵之一,但席本《文字》避諱頗不嚴格,我們查驗了弦、絃、畜、朗、敬、殷、匡、胤、通、貞、徵、署、樹、煦、吉、完、丸等字均不缺筆,僅卷上肉部胘字、卷下弓部弘字注"從弘"之弘字(字頭不缺)、田部畜字注"從玄"之玄字缺筆。毛扆、席鑒二人皆卒於康熙中,所以這三處缺筆恐非清諱(由弘字缺筆亦可推知),當爲宋諱字。席本《文字》之所以避諱不嚴,只能解釋爲影鈔過程中——添正宋諱字。而席本《字樣》避宋諱則是十分明確的,木部桓字、月部朡字注文朗字皆缺筆。楊紹和跋稱其"當是南宋初從田氏原本翻雕者",所舉例證即"卷中桓字缺筆"。如上所述,我們認同王國維先生説,南宋可能并未刊行《文字》《字樣》二書,玄、朗、弘、桓皆爲北宋諱字,所以我們傾向於認爲二書所從出之祖本是北宋刻本,爲五代監本所出,而監本係據不晚於後晉的石經拓本刊刻。

石經刊立之後,除了自然風化、剥蝕,還有人爲改篡,"幾經

---

① 《楹書隅錄》卷一影宋精鈔本《五經文字》三卷三册、影宋精鈔本《新加九經字樣》一卷一册解題,第421頁。

後人之手：乾符修改，一也；後梁補闕，二也；又有旁注字，大約北宋人所作，三也"①。明嘉靖三十四年（1555）關中地震，石經受到損毀，於是萬曆十六年（1588）西安府學訓導葉時榮、生員王堯典等補刻缺損文字，另立96塊小石於碑旁②。這樣，"若明人補刊闕字，則別爲一石，不與本文相淆。而世俗裝潢者，欲經文完具，乃取明刻翦割連綴之，遂不復識别"③。錢説是也。後世所傳拓本大體分爲兩種類型，"一則用王堯典碑補其缺字者，一則不補者"④。本篇所采用的三個拓本，一是《西安碑林全集》影印碑林舊藏"拓片剪裱本"（簡稱碑林本）⑤，二是臺灣"中央"圖書

---

① 〔清〕錢大昕：《潛研堂金石文跋尾》卷九"唐六（利）·國子學石經"，陳文和主編：《嘉定錢大昕全集》（增訂本），鳳凰出版社2016年版，第201頁。光緒十五年陶福履爲王朝槊《唐石經考正》所作序文進一步總結道："惟唐石經尚稱完備，然修改於乾符，補刊於後梁，添注於北宋，謬補於明"（光緒中新建陶氏刊《豫章叢書》本卷首）。

② 關於補字石之數量及其鑲砌位置，補字之數量、行款、字體等，詳參蘆桂蘭《唐開成石經補字概述》（《碑林集刊》1995年，第90—96頁）。其中，《文字》補211字，《字樣》補8字。

③ 〔清〕錢大昕：《潛研堂金石文跋尾》卷九"唐六（利）·國子學石經"，《嘉定錢大昕全集》（增訂本），第201頁。民國閻忍堂《景刊唐開成石經》卷首《例言》亦有類似表述，其文有曰："實則明人補缺別爲一石，不與原石相淆，後人每以舊拓完善相尚，率取補缺文字剪本書裱册。"（中華書局影印本1997年版）

④ 〔日〕岡井慎吾：《五經文字箋正》《九經字樣箋正》（以下簡稱《箋正》）附錄《馬本雪冤》，上海商務印書館，1926年。岡井注意到馬本、孔本及松崎本所據拓本，"今馬氏拓本即屬不補者，而自云宋拓，其無缺字，亦可知，則倒損前拓本。世所傳拓本多補缺者，獨孔氏獲其不補者，而我鈎摹石本所據拓本（即狩谷氏求古樓物）亦不補者"。

⑤ 據卷首"概述"，"剪裱本對於碑邊缺損之字均未補裱"（《西安碑林全集》，廣東經濟出版社、海天出版社1999年版，第14頁）。但根據我們校勘《文字》《字樣》的情形來看，此拓本實乃剪配明人補字者。

館漢學研究中心景照李石曾舊藏明拓本（簡稱李本）[1]，皆爲剪裱本，非整拓本，且剪配明人補字；三是京都大學人文科學研究所藏原石拓片（簡稱京文研本），未經補配補字。

由於小學和金石學發達，清代《文字》《字樣》刊本（包括源出刊本的四庫本）較多，一改元明無有刊行的狀況。除前揭趙本《字樣》源出宋刻本外，餘者無一例外皆出自石經系統，其中最早刊行的是康熙五十四年（1715）項絪刊本（以下簡稱項本），每半葉九行，行大小字數不等。内封題"唐張參《五經文字》《九經字樣》附　依碑本鋟板"。書後項氏跋云："《日知録》云云。其説誠然。計後之殘缺，當日益甚，因刻以板本，存爲將來考證。補字謬妄，棄而不入。海内收藏必有完全舊拓，學者自爲留心考補可也。康熙乙未之歲冬十一月歙縣項絪書于群玉書堂。"由是知項本所據底本爲未經補配補字的拓本，且在刊刻過程中亦未據補。

影響最大的是乾隆五年（1740）揚州馬氏叢書樓刊本（以下簡稱馬本），每半葉五行，行大小字數不等。内封題"《五經文字》附《九經字樣》依石經原本　叢書樓開雕"。書後乾隆五年馬曰璐識語云："余家舊購宋拓石經中有此，因依樣繕寫，雕板於家塾，庶廣其傳，於經學不無小補云爾。"據此則其所從出之石經拓本爲宋拓，遠在明人補缺之先，彌足珍貴。馬本雖大體依照石經行款，但每行文字起訖不盡相同，知其并非嚴格據宋拓本摹刻。

---

[1] 廖明飛先生惠賜拓本照片，謹志謝忱。侯金滿先生發現《九經字樣》卷末有嘉慶十七年（1812）陸耀遹和董曾臣觀款，推斷當拓於嘉慶十七年之後，"前人著録所稱恐不足爲據"（《開成石經磨改添注補刻現象綜考》，虞萬里先生編《七朝石經研究新論》，上海書店出版社2019年版，第332頁）。我們認爲，《文字》《字樣》和九經三傳剪配補字與否不同，恐非拓於同時。

馬本對後來諸本影響甚大，如《四庫全書》本的底本爲"兩淮馬裕家藏本"，馬裕乃曰琯子，知其當即馬本。鑒於"曰璐雖稱摹宋拓本，今以石刻校之，有字畫尚存而其本改易者，又下卷幸部脱去'罩'字注十九字、'鼇'字并注凡八字"，故《文字》"今悉依石刻補正，俾不失其真焉"；《字樣》"近時馬曰璐得宋拓本而刊之，猶屬完善。其間傳寫失真，及校者意改，往往不免。今更依石刻殘碑，詳加覆訂，各以案語附之下方"①。日本文化七年（嘉慶十五年），昌平黌翻刻馬本，岡井愼吾《五經文字箋正》稱之爲官板（版）本②。道光中，顧湘輯《玲瓏山館叢刻》，據各家刻本彙印，其中《文字》《字樣》即用馬氏叢書樓版刻。同治中，鍾謙鈞輯、粵東書局刊《古經解彙函·小學彙函》本，内封題"《五經文字》/《九經字樣》 唐石刻本 用祁門馬氏小玲瓏山館本補"。每半葉十行，行二十一字，小字雙行字數同。鍾本字體、行款俱不依據石經。光緒九年（1883），常熟鮑廷爵刊《後知不足齋叢書》本係補修《玲瓏山館叢刻》而成（馬本《字樣》卷首序和牒文錯簡已改正）。《文字》《字樣》刊記分别爲"癸未仲春古虞鮑氏後知不足齋刊""光緒癸未孟秋鮑氏後知不足齋刊行"，書後亦有馬氏識語。

當然，對於馬氏所謂宋拓，清人亦有質疑者，如孔繼涵注意到"馬氏本雖完善，然以石刻校之，有字畫尚存，而其本改易

---

① 《四庫全書總目》卷四一經部四十一小學類二《五經文字》《九經字樣》提要，第348頁。

② 馬本《文字》卷上末有尾題"五經文字卷上"。岡井注意到"我官版本無此一行，予所睹《後知不足齋叢書》本亦無，因疑我官版本非自馬氏叢書樓本翻雕者，然《後知不足》亦缺下卷末頁刻字人一行，官版本有之"（《五經文字箋正》卷上尾題注）。

者。豈石刻有異歟？不然矣。又其本脱去'罼'字注十有九字，'盩'字并注凡八字，餘亦時涉訛舛"①。前揭《四庫提要》亦指出其傳寫失真，甚或臆改。嚴可均稱"近有祁門馬曰璐刻本，自謂'舊購宋拓石經，因依樣繕寫，雕版於家塾'。然以石經校之，每有字畫尚存而肆意改竄者，繆稱宋拓，僞迹顯然"②。對於馬本所稱宋拓的真僞，《箋正》附録專篇《馬本雪冤》加以辨正，其文有曰：

> 馬本跋云云，則其佳應無復加焉。然孔氏云云，於是人不亦信奉。至嚴氏《校文》輒曰"繆稱宋拓，僞迹顯然"。慎吾按：拓本不能如板本之完整，時有落頁，有不拓及者，亦所不免。自宋末至乾隆，殆五百年，其間改裝、翻閲之際，剪割、損滅亦應不少，何此缺失之怪。……由是觀之，稱宋拓、稱宋板者，唯謂舊拓也。馬本蓋亦此種之物。答曰：拓本得倒損以前物則足矣，如爲宋與元，非深所問也。

對於馬本所從出之拓本淵源甚早這一點，岡井是肯定的，他認爲不必拘泥於是否宋拓，但必然是嘉靖地震之前拓本，這一點是最重要的。他還注意到，"然孔氏作《（〈文字〉〈字樣〉）疑》時石刻猶存而狩谷氏拓本（亦即松崎鈞摹石本所從出之底本）既泐者四十五字，而其字皆與馬本合（與王堯典補字不同），儻使馬氏

---

① 《戴震文集》卷一〇《重刊〈五經文字〉〈九經字樣〉序》引"孔君體生"（繼涵）云云，中華書局1980年版，第156頁。
② 《唐石經校文》卷一〇《五經文字》，《歷代石經研究資料輯刊》影印本（以下簡稱《校文》），第7册，第556—557頁。

鄉壁臆造，安得有此暗合？則馬氏拓本非倒損前之物而何"？也就是説，即便是同樣拓於清代以降，亦有先後之分，如孔繼涵所據拓本較之狩谷棭齋拓本竟有四十五字并未殘泐。當然，岡井通過校勘也發現"馬本亦有不慎重處，其序既云'依樣繕寫'，行款宜悉依舊，而上卷肉部、中卷衣、豸兩部、下卷糸、欠兩部，皆有移易。……馬氏亦有不慎重處，然以爲宋拓僞迹（即非倒損前物）冤矣。汲古閣、靜志堂鈔本今日不知存否，則後之述《五經文字》《九經字樣》者不遵馬本而孰乎適從"？

清代另一重要刊本是乾隆中曲阜孔氏紅欄書屋刊《微波榭叢書》本（以下簡稱孔本），附孔繼涵撰《五經文字疑》《九經字樣疑》各一卷（以下簡稱《孔疑》）。每半葉九行，行二十字，小字雙行字數同。孔本字體、行款俱不依據石經。孔氏先是手抄剪配補字的剪裱本，後又得（見）馬本、項本以及未經剪配補字的拓本，"恐石日泐，而好古之士或未能睹是數本"[①]，"拓本不能家有其書，遂雕印成袟，又詳加考正，別自爲卷附焉"[②]。其書亦采用未經補配明人補字的拓本，同時參校馬本及補字，對於原拓殘泐、剥蝕處，或依馬本補正或否，多有所本。至於考證異文，陳述去取之理據，則見於《孔疑》。戴震爲孔本作序，盛稱其書核訂精審。嚴可均則指出孔本之失，曰："孔繼涵刻本又據馬本，合諸王堯惠補字，以補石經之闕。戴氏震俌爲核訂精審，然以石經校之，仍多字畫尚存而肆意改竄者，又其偏旁違戾……盈萬累千，是其

---

① 國圖藏孔本書後孔繼涵跋。
② 《戴震文集》卷一〇《重刊〈五經文字〉〈九經字樣〉序》引"孔君體生"（繼涵）云云，第 156 頁。

蹐駁視馬本又難道里計。"① 道光十五年（1835），李元春輯、劉際清刊《青照堂叢書》本，據孔本翻刻，甚至連行款都基本上保持一致，孔氏所撰《五經文字疑》《九經字樣疑》亦分附卷末。二十年（1840），儀徵汪昌序輯《正誼齋叢書》本收入孫侃所編《重編五經文字》三卷和《新加九經字樣》一卷，每半葉六行，行十字，小字雙行二十字。其書稱依石經本刊，實則打亂原書，重新編輯。

除上述源出石經的刻本及四庫本外，《文字》《字樣》尚有兩種依據拓本的摹刻本。日本天保十五年（1844），江户後期儒學者松崎慊堂（字明復，號益城）編刊《縮刻唐開成石經》一百六十三卷附《校訛》，其中《文字》三卷、《字樣》一卷（以下簡稱松崎本）。每半葉五行，依照石經行款，每行文字起訖悉同。松崎本《文字》《字樣》不同於九經三傳，群經爲縮刻本，而《文字》《字樣》實爲摹刻本（《箋正》所謂"縮臨開成石經以雕板"，稱之爲"石經山房鈎摹石本"），行款、文字一仍其舊，殘泐、剝蝕處則描摹其輪廓，以墨釘充之，不補文字。此即松崎所謂"但二書剝落處，馬氏刻本妄意補入，不足以校。今無本可據補，故一依唐碑"②。其所據拓本亦爲未經補配補字者。又據《箋正》，參與松崎本校刻工作的小島知足於天保六年（道光十五年）撰有《五經文字疏證》，"則此書似未及成者"；又著有《馬本〈五經文字〉〈九經字樣〉校訛》，"就馬氏補字，主辨其當否。僅

---

① 《校文》卷一〇《五經文字》，《歷代石經研究資料輯刊》影印本，第 7 册，第 556 頁。

② 以上日本國立公文書館藏天保刊本《縮刻唐開成石經》卷首《例言》。

十葉"。二書皆未刊行,岡井僅見抄本。

民國十五年(1926),張氏(宗昌)皕忍堂覆刊開成石經,包括《文字》《字樣》,書衣題《景刊唐開成石經》,版心鎸"皕忍堂"三字。每半葉五行,完全依照石經行款,每行文字起訖悉同。據卷首《例言》,其書"爰取石刻本,依原拓字體影摹鋟木",群經殘泐、剝蝕處據阮本雙鈎補足,但《文字》《字樣》一仍原拓之舊,僅用綫條鈎摹其輪廓留白,并不據他本補入相應文字(對於雖殘泐但尚可辨識的文字則補全)。皕忍堂本所據拓本亦爲未經補配補字者。

同年(日本大正十五年),上海商務印書館據原稿本影印岡井慎吾《五經文字箋正》三卷、《九經字樣箋正》一卷、附錄一卷[①]。逐字備引《説文解字》《經典釋文》等書考其字形及音切,資料相當翔實。石經殘泐之字皆以墨圍勾畫,并出校記(冠以"正"字),揭示石經剝蝕、殘泐、磨改情形,臚舉馬本、孔本、松崎本(鈎摹石本)、文化本(本朝官板本)等異文。

上述《文字》《字樣》諸本,除席本係影宋抄本,趙本《字樣》直接源出宋刻本,屬於刻本系統外,餘者均爲影摹石經拓本或據之翻刻(覆刻),所據拓本拓印時間有先後,馬本所據宋拓最早,餘者皆拓於嘉靖地震以後,其中項本、孔本所從出之拓本略早,松崎本、皕忍堂本所據者則晚出。楊紹和同治元年(1862)所作席本《文字》《字樣》跋論及清代二書的刊行及其特點,其文有曰:

[①] 《箋正》出版後,岡井贈與王國維先生,并附書劄,稱《五經文字》和《九經字樣》"兩書未有全注,遂成《箋正》四卷。項日刻成,謹獻一通"(馬奔騰:《王國維未刊來往書信集》,清華大學出版社2010年版,第86頁)。

顧亭林先生云，二書除石經外久無刻本傳世。而石經自明嘉靖乙卯地震損折，多爲後人羼補，紕繆百出。國朝歙項氏、揚州馬氏、曲阜孔氏、高郵孫氏先後重梓，亦第就石經校定，宋以來刻本仍未之見也。馬本雖未免舛漏，然所據尚是宋拓，最稱精善；孔本覆加讎對，尤審慎不苟；孫氏則取原書自爲編輯刪移，淆亂非復舊觀矣。

此本首載開運丙午田敏序，（原注：《四庫》據馬本著錄，未見此序，故引《册府元龜》爲證。）當是南宋初（原注：卷中"桓"字缺筆。）從田氏原本翻雕者，故首尾完具，註文特極詳備。以馬本及孔氏、孫氏校語證之，多相吻合；而諸本所訛誤者，又賴此得以考訂異同，誠可謂希世之珍矣。至其影摹工雅，楮墨精良，猶餘事爾。①

楊氏把《文字》《字樣》明確地區分爲石經和刻本兩個系統，對於馬本、孔本的評騭亦頗爲公允，尤其是揭示了席本的重要價值。後晋國子監田敏刻本的底本當亦爲石經，但較之五代以後千年來遞經自然侵蝕和人爲損毀的石經而言，無疑更接近於原始文本，更完整，更可靠，可以說席本反映了截至五代石經的文本樣貌。《景刊唐開成石經》卷首《例言》總結清代三個重要刊本的特點，項本"依碑文鋟木，格式雖改，缺文不補"；馬本"自稱得宋拓本，依樣摹刊，格式相同，頗能糾正明人補缺之紕繆，然以現存之原石校之，有字畫猶存，而馬刻改易者"；孔本"以現存石經原樣與明人補缺及馬刻本三者并勘……較爲精審"。其說近是。

---

① 《楹書隅錄》卷一影宋精鈔本《五經文字》三卷三册、影宋精鈔本《新加九經字樣》一卷一册解題，第419—421頁。

二、《文字》《字樣》文本校理

爲了揭示上述各本的性質、特徵及其相互之間的關係，最有説服力的就是校勘所得之異文。我們以席本爲底本，校以石經拓本（京文研本及碑林本、李本，統稱石本）及項本、馬本、孔本、四庫本、趙本、松崎本、皕忍堂本等，同時參考《孔疑》《箋正》，揭櫫異文，并據以釐析源流系統。席本及石經系統諸本（以下簡稱石經本）皆兼有《文字》和《字樣》，唯獨趙本僅爲《字樣》，故《字樣》文本系統較之《文字》稍有不同，本文有分有合，統而論之。

1. 席本《文字》

通過分析異文，可見席本與石經本具有系統性的差異，更爲完整、準確，淵源更早，明顯地呈現出特異性。雖然席本的祖本是五代監本，而監本亦源出石經，但五代以後石經多有損毀、剥蝕、殘泐，所以其所出各本較之席本已多有不同（由於各本所從出之拓本拓印時間有早晚，故呈現出來的文本樣貌容有不同），而席本能夠反映截至五代後晋石經的文本樣貌，無疑更接近於唐代原始文本。尤其是明人補字部分，石經文字基本上都已剥蝕或殘泐，而補字又多訛舛叢雜，如無席本和馬本的存在，則將永遠無從窺見其真相矣。至於具體的異文，如果不考慮席本在影抄過程中由於技術原因造成異文的可能性，則大體可分爲兩種類型，一是字頭或注文全然不同，如卷上（以下凡引《文字》只稱卷次及部首，《字樣》則出以書名）木部樓，石經本所從婁字上不出頭，從毋作㜻，馬本字形從田作㚣。《校文》："今《説文》樓從木婁聲。婁從毋中女,非從田也。"又如卷中屮部苗字注"靡驕反,田苗也",《孔疑》所録原拓及松崎本、皕忍堂本注文皆殘存道字(京文研本道字殘泐不可辨)。馬本苗字頭下空一大字,注文"卜道/反"三字。卷下口部團字注"度官反",石經本反切均作大丸反。卷下冫部末二字分別爲㵽(注:"音立。")、馮(注:"附弓反……義與憑同。"),石經本㵽字無注文。以上四例席本或字頭字形或注文反切(直音)、或釋義皆不同於石經本,如果排除石經後世磨改的可能性,那麼只能推導出席本所從出之刻本在刊刻過程中曾有校改。二是相對於席本,石經由於磨改、殘泐、損毀而造成的異文,這種情形最爲普遍,下文所舉諸例絕大多數皆可歸入此類。這種類型的異文,席本呈現出絶對的完整性、準確性,頗可諟正石經本。如卷中大部奕字注"見《詩·大雅》",石本注文右行"見《詩》"二字一行連下,左行"大"字殘泐,"雅"字剝蝕。項本、馬本以下各本皆無此二字,説明剝泐時間較早。當然,席本也有個別明顯的錯誤,如卷下食部部首注"凡字在左者又省一畫作飠",石經本食多作飠(松崎本誤作食),不誤。口部否字注"作丕非",丕字字形疑誤,石本、馬本丕作否,是也。

對於石經的一些明顯訛誤或脱衍等問題,如上所述,五代監本據石經校刻之時當有校改(當然,也不能排除宋刻本據五代監本翻刻過程中校改的可能性),值得注意的是,後世源出石經的刻本如項本、馬本、孔本亦莫不如是(包括四庫本)。對於這種情況,如果不是因爲石經後經磨改或殘泐、剝蝕造成的,那麼我們就可以認定爲刻本校改。如卷上穴部窬字注"見《春秋傳》",馬本同,石本及項本、孔本無傳字。卷中屮部苾字注"步必反",項本、馬本同,孔本、四庫本仍之,石本疊反字。《孔疑》《箋正》

皆以爲石經誤疊反字。禾部秏秏字注"下丈加反"，馬本同，四庫本仍之，石本及項本、孔本無反字。心部戁字注"敬也"，項本、馬本同，四庫本仍之，石本及孔本（有剜改痕迹，蓋剜去也字）皆無也字。馬部驛字注"驛騾，野馬"，馬本同，四庫本仍之，石本及項本、孔本皆無注文驛字。隤字注"又之逸反"，項本、馬本同，孔本、四庫本仍之，石本無反字。駇字注"而充反"，項本、馬本同，四庫本仍之，石本及孔本無反字。騾字注"烏諫反"，項本、馬本同，孔本、四庫本仍之，石本無反字。卞部耶字注"《字林》又有作鄹者"，馬本同，四庫本仍之，石本及項本、孔本皆無林字。十部協字注"心部亦有協字"，石本、孔本同，項本、馬本協作惏，四庫本仍之。卷下水部洫，馬本同，孔本仍之，石本及項本皆作洫。恤字，席本作恤，石本作恤，知唐代楷書血字作偏旁寫法殆如此。由是觀之，作洫或係五代刊刻時校改，馬本亦有校改。足部踤跨字注"下經典相承隸省"，項本、馬本同，孔本、四庫本仍之，石本無典字。上述諸例，多爲石經脫文或衍文，可以以意揣度之。石經似未經磨改，由是知五代或宋刻本已有校改，直至後世馬本、項本亦有校改，雖先後校改并無直接的淵源關係，出發點和理據則是一致的，皆爲通過揣摩上下文義、文理而做的整齊、校正文本工作。

2. 馬本

除席本整體上最爲完整、正確外，馬本也表現出相當早的特徵，僅次於席本。其文本相對於其餘石經本更爲完整，正確率也更高。那麼，它屬於刻本系統還是石經系統呢？前揭馬氏跋文稱其所據底本爲石經宋拓本，此說可以信據嗎？通過校勘，可以確切無疑地證明馬本確屬石經系統,而非刻本系統。除了具體的異文(文中所舉諸例多可證明),有兩個顯性特徵最有說服力:其一,各部部首均注明總凡之數和重文之數,席本係用小寫數字,石經則用大寫數字,如卷上木部"凡一百九十二字","六字重文",石經一百九十二作壹伯玖拾貳,六作陸,馬本亦同。以下各部悉同此例。其二,唐諱字如淵、媚、純等,席本不缺筆,而石經缺筆,馬本亦同。另有前揭因避諱改字并改注文者,如卷下糸部席本紲字,注文稱"前朝廟諱偏傍"云云;石本字頭作緤,注文稱"緣廟諱偏傍"云云,馬本亦同。這也是馬本屬於石經系統的顯證。

雖然馬氏所謂宋拓并無確證,但從異文來看,確實淵源甚早,明顯早於嘉靖地震後拓本及明人補字。如卷上肉部胳字注"音格,見《禮經》",馬本同,據《孔疑》,石經殘存"音格見"三字(京文研本音字存,見字殘泐,格字僅存右偏旁各字局部)。魚部鮞字注"人之反",馬本同,其餘石經本之作六。《孔疑》以爲作之是,《箋正》則以爲非。卷中勿部部首注"其後相承作物,以此勿爲止之",馬本同,四庫本仍之,石本及項本、孔本皆止殘存"承作物以此"五字。玉部重文之數"四字重文",馬本同,四庫本仍之(四作肆),石本無此四字(似有剝泐痕跡),項本、孔本亦無。瑳字注"千可反,玉色鮮",馬本同,四庫本仍之。據《孔疑》,石經殘存"千可□玉色"數字(項本略同,千誤一;京文研本"玉色"二字存,"千可"二字殘泐)。卷下女部姦字注"俗作奸,訛",馬本同,孔本、四庫本仍之。石本奸字殘泐,項本奸誤作奸(葂忍堂本仍之)。上述諸例馬本悉同席本,而與其餘石經本多所不同。至於石經殘泐或剝蝕而明人補字者,馬本亦皆基本上保持完整，同於席本，相對接近於原石樣貌，較之嘉靖地震以後拓本及其所出刻本如項本、孔本等，以及明人補字，明顯淵源更早，至少拓於嘉靖以前是毋庸置疑的。從個別文本已有殘泐、缺脫來看（如卷下虍部處字注"故濟南伏生稱子賤之後是也"，京文研本賤字、也字間三字幾近剥蝕，項本有三字空格（《孔疑》所記拓本同），馬本無是字），較之席本源出的、不晚於五代後晉的石經拓本略晚出，所以，從這個意義上講，馬本所據拓本爲宋拓是完全可能的。雖然不能排除上述諸例有刊刻過程中校改或由於技術原因造成異文的可能性，但與前揭石經顯誤、刻本校改諸例相比較還是有著明顯的不同的，因此我們認爲馬本異文大體上忠實反映其所據拓本的原始樣貌，多非校改，馬本源出宋拓恐非虛言，良有以也。當然，對於石經顯誤或殘泐、剥蝕之處馬本當有不同程度的校改。

馬本雖然淵源甚早，源出石經宋拓本，文本相對較爲完整，但訛誤也還是客觀存在的，我們分析當有兩方面原因，一是石經在宋代已有缺蝕，如田敏序所云，五代既已"磨滅良多"；二是拓本本身的完整性以及拓印質量等因素。《字樣》卷首《新加九經字樣序》和牒文錯簡（或係所據舊拓裝裱有誤），序文開篇至"繇是遂微臣之"，下誤接牒文"傳寫相承"至銜名六半葉；牒文開篇至"畫點參差"，下誤接序文"上請，許於國學創立石經"至篇末五個半葉。他如前揭孔本戴震序所引孔繼涵語（《孔疑》："馬本幸部末脫一行二十七字，其誤可勝數耶？"）及《四庫提要》指出"下卷幸部脫去'睪'字注十九字、'摰'字并注凡八字"。此外，我們通過校勘，結合《箋正》所述，還是可以發現馬本的不少訛誤。如卷上宀部究字注"音軌"，馬本軌誤軌。穴部究字，馬本誤作究。卷中屮部苗字注"靡驕反。田苗也"，石經缺蝕已久，殘存字頭及注文"道"字，馬本注文作"卜道/反"三字。《箋正》從本部下字數以及反切推斷馬本杜撰。誠如是，則馬本當有校改，這也説明至少在宋代苗字注文已剥蝕殆盡。蓺字注"見《詩·風》"，馬本脱風字。竹部籀字注"周宣王太史也"，馬本脱也字，四庫本從之。篁字，石本、項本同，馬本誤作篁，孔本、四庫本從之。衣部褚字注"鄭之巿官"，馬本官作宮（巿或作市）。十部屯字注"徒門反"，馬本徒誤從，四庫本仍之。火部煇字注"又音韗"，馬本韗誤輝。卷下糸部繭字注"從虫從芇，芇音綿"，馬本二芇字并誤作芇，孔本仍之。金部鑠字注"銷金也"，馬本脱金字，孔本仍之。見部覘字注"石經作覸"，馬本覸誤作覷，孔本、四庫本仍之。日部旺字注"王況反"，馬本況誤況，四庫本仍之。旦字，馬本誤作旦，孔本仍之，但四庫本改正。曰部曷字注"作曷者訛"，馬本曷誤曷。虍部虞虞，石經重文虞字剥蝕，項本重文爲空格，馬本臆補虛字，知其缺蝕已久。喜部嚭字注"丕几反"，馬本几誤凡。《字樣》卩部部首注"音邑"，馬本脱注文。土部重文之數"二字重文"，馬本二誤一。《箋正》以爲馬本作一誤。項字注"作項者訛"，馬本項作頃，孔本、四庫本仍之。一部吏字注"又重之在上"，馬本上誤一，四庫本仍之。雜辨部丿牙字注"壯齒也"，馬本壯誤牡，四庫本仍之。尢字注"屈其右足爲尢"，馬本尢誤尤。上述諸例，石本、項本多同於席本，而馬本顯誤，孔本或四庫本仍之。

3. 項本、孔本、四庫本

項本刻於康熙中，時間早於馬本，從其異文來看，所據石經拓本雖然是嘉靖地震以後所拓（并未羼入明人補字），但其拓印時間相對於孔本、松崎本、皕忍堂本所據拓本以及碑林本、李本、京文研本等拓本要早。前揭馬氏跋文并未提及項本，但我們注意到馬本與項本相同而不同於席本和石本的異文的存在，這是否可以說明馬本似乎參考過項本呢？如卷上木部椑字注"《周禮》"，項本、馬本同，《箋正》稱石經二字久泐。卷中鳥部鷐字注"見《禮記》"，石本及孔本同，項本、馬本《禮記》作《周禮》，四庫本仍之。虫部蚤字注"叉音爪"，石本及孔本同，項本叉作又，馬本叉音作又從，四庫本仍之。卷下頁部頎字注"丘稀反"，石本及孔本、四庫本同，項本、馬本綺作綃，《箋正》以爲作綃妄。又部部首注"象人兩脛"，項本、馬本同，孔本仍之，石本兩作雨。《唐石經考正》："按《說文》从音良，故兩從之。今作兩非。"夋夋字注"凡駿、峻之類皆放此"，石經"放此"剥蝕，項本作"從夋"，馬本作"從复"，《箋正》以爲作复非。老部𦉪壽字注"凡𧜾、擣之類皆從壽"，石本同，項本、馬本𧜾、擣二字乙，孔本、四庫本因襲。𠃊部部首注"《說文》作𠃊"，石本同，項本作𠃊，尚近似；馬本作𠃌，至孔本更作𠃍。《箋正》以爲馬本誤。羽部翊字注"具于反"，石本同，項本、馬本具作其。總之，馬本存在著一定數量與項本相同或相近，但不同於其他石經本及席本的異文，恐非巧合，尤其是二者同誤者，更可說明馬本似亦參考過項本。除具體異文外，《字樣》項本、馬本序文、牒文的前後次序與石經正好相反，亦可爲證。當然，馬本所據拓本爲宋拓，而項本所據拓本拓於嘉靖地震之後，所以二者不同的異文自然是占絶大多數，例如前揭馬本較之其他石經本優長、同於席本諸例，他如卷上羊部羹字重文𩱛，項本、孔本同，嚴可均稱之爲磨改之後的字形（京文研本可見明顯磨改痕迹）；馬本作羹，是爲磨改之前的字形。卷下日部暓字注"與褻同"，項本同，石本、馬本褻作褻。

我們以明人補字爲參照系來考察項本，知其文本存佚狀況大體與補字之時石經相當，不過也有一些更早的異文，説明其拓印時間較早。如卷下水部㴱字注"被喬反，見《詩》"，項本、馬本同。補字臆補反切"力木反"。水部準字注："從水傍隼，《字林》作准，平也。"項本、馬本同。補字"從水"二字補"左"字，"林作"補"俗作"。糸部紝字及注，項本、馬本同，補字則另補字頭及注。食部餡饀字及注，項本、馬本同，補字誤補重文字頭饀作饘。夂部夋夋字注："音逡，行皃。上《説文》，下石經。凡駿、峻之類皆放此。"項本、馬本略同，補字則另補字頭及注，具有整體性的差異。又部書字重文書字，項本、馬本同，補字重文誤作𦘠。匕部化字注"從亻"，項本、馬本同，補字補作"從人"。以上諸例項本尚保存完好，同於席本、馬本等早期文本；而補字皆已補缺，説明其時石經已有缺蝕（京文研本字頭或注文均有不同程度的缺蝕）。當然，項本亦不免訛誤，如卷下及部复字重文字頭夏誤作夏，馬本及補字皆不誤。

孔本校刻之時曾參校項本、馬本（主要是後者），但其主要依據還是拓本，亦爲嘉靖地震以後所拓，但未經剪配補字。對於所據拓本及項本缺蝕而馬本完好的異文，孔氏往往詳加考辨，判斷去取。或存疑待考，如卷上魚部鰤字注"人之反"，馬本同，石本之作六，孔氏"疑石經誤，然非損字，書此存參"，依然作六，并未改字。或確知其誤，但一仍其舊，如卷中禾部秏秏字注"下丈加反"，"石經脱一反字，今存其誤"，亦未校改。或從馬本訂正，如卷中艸部芯字注"步必反"，石本誤疊反字，馬本不誤，孔本"今從刪"。前揭馬本迥異於石本諸例中多有孔本仍之者，茲不贅述。

如上所述，四庫本所據底本爲馬本，這是明確的；而從校勘所得之異文來看，二者之間的淵源關係亦甚明晰。前揭涉及馬本諸例中多有四庫本仍之者，即可爲證。當然，四庫本亦有個別訂正馬本訛誤者，如卷下水部部首注"凡在左者皆作氵，與水同"，馬本氵誤丫，四庫本改正。氾氾字注"下又敷劍反"，馬本脫反字，四庫本改正。此外，雖然《四庫提要》并未明言，但我們發現四庫本可能參考過孔本。如前揭苺字，孔本字頭下有一大字空格，且石經注文缺蝕已久，據《孔疑》知，戴震推擬"空處以音考之，當是葆字"。四庫本遂據以徑添字頭葆字（當然，戴震爲《四庫全書》纂修官，直接采用其說也是有可能的）。

4. 摹刻本優劣

松崎本和皕忍堂本據石經拓本影摹刊刻，所據拓本皆爲嘉靖地震後拓本，凡石經缺蝕處，松崎本施以墨釘，皕忍堂本則以綫條勾勒輪廓，殘泐、剝蝕文字二者皆不補。雖然同樣出自拓本，但摹刻本與項本、馬本、孔本刊刻的方式不同，旨在反映石經殘泐、剝蝕的實際狀況。從形式上看，摹刻本似乎能存拓本之真，但實際上在影摹過程中由於主觀（影摹者學識、認真程度等）和客觀（拓本本身的質量）因素而出現的訛誤、缺脫等情形還是相當多的，尤以松崎本爲甚。通過校勘，并結合《箋正》，舉例如下：

1）卷首《五經文字序例》"逮周禮保氏掌養國子以道"，松崎本養缺末筆作養。

2）卷中示部禥字注"音乍"，松崎本乍誤作。

3）耒部耨字注"故不可改"，松崎本改誤攻。

4）心部愍字，松崎本誤作恁。

5）愿字注"惡也"，松崎本奪惡字，作空格。

6）慶字注"從心從夂"，松崎本夂誤反。

7）恭、慕、忝字注"此三字并從小"，松崎本三誤二。

8）巾部下依次爲十、豸部，松崎本巾部下羼入言部和广部兩個半葉（此二半葉後又在言部和广部間重出），缺十部及豸部前半葉，豸部後半葉以下始全。

9）广部廄字注"從皀從殳"，松崎本奪下從字，作空格。

10）阝部鄎字，松崎本誤作鄍。

11）鄐字注"許六反"，松崎本許誤計。

12）卩部卸字注"卸從午從止"，松崎本止誤上。

13）户部扃字注"工營反"，松崎本工誤一。

14）玉部珦字，松崎本誤作坳。

15）向部裔字注"作裏訛"，項本、馬本同，四庫本仍之，石本、孔本作𧞰，松崎本誤作裹。《箋正》以爲馬本、松崎本皆誤。

16）辛部辭辤辝字注"上《說文》"，松崎本奪"上說"二字。

17）巛部𨧜字注"從巜"，松崎本奪從字，作空格。

18）卷下人部部首注"才入反"，松崎本入誤乂。

19）食部部首注"凡字在左者又省一畫作𩙿"，食當作𩙿，其他石經本𩙿皆作𩙿，唯松崎本誤作食。

20）金部鎗字注"叉行反"，松崎本叉誤又。

21）夂部复字注"從夂"，松崎本夂誤反。

22）夊部部首注"竹几反"，松崎本几誤凡。

23）攴部部首注"《説文》作攴，從卜從又，今依石經作攵"，松崎本奪"《説文》作攴""石經作攵"八字。

24）又部燮字注"從言，又炎聲也"，松崎本聲誤聳。

25）叔字重文𣁳，松崎本誤作𣁵。

26）隸𢩵肄字注"并弋二反。又弋勢反"，松崎本二弋字并誤作弌。

27）爰部爰字注"凡蝯、援之類皆從爰"，松崎本蝯誤援。

28）雨部霂字注"音沐"，松崎本沐誤沭。

29）㢼部栗字注"凡字從栗者放此"，松崎本注文栗誤㮚。

30）口部𠮙字注"見《虞書》"，松崎本見誤則。

31）口部團字注"度官反"，其他石經本反切均作大丸反，唯松崎本丸誤九。

32）羽部翑字注"具于反"，松崎本奪反字。

33）足部踏字注"從脊"，松崎本脊誤𦟝。

34）《字樣》頁部頓字注"從中貫一屈曲之也"，松崎本中誤𢧐。

35）攴部敎字注"音窖……作教訛"，松崎本窖誤𥥈。

36）田部當字注"作𥇒者訛"，松崎本作𥇒誤當，其他石經本皆不誤。

37）匕部，松崎本部字作𠤎，缺卜偏旁。據石本和皕忍堂本知，石經部字左側偏旁音字殘泐。

38）鬯字注"中象米"，松崎本米誤木。

39）口部㕣字注"《説文》亦作𠕎"，馬本作𠕎，松崎本作𠕎，《箋正》以爲俱妄。

40）韋部部首重文之數"一字重文"，項本脱"字"字，松崎本脱"一"字。

41）雜辨部㪰承字，松崎本奪重文字頭㪰字，作空格。

總之，松崎本影摹質量較差，拙率粗劣，實不足據。上述諸例基本上都是石本原本不誤而松崎本誤者，知其并未嚴格地依據拓本影摹。當然，拓本作爲手工作品，本身的拓印質量也有參差，也不能完全排除個別訛誤是由於拓本質量不佳所致，但與之大體同時的拓本如孔本所據本、李本、碑林本等皆不誤，説明問題的關鍵并非出在拓本上，而在於影摹是否忠實、嚴格。

相對而言，皕忍堂本影摹精審，總體上質量較好，訛誤較少，如卷上肉部胳字注"音格，見《禮經》"，馬本同，石本雖殘存"音格見"三字，蓋以格字左偏旁剝蝕，右偏旁各字殘泐，無從分辨之爲洛抑或格，故補字及項本格皆作洛，皕忍堂亦徑補洛字。卷中玉部瑳字注"千可反，玉色鮮"，馬本同，石本殘存"千可□玉色"數字。項本千誤一，皕忍堂本同。卷下夊部部首注"象人兩脛"，項本、馬本同，皕忍堂本亦同，石本兩作雨。田部界字注"介亦作𠴵"，石本作𠴵，略有殘泐，皕忍堂本作𠴵雖近似，但字形并不準確。羽部狗字注"具于反"，石本同，項本、馬本具作其，皕忍堂本同。《字樣》牒文"參詳比就正訖"，石本比字雖殘泐，尚依稀可辨，皕忍堂本誤作改。皕忍堂本據拓本摹刻，同時可能也參考過項本，上述因仍項本訛誤而其他石經本不誤的異文可證。

5.《字樣》的兩個系統

與《文字》之分爲刻本系統（席本）和石經系統（各拓本及項本、馬本、孔本、四庫本，另有松崎和皕忍堂摹刻本）相同，《字樣》也明顯分爲這兩個系統，其中石經系統亦即上述諸本，并無不同，而刻本系統的特殊之處在於不僅有影宋抄本（席本），更有直接源出宋刻本的趙本的存在。兩個系統雖然整體上并無二致，但還是存在著明顯的差異。

石經系統卷首兼有牒文和序文，首題"《新加九經字樣》壹卷"，次牒文、銜名，次《新加九經字樣序》（樣或作樣）。拓本及孔本、皕忍堂本皆爲牒文在前，序文在後，項本、馬本、四庫本反是。松崎本則將序文置於卷首，牒文置於卷末。而刻本系統之席本和趙本僅有序文，并無牒文。而且，席本和趙本部首、總凡與重文之數皆爲小寫，不同於石經系統之爲大寫。如卷端題"新加九經字樣"，次行低一字"凡七十六部"，三行低一字"四百廿一字"，下雙行小字注："内一百卅/五字重文。"石經七十六作漆拾陸，四百廿一作肆伯貳拾壹，一百卅五作壹伯參/拾伍。具體到各個部首、總凡、重文之數，石經和刻本系統皆爲小寫（間有異文，如木部總凡之數"凡十四字"，石經本十上有一字。牛部總凡之數"凡五字"，趙本、石本、孔本同，項本、馬本、四庫本五作六，趙氏以爲"於文實六字，疑訛"）。尾題"新加九經字樣一卷"，石本及項本、松崎本、皕忍堂本同（樣或作樣），席本、趙本、四庫本無"一卷"二字，馬本和孔本"一卷"二字作"終"字。此外，兩個系統的其他異文如下所示：

1）亻部億億字注"從人意"，趙本同，石經本意下有聲字。

2）宀部寒字注"上《説文》，下隸省"，趙本同，石經本上有"凍也"二字。

3）貝部賣字注"從出"，趙本同，石經本下有省字。

4）巾部幝字注"《詩》云'檀車幝幝'"，趙本同，石經本云作曰。

5）力部協字注"同心之和"，趙本同，石經本下有也字。

6）欠部部首注"一字重文"，趙本同。孔本注明補此四字，四庫本仍之，其他石經本皆無。

7）攵部敎字注"音窖……作敎訛"，趙本同，石經本敎下有者字。

8）又部求字注"并從又"，趙本同，石經本不作楷體又，而作篆文㰷。

9）兔部冤字注"作宽者訛"，趙本、馬本同，其他石經本冤作宽。《箋正》以爲作宽非是。

10）口部言字注二"音響"，趙本并同，石經本饗作響。

11）吕字注"亦非從口"，趙本同，馬本、四庫本亦同，其他石經本"非"皆作"不是"二字。

12）日部晨字注"早昧爽也。從臼"，趙本同，石經本"從臼"上有"從辰"二字。

13）雜辨部爵字注"足以戒荒淫之飲"，趙本同，石經本足下俱有所字。

14）亼亡字注"從人"，趙本同，馬本、四庫本亦同，其他石經本人作入。《箋正》以爲作人誤。

15）奭字注"召公名"，趙本同，四庫本亦同，其他石經本召皆作邵。

16）尣字注"尢本以大字，象人形"，趙本同，石經本本上俱無尢字。

17）乏字注"《春秋傳》曰文反正爲乏"，趙本同，四庫本亦同，其他石經本文作人。趙注："石本、項氏本文反俱作人反，訛。"

18）夕字注"從月半見"，趙本同，石經本月作月。

總之,《字樣》兩個系統的文本差異是十分顯見的,刻本系統淵源甚早,文本也保存得十分完整,可以在很大程度上彌補石經由於後世損毀、殘泐或人爲磨改等造成的訛誤。當然,有些異文係石經顯誤且并無磨改痕迹,則可認定爲刻本校改。如丫部部首注"一字重文",趙本、馬本、孔本、四庫本同,石本及松崎本、酉忍堂本一作二,項本奪一字。趙注:"石本、項氏本俱作'二字重文',訛。"巾部幝"《詩》云'檀車幝幝'",石本、松崎本、酉忍堂本幝幝作憚憚,其他石經本及趙本皆作幝幝同。雜辨部艸字注"上《説文》",石本、松崎本、酉忍堂本説下無文字,其他石經本及趙本皆有文字。以上3例,只有石本和摹刻本不同,刻本系統趙本以及石經系統項本、馬本以下諸本皆已改正,故可以認定爲刻本校改。

除了兩個系統之間的差異性,《字樣》還有一個突出現象,那就是《字樣》刻本系統内部存在著相當程度、較爲明顯的差異性,亦即趙本所呈現出來的、不同於席本的特殊性和個性化。例如:

1)亻部身字重文身,趙本作身,石經本悉同席本。趙注:"石本、項氏本身俱作身。……宋本既引《説文》,當從身,不當從身。石本、項氏本亦訛。"石本、項本以及席本并無作身者,趙氏亦以爲不當作身,這就説明趙本之所以作身,實乃沿襲其所據底本。

2)宀部賓字注"不可改正",趙本改誤故,石經本均不誤。

3)月部胡字,趙本從月,孔本亦然,其他石經本皆不誤。

4)月部有字注"從月者訛",趙本月作月,孔本亦然,其他石經本皆不誤。趙注以爲"月字當從石本作月",知其所據底本已誤。

5）竹部笑字注"鼎、隸等八字舊《字樣》已出"，石經本作笑同（鼎作鼎），趙本笑作笶，作鼎同。

6）艹部蓋字注"玄宗皇帝御注《孝經》石臺"，趙本臺誤嘉，石經本均不誤。趙注："石本、項氏本嘉俱作臺。此宋本訛。"

7）車部轆字，趙本作轆，石經本均不誤。

8）頁部頓字，趙本作頓，石經本均不誤。趙注："石本、項氏本頓俱作頓，訛。"

9）又部父字注"家長率教者"，石經本均不誤，趙本奪者字，作空格。

10）史字注"中，正也"，趙本正作又，石經本均不誤。

11）田部當字注"作當者訛"，趙本當作當，石經本除松崎本作當外餘者皆不誤。

12）口部喦聶字注"行之已久"，趙本久誤九，石經本均不誤。

13）一部吏字注"從史，史亦聲也"，趙本奪一史字，石經本均不脫。

14）二部童字注"唯主、音二字從丶，丶音駐上"，趙本主作立，丶并作一，不同於石經本。趙注："石本、項氏本俱作主，從字下俱作丶丶。《字典》主字列丶部，立字自爲一部，宋本立字疑訛。"

15）儿部竟字注"從音從儿"，趙本儿作几，馬本儿作九，并非，其他石經本皆不誤。

16）夂部部首注"又音桍"，趙本桍作拱。趙注："石本、項氏本拱俱作桍。《字典》手部無拱字，宋本疑訛。"

17）日部汩字注"從日。又從曰者"，趙本曰誤曰，石經本均不誤。

18）雜辨部𣂪字，趙本作𣂪，不同於石經本。趙注："石本、項氏本𣂪俱作𣂪。……從申朿聲，不當從申。"

19）要字注"自臼之形"，趙本臼誤曰，石經本均不誤。

上述諸例，趙本盡皆不同於席本，其中大多爲趙本顯誤，可見席本影寫質量甚好，正確率較高；趙本則出現了很多訛誤，摹刻質量不佳。席本的底本是毛氏影寫錢曾依據武林趙氏所藏宋板的影宋抄本，而趙本據趙信序知其係據趙氏藏本摹刻，也就是說，二者同出一源，宋刻本爲其共同祖本，那麼爲什麼會出現這些異文呢？這個現象頗難索解，存在兩種可能性，一是宋刻本原本不誤，趙氏摹刻過程中致誤；二是宋刻本已誤，錢氏影寫過程中改正。但根據對宋刻本的一般認識，尤其是對照席本《文字》來看，趙氏所藏宋本絕不至於有如許訛誤，只能認爲這些訛誤出現在趙氏摹刻過程中。但是，上述 No. 1、4、6、8、14、16、18 諸例趙注明確指出當作某字，這又說明趙本之異文并非無意致誤，而是底本已然，不過嚴格照錄而已。我們認爲，問題應該就出在趙本校刻過程中，因爲趙信只是"從姚懷祖獲觀"趙氏藏本，然後"用手摹校定重鏤板以行之"，則其據以上版者當爲自己的摹寫本，所以在輾轉傳抄過程中出現訛誤也是有可能的。

三、磨改

如上所述，石經刊立之後，規模較大的改篡有乾符改鐫、後梁補闕及北宋改筆、明人修補，其他個人私自磨改則無法確知①。據劉最長、朱捷元先生研究，唐代乾符中曾大規模地修改過石經文字，(《文字》卷末附記："乾符三年孫《毛詩》博士自牧以家本重校刊定。七月十八日書。")用字偏旁、部首以張參家本校定、改鐫，"現碑石上看到有原句數字被增減，原字的偏旁、部首被改鐫（原字被鐫磨，在被鐫磨處再加重刻），是符合乾符時校勘文字的作法"②。他們發現，"《五經文字》及《新加九經字樣》中已有46處102字被改鐫重刻過"，係乾符三年按照張參家本勘定而改鐫的。後梁補刊的碑石有三通，涉及《儀禮》《春秋左傳》《春秋穀梁傳》。北宋改筆係未經鐫磨原刻字，僅在原字的筆劃上加以改筆，大致分爲兩種情況，一是改正錯字，一是增添字的偏旁。明萬曆中除大規模地補缺，另立補字石外，還對碑石文字進行整飾。因原字微有剝落、漫漶，而在原字上稍加刻鑿整飾，所謂"凡點劃失真者正之，苔蘚污者新之，漶而欲歇者理之"（萬曆十七年王鶴撰《重修孔廟石經記碑》）的工作③。就《文字》《字樣》而言，主體修改當在乾符中，間有北宋改筆和明人修補。雖有源出五代監本的席本、趙本和源出宋拓本的馬本的存在，理論上能夠據以大致劃定磨改的時代，但由於各個刻本均無法排除校改的可能性，導致結論也就不一定是唯一的，所以我們不采用這種研究方法，僅迻錄《孔疑》《校文》《箋正》所揭示的石經磨改現象，以爲釋例。如卷上魚部鯈字，項本、馬本以下各本皆

---

① 卷下喜部嚭字，《校文》："䫂，改刻作嚭。"（原注：此大和、開成時改刻。）如果嚴説成立，那麽這是石經雕鐫之時所做的磨改。

② 劉最長、朱捷元：《"開成石經"校勘記》，《考古與文物》1982年第6期，第99—103頁。

③ 劉最長、朱捷元：《關於開成石經文字的改鐫與添注的問題》，《考古與文物》1989年第3期，第102—105頁。

同，石本有磨改痕迹，從黑。《校文》："黱，磨改誤作黵。"《箋正》引狩谷氏云："石本剝落，然筆痕隱隱如此。現石本改刻從黑，妄。"羊部羹字重文𦎟，石本有磨改痕迹。《孔疑》："石經作𦎟，馬氏本作羹。按此字後加改鑿，字痕宛然，未詳孰是。"《校文》："羹磨改作𦎟，不體。"項本、孔本同席本，作𦎟，即嚴氏所云磨改之後的字形；四庫本同馬本，作羹，是爲磨改之前的字形。卷中巛部㱼字注"經典相承多作㱼"，石本多字略殘泐，尚依稀可辨。《校文》稱"磨改作'經典相承作㱼'"。《箋正》以爲"既磨滅者，不宜用"。卷下幸部部首注"所以犯驚人也"，石本驚字殘泐，項本、馬本皆作驚，孔本、四庫本仍之。《箋正》："現石驚字磨改，然下馬仿彿可認。"欠部欵款字注"下經典相承隸省作欵，非"，馬本、孔本、四庫本略同（或作欵），石本欵字似有磨改痕迹。《校文》："欵磨改作欵。"項本與嚴氏所謂磨改後字形相同。夂部夒字注"從兇從夂"，石本作𡕰，下偏旁儿字確有磨改痕迹，項本、馬本以下各本均作兇同。《箋正》："現石兇下有磨改之痕，儻舊作凶則補。"其意蓋謂石經原刻作兇，磨改作凶。𠁁部亹字注，項本、松崎本、皕忍堂本同。石本注文末有"又音（漫漶）門"三字，但已磨去；馬本作"又普門"，孔本、四庫本作"又音門"。《校文》以爲石經"磨去'又音門'"，《箋正》稱"現石'又音門'三字描，可認"。

四、補字

萬曆中明人補字，《文字》《字樣》與群經有所不同，群經可據通行文本補缺，而經書異文比較集中的是注、疏文，經文本身異文較少，所以群經補字出入不大，異文并不多見[①]；而《文字》《字樣》除石經外當時并無通行本（事實上，當有宋刻本或影宋抄本的存在，只是藏書家嚴肩深鐍，故不爲世人所知），所以補字多據其時見行韻書、字書胡亂拼湊、增删，舛誤連篇，難以卒讀。補字是選擇性地補缺，主要根據石經缺蝕狀況而定，可以是某個字頭及其注文的全部，也有可能是局部（用大小字來區分字頭和注文）。所補者不止有全泐、半泐字，即便是完字，考慮到文句完整等因素亦有補者。更爲嚴重的是，剪配補字的剪裱拓本在把原石拓片和補字拓片拼接、綴合的過程中，由於并無穩定、標準的文本可以依據，所以造成技術層面的舛誤的概率就會大爲增加。

雖《文字》《字樣》補字整體上舛誤連篇累牘，但通過與席本、趙本及石經本比較，還是可以發現補字存在著一些同於原石、淵源較早的異文，如《序例》"人猶有闕疑之問"補疑字，"蕭何漢制亦有著法"補何字，"故經典音字多有假借"補假字，"雖未如蔡學之精密，石經之堅久"補蔡、久字，"學者傳授……離之若有失"補傳、有字。卷上木部梅字注"諸從母字放此"，補"放此"二字。桃字注"從兆者皆放此"，補"兆者""放此"四字。柢字、芬字，補字頭。桿字注"見《周禮》"，補"周禮"二字。卷下糸部䋣字，補字頭（項本、馬本作䋣）。上述諸例係補字字頭或注文（或《序例》）個別字詞與席本相同者。又如木部楚字注"林從疋"，補字同，項本作"從林疋"，顯係臆改；馬本作"從

[①] 如《周易》補字質量較高，少有訛舛。説詳拙作《開成石經〈周易〉校理》（《經學文獻研究集刊》第二十五輯，上海書店出版社 2021 年版）。

疋"，恐係石經殘泐所致。卷中艹部蒙字注"莫公反。唐蒙即／女蘿之別名也。作蒙訛"，苗字注"靡驕反。田苗也"，補字同。項本二字止存字頭，京文研本前者注文殘存"作范訛"三字，後者注文"道"字殘泐；馬本前者止存"作蒙訛"三字，後者反切作"卜道／反"。以上2例石經於宋代既已殘泐、剝蝕，所以馬本表現爲文字殘缺不全乃或臆補校改，而補字同於席本，不同於馬本，知其當有所本。卷中豸部貊字注"下各反。獸之似狐者"，補字略同（各誤久），項本止存右行首三字反切，京文研本殘存字頭右偏旁舟字及注文"下各"二字；馬本無"獸之""者"三字。土部壟壠字注"二音隴。《方言》曰冢，郭璞界呼壠"，馬本同，補字亦同。項本、京文研本止存壟字頭，無重文壠及注。卷下儿部兜字注"當矦反，從兜，音鼓。從兒省，兒象人頭也。作兜者訛"。項本、馬本注文止有"作兜者訛"四字（京文研本殘存"作兜"二字），補字則有"當侯反，／象人頭也"七字，與席本有較大的相似度，而與馬本、項本互補。壴部鼙字注"音高大鼓也"，項本、京文研本止存字頭，馬本注文僅有"音高"二字，補字則作"音高大鼓／也。見《禮記》"。上述諸例補字雖未必與席本全同，但較之馬本，更接近於席本，説明這些內容還是淵源有自的，拓本及馬本以下刻本所反映出來的宋代以降石經文本多已殘泐、剝蝕，而補字尚在一定程度上保存了早期文本的樣貌，雖然這類異文所占份額甚少。

更多的補字則是妄自臆補、胡編亂造者，如《序例》："人苟趨便，不求當否。字失六書，猶爲壹事；五經本文，蕩而無守矣。十年夏六月……"馬本同。補字首補"否"字，"字失六"作"轍有所"，"爲壹事"作"未闕文"，"五經本文蕩"作"正體竟廢蕩",次補"無"字,"守矣"作"貞觀"。全無義理,不但文字扞格不通,時間亦誤作貞觀,更是匪夷所思。事實上,石經矣字雖已其半,但尚可辨識(京文研本及嚴可均、王昶所見拓本),而補字視而不見,臆補"貞觀"。"然以經典之文",馬本同。補字"然以"作"至其",知其係揣摩文義而臆補。《序例》明代除石經外尚有傳本(如宋陳思《書苑菁華》收錄),尚且訛舛如是;至於正文,以其并無通行本可供參照,所以無論是字頭還是注文大多妄臆杜撰,編造而成。例如:

1. 卷上羊部羳下次羚、羖、翔字,馬本同。補字補羚字頭,次新補䍷、羶二字及注,缺原石羖、翔二字。

2. 卷上彳部徐下次徬、徯、徦、徧、御、徙、征彷徨字,馬本同。補字首新補儴字及注,次補徯、徦、徧字及注(注文全然不同),次新補徼字及注,次補徬徬徨字頭(前二字字形與原石不同),缺原石徬字(下文彷誤作徬)。

3. 鼎部凡三字,分別爲鼐(注:"乃代反,大鼎也。")、鼒(注:"音茲,小鼎也。")、鼏(注:"摸狄反,與羃同。")。補字字頭皆同,但注文頗有異同,分別爲鼐("奴代反")、鼒("子思反")、鼏("亡狄反,覆樽巾也。又鼎盖也。")。

4. 肉部胳下次膚、胎、腕、隋、肵、脛、臅、脍……撰、膝字,馬本略同(胎作胚)。補字補胳字注("音洛,見"),次補膚字注(原石無注),次補腕、隋字注(注文基本上不同),次新補脢及注(已見於上文),次補臅字注(全然不同),次補脍及注,缺原石肵、脛及注。

5. 角部觚下次觵觥、觛、觶觗、觡、觜、觷、觳、觴字,馬本略同。補字首補觚字注(全然不同),次補觵觥字注左行六字

"罰酒爵下見《詩》"（上三字與原石不同，下三字則同），次補觴字及注（僅反切下字相同，餘者皆不同），以下新補桷、觰、[字]、觤、觟字及注，次補觷字注（全然不同），次新補觲、觻字及注，缺原石觯觚、觡、觢、㲉、觸字及注。

6. 卷中艸部蒸下次苟、蒙、范、藻藻、茜、蕁字，馬本蒙、茜二字注文有所不同，知石經宋代業已殘泐。補字新補茻及注，次補蒙字注文（略同，無"作蒙訛"三字），次補茜字注文（全同）。

7. 艸部菜字下次薾蒚字，馬本同。補字補菜及注（全然不同），次新補蓾字及注，次補重文字頭薾誤作薦（薦字見於卷中鹿部）。

8. 豸部貀下次貉貈、貍字，馬本同。補字補貀字注（略同），次新補貛字及注，次補貉貈（貈作貈）和貍字的部分注文（基本上不同）。

9. 卷中言部訊下次諫、謹、護、訂、訒、謠謡、謟諂字，馬本同。補字首補訊字注（互有異同），次新補訕、誕字及注，次補訂字注"亭見"二字，次補訒字及注（基本不同），次新補訑字及注，次新補詑、[字]二字字頭，缺原石諫字及注、謹、護字頭。

10. 石部碫下次厤、砥、晷、砦、磋、碎確、磌、磐字，馬本大體相同，但存在個別異文。補字補碫字注文（略同，句末有也字），次新補磏、砡及注，次補砦字及注（除反切下字相同外餘者皆不同），次新補碨、礇、礫及注，次補磐及注（除"音盤"二字相同外餘者皆不同），缺原石磋、碎、確三字。

11. 土部場場下次壟壠、垂、㘽、坐、圭、培、瘞、圫、塊、封、垣字，馬本同。補字首補場字及注"易"字，次補壟壠字及注（注文全同），次新補壅、壚、壨、坫、壃、堝字及注，次補埩字及注，次補封字注（全然不同），缺原石垂、㘽、坐、圭、培、瘞、塊字及注。

12. 玉部瑳下次璊玠、璃字，馬本同。補字補瑳字注（全然不同），次新補瑕、璜二字及注，缺原石璊玠及注。

13. 内部离下次𥻦卨、禹字，馬本略同（中作丨）。補字補離字注（除"《說文》從"三字相同餘者皆不同），次新補蠆、顒隅及注，次新補禹字注（原石本有其字但無注），缺原石𥻦卨二字及注。

14. 大部奭下次奧、臾字，馬本略同（下作從）。補字新補奄及注，補臾字（字形誤作[表]）及注（"從大亦與奎"），缺原石奧字。

15. 卷下食部餕下次餡饉、餞字，項本、馬本同。補字誤補重文字頭餡作饀，餞字注從誤作音。

16. 日部曖下次昄、昊字，馬本同。項本據或已殘泐之拓本摹刻，昄及注全泐，昊作叐，補字新補曆字及注，昊字頭誤作[昃]，缺原石昄字及注。

17. 《字樣》宀部寋塞字及注，趙本、馬本同。補字首補塞字注（全然不同），次新補寍寁字及注。

總之，補字不僅隨意剪裁、改造注文，對於字頭亦隨意增刪、改篡，知其舛駁蕪雜，實無足取。歸納起來，大致可分為以下幾種情形，新補字頭及注文，字頭字形不同，字頭雖同而注文不同。改造注文，既有全然不同於原石者，又有大略相同而微有差異者，比較常見的是根據原石殘字妄臆補綴。如卷上手部抍字注："方問反，與攩同，為糞除之糞，見《禮記》。"馬本同。項本、京文研本抍字頭全泐，注殘存"問反""見《禮記》"五字。補字："[攩],

方問反，又/如正反。垄，埽除也/見《禮記》。"補字字頭㩞不體，注文係補綴原石殘存文字而成，真偽參半、錯雜。卷中言部訊字注："從卂，卂音信，作誶者訛。"馬本同。項本、京文研本注文殘存"從卂/作誶"四字（李本、碑林本止存"從"字）。補字補注文"卂從言或/卒字"。土部封字注："左旁上從籀文㞢，下從土，不從圭。上《說文》，下隸省。"項本、京文研本注文殘存"左旁上從""不從圭""下隸省"數字。補字補注文"㞢，下從土，右從寸。/圭而從㞢。上下"。大部奊字注："下結反，從圭下矢，矢音側，見《春秋傳》。"京文研本殘存注文"下（李本無"下"字）結反，從圭"五字。補字補注文"/從大亦與奎"（字頭奊作羑）。以上3例補字係據原石殘存文字及字頭字形補綴、敷衍而成。卷下水部凖字注："從水傍隼，《字林》作准，平也。"項本、馬本同，京文研本字頭全泐，注文"從水"二字殘泐，尚可知其筆意，"林"字全泐。所以補字臆補注"左/俗作"三字，"從水傍"變成"左傍"；"《字林》作"變成"《字》俗作"。儿部瞥字注："千敢反，從曰，從㚇。㚇，子心反。凡暜、譖之類皆從瞥，作替訛。"馬本同。京文研本"千敢""從曰從""皆"數字剝蝕，補字補注文"千敢"作"《說文》"，"從曰從"作"經典皆"，替作皆，知其係據原石殘存文字臆補，全無義理。虍部處字注"故濟南伏生稱子賤之後是也"，馬本無是字。石本賤、也二字間三字剝蝕，補字臆補"姓宓故"三字，顯係據處、宓音同臆補。《字樣》火部煾煖字注"愯，上溫也。上《說文》"，趙本、馬本同。項本字頭二字及注文"説"字尚存，京文研本止存注文"文"字。補字補注文"上經典/下説"五字，據"文"補"説"字，但與原石內容正相反。匚部凷字注："音暢，從凵，凵音墟，器也。中象米，匕所以扱之，《易》曰'不喪匕鬯'。"趙本、馬本同。項本"凵音"下四字和"所以"下二字剝蝕，松崎本和皕忍堂本"中"字尚存，殘泐。補字補注文"樂也凼/承凼易"，當據其字形臆補。

由於補字或補字頭或補注文（或補全部，或補局部），或兼而有之，或新補字頭及注，頗爲蕪雜，加之并無確定的標準文本可以依據，所以《文字》《字樣》剪裱拓本由於剪裱技術層面造成的文本異同也最爲顯豁。例如：

1. 卷上木部本㮇字注"上《說文》，從木"，補字補注"上《說文》，從"。李本、碑林本剪配注文皆不誤，但李本字頭本㮇二字完足，而碑林本誤剪去上字頭本字。

2. 鼎部部首下注及總凡之數"凡三字"（據項本，石經總凡之數提行），次行鼏、鼐、鼏三字及注。補字補三字及注。碑林本剪裱不誤，首行鼎部部首及注，次行總凡之數"凡參字"，三行剪配補字三字及注。李本則剪配錯亂，首行鼎部部首及注，下接鼏、鼐字及注，次行總凡之數"凡參字"，下接鼏字及注。

3. 肉部胳下次腋、膚、胎、腕、隋、肵、脛、髑、腍……膜、脥字，補字："（胳字注）音洛見、（膚字注）府隅反皮也/易曰噬膚滅鼻、（腕字注）無阮反又音問、色肥澤新生草、（隋字注）他果反說文曰裂/肉也又徒果反、（字頭）胹（注）易咸/其胹、齒欲反狼髑/膏臆中膏也、（字頭）腍（注）如甚反熟也諸。"李本分別剪配爲胳、膚、腕、隋字注文，次胹及注，次髑、腍字（下接腍字原石注文"書無此字，見《禮記》"數字）及注，雖然多非原石所有之字頭及注，但字頭與注文對應尚不誤。碑林本則張冠李戴，錯誤百出。首胳字，誤將補字膚字反切"府隅反"接裱於注文左行。其下原石尚存之胺及注被剪除。次膚字及注，因"府隅反"三字誤補爲胳字注，故此處缺反切三字。次腕字，誤將下文"胹"補字注《易》"咸／其胹"補於其下。中缺隋、肝、脛三字及注。次臅、脍及補字注（"如甚反"誤剪去如字）……次膞字及注，注文"士戀"二字下接上文"腕"字之補字"無阮反，又音問。／色肥澤，新生草"。次隋字及注（補字），次胹字及注，注文誤將上文"膞"字注除"士戀"二字外"反。見禮／經注"五字綴補於其下。補字所補各字注文内容摘錄自《玉篇》等書，不同於《文字》原文，但次序并未淆亂，尚可與字頭一一對應，而碑林本剪裱字頭前後失次，注文與之胡亂匹配，隨意剪接，全不堪用。

4. 卷中艹部蒙下次范字（注："作范訛。"），補字補蒙字注："莫公反。唐蒙即／女蘿之別名也。"李本保留原拓蒙字頭，剪去已殘泐之注連同范字及注，裱以補字。而碑林本范字注文未能剪除乾淨，殘存一殘泐"范"字，接於蒙字注文"即"字之下。

5. 艹部薅下、蘁上有萋字，項本、馬本同，補字誤作萃，據《孔疑》，"石經萋字尚可辨，補缺訛爲萃字"。碑林本用補字剪裱，李本則仍用原拓萋字，未經剪配。

6. 卷中石部硊（注："而兊反，石次玉。"）下次磿字（注："令激反，抱磿見《周禮》。"）。補字補硊字注略同（下有也字）。李本將補字七字全部作爲硊字注，剪接於其下，是也。而碑林本除保留原石殘存之注文右行"而兊反"三字外，又把補字"而兊反"三字拼接於左行；而將補字另外四字"石次玉也"綴於磿字注"磿"下，面目全非。

7. 土部封下次埠字（注："古鄧／見《禮記》。"），石經字頭及注文保存完好。但補字重補"(字頭)垠(注)古鐙/鄭見",且位置提至"封"字前。碑林本據之剪裱爲:"垠,古鐙又音/鄭見經。"("(反)又音/(禮)經"數字實爲原石"塊"字注文之殘存者)。下文原石垠字及注亦保留。李本略有不同,補字注文"古鐙""鄭見"下分別多出"反""禮"二字,亦爲原石"塊"字注文之殘存者,文本略通順。下文原石垠字及注則被剪除。

8. 卷下水部𣻏字注:"被喬反,見《詩》。"補字補字頭"𣻏"及注"力木反/空白"。李本即以補字原樣剪裱,故注文左行爲空白。碑林本字頭及注文右行用補字,左行用原石殘存之"見《詩》"二字補綴。

9. 氵部末字爲馮字,補字補字頭馮字,李本據以剪裱,而碑林本失補。

10. 糸部純下次紝字及注,補字首補純字注"市均反美大也/舊從本文隷省",次新補紒字及注"古紅反續也/漢□□□文",次補紝字及注"音/初"。碑林本純字用補字補注文,次補紒字及注(漢、文二字之間三個空格補以"廟諱(省)"二字,實乃原石"純"字注),次補紝字及注(音下一字殘泐,初下有"縷"字,皆爲原石"紝"字注),提行接原石紝字注後四字。而李本純字注失補,次新補紒字及注(漢、文二字之間亦有"廟諱省"三字),次補字紝字及注(僅據補字補"音/初"二字)。

11. 虍部虞虖下次虖虐字,補字補三個字頭:虞、虖、虐。李本原石虞字尚存,重文虖字及下二字分別補以補字字頭。碑林本虞虖補作虞虖,虖虐二字頭則只出一個字頭虐。

12. 豆部蔜下次䗪、馨、䁻鼕、嘉字及注,補字補鼕字頭、馨字注,新補䴇䴇及注,缺原石字頭䁻字。李本剪配䴇䴇及注,碑林本失補，二本嘉字及注皆缺失。

  13.《字樣》雨部，部首下無注文。趙注："石本雨部下有'音灵'二小字。雨字并無灵音，蓋石本霛字下闕二字，或刻石時誤入雨部下。"趙氏雖不明明人補字之事，但以爲此二小字乃霛字注文羼入，是也。京文研本部首"雨部"二字缺損，霛字注文右行首二字剥蝕，補字分別補單行大字"■部"和小字"音灵"各二字。李本、碑林本不明此意，誤將大、小四字補作部首字及注。

  總之，不同剪裱拓本出現的剪配錯亂、失補、重補等問題，雖然表面上看起來似乎都是由於技術原因造成的，但實際上根源還是在於補字本身妄臆杜撰、胡編亂造。而且，不同剪裱本的不同剪配方式遂構成了不同的文本。

五、結語

  《文字》《字樣》唐開成中刊石，五代後晋校刻監本，北宋又據以翻刻，後世遂有石經和刻本兩個系統。今石經猶存，但歷經一千多年自然的侵蝕和人爲的損毀，尤其是經過嘉靖地震，剥蝕嚴重。見存拓本皆拓印於嘉靖地震以後，未見地震以前拓本。清代以降，石經系統諸本如項本、馬本、孔本、四庫本、松崎本、皕忍堂本，雖然所從出之拓本拓印時間有早晚，但皆未羼入明人補字，這是各本的共同特點。其中，馬本淵源最早，如馬曰璐所云，其所據拓本爲宋拓，文本相對於其他石經本更爲完整，正確率也更高，表現出相當早的特徵。除馬本外，餘者所據拓本皆拓於地震以後，其中項本刊刻時間最早，所據拓本的拓印時間較之碑林本、李本、京文研本、補字及孔本、松崎本、皕忍堂本所據本要早。而且，馬本有可能參考過項本。孔本的直接底本是孔氏所得之拓本，但校刻之時於馬本多所參考，據以考辨、去取。四庫本的底本是馬本，但同時也根據石經拓本有所校訂。作爲摹刻本，松崎本和皕忍堂本據石經拓本影摹刊刻，更加直觀地反映石經殘泐、剝蝕的實際狀況。但松崎本并未能真正地存拓本之真，頗多訛誤、缺脫，全不堪用。相對而言，皕忍堂本影摹精審，總體上質量較好。

　　刻本系統雖然也源出石經，但五代監本據以校刻的拓本的拓印時間必不晚於後晉，所以無論是相對於五代以降千年來不斷磨滅、缺蝕的石經，還是嘉靖地震以後的拓本，甚或後世源出石經的刻本，無疑其淵源更早，文本更完整，更可靠，更接近於唐代原始文本。通校席本，知其與石經本具有系統性的差異，反映了石經截至後晉的文本樣貌。當然，五代校刊監本之時，當有一定程度的校改（也不能排除宋刻本據以翻刻過程中校改的可能性）。《字樣》除影宋抄本（席本）外，另有直接源出宋刻本的趙本，二者與石經本也存在著系統性的差異。不過，刻本系統內部趙本與席本也存在著一定的差異性。

　　至於明人補字，蓋以明代除石經外《文字》《字樣》并無通行本，所以補字多據其時見行韻書、字書胡亂拼湊，舛誤連篇累牘，難以卒讀。所補字頭或注文，大多不同於原石，比較常見的做法是根據原石殘字妄臆補綴、改造。而剪配補字的剪裱拓本也因此多有錯亂、失補、重補等現象，錯上加錯，基於此而構成的新的文本也就更加不著邊際。

宋人稱《文字》《字樣》"辨證書名，頗有依據"①，趙信亦以爲"辯正書文，足爲經典之繩尺也"②。作爲唐代專門針對經書的正字書，二書對於文字學、經學、文獻學都具有重要價值。雖然見存石經頗多缺蝕、磨滅，但天佑斯文，足以反映五代時石經文本樣貌的刻本系統尚有影宋抄本（席本）和趙本（《字樣》）存於天壤間，"文字得金石傳之，可以永久，今拓本反漫漶、錯簡如此，是又不若竹帛之壽世六百年，紙墨如新，神采焕眼，誠有如王深父之慨論耳"③。石經五代以後尤其嘉靖中又有損毁，幸有以宋拓本爲底本的馬本，雖不及席本文本完整、可靠，但相對於見存石經及其他源出嘉靖以後拓本的石經本而言，其淵源更早，文本亦更接近於原始樣貌。所以，岡井稱"後之述《五經文字》《九經字樣》者不遵馬本而孰乎適從"④？我們補正其説，今日研究、利用《文字》《字樣》二書，捨席本、馬本其何所從哉？

（原載《儒家典籍與思想研究》第十三輯，今據以收入）

---

① 《玉海》卷四三《藝文・唐〈九經字樣〉〈五經文字〉》，《玉海藝文校證》卷九，第407頁。
② 中科院圖書館藏清初趙氏刻本《新加九經字樣》卷首趙信自序。
③ 同上。
④ 《箋正》卷末附錄《馬本雪冤》。

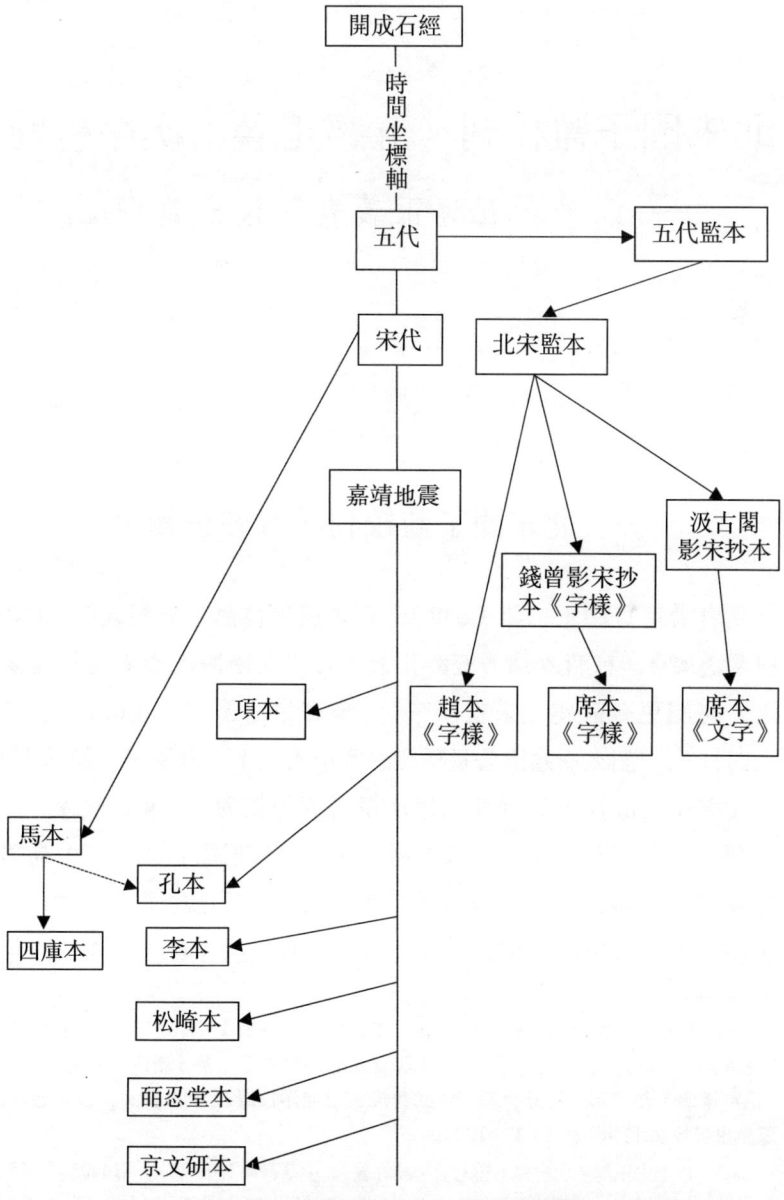

《五經文字》《九經字樣》石經系統和刻本系統研究　　277

圖5　《文字》《字樣》石經系統與刻本系統源流示意圖

北宋國子監校刊《五經正義》次序析疑
——以《上五經正義表》校勘爲中心

一、北宋國子監校刊《五經正義》

唐太宗貞觀十二年（638），孔穎達等修纂《五經義疏》（名曰《義贊》，有詔改爲《五經正義》），"太學博士馬嘉運每掎摭之，有詔更令詳定，未就而卒"。至高宗永徽二年（651）三月十四日[①]，"詔太尉趙國公長孫無忌及中書門下、及國子三館博士、宏文學士：故國子祭酒孔穎達所撰《五經正義》，事有遺謬，仰即刊正"。四年三月一日，"太尉無忌、左僕射張行成、侍中高季輔及國子監官，先受詔修改《五經正義》，至是功畢，進之，詔頒於天下，每年明經依此考試"[②]。《玉海》引《會要》作"四年

[①] 《玉海》卷四二《唐五經正義　五經義訓　義贊》引作三年三月十四日。《校證》："三年，《唐會要》卷七七、《册府元龜》卷六〇八及《新唐書》卷一九八《孔穎達傳》作二年，疑此字誤。"（武秀成、趙庶洋校證：《玉海藝文校證》卷八，鳳凰出版社2013年版，第377頁）。

[②] 以上宋王溥《唐會要》卷七七《論經義》，中華書局1998年版，第1405頁。《五經正義》頒行天下，明經依此考試，又見於《舊唐書》卷四《高宗本紀上》（第71頁）。

三月一日，進之，頒于天下，以爲定式"。王氏自注："《正義表》永徽四年二月二十四日上。"① 所謂《正義表》即長孫無忌等所進《上五經正義表》。

《五經正義》編定之後，一直以寫本形態流傳，直至北宋太宗朝始由國子監校定刊行。端拱元年（988）三月，"司業孔維等校《五經正義》百八十卷，五月四日鏤板頒行"。并引孔維表曰："貞觀中，祭酒孔穎達考前代之文，采衆家之説，隨經析理，去短從長，用功二十餘年，書成一百八十卷。"② 所謂"孔維表"即端拱元年三月孔維所進《上校定五經正義表》，見於宋刻單疏本和八行本《尚書正義》卷首，進表提及"臣等先奉敕校勘《五經正義》，今已見有成，堪雕印版行用者"，"儻令雕印以頒行，乞降絲綸之明命"，知其時《五經正義》已校定完成，故上表請求刊行。如上所述，國子監正式啓動鏤版刊行是在五月四日。不過，《玉海・藝文・端拱校五經正義》的記載較爲含糊，"端拱元年三月，司業孔維等奉敕校勘孔穎達《五經正義》百八十卷，詔國子監鏤板行之"，似乎三月既已啓動。

據《宋史》孔維本傳，維"受詔與學官校定五經疏義，刻板行用，功未及畢，被病。……維將終，召其婿鄭革口授遺表，以五經疏未畢爲恨"③。維卒於淳化二年，而淳化五年《五經正義》

---

① 《玉海》卷四二《唐五經正義　五經義訓　義贊》，《玉海藝文校證》卷八，第377頁。

② 《玉海》卷四二《唐五經正義　五經義訓　義贊》，《玉海藝文校證》卷八，第377頁。宋刻單疏本《尚書正義》卷首孔維進表"貞觀"上有唐字，説作善，餘作四五，書作撰。

③ 《宋史》卷四三一，第12812頁。

才基本校刊完成，故有此恨。嗣後，又不斷地進行覆校①，直至咸平三年（1000）告竣，先後歷時十二年。《五經正義》以及大致同時校定完成的（太宗至道二年（996）至真宗咸平四年）《七經疏義》都是在杭州刊刻的，主持這項工作的是王煥，至少後期工作都是由他主導的②。《五經正義》寫版，"淳化三年以前印板，召前資官或進士寫之"③。其中，最著名的就是趙安仁④。

---

① 就在《五經正義》校刊基本完成之年——太宗淳化五年（994），判國子監李至言："義疏、《釋文》尚有訛舛，宜更加刊定。杜鎬、孫奭、崔頤正，苦學強記，請命之覆校。"真宗咸平元年（998），蔡州學究劉可名上言諸經板本多誤，"上令（崔）頤正詳校可名奏《詩》《書》正義差誤事"。二年，"命祭酒邢昺代領其事，舒雅、李維、李慕清、王煥（元刻本、清刻本《玉海》皆誤作煥，據宋刻八行本《春秋左傳正義》卷末校勘經進銜名及《玉海·藝文·咸平校定七經疏義》當作煥）、劉士元（玄）預焉，《五經正義》始畢"（以上《玉海》卷四三《端拱校五經正義》，《玉海藝文校證》卷九，第411頁）。關於《五經正義》校定、刊行的詳盡過程，詳見拙著《經學文獻的衍生和通俗化》第一章"正經注疏的衍生和傳刻"第二節"北宋國子監校刻群經考"，北京大學出版社2014年版，第50—68頁。

② 咸平四年九月，《七經疏義》"以獻。賜宴國子監，進秩有差。十月九日，命杭州刻板"（《玉海》卷四一《咸平孝經論語正義》，《玉海藝文校證》卷七，第329頁。其事亦見於卷九《咸平校定七經疏義》，第413—414頁）。最終全部刊刻完成是在景德二年（1005）六月，"國子監上新刻公穀《傳》、周禮、儀禮《正義》印板。先是，後唐長興中雕九經板本，而《正義》傳寫踳駁，太宗命刊校雕印，而四經未畢。上遣直講王煥就杭州刊板，至是皆備"（《玉海》卷四二《咸平校定七經疏義》，《玉海藝文校證》卷八，第388頁）。

③ 《玉海》卷四三《端拱校五經正義》，《玉海藝文校證》卷九，第411頁。

④ 趙安仁字樂道，洛陽人。《宋史》卷二八七有傳，其中提及"會國子監刻《五經正義》板本，以安仁善楷隸，遂奏留書之"（《玉海》卷四三《端拱校五經正義》所記悉同）。王國維先生注意到趙安仁寫版，指出"宋初《五經正義》，趙安仁所書最多。《詩疏》安仁與張致用、陳元吉、韋宿等四人書，《左傳疏》安仁一人書。想所書尚有他種，然銜名不存，無從考證矣。"（《五代兩宋監本考》卷中，《宋元版書目題跋輯刊》影印本，北京圖書館出版社2003年版，第548頁）覈驗南宋翻刻北宋

那麼，北宋國子監校刊《五經正義》的次序是怎樣的呢？《玉海・藝文・端拱校五經正義》有明確記載，其文有曰：

> 端拱元年三月，司業孔維等奉敕校勘孔穎達《五經正義》百八十卷，詔國子監鏤板行之。《易》則維等四人校勘，李說等六人詳勘，又再校，十月板成以獻。《書》亦如之，二年十月以獻。《春秋》則維等二人校，王炳等三人詳校，邵世隆再校，淳化元年十月板成。《詩》則李覺等五人再校，畢道昇等五人詳勘，孔維等五人校勘，淳化三年壬辰四月以獻。《禮記》則胡迪等五人校勘，紀自成等七人再校，李至等詳定，淳化五年五月以獻。①

也就是說，《五經正義》校刊的先後次序是《易》《書》《春秋》《詩》《禮記》。王國維先生《五代兩宋監本考》亦引用《玉海》這條記載②，未加辨證，當亦認同其說。當下研究者也都認同《玉海》之說。

除《玉海》外，未見其他有關《五經正義》校刊次序的文獻記載。所幸天佑斯文，由傳世的宋刻單疏本（南宋翻刻北宋監本）或南宋前期兩浙東路茶鹽司刻八行本保存下來的《五經正義》

（接上頁）國子監單疏本，卷末校勘經進銜名首題寫版人銜名，如《周易正義》首題"鄉貢進士臣張壽書"，《毛詩正義》首四行分別題"廣文館進士臣韋宿書""鄉貢進士臣陳兀（當作元）吉書"（以上二人低十字書）"承奉郎守大理評事臣張致用書""承奉郎守光祿寺丞臣趙安仁書"（以上二人低八字書），《禮記正義》首題"秘閣寫（空一字）御書臣王文懿、臣孟佑書"，《春秋左傳正義》首題"承奉郎守光祿寺丞臣趙安仁書"（八行本）。

① 《玉海》卷四三《端拱校五經正義》，《玉海藝文校證》卷九，第411頁。
② 《五代兩宋監本考》卷中，第534頁。

各經校勘經進銜名，尚可窺見北宋國子監校刊《五經正義》的次序以及校勘人員的構成情況。國圖藏南宋刻遞修單疏本《周易正義》（以下簡稱《易》單疏本）卷末校勘經進銜名，時間題"端拱元年戊子十月日"。日本宮内廳書陵部藏南宋刻單疏本《尚書正義》卷首孔維進表後開列校勘銜名，時間題"端拱元年三月日勘官承奉郎守大理評事臣秦奭等上表"。日本武田科學振興財團杏雨書屋藏南宋紹興九年紹興府刻單疏本《毛詩正義》卷末淳化校勘經進銜名，時間題"淳化三年壬辰四月日"。日本身延山久遠寺藏南宋刻單疏本《禮記正義》卷末校勘經進銜名，時間題"淳化五年五月日"。國圖藏南宋慶元六年紹興府刻宋元遞修八行本《春秋左傳正義》卷末迻録單疏本校勘經進銜名，時間題"淳化元年庚寅十月日"。不難看出，《春秋》《詩》《禮》三經《正義》的刊刻時間和次序均與《玉海》所記吻合，這是沒有問題的。《易》完成於端拱元年十月，單疏本校勘經進銜名和《玉海》可以相互印證，也沒問題。關鍵是《書》的完成時間，因爲傳世宋刻單疏本和八行本卷末均無校勘經進銜名（之所以這樣處理，是因爲孔維進表後已有校勘銜名，故不再重複出現），換言之，只有校刊開始的時間而無完成的時間，所以無從印證《玉海》的相關記載。而通過校勘長孫進表，我們發現《書》的校刊時間以及《易》《書》二經的先後次序存在著疑義。

二、《上五經正義表》校勘

在永徽四年三月一日《五經正義》頒行天下之前，二月二十四日長孫無忌等表上《五經正義》，進表就是本篇著重討論的《上五經正義表》。進表未收入《文苑英華》等總集，只是附在部分宋代國子監刻單疏本（據傳世本知有《易》《書》《春秋》三經《正義》）及個別官刻注疏合刻本（傳世本僅有八行本《尚書正義》）卷首，或次於孔維進表之後（《書》單疏本和八行本），或不與孔維進表并行而單獨冠於卷首（《易》《春秋》單疏本），至明清已近乎遺逸，幾成佚文。幸有明末清初藏書家錢求赤鈔本《周易注疏》（以下簡稱錢本）[①]，乾嘉時入藏周錫瓚香嚴書屋，其書卷首迻録長孫進表。當時所有載録進表的《易》《書》《春秋》單疏本或八行本均未爲清人所獲見，是故只有錢本一綫之傳。陳鱣據之迻録卷首和卷一，以補配己藏宋刻宋元遞修八行本《周易注疏》之缺。此本今藏國圖（以下簡稱《易》八行本），卷首即有《上五經正義表》。此外，還有另外一個渠道，盧文弨曾以錢本校勘《周易注疏》，其《群書拾補》卷首迻録長孫進表全文，文後識語云：

> 此表《文苑英華》不載，見明錢孫保求赤影鈔宋本《周易注疏》首。今所傳梓本皆無之，故備載於此。元本半葉九行，每行十七字。其"勑"字，唐人皆作"勅"，今并提行，皆仍之，以不失其舊。唯宋人避諱缺筆之處，今皆改寫正字。

[①] 清人多稱其書爲"影宋鈔本"，我們研究發現，其實并非影宋鈔本，而是總合各本、重新建構的校定本，整體架構悉依八行本，卷首進表録自單疏本（迻録自八行本的可能性也不是完全不存在，因爲傳世八行本卷首皆闕如，故無從驗證），卷末《略例》録自經注本，具體行款則多從明萬曆北監本，文本以宋刻宋元遞修八行本和北監本爲主體，兼及單疏本和經注本，匯校、雜糅各本異文，擇善而從。參見拙作《錢求赤鈔本〈周易注疏〉考實》（《文獻》2018年第1期）。

東里盧文弨紹弓識。①

《易》八行本卷首抄配和《拾補》所錄實際上同出一源，都是從錢本來的，而錢本進表當出自單疏本《周易正義》。繼陳鱣和盧文弨之後，進表亦見載於嘉慶時纂修的《全唐文》卷一三六②。孫星衍輯《續古文苑》卷六和王鳴盛撰《蛾術編》卷一說錄一亦皆迻錄進表全文，并於文末引述《群書拾補》云云，知其源出《拾補》。徐松撰《登科記考》卷二亦全錄進表，末題出處爲"北宋《周易》單疏本"③。

我們嘗試運用文獻學的方法，通過校勘長孫進表，分析歸納異文，進而推斷《易》《書》二經《正義》校刊的先後次序④。長孫《上五經正義表》以日本宮內廳書陵部藏宋刻單疏本《尚書正義》（以下簡稱《書》單疏本）爲底本，校以國圖藏宋刻宋印八行本《尚書正義》（楊守敬舊藏，以下簡稱國圖《書》八行本）、日本足利學校遺迹圖書館藏宋刻宋元遞修八行本《尚書正義》（足利學舊藏，以下簡稱足利《書》八行本）、國圖藏《易》單疏本

---

① 《續修四庫全書》影印乾隆中《抱經堂叢書》本，第1149冊，第219頁。
② 《續修四庫全書》影印嘉慶中內府刊本，第1636冊，第250—251頁。
③ 傅增湘舊藏南宋刻遞修單疏本《周易正義》在清代一綫之傳，未有其他單疏本見於著錄。蓋以南宋刻本卷末保留北宋勘經進銜名，故而誤著錄爲北宋刻本。
④ 在本篇即將完成之時，我們偶然發現蘇瑩輝先生早在五十年前曾撰寫《上五經正義表之板本及其相關問題》（原載《"國立中央"圖書館館刊》特刊《慶祝蔣慰堂先生七十榮慶論文集》，1968年。後收入《敦煌論集續編》，臺灣學生書局1983年）。蘇文注意到《上五經正義表》的不同版本（《易》《書》《春秋》），并校出重要異文，通過分析進表人結銜，主要研究唐代《五經正義》的修纂與刊定。本篇切入點和著重點與之不同，旨在通過文本校勘來揭示北宋國子監校刊《五經正義》的先後次序，故不揣譾陋，不因前賢佳作而廢棄拙作，就教於海內方家。

《周易正義》(傅增湘舊藏)、國圖藏《易》八行本《周易注疏》(陳鱣舊藏)、日本文化中近藤守重影鈔常陸國久慈郡萬秀山正宗寺影宋鈔單疏本《春秋正義》(《四部叢刊續編》影印本，以下簡稱《春秋》單疏本)、國圖藏南宋淳祐十二年魏克愚刻本《周易要義》(以下簡稱《要義》)、盧文弨《群書拾補》(以下簡稱《拾補》)。此外，法國國家圖書館藏敦煌文獻"永徽四年二月廿四日《五經正義》經進銜名殘頁"(伯3311)[1]，與進表所列銜名多有重合，故亦作爲參校本(以下簡稱敦煌本)。《書》單疏本和國圖《書》八行本、足利《書》八行本長孫進表之前有孔維端拱元年三月日進表，《易》單疏本、《春秋》單疏本則無孔維進表，這

---

[1] 劉復《敦煌掇瑣》九五著録，擬題"永徽四年二月廿四日弘文館用紙數"，岑仲勉先生已辨其非是，稱之爲"銜名殘頁"，并以爲當繫屬於《尚書正義》(《唐史餘瀋》卷一《敦煌掇瑣》之銜名殘頁"，上海古籍出版社1960年版，第32—35頁)。蘇瑩輝先生認同其説，但認爲"蓋殘頁縱非《五經正義》之總刊銜名如上文所述者，然亦不致爲《尚書》之刊定銜名頁"；"則永徽四年二月二十四，乃《五經正義》書成進上之期，并非各經《正義》之刊定，先後不同其時也"(《從敦煌本銜名頁論五經正義之刊定》，原載《孔孟學報》第十六期，1968年9月；後收入《敦煌論集續編》，第37—56頁)。經進銜名之後，提行題"用紙卅張"，次行題"凡一萬四千二百言"，以下四行分別提行署"國子監俊士潘元珍初校"(劉復按曰："此上精鈔，此下另一手筆所寫，字較草率。")"國子監四門學生張德淹再校""太學博士薛伯□覆勘""禮部員外郎孫"(劉復按曰："此行未完全。")。姜亮夫先生題作"刊定《尚書正義》銜名卷"(《敦煌學論文集·敦煌本尚書校録》，上海古籍出版社1987年版，第162頁；後收入《姜亮夫全集》(十三)，雲南人民出版社2002年版，第140—141頁)。《敦煌寶藏》同編號重出(臺灣新文豐出版公司1986年版，第127册第408頁和第140册第272頁)，題名均作"《春秋正義》銜名"。《法國國家圖書館藏敦煌西域文獻》(上海古籍出版社1994年版，第23册，第162頁)題名作"《春秋正義》永徽四年二月廿四日抄寫題記"。我們認爲，從長孫進表來看，《五經正義》書成進呈，是作爲整體，一次性完成的，經進銜名當附著於某一經(從宋代目録著録和宋刻本實物來看必爲《尚書》)，故擬名"永徽四年二月廿四日《五經正義》經進銜名殘頁"。

可以確鑿地證明《書》是最早刊行的單疏本。說詳下文。《書》單疏本、國圖《書》八行本、足利《書》八行本、《春秋》單疏本篇題同，皆作《上五經正義表》；《易》單疏本、《易》八行本、《拾補》篇題作《五經正義表》，《要義》篇題作《上六經正義表》。由是知原本篇題當作《上五經正義表》。各本行款大體相同，篇題《（上）五經正義表》提行頂格，次行起正文平書。《書》單疏本和國圖《書》八行本、足利《書》八行本分別於"皇帝"和"宸旨"兩處提行；《春秋》單疏本除以上兩處提行外，"奉詔修撰"詔作勅，提行；《易》單疏本除以上三處提行外，"更令刊定"下"勅太尉楊州……"提行，《易》八行本當與之相同。

上五經正義表

臣無忌等言[①]：臣聞混元初闢，三極之道分焉；醇德既醨，六籍之文著矣。於是龜書浮於溫洛，爰演九疇；龍圖出於榮河，以彰八卦[②]。故能範圍天地，埏埴陰陽，道濟四溟，知周萬物，所以七教八政垂炯戒於百王[③]，五始六虛貽徽範於

[①] 敦煌本、國圖《書》八行本、足利《書》八行本、《要義》同，《易》單疏本、《春秋》單疏本、《易》八行本、《拾補》無作无。下同。《舊唐書》均作無，《新唐書》均作无。朱彝尊《曝書亭集》卷四九《唐太宗晉祠碑銘跋》所錄碑陰銜名作无（《四部叢刊初編》影印康熙中刻本）；王昶《金石萃編》卷四六《晉祠銘》轉引作無（《石刻史料新編》（一般類）影印嘉慶十年王氏經訓堂刊同治十年補刊本，臺灣新文豐出版公司，1982年，第2冊，第793頁）。

[②] 國圖《書》八行本、足利《書》八行本、《易》單疏本、《易》八行本、《拾補》同，《春秋》單疏本彰作章。

[③] 國圖《書》八行本同，《易》單疏本、《春秋》單疏本、《易》八行本炯作烱，足利《書》八行本、《拾補》炯作烱。烱作炯，係避宋太宗趙炅嫌名。烱，古同炯。《易》單疏本戒作誡，其他參校本皆與底本同。

千古。詠歌明得失之迹，雅頌表廢興之由①，寔刑政之紀綱②，乃人倫之隱括。昔雲官司契之后，火紀建極之君，雖步驟不同，質文有異，莫不開茲膠序，（崇）以典墳③，敦稽古以弘風，闡儒雅以立訓。啓含靈之耳目④，贊神（化）之丹青⑤，姬孔發揮於前，荀孟抑揚於後。馬鄭迭進，成均之望鬱興；蕭戴同升⑥，石渠之業愈峻。歷夷險，其教不墜⑦；經隆替，其道彌尊。斯乃邦家之基，王化之本者也。伏惟皇帝陛下得一繼明，通三撫運，乘天地之正，齊日月之暉，敷四術而緯俗經邦，蘊九德而辯方軌物⑧，禦紫宸而訪道⑨，坐玄扈以裁仁。化被丹澤，政洽幽陵。三秀六穗之祥，府無虛月；集囿巢閣之

① 國圖《書》八行本、足利《書》八行本同，《易》單疏本、《春秋》單疏本、《易》八行本、《拾補》廢興作興廢。
② 國圖《書》八行本、足利《書》八行本、《易》單疏本、《春秋》單疏本、《拾補》同，《易》八行本寔作實。寔通實。
③ 崇字殘缺，國圖《書》八行本、足利《書》八行本俱作崇，據補。《春秋》單疏本同，《易》單疏本、《易》八行本、《拾補》崇作樂。
④ 國圖《書》八行本、足利《書》八行本、《春秋》單疏本、《易》八行本、《拾補》同，《易》單疏本目誤自。
⑤ 化字殘缺，國圖《書》八行本、足利《書》八行本俱作化，據補。《易》單疏本、《春秋》單疏本、《易》八行本、《拾補》悉同。
⑥ 國圖《書》八行本、足利《書》八行本、《春秋》單疏本同，《易》單疏本、《易》八行本、《拾補》升作昇。
⑦ 國圖《書》八行本、足利《書》八行本同，《易》單疏本、《春秋》單疏本、《易》八行本、《拾補》墜作隊。
⑧ 國圖《書》八行本、足利《書》八行本同，《春秋》單疏本蘊作韞，《易》單疏本、《易》八行本、《拾補》辯作辨。
⑨ 國圖《書》八行本、足利《書》八行本同，《易》單疏本、《春秋》單疏本、《易》八行本、《拾補》禦作御。

瑞，史不絕書。照金鏡而泰階平，運玉衡而景宿麗①，可謂鴻名軼於軒昊，茂績貫於勳華②。而垂拱無爲，遊心經典，以爲聖教幽賾，妙理深玄，訓詁紛紜③，文疏蹖駁④，先儒競生別見，後進爭出異端，未辯三豕之疑⑤，莫祛五日之惑。故祭酒上護軍曲阜縣開國子臣孔穎達⑥，宏材碩學⑦，名振當時。貞觀年中，奉詔修撰⑧，雖加討覈，尚有未周，爰降絲綸，更令刊定。勅太尉揚州都督監修國史上柱國趙國公臣無忌⑨、司空上柱國英國公臣勣⑩、尚書左僕射兼太子少師監修國史上柱國燕

---

① 國圖《書》八行本、足利《書》八行本、《春秋》單疏本、《易》八行本、《拾補》同，《易》單疏本玉誤王。

② 國圖《書》八行本、足利《書》八行本同，《易》單疏本、《春秋》單疏本、《易》八行本、《拾補》貫作冠。

③ 國圖《書》八行本、足利《書》八行本同，《易》單疏本、《春秋》單疏本、《易》八行本、《拾補》紜誤綸。

④ 國圖《書》八行本、足利《書》八行本同，《易》單疏本、《春秋》單疏本、《易》八行本、《拾補》駁作駮。

⑤ 國圖《書》八行本、足利《書》八行本同，《易》單疏本、《春秋》單疏本、《易》八行本、《拾補》辯作辨。

⑥ 國圖《書》八行本、足利《書》八行本同，《易》單疏本、《春秋》單疏本、《易》八行本、《要義》《拾補》子下脱臣字。國圖《書》八行本、足利《書》八行本、《春秋》單疏本、《易》八行本、《要義》作穎同，《易》單疏本穎作頴，《拾補》穎作頴。《易》八行本"穎達"二字出以小字，下"志寧"等同。

⑦ 國圖《書》八行本、足利《書》八行本同，《易》單疏本、《春秋》單疏本、《易》八行本、《要義》《拾補》材作才。

⑧ 國圖《書》八行本、足利《書》八行本、《要義》同，《易》單疏本、《春秋》單疏本、《易》八行本、《拾補》詔作勅（勑）。

⑨ 國圖《書》八行本、足利《書》八行本、《拾補》同，敦煌本（劉復録文作揚，後人多從其說；詳審其字，當爲楊字）、《易》單疏本、《易》八行本、《要義》揚作楊。《春秋》單疏本太作大，以下凡太字均作大。

⑩ 敦煌本、國圖《書》八行本、足利《書》八行本、《易》單疏本、《春秋》單疏本、《易》八行本、《拾補》同，《要義》空誤馬。

國公臣志寧①、尚書右僕射兼太子少傅監修國史上護軍北平縣開國公臣行成②、光祿大夫吏部尚書侍中兼太子少保監修國史上護軍蓨縣開國公臣季輔③、光祿大夫吏部尚書監修國史上柱國河南郡開國公臣褚遂良、銀青光祿大夫守中書令監修國史上騎都尉臣柳奭④、前諫議大夫弘文館學士臣谷那律、國子博士弘文館學士臣劉伯莊⑤、朝議大夫守國子博士臣王德韶⑥、朝散大夫行太學博士臣賈公彥⑦、朝散大夫行太學博士弘文館直學士臣范義頵、朝散大夫行太常博士臣柳宣⑧、通直郎守太學

---

① 敦煌本、國圖《書》八行本、足利《書》八行本、《易》單疏本、《春秋》單疏本、《要義》同，《易》八行本、《拾補》左作右，據《舊唐書》卷七八本傳知其非是。

② 敦煌本、國圖《書》八行本、足利《書》八行本、《春秋》單疏本同，《易》單疏本、《易》八行本、《拾補》作右同，北平作曲阜；《要義》右作左，作北平同。據《舊唐書》卷四《高宗本紀》知作右、作北平是。

③ 國圖《書》八行本、足利《書》八行本同，敦煌本、《易》單疏本、《春秋》單疏本、《易》八行本、《要義》《拾補》"大夫"下無"吏部尚書"四字；《易》八行本蓨作脩；《春秋》單疏本修作脩。《新唐書·藝文志》高季輔結銜爲"吏部尚書侍中"，可知有此四字者爲是。

④ 敦煌本、國圖《書》八行本、足利《書》八行本、《易》單疏本、《易》八行本、《要義》《拾補》同，《春秋》單疏本修作脩。

⑤ 國圖《書》八行本、足利《書》八行本、《易》單疏本、《春秋》單疏本、《易》八行本、《拾補》同，《要義》脱劉字。敦煌本臣上有"上輕車都尉"五字。

⑥ 國圖《書》八行本、足利《書》八行本同，《易》單疏本、《春秋》單疏本、《易》八行本、《要義》《拾補》"大夫"下脱守字。

⑦ 敦煌本、國圖《書》八行本、足利《書》八行本、《要義》同，《易》單疏本、《春秋》單疏本、《易》八行本、《拾補》太學作大學。下同。

⑧ 國圖《書》八行本、足利《書》八行本、《易》單疏本、《春秋》單疏本、《易》八行本、《要義》《拾補》同，敦煌本臣上有"上騎都尉"四字。《舊唐書·經籍志》名作柳宣，與敦煌本、進表同；《新唐書·藝文志》和孔穎達《禮記正義序》名作柳士宣。

博士臣齊威①、宣德郎守國子助教臣史士弘、宣德郎行太常博士臣孔志約②、右內率府長史弘文館直學士臣薛伯珍③、兼太學助教臣鄭祖玄④、徵事郎守太學助教臣隨德素、徵事郎守四門博士臣趙君贊、承務郎守太學助教臣周玄達、承務郎守四門助教臣李玄植、儒林郎守四門助教臣王眞儒等，上稟

宸旨，旁摭羣書⑤，釋左氏之膏肓，翦古文之煩亂；探曲臺之奧趣，索《連山》之玄言。囊括百家，森羅萬有，比之天象，與七政而長（懸）⑥；方之地軸，將五嶽而永久。筆削已了，繕寫如前。臣等學謝伏（恭）⑦，業慙張禹，雖罄庸淺，懼乖正典⑧，謹以上聞，伏增戰越，謹言。

---

① 國圖《書》八行本、足利《書》八行本、《春秋》單疏本、《要義》同，《易》單疏本、《易》八行本、《拾補》"通直郎"下脱守字。

② 敦煌本、國圖《書》八行本、足利《書》八行本同，《春秋》單疏本、《要義》行作守，《易》單疏本、《易》八行本、《拾補》"行太常"作"守大學"。趙超先生亦注意到《敦煌掇瑣》九五著錄永徽四年二月刊定《五經正義》殘頁，考證孔志約職官（《新唐書宰相世系表集校》卷五，中華書局，1998年，第911頁）。

③ 國圖《書》八行本、足利《書》八行本、《易》單疏本、《春秋》單疏本、《易》八行本、《要義》《拾補》同，敦煌本缺"臣薛伯珍"四字。

④ 國圖《書》八行本、足利《書》八行本、《春秋》單疏本、《要義》同，《易》單疏本、《易》八行本、《拾補》"大學"上脱兼字。

⑤ 國圖《書》八行本、足利《書》八行本、《春秋》單疏本同，《易》單疏本、《易》八行本、《要義》《拾補》旁誤傍。

⑥ 懸字殘缺，國圖《書》八行本、足利《書》八行本俱作懸，據補。《易》單疏本、《易》八行本、《要義》《拾補》同，《春秋》單疏本懸作縣。

⑦ 恭字殘缺，國圖《書》八行本、足利《書》八行本俱作恭，據補。《易》單疏本、《春秋》單疏本、《易》八行本、《拾補》悉同。

⑧ 國圖《書》八行本、足利《書》八行本同，《易》單疏本、《春秋》單疏本、《易》八行本、《拾補》正典作典正。

永徽四年二月二十四日，太尉揚州都督上柱國趙國公臣無忌等上表①

分析異文，明顯地可以看出分爲兩個系統，一個是《書》系統，單疏本和八行本幾乎全同（在出校的 39 例異文當中，有 38 例相同，僅"所以七教八政垂炯戒於百王"一例不同，《書》單疏本和國圖《書》八行本避太宗諱缺筆；而足利《書》八行本炯作烱，說明《書》八行本宋代補版（刻工丁之才）已不避諱），可以確切地判定八行本照録單疏本進表，二者有明顯的遞承關係；而且從文本來看，這個系統表現出更早的特徵，總體上最爲正確，當爲原始文本；另一個是《易》和《春秋》系統，有效異文凡 32 例（所謂"有效異文"，指能夠反映兩個系統之間以及各系統內部異同的異文），其中二者不同的有 13 例，餘者 19 例則爲二者相同而不同於《書》系統；除了明確的異文，他如無與无、辯與辨、大與太、駁與駮、墜與隊等異體字或通假字的使用，二者也表現出較爲明確的一致性，由此可見二者更爲接近，可視爲同一系統。而通過分析二者不同的異文，又可以看出二者與祖本——《書》系統還是存在著遠近之別。除明顯誤字或通假字、異體字外（"以彰八卦"《春秋》單疏本彰作章，"啓含靈之耳目"《易》單疏本目誤自，"蘊九德而辯方軌物"《春秋》單疏本蘊作韞，"運玉衡而景宿麗"《易》單疏本玉誤王，"監修國史"（高）季輔和柳奭《春秋》單疏本修作脩，"與七政而長懸"《春秋》單疏本懸作

---

① 國圖《書》八行本、足利《書》八行本同，《易》單疏本、《春秋》單疏本、《易》八行本、《拾補》"等上"下無表字，《春秋》單疏本、《易》八行本太誤大，《易》單疏本、《易》八行本揚作楊。

縣），餘者皆爲《春秋》單疏本與《書》系統相同而不同於《易》單疏本（"崇以典墳"《易》單疏本崇作樂，"蕭戴同升"《易》單疏本升作昇，"尚書右僕射兼太子少傅監修國史上護軍北平縣開國公臣行成"《易》單疏本北平誤作曲阜，"通直郎守太學博士臣齊威"《易》單疏本脱守字，"兼太學助教臣鄭祖玄"《易》單疏本脱兼字，"旁摭羣書"《易》單疏本旁誤傍），這可以説明二者雖同出於《書》系統，但《易》單疏本較之《春秋》單疏本訛誤更多，改易更大。一個典型的例子就是"宣德郎行太常博士臣孔志約"，《春秋》單疏本行作守，《易》單疏本"行太常"作"守大學"，可見《易》已全誤，而《春秋》介乎祖本和《易》單疏本之間，更多地保留了原始文本的樣貌。至於《易》系統内部，單疏本和八行本高度吻合，除個别明顯誤字或通假字外（如"所以七教八政垂灼戒於百王"，八行本同，單疏本戒作誡。"寔刑政之紀綱"，單疏本同，八行本寔作實。"啓含靈之耳目"，單疏本目誤自，八行本不誤。"運玉衡而景宿麗"，單疏本玉誤王，八行本不誤。"尚書左僕射兼太子少師監修國史上柱國燕國公臣志寧"，八行本左誤右，單疏本不誤），餘者全同。南宋魏了翁《周易要義》係節録、删省經傳、注疏而成（間有《釋文》），在一定程度上當可反映《易》系統的原始面貌，與《易》單疏本、八行本同者、異者參半，其中異者多同於《書》系統，更爲精確，足見其淵源甚早。

　　從兩個系統的文本差異來看，《書》系統毫無疑義更爲優長，較之《易》《春秋》單疏本，明顯地表現出更早、更原始的傾向。如《易》《春秋》單疏本"雅頌表廢興之由"廢興作興廢，"茂績貫於勳華"貫作冠，"訓詁紛紜"紜作綸，"故祭酒上護軍曲阜縣開國子臣孔穎達"脫臣字，"宏材碩學"材作才，"奉詔修撰"詔作勑，"光祿大夫吏部尚書侍中兼太子少保監修國史上護軍蓨縣開國公臣季輔"脫"吏部尚書"四字，"朝議大夫守國子博士臣王德韶"脫守字，"懼乖正典"正典作典正，"太尉揚州都督上柱國趙國公臣無忌等上表"脫表字等等，尤其是"所以七教八政垂烔戒於百王"，《書》單疏本和八行本原刻版葉皆缺筆，而《易》《春秋》單疏本已作烱，知其晚出。但也有個別反例，如"禦紫宸而訪道"《易》《春秋》單疏本禦作御，《書》系統作禦顯誤，當以《易》《春秋》單疏本爲是。總之，《書》系統是祖本，最早付梓的，而《易》《春秋》單疏本是依照《書》重刻的，相對晚出。其中，《春秋》相對而言更加忠實於底本，而《易》表現出更多的差異性，多爲刊刻過程中滋生的、新的訛誤。當然，這些錯誤可能是根據《書》系統重刻時造成的，也可能是南宋翻刻北宋監本過程中造成的。如上所述，《要義》在一定程度上反映了《易》單疏本的原始面貌，所以我們就可以利用它做出判斷。如"奉詔修撰"，《易》單疏本詔作勑，《要義》與《書》系統同。"尚書右僕射兼太子少傅監修國史上護軍北平縣開國公臣行成"，《易》單疏本北平誤作曲阜，《要義》雖右誤左，但作"北平"與敦煌本、《書》系統、《春秋》單疏本同。"通直郎守太學博士臣齊威"，《易》單疏本"通直郎"下脫守字，而《要義》與《書》系統、《春秋》單疏本同。"宣德郎行太常博士臣孔志約"，《易》單疏本"行太常"作"守大學"，《要義》同於《春秋》單疏本行作守，太常不誤。"兼太學助教臣鄭祖玄"，《易》單疏本脫兼字，《要義》與《書》系統、《春秋》單疏本同。以上數例，皆可說明《易》系統早期刊本尚不誤，異文當產生於南宋翻刻過程中。至於前揭《易》《春秋》單疏本相同而不同於《書》系統的異文，我們有理由相信，至少這些異文應該不是產生於南宋翻刻過程中。

三、結語

同樣是單疏本，《書》卷首長孫進表（《上五經正義表》）之前有孔維進表（《上校定五經正義表》），而《易》《春秋》卷首只有長孫進表而無孔維進表。長孫進表是長孫無忌等刊定孔穎達等纂修的《五經正義》告竣進呈之時所上，孔維進表是孔維等重新校定《五經正義》告竣進呈并請求刊行之時所上，所以這兩個進表的有無就足以説明《書》是最早刊行的單疏本。北宋官修正史《新唐書·藝文志》著録《五經正義》，只有《尚書正義》自注修纂、覆審、刊定者最爲周詳，多與長孫進表相合，其餘四經《正義》僅據孔序録出修纂、覆審者而已；南宋官修《中興館閣書目》著録《尚書正義》，解題稱"永徽四年，長孫無忌等承詔刊定"[①]，不同於其他各經《正義》，亦可見《書》單疏本在《五經正義》中的起首地位。

通過校勘長孫進表，可以證實《書》和《易》《春秋》的文本分別屬於兩個不同的系統，其中《書》的文本從單疏本到八行本絕對地穩定，全無改易，且其異文明顯優長，知其形成最早，最爲原始；而《易》《春秋》晚出，滋生不少新的訛誤，當然也有個別訂正《書》系統錯訛之處。其中，《易》表現出更大的差異性，

[①] 《玉海》卷三七《唐尚書正義》引，《玉海藝文校證》卷三，第148頁。

異文更多,《春秋》則介於《書》和《易》之間。根據異文來判斷,《書》和《易》校刊的先後次序是十分明確、毫無疑義的。而《易》單疏本卷末校勘經進銜名所題時間端拱元年十月,與《玉海》所記吻合,也就是説這個時間點是絕對可靠,可以作爲坐標的;那麼,《書》的校刊時間就可以據此推知。據《玉海》,《書》校勘、詳勘、再校之人"亦如之",知其與《易》同時進行,但"二年十月以獻",與《易》的完成時間相差一年,於理不通。《書》單疏本卷首孔維進表時間是端拱元年三月,既然它是最先完成并進呈的,那麼我們就可以推斷,《書》的完成時間當在端拱元年三月至十月之間,必定先於《易》。

(原載《儒家典籍與思想研究》第十一輯,今據以收入)

正經注疏合刻早期進程蠡測
——以題名更易和内容構成爲中心

"十三經"原典在先秦、秦漢時期俱已成書,并形成了比較穩定的文本;漢、魏、晋古注,是對原典的注釋;唐、宋疏義(《正義》),是對原典及其特定古注的再注釋。六朝以後行世者,只有經注本而無單經本①。五代時期自後唐長興三年(932)至後周廣順三年(953),田敏等主持刊行監本九經三傳(經注本),前後歷經四朝二十餘年,這是儒家經典的首次刊刻。北宋開國之初,繼續沿用五代經注本版片,直至真宗朝才重新翻刻,景德二年(1005)啓動,天禧五年(1021)以後甫告竣。此前十幾年間(端拱元年(988)至景德二年)國子監先行校定、刊行群經單疏本(唐孔穎達主持纂修的《五經正義》,即《周易正義》《尚書正義》《毛詩正義》《禮記正義》《春秋(左傳)正義》;北宋時重新校定的"七經疏義",即唐賈公彦《周

---

① 王國維:《五代兩宋監本考》卷上,《宋元版書目題跋輯刊》影印本,北京圖書館出版社 2003 年版,第 525 頁。

禮疏》《儀禮疏》、徐彥《春秋公羊疏》、楊士勛《春秋穀梁疏》，及宋邢昺等纂修的《論語疏》《孝經疏》《爾雅疏》），於是九經三傳全部都有了經注本和單疏本。宋元刊行的注疏合刻本，以及明清彙刻的"十三經注疏"就是這些經、注、疏（多附載陸德明《經典釋文》各經音義）的結集，我們姑且稱之爲正經注疏。

在經注本和單疏本先後刊行之後的相當長時期內，二者一直各自別行，經注本兼有經、注文，而單疏本不具經注，讀者須將兩本對照閱讀，翻檢頗爲不便，於是才產生了經注和疏萃於一書、便於閱讀的構想。至於注疏合刻的時間，惠棟、盧文弨、段玉裁認爲始於北宋，南宋附入《釋文》；陳鱣、阮元以爲在兩宋之際；錢大昕、顧廣圻、葉德輝以爲始於南宋初期，其後才附入《釋文》。根據傳世的注疏合刻本實物，以及黃唐刊行八行本《禮記正義》跋文，一般認爲注疏合刻始於南宋初期，肇端於兩浙東路茶鹽司所刻八行本，所謂"越中舊本注疏"。南宋中期，建陽地區出現了"建本有音釋注疏"，即在經、注、疏之外分別加入《釋文》各經音義，此乃宋刻十行本，後世流傳不廣。今傳世十行本多爲元大德至泰定間據之翻刻，乃至明前期、正德、嘉靖中修補本，所謂元刻十行本。其中《儀禮》《爾雅》《周易》《孝經》《論語》《孟子》六經或文本類型、或版式行款、或附入《釋文》與否與其他元刻十行本有所不同①。

　　對於注疏合刻的循常認知大致如是，即從經注本、單疏本到八行本、十行本。事實上，注疏合刻的進程恐非如此簡單化、一刀切，亦非直綫形成的，遠比見存版本實物所呈現出來的演進軌迹要豐富、複雜得多。雖然相關文獻資料較少，且較爲瑣細、零碎，但還是有迹可循的，本篇探賾索隱，追本溯源，擬從注疏合刻本題名更易和内容構成（本篇所謂"内容構成"，蓋有二義，一者由於卷次分合而造成的經書内容的結構性變化，二者由於疏文所出位置及其内容分合不同而造成的經、注、疏構成體式的變化）入手來探究注疏合刻的早期進程。

一、從經注本、單疏本到注疏合刻本的過渡

　　爲了探尋注疏合刻的一般規律，我們擬從目錄學入手展開研究。唐高宗永徽四年（653）頒行《五經正義》，單疏本始行於世，與六朝以降通行的經注本各自別行，五代刊行經注本，

---

　　① 以上關於正經注疏的界定及其在近古時代的衍生進程的論述，詳參拙作《經學文獻的衍生和通俗化——以近古時代的傳刻爲中心》(《北京大學學報》2013年第三期，第112—115頁。同名專著《緒論》，第1—14頁)。八行本《禮記正義》卷末黃唐跋文有曰："本司舊刊《易》《書》《周禮》，正經、注、疏萃見一書，便於披繹。"(《中華再造善本》影印國圖藏南宋紹熙三年兩浙東路茶鹽司刻宋元遞修本）所謂"正經、注、疏"當指諸經白文及其注和疏，本篇題目"正經注疏合刻"所取資正是黃唐之遺意。

北宋刊行單疏本，從寫本時代進入刻本時代，至南宋先後有注疏合刻八行本、十行本出，經歷了相當漫長的過渡期。經注本和單疏本題名、卷數多所不同，實際上反映了二者卷次分合和內容構成之不同；雖然八行本和十行本同爲注疏合刻本，皆由經注本（或經注附《釋文》本）和單疏本獨立重構而成（《論語》《孟子》十行本出自八行本例外），但二者題名、卷數亦多所不同，以致於卷次分合和內容構成容有不同，所以由題名和卷數或可見其取材內容之主次，構成方式之不同。茲將《經典釋文·序錄·注解傳述人》（以下簡稱《釋文》）[①]和《隋書·經籍志》（以下簡稱《隋志》）[②]所著錄之諸經經注本（只列正經正注，出以楷體）和唐宋重要公私目錄[③]、史志目錄所著錄之諸經單疏本或注疏合刻本（出以宋體。如未嘗著錄單疏本或注疏合刻本，則揭示其所著錄之經注本），以及傳世宋、元刊經注本、單疏本（含後世覆刻本或影抄本）、八行本和十行本題名、卷數列表於下：

[①]　[唐]陸德明著，吴承仕疏證：《經典釋文序錄疏證》，中華書局1984年版。
[②]　《隋志》，《隋書》卷三二《經籍志一》。
[③]　《日本國見在書目錄》編成於九世紀，故可與《舊唐書·經籍志》（《舊唐書》卷四六《經籍志上》，以下簡稱《舊唐志》）、《新唐書·藝文志》（《新唐書》卷五七《藝文志》一，以下簡稱《新唐志》）相互印證，反映唐代《五經正義》及賈公彥《周禮疏》《儀禮疏》、楊士勛《春秋穀梁疏》的題名和卷數狀況。

表 5 經注、單疏題名、卷數表

書目著錄/版本類型	《易》	《書》	《詩》	《周禮》	《儀禮》	《禮記》	《春秋左傳》	《春秋公羊傳》	《春秋穀梁傳》	《孝經》	《論語》	《爾雅》	《孟子》
《釋文》	(《周易》)王弼注七卷,注《易》上、下經六卷,作《易略例》一卷;韓伯注《繫辭》)	孔安國《古文尚書傳》十三卷	《毛詩詁訓傳》二十卷,鄭氏箋。	鄭玄注(《周官》)十二卷	鄭玄注《儀禮》十七卷	鄭玄注(《禮記》)二十卷	杜預《春秋》經集解》三十卷	何休注《公羊》十二卷	范甯《春秋穀梁傳集解》十二卷		何晏《論語集解》十卷	郭璞《爾雅》注,《音》一卷,《圖》一卷。	
《隋志》	《周易》十卷,魏尚書郎王弼注六十四卦六卷,韓康伯注《繫辭》以下三卷,王弼又撰《易略例》一卷。	《古文尚書》十三卷,漢臨太守孔安國傳。	《毛詩》二十卷,漢河間太傅毛萇傳,鄭氏箋。	《周官禮》十二卷,鄭玄注。	《儀禮》十七卷,鄭玄注。	《禮記》二十卷,漢九江太守戴聖撰,鄭玄注。	《春秋左氏經傳集解》三十卷,杜預撰。	《春秋公羊解詁》十一卷,漢諫議大夫何休注。	《春秋穀梁傳》十二卷,范甯集解。		《集解論語》十卷,何晏集。	《爾雅》五卷,郭璞注。	《孟子》十四卷,齊卿孟軻撰,趙岐注。
《日本國見在書目錄》[1]	《周易正義》十四卷	《尚書正義》廿卷	《毛詩正義》四十卷	《周禮疏》五十卷	《儀禮疏》五十卷	《禮記正義》七十卷	《春秋正義》卅卷	《春秋公羊疏》十二卷	《春秋穀梁傳疏》十三卷	《孝經》一卷,唐玄宗皇帝注。	《論語》十卷,何晏集解。	《爾雅》三卷,郭璞注。	《孟子》十四卷,齊卿孟軻撰,趙岐注。
《舊唐志》	《周易正義》十四卷	《尚書正義》二十卷	《毛詩正義》四十卷	《周禮疏》五十卷	《儀禮疏》五十卷	《禮記正義》七十卷	《春秋正義》三十七卷	《春秋公羊經傳》十三卷,何休注。	《春秋穀梁傳疏》十三卷	《孝經》一卷,玄宗注[2]。	《論語》十卷,何晏集解。	《爾雅》三卷,郭璞注。	《孟子》十四卷,孟軻撰,趙岐注。

續表

書目著錄/版本類型	《易》	《書》	《詩》	《周禮》	《儀禮》	《禮記》	《春秋左傳》	《春秋公羊傳》	《春秋穀梁傳》	《孝經》	《論語》	《爾雅》	《孟子》
《新唐志》	《周易正義》十六卷	《尚書正義》二十卷	《毛詩正義》四十卷	《周禮疏》五十卷	《儀禮疏》五十卷	《禮記正義》七十卷	《春秋正義》三十六卷	何休《公羊解詁》十三卷	《穀梁疏》十二卷	《今上孝經制旨》一卷，玄宗。	何晏《論語》《集解》十卷	郭璞《爾雅》注一卷。	趙岐注《孟子》十四卷，孟軻。
《崇文總目》[3]	《周易正義》十四卷	《尚書正義》二十卷	《毛詩正義》四十卷	《周禮疏》五十卷	《儀禮疏》五十卷	《禮記正義》七十卷	《春秋正義》三十六卷	《春秋公羊疏》三十卷	《春秋穀梁疏》三十卷	《孝經正義》三卷	《論語正義》十卷	《爾雅正義》十卷	趙岐注《孟子》十四卷，
《中興館閣書目》[4]	孔穎達《周易正義》十四卷			《周禮疏》五十卷				《春秋公羊疏》三十卷	《春秋穀梁疏》三十卷	《孝經正義》三卷	《論語正義》十卷	《爾雅疏》十卷	趙岐注《孟子》十四卷，
《郡齋讀書志》[5]	《周易正義》十四卷	《尚書正義》二十卷	《毛詩正義》四十卷	《周禮疏》十二卷[6]	《儀禮疏》五十卷	《禮記疏》七十卷	《春秋正義》三十六卷	《春秋公羊傳疏》三十卷[7]	《春秋穀梁疏》十二卷[8]	《孝經正義》三卷	《論語正義》十卷	《爾雅疏》十卷	《孟子》十四卷
《遂初堂書目》[9]	《周易正義》	《尚書正義》	《毛詩正義》	《周禮疏》	《儀禮疏》	《禮記正義》	《左氏正義》	《公羊疏》	《穀梁正義》	《孝經疏》	《論語正義》	《爾雅疏》	《孟子》
《直齋書錄解題》[10]	《周易正義》十三卷	《尚書正義》二十卷	《毛詩正義》四十卷	《周禮疏》五十卷	《古禮疏》五十卷	《禮記正義》七十卷	《春秋左氏傳》三十六卷	《春秋公羊傳疏》三十卷	《春秋穀梁傳疏》十二卷	《孝經疏解經》十卷	《論語疏解經》十卷	《爾雅疏》十卷	《孟子》句十四卷，《孟子正義》十四卷
《宋史·藝文志》[12]	孔穎達《(周易)正義》十四卷	孔穎達《(尚書)正義》二十卷	孔穎達《(毛詩)正義》四十卷	《周禮疏》五十卷	《儀禮疏》五十卷	《禮記疏》七十卷	孔穎達《春秋左氏傳正義》三十六卷	《公羊疏》三十卷	《春秋穀梁疏》十二卷	邢昺《孝經正義》三卷	邢昺《(論語)正義》十卷	邢昺《爾雅正義》十卷[11]	《孟子》十四卷

續表

書目著錄/版本類型	《易》	《書》	《詩》	《周禮》	《儀禮》	《禮記》	《春秋左傳》	《春秋公羊傳》	《春秋穀梁傳》	《孝經》	《論語》	《爾雅》	《孟子》
《(嘉定)建康志》[13]	監本正文、建本正文、監本《注》、建本《注》、監本《注疏》《正義》	監本正文、建本正文、監本《正義》、建本《正義》、監本《注疏》、監本《注》	監本正文、建本正文、監本《正義》、建本《正義》、監本《注疏》、監本《注》	監本《注》、建本《注》、蜀本《注》	監本《儀禮》、建本《儀禮》、《儀禮》正義、《儀禮疏》	建本正文、蜀本正文、監本《注》、監本《正義》	監本正經、監本《注》、上下經、《春秋正義》、監本《左傳》、建本《左傳》《注》《左傳正義》疏	監本《公羊傳》正文、監本《公羊傳》《注》、監本《公羊傳正義》	監本《穀梁傳》正文、監本《穀梁傳》《注》、《穀梁傳正義》	監本正文、古文、監本《注》、唐義、明皇解	監本正文、川文、監本《正義》、監本《注》、監本《疏》		監本《注》、建本《注》、川本《注》
經注本	《周易》九卷、《略例》一卷	《(古文)尚書》十三卷	《毛詩》二十卷	《周禮》十二卷	《儀禮》十七卷	《禮記》二十卷	《春秋經傳集解》三十卷	《春秋公羊經傳解詁》十二卷	《春秋穀梁傳》十二卷	《孝經》一卷	《論語集解》十卷	《爾雅》三卷	《孟子》十四卷
單疏本	《周易正義》十四卷	《尚書正義》二十卷	《毛詩正義》四十卷	《周禮疏》五十卷	《儀禮疏》五十卷	《禮記正義》七十卷	《春秋正義》三十六卷	《春秋公羊疏》三十卷	《春秋穀梁疏》十二卷			《爾雅疏》十卷	
八行本	《周易注疏》十三卷	《尚書正義》二十卷		《周禮疏》五十卷	《儀禮疏》五十卷	《禮記》正義七十卷	《春秋左傳正義》三十六卷	《春秋公羊經傳解詁》十二卷	《春秋穀梁疏》十二卷		《論語注疏解經》二十卷		《孟子注疏解經》十四卷
十行本	《周易兼義》九卷、《略例》一卷、《音義》一卷	《附釋音尚書注疏》二十卷	《附釋音毛詩注疏》二十卷	《附釋音周禮注疏》四十二卷	《儀禮》十七卷、《儀禮圖》十七卷、《旁通圖》一卷	《附釋音禮記注疏》六十三卷	《附釋音春秋左傳注疏》六十卷	《監本附音春秋公羊注疏》二十八卷	《監本附音春秋穀梁疏》二十卷	《孝經注疏》九卷	《論語注疏解經》二十卷	《爾雅注疏》十一卷	《孟子注疏解經》十四卷

注：
1. [日] 藤原佐世著，孫猛詳考：《日本國見在書目錄詳考》，上海古籍出版社 2015 年版。
2. 《孝經》正注爲唐玄宗御注，始見於《舊唐志》著錄（第六册，第 1980 頁）；《新唐志》失收，僅有玄宗《今上孝經制旨》一卷見於著錄（第五册，第 1442 頁）。衙注之前通行者爲《古文孝經孔傳》和《今文孝經鄭注》。
3. [宋] 王堯臣等著，[清] 錢東垣等輯釋：《崇文總目輯釋》，《宋元明清書目題跋叢刊》影印嘉慶四年嘉定秦氏刊《汗筠齋叢書》本，中華書局 2006 年版，第一册。
4. [宋] 陳騤等著，趙士煒輯考：《中興館閣書目輯考》，《宋元明清書目題跋叢刊》影印 1933 年北平圖書館《古逸書錄叢輯》本，第一册。
5. [宋] 晁公武著，孫猛校證：《郡齋讀書志校證》，上海古籍出版社 1990 年版。
6. 袁本《昭德先生郡齋讀書志》卷上著錄《周禮疏》四十卷，解題曰：“（賈公彦）著《周禮疏》四十卷，今并爲十二卷。”（四部叢刊三編》影印淳祐袁州刊本）
7. 袁本《昭德先生郡齋讀書志》卷一下著錄書無“傳”字，卷數同。
8. 袁本《後志》卷二著錄《春秋穀梁傳註疏》十二卷，屬於“三十三種已見《附志》，今不重刊，開書目如后（當作後）”之一。《附志》（“疏”上有“傳”字），袁本卻不見於袁錄，“昭德先生讀書志”中有請經註疏，故趙氏著錄於《附志》，并注云：如衢氏跋語所云，《春秋穀梁》《穀梁註疏》云”。新案：衢本著錄《春秋穀梁》《附志》和《後志》所著錄之《穀梁》當一致，但實際上題名和卷數皆有不同，二十卷“註疏”乃注疏合刻十行本之卷數，十二卷則爲單疏本之卷數。
9. 尤袤《遂初堂書目》，《宋元明清書目題跋叢刊》影印道光中海山仙館叢書》本，第一册。
10. [宋] 陳振孫：《直齋書錄解題》，上海古籍出版社 1987 年版。
11. 《郡齋讀書志校證》除著錄經注本和《音義》外，還著錄北宋孫奭等纂修的《孟子音義》二卷（卷十，第 416—417 頁）。《直齋書錄解題》除著錄經注本和《音義》外，還著錄《孟子正義》十四卷，“孫奭撰”（卷三，第 73 頁），此即兩宋之際邵武士人假托孫奭所做的注疏合刻本。
12. [元] 脫脫等：《宋史·藝文志》（以下簡稱《宋志》），《宋史》卷二〇二。
13. [宋] 周應合：《（景定）建康志》卷三三《文籍志一·書籍》，《宋元方志叢刊》影印嘉慶六年金陵孫忠愍祠刻本，中華書局 1989 年版，第 2 册，第 1884—1885 頁。

分析上表,可以得出以下信息:

1. 經注本自六朝以降通行,至五代國子監最早刊行,無論是寫本還是刻本,絶大多數卷次迄無變化。例外者有二:何休《春秋公羊經傳解詁》,《隋志》著録十一卷,《舊唐志》《新唐志》皆著録爲十三卷,《釋文·序録》《日本國見在書目録》《郡齋讀書志》《直齋書録解題》《宋志》等皆著録爲十二卷,宋代撫州公使庫、余仁仲萬卷堂刊經注本亦爲十二卷,《春秋》十二公公自爲卷,頗疑十一卷者係閔公未獨立成卷,十三卷者係某公析爲二卷。郭璞注《爾雅》,《隋志》著録五卷,其餘諸書著録及傳世宋刻本皆爲三卷,并無例外,頗疑《隋志》五卷包含《圖贊》和《音義》在内①。從經注本和單疏本的切換來看,除《論語》和《穀梁》外,其餘諸經卷數皆不相同,説明單疏本的卷次應該是根據疏文内容多寡重新做了調整,或分或合,并不因仍經注本之舊,等於是開啓了一個新的系統。

2. 成書於唐代的《五經正義》以及《周禮疏》《儀禮疏》《春

---

① 《釋文·序録》著録《爾雅》郭注三卷,原注:"《音》一卷,《圖贊》二卷。"(第169頁)。《隋志》著録郭注五卷,另著録《爾雅圖》十卷,"郭璞撰。梁有《爾雅圖讚》二卷,郭璞撰,亡"。又江灌《爾雅音》八卷,原注:"梁有《爾雅音》二卷,孫炎、郭璞撰。"(第四册,第937頁)《日本國見在書目録》著録郭注三卷,另有郭璞《爾雅圖》十卷,不著撰人《爾雅圖讚》二卷、《爾雅音》二卷(上册,第306—314頁)。《舊唐志》除著録郭注三卷外,另有郭璞注《爾雅音義》一卷、《爾雅圖》一卷(第1984頁)。《新唐志》除著録郭注一卷外,另有《圖》一卷、《音義》一卷(第1447頁)。綜合上述諸書記載,可知郭璞有關《爾雅》的注釋分爲三部分:《注》《音義》和《圖讚》,《注》當爲三卷,而《圖讚》和《音義》諸家著録書名及卷數頗有參差,《圖讚》二卷,或係《圖》十卷之節略本;《音義》或稱《音》,乃六朝音義之作的通例,必爲一書。至於《音義》和《圖讚》或二卷,或一卷,當與《爾雅》其書性質有關,不分卷則可視爲一卷;若以其内容繁重釐析卷次,則爲二卷。

秋穀梁疏》，見於兩《唐志》和《日本國見在書目錄》著録，舊題徐彥《春秋公羊疏》却不見於著録，這説明唐人并未將其書作爲正經正注（《春秋公羊傳》何休注）的疏看待；北宋國子監校定、刊行"七經疏義"之時才將其作爲《春秋公羊疏》納入進來，所以《崇文總目》以下宋代目録始見於著録。四庫館臣從北宋董逌《廣川藏書志》説，以爲徐彥當在唐貞元、長慶以後[①]。現在一般認爲徐彥是北朝人。

3. 單疏本的稱謂，雖然從題名和内容上看是十分嚴格的，《五經正義》均題"正義"，"七經疏義"多題"疏"（《周禮疏》《儀禮疏》《春秋公羊疏》《春秋穀梁疏》《爾雅疏》。至於宋人新修《孝經》《論語》二疏，今無單疏本存世，相關著録基本上都題作"正義"）；單疏本的標準體式是標示經、注文起止語下（或空一至二格，或提行）次疏文，而疏文冠以統一的標識，《五經正義》均爲"《正義》曰"，《春秋公羊疏》爲"解云"，《周禮疏》《儀禮疏》《春秋穀梁疏》《爾雅疏》爲"釋曰"，可知北宋國子監刊行單疏本之初對於究係"《正義》"抑或"疏"還是有著相當明確的區分的。不過，南宋時人對此似已不甚了了，往往混淆，不事區分。如《（景定）建康志》把《周禮》、《儀禮》（《儀禮》同時著録建本《正義》和《疏》，皆爲單疏本）、《公羊》、《穀梁》單疏本稱作"正義"（《遂初堂書目》亦稱作"正義"）。《爾雅》單疏本，除《遂初堂書目》稱作"正義"外，餘者皆著録爲"疏"，與宋刻本同。《孝經》《論語》單疏本，除《遂初堂書目》著録《孝經》、《（景定）建康志》著録建本《論語》稱作"疏"外，餘

---

① ［清］永瑢等：《四庫全書總目》卷二六經部二十六《春秋》類一《春秋公羊傳注疏》提要，中華書局影印清乾隆六十年浙江杭州刻本，第211頁。

者皆爲"正義",與監本題名同。可見,南宋人對於"七經疏義"單疏本的稱謂并無一定之規;更進一步講,對於"正義"和"疏"的界定較爲含混,在多數情況下似可通用①。

4. 從歷代書目著錄和傳世版本來看,宋人校刻《五經正義》單疏本,無論是題名還是卷數,悉仍唐人之舊,未嘗改易(《春秋正義》卷數,據日本文化中近藤守重影鈔正宗寺影宋鈔單疏本和孔穎達自序,知其實爲三十六卷,《舊唐志》和《日本國見在書目錄》著錄有誤)。"七經疏義"單疏本,宋人新修《孝經》《論語》《爾雅》三疏從校定到刊行前後并無變化,唐人四疏亦約略相同,《儀禮》《周禮》《公羊》宋人校刻單疏本之卷數與唐代書目著錄并無不同②,僅《穀梁》單疏本唐時爲十三卷(或以卷帙繁重,某公析爲二卷),北宋校刻之時已改爲十二卷(今存清抄本皆爲十二卷)③,《新唐志》作十二卷,或許據此改易;《崇文總目》和《中興館閣書目》作三十,或涉《公羊疏》三十卷而訛。

5. 從單疏本到八行本的過渡較爲平穩,題名和卷數大多并無變化(除《周易》《論語》外,餘者皆同。《孟子疏》係邵武士人僞作,假托孫奭,當無單疏本,《直齋書録解題》所著録之《孟子

---

① 當然,我們不能否定前揭諸書目所著録之題名或編者趨簡乘便,或出於個人知識背景和習慣稱謂,以至於簡稱或統稱而混同的可能性。

② 《周禮》單疏本,唐、宋書目著録和宋刻本皆爲五十卷(《玉海》卷四一《咸平孝經論語正義》所記亦同,武秀成、趙庶洋校證:《玉海藝文校證》卷七,鳳凰出版社2013年版,第328頁),只有《郡齋讀書志》著録爲十二卷,解題曰:"史稱著此書四十卷,今并爲十二卷。"(《郡齋讀書志校證》卷二,第75頁。袁本解題略同)據《舊唐書·儒學傳上》賈公彥本傳,"撰《周禮義疏》五十卷、《儀禮義疏》四十卷",知《周禮疏》并非四十卷,頗疑晁公武誤將《周禮》《儀禮》混淆,袁本著録卷數即作四十當可爲證。衢本所謂十二卷,絕無出處,蓋晁氏以經注本十二卷之數而訛混。

③ 《玉海》卷四一《咸平孝經論語正義》,《玉海藝文校證》卷七,第328頁。

正義》十四卷當即兼具經注和僞疏的注疏合刻本），而到十行本刊行之時，題名和卷數都已發生了相當大的變化。造成這種狀況的原因在於八行本和十行本內容構成的方式不同。說詳下文。

6. 總體而言，《日本國見在書目錄》《舊唐志》《新唐志》《崇文總目》《中興館閣書目》《郡齋讀書志》《遂初堂書目》《宋志》皆同時著錄經注本和單疏本，說明二者并行是唐、五代、北宋乃至南宋前期經書最爲通行的流傳方式。而《直齋書錄解題》和《（景定）建康志》兼及經注本、單疏本和注疏合刻本（甚或還有白文本），則反映了注疏合刻本出現之後經書的所有版本類型。《直齋書錄解題》雖然仍以經注本和單疏本爲主，但業已著錄個別注疏合刻本，如"《周易正義》十三卷"，解題云："序云十四卷，《館閣書目》亦云。今本止十三卷。"由《舊唐志》《崇文總目》《中興館閣書目》《郡齋讀書志》《宋志》等著錄可知，單疏本《正義》實爲十四卷，傳世宋刻本亦可爲證；而十三卷恰爲八行本之卷數，也就是說其所著錄之《周易正義》十三卷實爲注疏合刻本。至於其他幾經《正義》單疏本和八行本卷數相同，則無從確認所著錄者究竟爲何。至於《論語注疏解經》十卷，由題名及傳世八行本、十行本、平水本可知，其書必爲注疏合刻本。《孟子》則更能說明問題，除著錄經注本趙注十四卷及《音義》二卷外，另有注疏合刻本《孟子正義》十四卷。《（景定）建康志》更是有意識地將白文本、經注本、單疏本和注疏合刻本分別著錄的，可知時人對於各種版本類型的認識是明確的[①]。

---

① 當然，如前揭晁公武誤將《周禮》單疏本卷數著錄爲十二卷（經注本卷數），陳振孫誤將八行本《周易注疏》題名著錄爲《正義》（單疏本題名），說明即便是這樣偉大的目錄學家對於經書版本類型的認識也有可能出現錯誤。

7.《(景定)建康志》至少從一個側面反映了截至南宋後期正經注疏的通行版本狀況，其時諸本并存，以監本和建本爲主，兼有婺本和川本；版本類型則以經注本和單疏本爲主，兼有白文本和注疏合刻本；監本和建本兼有各種版本類型，而婺本和川本僅具其中部分類型。單疏本或稱"正義"或稱"疏"(《論語》單疏本，監本稱"正義"，建本稱"疏")，題名互有異同(《春秋左傳》單疏本，監本稱《春秋正義》，建本稱《左傳正義》)，注疏合刻本則籠統地稱作"注疏"。

總之，六朝以降經注本通行，從寫本時代到刻本時代，其卷次基本上都沒有變化。唐代前期單疏本出，遂與經注本并行，成爲唐、五代、北宋乃至南宋前期經書最爲通行的流傳方式。單疏本卷次大多不同於經注本，各經所秉持的分卷原則雖無不同，但往往根據疏文體量大小重新調整卷次。至南宋注疏合刻八行本、十行本出，雖然二者呈現出來的文本形態都是兼具經、注、疏文(十行本多附《釋文》)，但構成體式或有不同，這也導致題名、卷次及內容分合容有不同。南宋中期以後，經書的各種版本類型異彩紛呈，這從《(景定)建康志》的著錄可見一斑。其中，注疏合刻本以其省卻翻檢之勞、便於閱讀逐漸成爲主流，雖然還不足以取代其他版本類型(其時并非所有的經書都有注疏合刻本)。元代以降，注疏合刻本才無可動搖地占據了絕對的主導地位。

分析注疏合刻本的題名，不難看出，八行本題名尚不規範、統一，或一仍單疏本之舊，題作"正義"或"疏"，如《周禮疏》《春秋正義》(唯卷端題"春秋左傳正義"，其餘各卷首題名及卷末尾題悉同單疏本作"春秋正義")；或改題"注疏"或"注疏解經",以示注疏合刻,如《周易》稱作"注疏",《論》《孟》稱作"注疏解經";或"正義"與"注疏"混雜,如《尚書》各卷首或題"正義",或題"注疏",尾題則更不統一,大多題"注疏",間有題"尚書"或"尚書正義"或"尚書注疏經義"者;《禮記》各卷首題名和卷末尾題絶大多數作"正義",各有一處作"注疏"。蓋以八行本源出單疏本,注疏合刻肇始,故未臻完備,迄未統一。較之八行本,十行本的題名已相當規範[①],除《周易》題作"兼義",《儀禮》爲白文本及楊復《儀禮圖》《旁通圖》,《論》《孟》題作"注疏解經"因仍八行本外,餘者皆作某經注疏(或徑題某經注疏,或題附釋音某經注疏,或題監本附音某經注疏)。基於此,再結合前揭《(景定)建康志》的相關著録,可知南宋中期直至後期"注疏"已成爲注疏合刻本最爲通行的題名。不過十行本各經注疏合刻的具體情形不盡相同,頗爲複雜,誠如顧廣圻所云:"若夫南宋時建陽各坊,刻書最多,惟每刻一書,必倩雇不知誰何之人,任意增删换易,摽立新奇名目,冀自衒價,而古書多失其真。"[②]建陽坊刻確係如此,"刻非一肆,成非一時,後人乃薈萃爲'十三經注疏'"[③]。雖然據傳世本可知宋代通行的注疏合刻本以八行本和十行本爲主,但并不僅限於這兩個系統,其時當有更多的版本、更豐富的細節。本篇對於宋代注疏合刻本的具體

---

① 因爲傳世的宋刻十行本數量有限,而元刻十行本出自宋刻十行本,所以元刻十行本所反映出來的有關注疏合刻的信息當適用於宋刻十行本。

② [清]顧廣圻:《思適齋集》卷一〇《重刻〈古今説海〉序》,中華書局影印道光中上海徐氏校刊本,1993年版,第529頁。

③ 汪紹楹:《阮氏重刻宋本十三經注疏考》之七"十行本注疏宋刻元刻本辨",《文史》第三輯,中華書局1963年版,第37頁。

刊刻過程及其版本形態不作探討，力圖通過對注疏合刻本題名更易、卷次分合和內容構成的研究①，以期從一個側面展現注疏合刻早期進程的複雜性和豐富性，并在一定程度上還原其具體環節和細部特徵。

二、《周易》注疏合刻

《周易》經注本十卷（王弼、韓康伯注九卷，另附王弼《周易略例》一卷），向無變化②，直至宋代亦皆如是。結合《隋志》以下書目著録及傳世宋刻本實物，可知經注本十卷是由三部分內容構成的：前六卷爲王弼注上、下經六十四卦，卷七至九分別爲韓康伯注《繫辭》上、下及《説卦》《序卦》《雜卦》，卷十爲王

---

① 張麗娟教授曾對八行本的體例特點（包括卷次、題名、序跋、出文等）做過全面而又系統的研究，詳參氏著《宋代經書注疏刊刻研究》第五章"越州刻八行注疏本"第四節"越州刻八行注疏本的體例特點與文獻價值"（北京大學出版社 2013 年版，第 337—347 頁）。2019 年我們又注意到李霖教授對八行本的標目、分卷以及經、注、疏的編連方式有過精深的研究，詳參氏著《宋本群經義疏的編校與刊印》下篇"注疏合刻本考"第三章"南宋越刊八行本的編刊與遞修"第二節"八行本經、注、疏的編連"、第三節"八行本的標目與分卷"（中華書局 2019 年版，第 246—278 頁）。本篇則以通行的注疏合刻本——八行本和十行本爲基礎和參照系，著眼點和研究重點擬放在探尋通行本之外的特殊版本類型或個性化特徵或差異化演進路徑。

② 陳漢章先生注意到《隋志》著録《周易》經注本十卷，"《釋文·叙録》則明云'王弼注七卷'，引《七志》云'注《易》十卷'，是十卷之目自王儉《七志》始"（《崇文總目輯釋補正》卷一，《宋元明清書目題跋叢刊》影印《綴古堂叢稿初集》本，第一册，第 217 頁）。由是知十卷本淵源有自，傳承有緒。日本流傳的古鈔經注本《周易》多有僅具上、下經王注的六卷本，審係截取十卷本而成。日本學者以爲六卷本或爲經注本的原始形態，恐非是。

弼《略例》。十行本是以經注本爲基礎加入疏文重構而成的，所以卷次悉同經注本，除九卷正文外，卷首孔穎達《周易正義序》和"八論"出自單疏本，卷末附錄《略例》一卷因仍經注本之舊（明嘉靖李元陽本、萬曆北京國子監本同，崇禎毛氏汲古閣本不附《略例》）；又《釋文·周易音義》一卷，與大多數十行本《釋文》散入正文相應經、注文之下不同，而是作爲附錄整體附經別行。

單疏本《周易正義》十四卷，卷首長孫无忌《（進）五經正義表》和孔穎達《周易正義序》，卷一爲"八論"，卷二至十爲上、下經，卷十一至十三爲《繫辭》上、下，卷十四爲《説卦》《序卦》《雜卦》。"八論"相當於《周易》通論，作爲孔穎達《正義》的重要組成部分，單疏本獨立成卷，以爲卷一，其後正文部分實爲十三卷，且不包含《略例》。而且，《繫辭》上、下篇分作三卷，其中上篇又析爲兩卷。八行本《周易注疏》是以單疏本爲基礎加入經、注文重構而成的，凡十三卷，實際上就是單疏本的正文部分，前九卷爲上、下經，卷十至十二爲《繫辭》上、下，卷十三爲《説卦》《序卦》《雜卦》[①]。今傳兩部八行本（日本足利學校遺迹圖書館和國圖各藏一部）卷首部分皆已不存，故無從得知其卷首是否包含《進表》《孔序》及"八論"，根據他經八行本類推，至少《孔序》和"八論"是不可或闕的（陳鱣舊藏本卷首據明末清初藏書家錢求赤鈔本《周易注疏》抄配，包括《進表》

[①] 清乾隆中武英殿刻本《周易注疏》是據文淵閣所藏"不全《易疏》"（八行本）和萬曆北京國子監本《周易兼義》重構而成的，所以其卷次分合和內容構成與八行本、十行本兩個系統皆不盡相同，凡十三卷，前十卷爲上、下經，卷一一、一二分別爲《繫辭》上、下，卷一三爲《説卦》《序卦》《雜卦》，後附《略例》。

《孔序》和"八論")。除了透過卷次分合和內容構成可見八行本與十行本構成方式之不同,從題名上也能看出二者所取材內容之主次及其承繼關係。經注本卷端題"周易上經乾傳第一",十行本題作"周易兼義上經乾傳第一",知其整體架構出自經注本;單疏本卷端題"周易正義卷第一",八行本題作"周易注疏卷第一",并無經注本痕迹,知其以單疏本爲主。

《周易》疏文通釋經傳、注文,初單疏本別行,故凡經傳、注文皆標示起止;後注疏合刻本(八行本、十行本)出,或標示起止或否,然二本疏文所出位置及其內容分合以至於標示起止語每有異同,藉此或能解析各本之間的源流系統。八行本疏文所出位置、先後次序及其內容分合悉同單疏本,十行本則頗有異同。上、下經部分,八行本分別於卦辭、《彖傳》、《大象傳》和各爻爻辭及其《小象傳》下出以疏文(釋爻辭及其《小象傳》之疏文絕大多數歸總置於《小象傳》之末,個別例外分出兩條。乾卦卦爻辭、《彖傳》、《象傳》依次臚列,體式有所不同),先釋經、傳文,後分釋注文,經、傳文不標示起止,注文標示起止(單疏本經傳、注文皆標示起止)。十行本卦辭及《彖傳》《大象傳》下分別出以疏文,如經、傳文本身尚可分解爲若干子單元(多以王注爲標志),則割裂單疏本疏文分出其下;爻辭及其《小象》,割裂單疏本疏文分出其下,如經、傳文本身據王注仍可分解,亦進一步割裂疏文分出其下。《文言》《繫辭》《説卦》等劃分章節,八行本疏文歸總置於每章(節)之末,分釋傳、注文(傳文不標示起止,注文標示起止);十行本則將每章(節)再分解爲若干子單元(多以王、韓注爲標志),割裂單疏本疏文分出其下,分釋傳、注文(傳文或標示起止或否,注文均標示起止)。雖然八行本和十行本都可以解構爲傳統的經/傳+注……+疏體式,但二者區別在於,八行本多以一個或數個經/傳+注結構爲一完整的意義單元,其下歸總出以疏文;十行本則把這個相對完整的意義單元按經/傳+注結構逐個解析(由一個經/傳+注結構構成者毋須再行解析除外),疏文分出其下,這樣就由一個經/傳+注+經/傳+注……+疏結構變化而成多個經/傳+注+疏結構。

據傳世版本及相關文獻著錄可以確知宋代《周易》注疏合刻本有八行本《周易注疏》和十行本《周易兼義》,恰可與《(景定)建康志》明確著錄之注疏合刻本"監本《注疏》"和"建本《注疏》"相對應。南宋毛居正《六經正誤·周易正誤》履卦引及"紹興注疏本",噬嗑引作"紹興府注疏本"[①],亦即八行本。如魏了翁《毛義甫〈六經正誤〉序》所云,"南渡草創,則僅取版籍於江南諸州"[②],高宗紹興中江南州郡所刻書,版入國子監,故又稱監本。那麼,除此之外是否還存在著第三個系統——"注疏解經",尚難判定。單疏本《周易正義》卷首《孔序》稱孔穎達等"爲之《正義》,凡十有四卷",今傳世各本(宋刻本和日系古鈔單疏本以及十行本系統各本)均無異文,我們注意到魏了翁《周易要義》卷一"進疏解姓名"條迻錄《孔序》出現了異文,"正

---

① 宋毛居正《六經正誤》卷一,《四庫提要著錄叢書》影印國圖藏宋刻本(國圖著錄爲元刻本,恐非。説詳拙作《〈六經正誤·周易正誤〉南宋監本異文攷》[《版本目録學研究——日記與尺牘》,復旦大學出版社2023年版]),北京出版社2010年版,第23冊,第108、109頁。

② [宋]魏了翁:《鶴山先生大全文集》卷五三,《四部叢刊初編》影印劉氏嘉業堂舊藏宋刻本。

義"作"注疏解經","十有四卷"作"十卷"。《要義》乃摘編《周易》經傳、注疏及《釋文》而成,悉據原文迻録,并無作者解説或叙述,所以可以認爲底本如此。由於對這條材料的認知不同,相應地就存在著兩種可能性:一是坐實《要義》的記載,認爲宋代存在著八行本、十行本之外的注疏合刻本《周易注疏解經》;二是認爲所謂"注疏解經"是泛指《周易》之注疏,十卷爲《要義》之實際卷數,也就是説,《要義》經傳、注疏文本係由經注本和單疏本拼合而成。我們從《要義》經/傳注、疏構成體式、所附《釋文》、異文等三個方面進行研究,發現《要義》所從出之底本既非八行本,亦非十行本,上述兩種可能性從這三個方面的内證中都可以得到支持,設如《要義》底本確係注疏合刻本,那麽它的成書時間當不晚於南宋中期,不排除更早的可能性;它更接近於刻本時代的祖本,卷數爲十卷,卷次分合略同經注本;但疏文所出位置及其内容分合、標示起止語悉同單疏本,以致經/傳注、疏的構成體式悉同八行本;《釋文》大多附於經/傳注文之下,間附疏文之下。我們又發現了魏了翁別集中的四通書札,由此推斷他所謂"注疏"可以理解爲泛指經注本和單疏本,所以傾向於認爲《要義》經傳、注疏文本是由經注附《釋文》本——余本和北宋刻單疏本拼合而成的,雖然還不能完全排除其所從出之底本係注疏合刻本《周易注疏解經》的可能性[①]。

[①] 詳參拙作《〈周易要義〉所從出之底本探賾》(《北京大學中國古文獻研究中心集刊》第二十一輯,北京大學出版社 2020 年版)。這個結論的得出,參考了章莎菲女史的寶貴意見,謹志謝忱。

三、《尚書》注疏合刻

　　傳世《尚書》注疏合刻本不僅有通行的八行本《尚書正義》（國圖藏南宋初兩浙東路茶鹽司刻本）和十行本《附釋音尚書注疏》（北京市文物局藏元刻明修本，其底本當爲宋刻十行本），而且還有刊於南宋慶元中的九行本《附釋文尚書注疏》（臺灣"故宫博物院"藏建安魏縣尉宅刻本），更有金元平水刻本《尚書注疏》（日本天理圖書館藏傅增湘舊藏金刻本和國圖藏鐵琴銅劍樓舊藏蒙古時期刻本）。我們認爲，蒙古時期平水重刊《尚書注疏》，是據金代平水本（金刻本的底本當爲宋本）翻刻的。八行本和十行本之外的九行本和平水本對於我們研究《尚書》注疏合刻早期進程具有重要的參考價值。

　　前揭《尚書》注疏合刻各本卷數全同，均爲二十卷，同於單疏本（日本宫内廳書陵部藏南宋刻本《尚書正義》），而他經注疏合刻本往往是不同版本卷數即不同。我們比勘單疏本和八行本、九行本、十行本，擬從四個方面來考察《尚書》注疏合刻本的源流系統：一是卷次分合，各本卷數雖同但卷次分合容有不同，互有異同的部分分布在卷九至十九，如下表所示：

表 6 《尚書》卷次分合異同表

經注本卷次	單疏本卷次	單疏本篇目	八行本篇目	平水本篇目	九行本篇目	十行本篇目
V5	V9	《盤庚》上中下、《說命》上中下、《高宗肜日》《西伯戡黎》《微子》	《盤庚》上中下、《說命》上中下、《高宗肜日》《西伯戡黎》《微子》	《盤庚》上中下	《盤庚》上中下	《盤庚》上中下
V6	V10	《泰誓》上中下、《牧誓》《武成》	《泰誓》上中下、《牧誓》《武成》	《說命》上中下、《高宗肜日》《西伯戡黎》《微子》	《說命》上中下、《高宗肜日》《西伯戡黎》《微子》	《說命》上中下、《高宗肜日》《西伯戡黎》《微子》
V7	V11	《洪範》	《洪範》	《泰誓》上中下、《牧誓》《武成》	《泰誓》上中下、《牧誓》《武成》	《泰誓》上中下、《牧誓》《武成》
V7	V12	《旅獒》《金縢》《大誥》《微子之命》	《旅獒》《金縢》《大誥》《微子之命》	《洪範》	《洪範》	《洪範》
V8—V9	V13	《康誥》《酒誥》《梓材》	《康誥》《酒誥》《梓材》	《旅獒》《金縢》《大誥》《微子之命》	《旅獒》《金縢》《大誥》《微子之命》	《旅獒》《金縢》《大誥》《微子之命》
V8—V9	V14	《召誥》《洛誥》	《召誥》《洛誥》	《康誥》《酒誥》《梓材》	《康誥》《酒誥》《梓材》	《康誥》《酒誥》《梓材》
V8—V9	V15	《多士》《無逸》	《多士》《無逸》	《召誥》《洛誥》	《召誥》《洛誥》	《召誥》《洛誥》

续表

经注本卷次	单疏本卷次	单疏本篇目	八行本篇目	平水本篇目	九行本篇目	十行本篇目
V10—V12	V16	《君奭》《蔡仲之命》《多方》	《君奭》《蔡仲之命》《多方》	《多士》《无逸》《君奭》	《多士》《无逸》《君奭》	《多士》《无逸》《君奭》
	V17	《立政》《周官》《君陈》	《立政》《周官》《君陈》	《蔡仲之命》《多方》《立政》	配补十行本	《蔡仲之命》《多方》《立政》
	V18	《顾命》《康王之诰》《毕命》	《顾命》《康王之诰》《毕命》	《周官》《君陈》《顾命》	配补十行本	《周官》《君陈》《顾命》
	V19	《君牙》《冏命》《吕刑》	《君牙》《冏命》《吕刑》	《康王之诰》《毕命》《君牙》《冏命》《吕刑》	配补十行本	《康王之诰》《毕命》《君牙》《冏命》《吕刑》

可見，單疏本分卷仍然保留著明顯的經注本痕迹，或對其進行析分，或保留原有卷次，知其脫胎於經注本。注疏合刻本之中，又明顯分爲兩個系統，八行本悉同單疏本，平水本則與九行本、十行本相同，二者具有系統性的差異。這兩個系統前八卷和末一卷并無不同，差異源於後者把前者卷九的内容分爲兩卷，卷十一至十五依次順延，内容并無分合；卷十六至十九，又分別遞補、拆分前者卷十五以下各篇。

二是上述兩個系統雖然由於卷次分合而導致内容構成不盡相同，但二者經、傳、疏的構成體式完全相同，疏文所出位置、次序及其内容一以單疏本爲據，多以一個或數個經＋傳結構爲一完整的意義單元（或爲段落，或爲語句），其下歸總出以疏文，先整體釋經文，後分釋傳文。唯二者標示經、傳文起止語間有異同，但也明顯地表現出兩個系統的差異性。如《書序》最後一小節"《書序》，序所以爲作者之意"至"亦所不隱也"，八行本標示起止語"《書序》至不隱也"同於單疏本，平水本、九行本、十行本則作"《書序》至隱也"；又如《堯典》"岳曰：异哉，試可乃已"，《僞孔傳》："异，已也；已，退也。"八行本標示傳文起止"傳'异已至乃退'"（單疏本此葉抄補），平水本、九行本、十行本則作"傳'异已已退也'"。十行本間有不同於其餘各本者，如《堯典》"帝曰：疇咨若時登庸"至"九載，績用弗成"，八行本、平水本、九行本標示起止語"帝曰疇咨至弗成"同於單疏本，而十行本作"帝曰疇咨若予至九載績用弗成"；平水本間有不同於其餘各本者，如《堯典》"曰：明明揚側陋"，《僞孔傳》："堯知子不肖……廣求賢也。"八行本、九行本、十行本標示起止語"傳'堯知至求賢'"同於單疏本，而平水本作"傳'堯知至賢也'"。

三是附入《釋文》的體式不同。八行本不附《釋文》，平水本所附《釋文》，既非散入經、傳文之下，亦非作爲附録整體附經別行，而是以卷爲單位，分附於每卷末尾題之後，提行（或間一行）頂格題"釋文"二字，以下全録本卷各篇音義，出文大字單行，音義小字雙行，即便是陸德明銜名亦完具。這種體式介於附經別行和散入經、注文之下二者之間，也表現出相當早的特徵。九行本和十行本附入《釋文》的體式與之不同，分別散入相應經、傳文之下，卷二以下正文部分《釋文》所出位置及其内容二本基本相同，間有異同，如卷二小題"《堯典》第一《虞書》"，《釋文》："凡十六篇，十一篇亡，五篇見存。"十行本置於"《堯典》第一"下，冠以"釋文"二字；九行本則置於"《虞書》"下，無"釋文"二字。卷一《尚書序》二本差異甚大，九行本《釋文》分附相應各句序文之下，且録文比較完整，間有刪省出文者，如"裁二十餘篇"，逕注《釋文》"即馬、鄭所注二十九篇是也"，并無出文（十行本出文"二十餘篇"，音義注作註，無是字）；而十行本大體以每一小節之末所出疏文爲標誌，歸總置於這一小節序文之後，疏文之前，且内容有所刪削，如起首"伏犧、神農、黃帝之書，謂之三墳"，《釋文》分別出以"神農""黃帝""三墳"三條音義，十行本皆闕如；又有刪省釋義者，如"以貽後代"，《釋文》："貽，以之反，遺也。"十行本只保留反切，無"遺也"二字。

四是通過校勘上述諸本，所得異文大體上也呈現出兩個系統的差異性[①]。他如卷二首小題，單疏本、八行本作"古文尚書堯典

---

① 詳參拙著《經學文獻的衍生和通俗化》第一章"正經注疏的衍生和傳刻"第五節"金元平水注疏合刻本研究"，北京大學出版社2014年版，第152—165頁。

第一",平水本、九行本、十行本作"堯典第一",有所不同。總之,我們認爲,金元平水本與九行本、十行本屬於同一系統,不同於八行本系統。不過,根據刊行時間先後考察,平水本(金本爲蒙古本所從出)所據宋本絕對不可能是九行本或十行本,必然早於它們,應該就是這個系統的祖本,或與祖本淵源頗近者[①],至於這個本子與八行本孰爲先後,則無可考[②]。

總之,《尚書》早期注疏合刻本可分爲兩個系統,一爲八行本,卷次分合悉同單疏本,且不附《釋文》,題名并不統一,或題"正義",或題"注疏",知其體例尚不完備。另一系統注疏合刻本(即上文所推定的平水本和九行本、十行本的共同祖本)則統一使用"注疏"之名,卷次分合與單疏本有所不同,其祖本《釋文》附經別行或分附於每卷之末;至南宋中期建安九行本《附釋文尚書注疏》、十行本《附釋音尚書注疏》先後刊行(《(景定)建康志》所著録之《尚書》注疏合刻本僅有"建本《注疏》",從時間上無從判斷究係九行本抑或十行本),二者出於同一祖本,但彼此之間并無直接的承繼關係,且附入《釋文》的體式不同於祖本;與之大體同時或稍後,在北方平水又先後出現據宋本翻刻的金本和據金本翻刻的蒙古本《尚書注疏》,《釋文》分附於每卷

――――――
① 如上所述,平水本與九行本、十行本具有高度的相似性和同源性,而平水本《釋文》分附於每卷之末,九行本、十行本《釋文》散入相應經、傳文之下,所以,如果它們具有共同的祖本的話,那麼這個祖本當由經注本和單疏本重構而成(《釋文》附經別行或分附於每卷之末),雖然不能完全排除九行本和十行本分別是由經注附《釋文》本和單疏本重構而成的可能性。
② 參見拙著《經學文獻的衍生和通俗化》第一章"正經注疏的衍生和傳刻"第五節"金元平水注疏合刻本研究",第 152—165 頁。

之末。《周易》八行本和十行本不僅卷次分合和内容構成迥異，經、傳、注、疏的構成體式亦頗有不同；而《尚書》八行本系統和九行本、十行本、平水本系統雖卷次分合和内容構成容有不同，但經、傳、疏的構成體式全同，疏文所出位置、先後次序及其具體内容亦同，唯標示起止語略有異同[1]，可知兩個系統都是以單疏本爲基礎加入經、傳文重構而成的。

四、《論語》注疏合刻

傳世《論語》早期注疏合刻本舉凡有四，其一，宋刻元明遞修八行本《論語注疏解經》二十卷，今存十卷（卷十一至二十），臺灣"故宫博物院"和重慶圖書館各藏一部。關於其書刊刻時間，阿部隆一先生《中國訪書志》以爲刻於寧宗、理宗間，張麗娟教授推測當在寧宗嘉泰至開禧間，同樣出自紹興府或兩浙東路茶鹽司[2]。其二，元泰定刻明前期、正德、嘉靖修補十

---

[1] 《尚書》注疏合刻各本標示起止語與單疏本間有異文，如《尚書序》"是故歷代寶之以爲大訓"疏，單疏本徑録整句，以爲標示起止語；各注疏本疏文不再重出此句文字以示起訖，徑接"《正義》曰"云云。《費誓》"馬牛其風"至"汝則有大刑"，其中第一段末有"汝則有常刑"句，單疏本標示起止語作"馬牛至常刑"，各注疏本則均作"馬牛至大刑"。《秦誓》"雖則云然"至"我尚不欲"和"惟截截善諞言"至"其如有容"兩段經文，單疏本分别出以疏文（標示起止語分别是"雖則至不欲"和"惟截至有容"），各注疏本疏文則歸總置於第二段之末，并分别標示兩段經文起止（八行本與單疏本同，十行本"惟"下重"截"字，平水本"惟"上誤衍"傳"字，下重"截"字）。

[2] 《宋代經書注疏刊刻研究》第五章"越州刻八行注疏本"第三節"越州八行注疏本的刊刻與修補"，第333—334頁。

行本《論語注疏解經》二十卷，出自宋刻十行本，與八行本屬於同一系統。八行本和十行本皆不附《釋文》。其三，南宋光宗朝蜀刻本《論語注疏》十卷（以下簡稱蜀大字本），今藏日本宫内廳書陵部，傅增湘先生指出其書"爲元貞本所自出"，"注疏後附《釋文》，則尤元貞本及明以來諸本所無，殊可寶貴"[①]。蜀大字本的顯著特徵有三：一是題名爲"注疏"，并無"解經"二字；二是卷數爲十卷，同於經注本和單疏本；三是附入《釋文》的體式是散入正文之中，但與十行本通行的附於相應經、注文之後、疏文之前不同，被釋字所在的經、注文下有疏文者，則徑接疏文之下；無疏文者，則徑接相應經、注文之下。其四即傅先生所謂"元貞本"，元代元貞丙申（二年，1296）平陽府梁宅刻本《論語注疏解經》十卷（以下簡稱元貞本），光緒中楊守敬自日本購回，後歸劉世珩插架，并由陶子麟覆刻。楊守敬和繆荃孫認爲元貞本卷帙爲十卷，"尚仍單疏之舊"，推知"其根源于單疏本"。日本蓬左文庫藏平水本《論語纂圖》《釋文》與元貞本《論語注疏解經》皆爲同一年平陽府梁宅所刊，原本相輔而行。我們發現元貞本卷五末尾題後，提行頂格有"釋文"二字，由此可推知其書原來的形制是將《釋文》整體附於卷五之後。元貞本卷五、卷十末分別鈐有"養安院藏書"印記，知其原本分裝兩册，而將《釋文》附於第一册之末？元貞本這種《釋文》整體附經別行的體式，并不像金元平水本《尚書注疏》那樣《釋文》分

[①] 傅增湘：《藏園群書經眼錄》卷二《論語注疏》十卷解題，中華書局2009年版，第79頁。

附於每卷之末，恰可説明其淵源甚早，還保留著宋代經注本附刻《釋文》相輔而行的體式。

王國維先生最早注意到平水注疏合刻本，以爲源出蜀本注疏[①]。雖然蜀大字本、元貞本和八行本、十行本卷數有十卷和二十卷之不同，導致卷次分合和内容構成有所不同（《論語》凡二十篇，前二者每兩篇爲一卷，分爲十卷，與經注本、單疏本同；後二者篇自爲卷，故析卷爲二十），但四本經、注、疏的構成體式完全相同，疏文所出位置及其内容、分釋經、注文的先後次序全同，均置於每章之下（漢魏以降《論語》分章基本上固定下來，故各本并無不同），先整體釋經文，後分釋注文，經、注文均標示起止，唯標示經、注文起止語或有異同。試以《顔淵》爲例，探究上述各本異同及其相互之間的關係。元貞本小題"《顔淵》第十二"下有單行小字"凡二十四章"旁注章數，其下署"何晏集解（空二字）邢昺疏"。八行本、十行本略同，唯不記章數。蜀大字本則僅具篇目，章數并注、疏者姓名皆闕如。二十卷本《顔淵》爲卷十二首篇，題署注、疏者姓名是必需的；十卷本爲卷六次篇，故蜀大字本不署注、疏者姓名，而元貞本與首篇同樣題署，且記章數，并不同於蜀大字本。各本標示經、注文起止語異同如下：

[①] 王國維：《舊刊本〈毛詩注疏〉殘葉跋》，《王國維手定觀堂集林》卷一七，第436頁。

表 7 《論語》各本經注文起止語標示異同表

章目	元貞本	蜀大字本	八行本	十行本
司馬牛問仁	司馬至訒乎	司馬牛問仁至訒乎	司馬牛問仁至訒乎	司馬牛問仁至訒乎
	注孔曰至馬犂	同	注孔子曰至馬犂	注孔子曰至馬犂
司馬牛憂	司馬至兄弟也	司馬至弟也	司馬至弟也	司馬至弟也
齊景公問政於孔子	齊景公至食諸	抄補	齊景至食諸	齊景至食諸
子曰聽訟	子曰至訟乎	子曰：聽訟吾猶人也，必也無使無訟乎。	子曰：聽訟吾猶人也，必也無使無訟乎。	子曰：聽訟吾猶人也，必也無使無訟乎。
子張問政	子張至以忠	子張問政。子曰：居之無倦，行之以忠。	子張問政。子曰：居之無倦，行之以忠。	子張問政。子曰：居之無倦，行之以忠。
子曰博學於文	子曰至矣夫	子曰至弗畔矣夫	子曰至弗畔矣夫	子曰至弗畔矣夫
君子成人之美	子曰至反是	子曰：君子成人之美，不成人之惡，小人反是。	子曰：君子成人之美，不成人之惡，小人反是。	子曰：君子成人之美，不成人之惡，小人反是。
子貢問友	子貢至辱焉	子貢問友。子曰：忠告而善道之，不可則止，毋自辱焉。	子貢問友。子曰：忠告而善道之，不可則止，毋自辱焉。	子貢問友。子曰：忠告而善道之，不可則止，毋自辱焉。

元貞本標示起止語與蜀大字本、八行本、十行本呈現出系統性的差異，十分整飭、規則，均取首尾各二三字以爲起訖；而後三者基本相同，或取首尾二三字直至四五字不等以爲起訖（適當考慮意義完足），或取整章文字，或取完整分句，或取句中關鍵詞，

頗不統一、規範。據此可推知元貞本標示起止語曾經整理，以求統一和標準化①，而後三者標示起止語錯雜、叢脞，從認識規律來考量，未經整理，審係單疏本原貌。這是一個標誌性的特徵，可以反映出元貞本具有明顯的特異性，不同於其餘三本。再看各本的異文狀況：

表8 《論語》各本異文表

章目	元貞本	蜀大字本	八行本	十行本
顏淵問仁	故請問之	同	之作人	同
	此顏淵領謝師言也	同	領作預	領作預
	今刊定云	同	刊作邦	同
仲弓問仁	仲弓問仁至語矣	問誤門	同	同
司馬牛問仁	孔曰：行仁難。	同	孔作子	孔作子
	非但行之難也	無也字	同	同
司馬牛憂	我為無兄弟也	同	無也字	無也字
棘子成曰	衛大夫棘子成言	棘子成作陳成子	同	同
	可惜乎棘子成之説君子也	棘子成作棘成子	同	同
哀公問於有若	故杜預云古者公田之注	注作去	注作法	同
	彼謂王畿之内所供多，故賦稅重，諸書所言十一。	諸作詩	供作共十作什	供作共十作什
子張問崇德辨惑	包曰：辨，別也。	同	包曰作孔曰	包曰作孔曰

---

① 從元貞本所附《釋文》附經別行的體式及其異文所表現出來的早期特徵來看，我們認為整理工作是在元貞本所從出之金國子監刻本校刊過程中進行的。

續表

章目	元貞本	蜀大字本	八行本	十行本
	則遷意而從之	同	意誤竟	同
子曰聽訟吾猶人也	是夫子辭無情者	同（辭作辝）	辭作使	同
季康子患盜	欲以除去也	同	除作謀	除作謀
	則民亦不爲盜，非特不爲。	同	爲盜作竊盜特作但	爲盜作竊盜特作但
	不能止也	同	止作正	止作正
季康子問政於孔子	欲多殺以止姦	同	止作上	同
	無不仆者	同	仆誤化	同
	加草以風	同	脫加草二字	同
	亦欲令康子先自正也	同	先自正作自先正	同
子張問士何如	察言語	同	言下衍謙字	同
	何者是汝意所謂達者	汝作行	同	同
	聞謂有名譽，使人聞之也，言士有德行。	下聞字作呼德作隱	同	同
樊遲從遊於舞雩之下	然後得報	同	得作獲	同
	忘其身以及其親	忘作亡	同	同
	樊遲從遊於舞雩之下者	同	脫舞雩之下者五字	脫舞雩之下者五字
	辱其身則陷其親，故曰以及其親也。	陷作善	陷作羞脫故曰以及其親六字	陷作羞
樊遲問仁	仁者至矣，是其能使邪枉者亦化爲直也。	爲作之	是作長	是作長

分析上述異文可知，元貞本和蜀大字本淵源甚早，文本明顯優長；八行本和十行本整體上具有相當高的同源性和匹配度，但八行本（或爲修補版）較之十行本居然有更多的訛誤。

綜上所述，八行本和十行本具有明顯的親緣關係，屬於同一系統；蜀大字本雖與之較爲接近，但并不屬於同一系統；至於元貞本與其餘三本的差異性則更爲顯見，與八行本、十行本乃至蜀大字本皆非同一系統，由是知所謂元貞本源出蜀大字本的説法是靠不住的。當然，蜀大字本和元貞本都是十卷，尚仍經注本、單疏本之舊，八行本、十行本以下各本均爲二十卷，就版本衍生的規律而言，二十卷本必然晚於十卷本，這是没有疑義的（除上述異文可以爲証，諸如蜀大字本、元貞本卷首《論語序》，十行本題作《論語注疏解經序》，知其晚出）。所以，元貞本所據宋本以及蜀大字本一定都是早期的《論語》注疏合刻本。金世宗大定六年（1166，宋孝宗乾道二年），始置太學，十六年置府學，由國子監校刊群書，授諸學校，其中所刊《論語》即注疏合刻本[①]。根據上文《尚書》金刻本爲蒙古刻本所從出類推，可知元貞本所據底本當爲金刻本，而金刻本所據底本，我們大膽地推測，可能就是《直齋書録解題》卷三所著録之《論語注疏解經》十卷。儘管這個版本未見其他著録或傳本，但至少可以説明在陳振孫（南宋中後期理宗朝人）之前或同時已存在著十卷本的"注疏解經"，如果上述宋刻本—金刻本—元貞本的鏈條成立的話，那麽其刊行時間當在南宋早期甚或北宋；光宗、寧宗間蜀大字本刻於蜀中，寧宗嘉泰、開禧間八行本刻於浙東，爲建陽坊刻十行本所從出，

---

① ［元］脱脱等：《金史》卷五一《選舉志》一，第 131 頁。

三者均由經注本和單疏本直接重構而成①,分別在南宋的三個不同地域刊行,系統各異,時間或有先後,或許是不了解他本的存在,或許是延續五代以來各自地方經書刊刻的傳統,彼此并不相謀,各自獨立構成②。

除前揭傳世四本和《直齋書錄解題》著錄本(題名不外乎"注疏"和"注疏解經")外,《論語》注疏合刻本應該也還有"兼義",且其刊行時間早於蜀大字本和八行本、十行本。我們發現,洪興祖(1090—1155)《楚辭補注·離騷》"厥首用夫顛隕"注云:

> 《論語兼義》云:羿逐后相自立,相依二斟,夏祚猶尚未滅。及寒浞殺羿,因羿室而生澆,澆長大,自能用師,始滅后相。相死之後,始生少康,少康生杼,杼又年長,始堪誘豷,方始滅浞而立少康。計太康失邦,及少康紹國,向有百載乃滅有窮。而《夏本紀》云仲康崩,子相立,相崩,子少康立,都不言羿、浞之事,是馬遷之疏也。③

這段文字解釋羿、相、寒浞、澆(奡)、少康幾個歷史人物之間的關係,係節引《論語》疏文。《論語·憲問》:"南宮适問於孔

---

① 雖然我們不能完全排除蜀大字本係由單疏本和經注附《釋文》本重構而成的可能性,但其《釋文》附於疏文之下,而非注文之下,似可推知其所據《釋文》原本是單行的,否則不會大費周章地把《釋文》從注文下移至疏文下。

② 以上詳參拙著《經學文獻的衍生和通俗化》第一章"正經注疏的衍生和傳刻"第五節"金元平水注疏合刻本研究",第124—151頁。

③ [宋]洪興祖:《楚辭補注》卷一《離騷經章句第一》,中華書局2012年版,第23頁。

子曰：羿善射，奡盪舟，俱不得其死然。"《集解》："孔曰：羿，有窮國之君，篡夏后相之位，其臣寒浞殺之，因其室而生奡。奡多力，能陸地行舟，爲夏后少康所殺。"前揭疏文就是解釋這一條《集解》的（見於蜀大字本《論語注疏》卷七、十行本《論語注疏解經》卷十四。"夏祚猶尚未滅"，十行本同，蜀大字本猶作權；"及少康紹國"，蜀大字本同，十行本及誤反），略有删節。較之洪氏略晚，羅泌（1131—1189）《路史》卷二三後紀十四原注："《論語兼義》云：羿逐相而自立。"[1] 洪氏卒於紹興二十五年（1155），所以可以推定《論語兼義》成書必在此前。也就是説，比起今存蜀大字本和八行本、十行本，《兼義》的刊行時間要早得多，至於與《直齋書録解題》著録本孰爲先後則無從考正。這是一條重要的綫索，説明注疏合刻本"兼義"并不止《周易》《爾雅》（説詳下文）兩種，至少還有《論語》，而且它出現的時間可能相當早，遠遠早於八行本。至於附載《釋文》與否，則不可考。《周易兼義》本《釋文》是作爲附録整體附經别行的，或許《論語兼義》所附《釋文》亦爲這種體式？

附帶説明一下，《孟子》一經是比較特殊的，它進入經書序列遲至北宋，而且所謂《孟子疏》乃假托北宋大儒孫奭，實係兩宋之際邵武士人僞作，最晚在孝宗朝初期已經出現，并在比較廣的範圍内傳播。《直齋書録解題》始同時著録《孟子音義》二卷和《孟子正義》十四卷，視作北宋大中祥符中孫奭等校定《孟子》趙

---

[1] 2019 年我們注意到，李霖教授也已注意到《楚辭補注》和《路史》引邢疏稱作《論語兼義》，只是李教授"知'兼義'之名來源甚早，宋人可能以'兼義'指稱義疏，并非專爲注疏合刻本之題名"（《宋本群經義疏的編校與刊印》第四章"南宋建刻十行本述略"，第 336 頁）。

注并纂修《音義》的成果。宋元之際，王應麟《玉海·藝文》和馬端臨《文獻通考·經籍考》仍之①。所以，《孟子》應該不存在單疏本，僞疏最早出現在注疏合刻本之中，時間不晚於孝宗朝，金代國子監曾據以刊行②，早於寧宗嘉泰間（1201—1204）浙東所刊八行本③和建陽坊刻十行本《孟子注疏解經》。八行本和十行本卷數皆爲十四卷，同於經注本，知其係以經注本爲基礎加入僞疏重構而成的。二本經、注、疏的構成體式與八行本、十行本《論語注疏解經》相同，亦於每章之下出以疏文，先整體釋經文，後分釋注文，經、注文均標示起止（標示起止語頗不統一，或取首尾各二三字直至五六字不等以爲起訖（經文多取意義較爲完足的詞句），或取完整分句，或取句中關鍵詞）。《孟子》與其他各經注疏合刻的進程和路徑都是不同的。

五、《爾雅》注疏合刻

十行本系統《爾雅注疏》首刻於元代，且行款不同於其他十行本，每半葉九行，行經文大字二十字，注、疏文小字二十一字④。文物局本卷首《爾雅注疏序》，署"翰林侍講學士朝請大夫守國

---

① 詳參拙著《經學文獻的衍生和通俗化》第一章 "正經注疏的衍生和傳刻" 第九節 "《孟子音義》《正義》辨"，第 270—274 頁。
② 《金史》卷五一《選舉志一》，第 131 頁。
③ 臺灣 "故宫博物院" 藏宋刻元明遞修本《孟子注疏解經》十四卷。
④ 《爾雅注疏》十一卷，本篇采用日本宫内廳書陵部藏元刻本（簡稱宫内廳本），參照《中華再造善本》影印北京市文物局藏元刻明修本（簡稱文物局本）。

賜（當作子）祭酒上柱國賜紫金魚袋臣邢昺奉／勅校定"（宮内廳本卷首序闕如）。卷端題"爾雅注疏卷第一"，次行題"《爾雅序》（空八字）郭璞序（空一字）邢昺疏"。序後提行題"爾雅兼義一卷上（空四字）郭璞注"，正文起，以下文中分別題有"一卷中""一卷下"。卷末尾題"爾雅注疏卷之一"（文物局本）。以下每卷首均題"爾雅注疏"。所謂《爾雅注疏序》，實即邢昺《爾雅疏叙》（單疏本《爾雅疏》卷首），其中論及昺等"共相討論，爲之疏釋"，阮元校刻南昌府學本（係由黃丕烈士禮居舊藏南宋刻遞修單疏本和嘉靖中吳元恭仿宋刻經注本重構而成，故卷首序出自單疏本，題作《爾雅疏叙》）下有"凡一十卷"四字，《校勘記》云：

> 注疏本删下四字。按《宋史·藝文志》及《玉海·藝文》皆十卷。鄭樵《通志》載《爾雅兼義》十卷，即此書。"兼義"者，以經注本兼合義疏也。後人分爲十一卷，因删此四字。○按今《周易注疏》首標"周易兼義"，蓋宋之淺人作此名目。[1]

《爾雅注疏校勘記》實乃臧庸所作，其《校宋槧板〈爾雅疏〉書後》（庚申仲秋）亦論及此事：

> 邢叔明序云"凡一十卷"，《宋史·藝文志》、王氏《玉海》并同。鄭樵《通志》載《爾雅兼義》十卷，即此書。因

---

[1] ［清］阮元：《十三經注疏校勘記·爾雅注疏校勘記》卷上之上，《續修四庫全書》影印嘉慶十一年文選樓本，第183册，第321頁。

以經注本并合義疏，故名之曰"兼義"，（原注：今汲古閣《周易注疏》題《周易兼義》，此其證。）猶仍十卷之舊。今本分十一卷，倒改邢序爲"凡十一卷"，毛本又刪此四字，似皆明人所爲也。①

考鄭樵（1104—1162）《通志》卷六三《藝文略第一》著録《爾雅正義》十卷，署邢昺撰；次《爾雅兼義》十卷，不署撰人②。《通志》成書不晚於紹興三十二年（1162），其所著録諸書必成於此前。邢昺序及《宋志》《玉海》皆稱《爾雅正義》十卷，實乃單疏本卷數；《爾雅兼義》亦爲十卷，同於單疏本，恐非偶然；而元代刊行的九行本《爾雅注疏》已分爲十一卷，故索性刪削序文"凡一十卷"四字，明清注疏合刻諸本如閩本、監本、毛本、殿本一仍其舊，并無回改一十作十一者。阮本據單疏本編刊，故有此四字，更未回改，臧氏所見之"今本"不可考，頗疑其記憶偶誤。

鄭樵《通志》分別著録《爾雅正義》和《爾雅兼義》，對於二者具體所指，清董瑞椿《讀〈爾雅〉補記》曰：

> 《校勘記》……案《通志》六十三《藝文一·爾雅》類有《爾雅正義》十卷，注"邢昺"；又《爾雅兼義》十卷、《爾雅發題》一卷，下皆不注撰人，且總其數曰："右義三部二十一卷。"然則《正義》自《正義》，《兼義》自《兼

---

① ［清］臧庸：《拜經堂文集》卷二，《續修四庫全書》影印民國十九年宗氏石印本，第1491册，第519頁。

② 《通志·藝文略第一》經類第一，王樹民點校：《通志二十略》，中華書局1995年版，第1482頁。

義》,故《通志》兩存其目。若《兼義》即《正義》,則鄭樵以宋人紀宋人箸述,不應謬舛至是。明焦竑《國史經籍志》亦於《爾雅》類并列《正義》《兼義》。《校勘記》掍而一之,殊失。……此書專爲郭注作《正義》,更不應有《兼義》之稱。①

鄭樵以宋人記宋事,且其本人長於《爾雅》,曾作注解,所記相關著述必不誤,所以董氏指出《正義》《兼義》各自爲書甚是,不過他没能揭示出二者本質差異所在,實際上前者是單疏本,後者是注疏合刻本,版本類型判然有別。至於他批評《校勘記》將二者混同,則非是,因爲《校勘記》意謂《注疏》《兼義》爲一書,并非《正義》《兼義》爲一書。瞿鏞亦稱"《通志》訛以《注疏》《兼義》爲二書,所云《兼義》即此書也"②。我們認爲,《校勘記》所云不確。《注疏》《兼義》固然關係極爲密切,但并非一書,由前揭九行本《爾雅注疏》卷端題名可知,其祖本當爲《爾雅兼義》,所以卷端仍保留著"兼義"的痕迹(且一卷上、中、下相互對應,説明整卷内容徑取《兼義》),這是非常明顯的。但二者卷數不同,卷次分合和内容構成亦必不同,所以絶非一書,甚至連翻刻都稱不上。雖然我們不能依據《通志》遽認定紹興三十二年以前《兼義》既已刊行(由於《通志》一書的特殊性質,所以也存在著其著録本爲抄本等其他載體而非刻本的可能

---

① [清]雷浚、汪之昌同輯:《學古堂日記》,光緒中蘇州學古堂刊本,第13册,第56頁。
② [清]瞿鏞:《鐵琴銅劍樓藏書目録》卷七經部七元刊本《爾雅注疏》十一卷,中華書局影印光緒中常熟瞿氏刻本,1990年版,第101頁。

性），但我們又發現了另外一條堅實的證據，可以確知其書確曾刊行。1241年（理宗淳祐元年），日本禪宗史上的著名僧人圓爾辯圓（聖一國師）從宋歸國，帶回典籍數千卷，收藏於東福寺。1353年（元至正十三年），東福寺第二十八世大道一以（住持）點檢藏書，編成《普門院經論章疏語録儒書等目録》。根據此目記載，圓爾辯圓攜歸的宋代典籍即有《尚書正義》一册、《爾雅兼義》三册、《毛詩注疏》七册[①]。雖《尚書正義》之爲單疏本抑或注疏合刻本無從判斷，但《毛詩注疏》必爲注疏合刻本，《爾雅兼義》亦必爲注疏合刻本。由此可以推知，至少在淳祐之前確曾刊行以"兼義"爲題名的《爾雅》注疏合刻本。王國維先生注意到"南雍十行本註疏向無《儀禮》《爾雅》二種，故元明間尚補綴單疏本以彌十二經之闕，是以二疏後世尚有傳本，餘疏自元以後蓋已不復印行矣"[②]。如上所述，《爾雅》雖無元刻十行本，但有元刻九行本以補其闕，湊成整套"十三經注疏"（《儀禮》非注疏合刻本）。因爲宋代建陽坊刻十行本并無《爾雅》，所以宋代通行的《爾雅兼義》必非十行本，是爲元代刊行的九行本《爾雅注疏》之祖本。

　　《爾雅兼義》卷數同於單疏本，則其卷次分合和內容構成當亦相同，而九行本《爾雅注疏》與之不同。現將《爾雅》經注本、單疏本和九行本卷次分合列表如下：

---

　　① 《大正新脩大藏經》別卷《昭和法寳總目録三》。根據嚴紹璗老師《跬步齋文稿‧嚴紹璗自選集‧漢籍東傳日本的軌迹與形態》之三"以禪宗僧侶爲主體的傳播形式"提供的綫索（首都師範大學出版社2016年版，第77—79頁），覆覈原書。

　　② 王國維：《傳書堂藏書志》卷一宋刻本《爾雅疏》解題，上海古籍出版社2015年重印2014年版，第82頁。

表 9 《爾雅》卷次分合表

篇目	經注本	單疏本	九行本
卷首	《爾雅序》	《爾雅疏叙》	《爾雅注疏序》
釋詁第一	卷上	V1《爾雅序》《釋詁》第一	《爾雅序》V1 上、中、下 《釋詁》第一
		V2《釋詁》下	
釋言第二		V3	V2
釋訓第三		V4	V3 上下
釋親第四			
釋宮第五	卷中	V5	V4 上下
釋器第六			
釋樂第七			V5 上下
釋天第八		V6	
釋地第九		V7	V6
釋丘第十			
釋山第十一			V7
釋水第十二			
釋草第十三	卷下	V8	V8 上下
釋木第十四		V9	V9 上下
釋蟲第十五			
釋魚第十六		V10	V10 上下
釋鳥第十七			
釋獸第十八			V11
釋畜第十九			

可見，單疏本還保持著經注本以篇目爲單位的分卷原則，除把經注本卷上《釋詁》析分爲兩卷（另將《爾雅序》并入）外，餘者多爲數篇合并爲一卷，篇幅較大者篇自爲卷，比較整飭。相比較而言，九行本則多爲兩篇爲一卷，個別的篇幅較大者篇自爲卷，其中多卷又再分上（中）下子卷，但多未考慮到篇目的完整性，

切分較爲隨意。九行本分卷與單疏本同者甚尠,其構成方式與《周易兼義》相同,係以經注本爲基礎加入疏文重構而成,疏文所出先後次序及其内容一以單疏本爲據,多以一完整的訓詁條目爲單位,其下歸總出以疏文,分釋經、注文,只是大字"疏"下疏文不冠以"釋曰"二字,且經、注文皆不標示起止(釋經之疏和釋注之疏之間或以〇間隔,或空一格,間有全無標識連寫者),不同於其他注疏合刻本。而單疏本經、注文皆標示起止,或徑錄原文,或截取首尾各二字以爲起訖,疏文冠以"釋曰"。九行本所附《釋文》,雖散入經、注文之下的體式與多數十行本并無不同,但具體内容則頗有異同,所出全部條目均爲注音,反切多取自《釋文》(反作切);直音則多爲《釋文》所無,當出自他書;《釋文》中有關釋義和揭示異文的内容則全部删削[①]。

六、其餘各經注疏合刻的進程

上述諸經注疏合刻的進程都具有一定的特殊性,表現出不同程度的個性化特徵。根據傳世版本及相關著録,其餘各經注疏合刻的進程相對比較簡單,或者説我們尚未掌握足以説明其複雜性的相關信息,大致有以下五種情形:一是既有八行本又有宋刻、元刻十行本,如《毛詩》雖無八行本傳世,但從黄唐跋文

[①] 承蒙張麗娟教授賜告,國圖藏宋刻經注本《爾雅》卷末所附釋音題爲《爾雅音釋》或《爾雅釋音》,與《爾雅注疏》釋音的一致度相當高,所以她認爲《爾雅注疏》的釋音應該是將類似經注本《爾雅音釋》的音釋文本散入正文的,而非直接由《釋文》删削、改造成的。我們認同張麗娟教授説。

中可知當時確曾刊行①(《六經正誤》卷三《谷風》《七月》亦引及"紹興注疏本"),傳世注疏合刻本有宋刻(足利學校遺迹圖書館藏建安劉叔剛一經堂刻本,當即《(景定)建康志》所著錄之"建本《注疏》")、元刻十行本《附釋音毛詩注疏》二十卷,卷數同於經注本。現將《毛詩》經注本(《四部叢刊》影印鐵琴銅劍樓舊藏宋刻巾箱本)、單疏本(杏雨書屋藏南宋紹興九年刻本,缺首七卷)及宋刻十行本卷次分合(單疏本卷八以下)列表如下:

表10 《毛詩》卷次分合表

內容	經注本	十行本	單疏本
鄭風	V4（後半部分）	V4-2 V4-3 V4-4	V8
齊風	V5	V5-1 V5-2	V9
魏風		V5-3	V10、11
唐風	V6	V6-1 V6-2	
秦風		V6-3 V6-4	
陳風	V7	V7-1	V12
檜風		V7-2	
曹風		V7-3	

① 八行本《禮記正義》卷末黃唐跋文有曰:"紹熙辛亥仲冬,唐備員司庚,遂取《毛詩》《禮記》疏義,如前三經(《易》《書》《周禮》)編彙,精加讎正,用鋟諸木,庶廣前人所未備。"(《中華再造善本》影印國圖藏南宋紹熙三年兩浙東路茶鹽司刻宋元遞修本)

續表

內容	經注本	十行本	單疏本
豳風	V8	V8-1 V8-2 V8-3	V13、14
小雅	V9—V15	V9—V15 子卷凡十八	V15—V25
大雅	V16—V18	V16—V18 子卷凡十四	V26—V34
周頌	V19	V19-1 V19-2 V19-3 V19-4	V35—V37
魯頌	V20	V20-1 V20-2	V38—V39
商頌		V20-3 V20-4	V40

不難看出，十行本整體架構出自經注本，分卷一仍其舊，不過每卷再析分子卷而已（各卷小題盡皆取自經注本，亦爲顯證），知其係以經注本爲基礎加入疏文重構而成；當然，單疏本分卷雖不同於經注本，但分卷的原則是一致的，即以風、雅、頌（具體到各國風、小大雅、三頌）來切分卷帙，據疏文體量重新編排，有分有合，并無一定的規律性。八行本雖無傳本[①]，但根據八行本

---

　　① 據李霖教授（《宋本群經義疏的編校與刊印》第三章"南宋越刊八行本的編刊與遞修"第三節"八行本的標目與分卷"，第267—269頁）和張麗娟教授（《宋代經書注疏刊刻研究》第五章"越州刻八行注疏本"第一節"今存越州刻八行注疏本的傳本"，第317頁）研究，臺灣"故宫博物院"藏日本古鈔本《毛詩注疏》（八行十六字左右，小字雙行二十二字左右）所從出之底本當爲八行本。

《尚書》《禮記》《左傳》的規律性（尤其是黃唐同時刊行的八行本《禮記》），題名當作"正義"，卷數當爲四十卷，并與單疏本同。單疏本每篇首均標示篇目＋幾章章幾句，如同時又有釋《小序》之疏文，則截取其末尾二三字，共同構成標示起止語（如《緇衣》"緇衣三章章四句至功焉"），題解疏出在《小序》之下；而十行本無論有無釋《小序》之疏，標示起止語均統一改造爲篇目＋章句＋《小序》末尾二字，如"叔于田三章章五句至歸之"（單疏本無"至歸之"三字）。十行本疏文所出先後次序及其内容一以單疏本爲據，以章爲單位（并非以句爲單位，如《叔于田》第二章"叔于狩巷"至"洵美且好"凡五句，釋傳"冬獵曰狩"疏出在章末，而非傳文所出之第二句末），其下歸總出以疏文，先整體釋經文（亦有不釋經文，只釋傳或箋者），後分釋傳、箋（一以其所出位置之先後爲次），經、傳（箋）皆標示起止，與單疏本略同（亦有加以改造、以求形式整飭者，如"箋'繕之至甲鎧'"，單疏本無"繕之至"三字）。標示起止語不甚統一、規范，以截取首尾各二字以爲起訖者爲主，他如擇取句中關鍵詞，或完整分句，乃至迻錄整句者亦多有之。

《禮記》八行本（國圖藏南宋紹熙三年兩浙東路茶鹽司刻宋元遞修本《禮記正義》）題名基本上都作"正義"，卷數爲七十，并與單疏本（日本身延山久遠寺藏南宋刻本《禮記正義》，存卷六十三至七十）同。宋刻（今無傳本，但有乾隆中和珅覆刻本）、元刻十行本《附釋音禮記注疏》六十三卷，卷數不同於經注本和單疏本。各本卷次分合如下表所示：

表 11 《禮記》各本卷次分合表

篇目	經注本	十行本	單疏本	八行本
卷首		《禮記正義序》"禮記正義"題解疏		《禮記正義序》
曲禮上第一	V1	V1—V3		V1—7（包含題解疏）
曲禮下第二		V4—V5		
檀弓上第三	V2	V6—V8		V8—14
檀弓下第四	V3	V9—V10		
王制第五	V4	V11—V13		V15—20
月令第六	V5	V14—V17		V21—25
曾子問第七	V6	V18—V19		V26—27
文王世子第八		V20		V28—31
禮運第九	V7	V21—V22		
禮器第十		V23—V24		V32—33
郊特牲第十一	V8	V25—V26		V34—36
內則第十二		V27—V28		V37—38
玉藻第十三	V9	V29—V30		V39—40
明堂位第十四		V31		V41
喪服小記第十五	V10	V32—V33		V42—43
大傳第十六		V34		V44—45
少儀第十七		V35		
學記第十八	V11	V36		V46
樂記第十九		V37—V39		V47—49
雜記上第二十	V12	V40—V41		V50—52
雜記下第二十一		V42—V43		
喪大記第二十二	V13	V44—V45		V53—54
祭法第二十三	V14	V46		V55—56
祭義第二十四		V47—V48		
祭統第二十五		V49		V57

續表

篇目	經注本	十行本	單疏本	八行本
經解第二十六	V15	V50		V58
哀公問第二十七				
仲尼燕居第二十八				
孔子閒居第二十九		V51		
坊記第三十				V59
中庸第三十一	V16	V52—V53	V63	V60—V63
表記第三十二	V17	V54		
緇衣第三十三		V55		
奔喪第三十四	V18	V56		
問喪第三十五			V64	V64
服問第三十六		V57		
間傳第三十七				
三年問第三十八		V58	V65	V65
深衣第三十九				
投壺第四十	V19			
儒行第四十一		V59	V66—V67	V66—V67
大學第四十二		V60		
冠義第四十三	V20	V61	V68	V68
昏義第四十四				
鄉飲酒義第四十五				
射義第四十六		V62	V69	V69
燕義第四十七			V70	V70
聘義第四十八		V63		
喪服四制第四十九				

由上表可知，經注本分卷是以篇爲單位的，有篇自爲卷者，亦有二到數篇爲一卷者；單疏本則打破了篇的限制，既有一篇或數篇爲一卷者，也有一篇跨數卷者。八行本卷次分合及其内容構成悉同單疏本，知其構成方式係以單疏本爲基礎加入經、注文。十行本分卷雖與經注本不盡相同，但總體上仍保持著經注本的架構和規制，即以篇爲單位來劃分卷次，基本上都采用把經注本一卷析分爲二至三卷的做法（卷五十八、五十九例外，打破了經注本原有的卷次），知其構成方式係以經注本爲基礎加入疏文。八行本、十行本疏文所出位置、次序及其内容一以單疏本爲據，以節爲單位，其下歸總出以疏文（間有個别例外，如《三年問》"由九月以下"至"人之所以羣居和壹之理盡矣"，單疏本標示起止"由九至盡矣"，疏"上節既稱……"云云；下一節經文"故三年之喪"至"天下之達喪也"，單疏本標示起止"故三至喪也"，疏"此一節重明……"云云。八行本分别於兩節之下出以疏文，與單疏本同，但十行本疏文歸總置於後一節經、注文之下。出現這種狀況當緣於編者對《禮記》本文分節的認識有所不同），先分釋經文（中間各空一格），後分釋注文。單疏本、十行本經、注文皆標示起止，八行本只標示注文起止、不標示經文起止（與《周易》八行本體式相同），標示起止語各本約略相同（疏文雖歸總出於每節之下，但所標示之起止或爲疏文重點解釋的語句，未必截取本節首尾各二字。如《奔喪》"哭父之黨於廟"至"凡爲位者壹祖"一節，單疏本標示起止"哭父至張帷"，實爲本節第一段起止，而十行本改作"哭父至壹祖"，意在追求體例統一。"凡喪"至"親者主之"一節，單疏本標示起止"凡喪至主人"，之誤人，十行本予以訂正），以截取首尾各二字以爲起訖爲主，經文比較有規律，大率整飭（十行本間有添加虛字者，如"所識者弔"至"從主人北面而踊"一節，十行本標示經文起止"所識者至而踊"），注文則擇取整句或關鍵詞者亦有之。

《春秋左氏傳》八行本題名作"正義"（國圖藏南宋慶元六年紹興府刻宋元遞修本《春秋左傳正義》），卷數爲三十六卷，并與單疏本（日本文化中近藤守重影鈔常陸國久慈郡萬秀山正宗寺影宋鈔本《春秋正義》）同。宋刻（足利學校遺迹圖書館藏建安劉叔剛一經堂刻本，當即《（景定）建康志》所著錄之"建本《注疏》"）、元刻十行本《附釋音春秋左傳注疏》六十卷，卷數不同於經注本和單疏本。各本卷次分合如下表所示：

表12 《左傳》各本卷次分合表

《春秋》十二公紀年	經注本	單疏本	八行本	十行本
卷首	《春秋序》	卷首《上五經正義表》《春秋正義序》V1《春秋左氏傳序》	卷首《春秋正義序》V1《春秋左氏傳序》	卷首《春秋正義序》V1《春秋序》
隱公第一 杜氏盡十一年	V1	V2—V4	V2—V4	V2—V4
桓公第二 杜氏盡十八年	V2	V5—V7	V5—V7	V5—V7
莊公第三 杜氏盡卅二年	V3	V8—V9	V8—V9	V8—V10
閔公第四 杜氏盡二年	V4	V10（閔公及僖公元年至五年）[1]	V10	V11
僖上第五 杜氏盡十五年	V5	V11（六年至十五年）	V11	V12—V17
僖中第六 杜氏盡廿六年	V6	V12	V12	

續表

《春秋》十二公紀年	經注本	單疏本	八行本	十行本
僖下第七 杜氏盡卅三年	V7	V13	V13	V12—V17
文上第八 杜氏盡十年	V8	V14	V14	V18—V20（19分上下）
文下第九 杜氏盡十八年	V9	V15	V15	
宣上第十 杜氏盡十一年	V10	V16	V16	V21—V24
宣下第十一 杜氏盡十八年	V11	V17	V17	
成上第十二 杜氏盡十年	V12	V18	V18	V25—V28
成下第十三 杜氏盡十八年	V13	V19	V19	
襄元第十四 杜氏盡九年	V14	V20（盡八年）	V20（盡八年）	V29—V40
襄二第十五 杜氏盡十五年	V15	V21（盡十二年）	V21（盡十二年）	
襄三第十六 杜氏盡二十二年	V16	V22（盡二十二年）	V22（盡二十二年）	
襄四第十七 杜氏盡二十五年	V17	V23（盡二十五年）	V23（盡二十五年）	
襄五第十八 杜氏盡二十八年	V18	V24（盡二十八年）[2]	V24（盡二十八年）	
襄六第十九 杜氏盡三十一年	V19	V25（盡三十一年）	V25（盡三十一年）	
昭元第二十 杜氏盡三年	V20	V26	V26	V41—V53

續表

《春秋》十二公紀年	經注本	單疏本	八行本	十行本
昭二第二十一　杜氏　盡七年	V21	V27	V27	V41—V53
昭三第二十二　杜氏　盡十二年	V22	V28	V28	
昭四第二十三　杜氏　盡十七年	V23	V29	V29	
昭五第二十四　杜氏　盡二十二年	V24	V30	V30	
昭六第二十五　杜氏　盡二十六年	V25	V31	V31	
昭七第二十六　杜氏　盡三十二年	V26	V32	V32	
定上第二十七　杜氏　盡七年	V27	V33	V33	V54—V56
定下第二十八　杜氏　盡十五年	V28	V34	V34	
哀上第二十九　杜氏　盡十三年	V29	V35（盡十一年）	V35（盡十一年）	V57—V60
哀下第三十　杜氏　盡二十七年	V30	V36（盡二十七年）	V36（盡二十七年）	

注：1. 日系影宋鈔單疏本《春秋正義》(《四部叢刊續編》影印本)將僖公元年至五年抄入此卷，當出於各卷體量平衡的考量，因爲閔公僅有八葉，或係抄者以爲不足以成卷。我們之所以如此認定，是因爲通觀整個單疏本絕無某公元年不位於卷首者，而且"僖公"起首甚至沒有提行，知其誤植於此；另一個有力的證據就是八行本并不如是，閔公獨立成卷，僖公始於卷十一，因爲二者卷數、卷次全同，故可以類推。

2. 經注本卷十八、單疏本卷二十四并不始於襄公二十六年，起首綴入襄公二十五年傳"會於夷儀之歲"至"成而不結"，八行本卷二十四首亦同。十行本則與上述三者不同，卷三十七起首爲襄公二十六年，"會於夷儀之歲"傳、注、疏文已并入卷三十六。

不難看出，單疏本分卷略同經注本，除卷首《春秋左氏傳序》獨立成卷以爲卷一，隱、桓、莊三公分別析分爲二或三卷外，餘者卷次分合皆同於經注本，而且除了襄公和哀公各卷内容分合（起訖年）有所不同，餘者亦皆相同。八行本的構成方式是以單疏本爲基礎加入經、注文，不但卷數相同，卷次分合亦全同。至於十行本則做了相當大的改動，雖然以某公爲單位的分卷原則并未改變，但因爲卷帙大加擴充，所以較之經注本和單疏本不僅卷次進一步析分，而且某公起訖年亦多所不同。

　　八行本疏文所出位置及其内容分合經傳有別，與單疏本不盡相同。經文簡直，每一條（多爲一句）即爲一完整的記事單元（多爲一個經+注結構），其下出以疏文，分釋經、注文，同於單疏本；傳文繁複，每個完整的記事單元長短不一（多爲多個傳+注結構），相對獨立，疏文歸總置其末，分釋傳文或注文，以其所出先後爲次（與《周易》八行本先釋經/傳文都畢，然後再分釋各句注文不同），與單疏本分別於各句傳、注文之下出以疏文不同。十行本疏文所出先後次序及其内容一以單疏本爲據，以一個或數個經（傳）+注結構爲一完整的意義單元（或爲自然段落，或爲語句），其下歸總出以疏文，與八行本著眼於記事單元的完整性不同。注疏合刻本雖以整合疏文爲主，亦有分解疏文者，如卷二"春秋經傳集解隱公第一"，單疏本題解疏出於其下，十行本同（隱下脫公字），八行本則將其分解爲"春秋經傳集解"和"隱公第一"兩條，疏文亦相應地析分爲兩部分。八行本、十行本與單疏本標示起止語基本相同，少有異文（如隱公元年夏四月傳注，單疏本、八行本標示起止同："注'費伯至放此'"，十行本作"注'費伯魯大夫至做此'"，有所不同）。標示起止語以截取首尾各二字以爲起訖爲主，兼有其他形式，或取句中四字關鍵詞，如隱公元年八月傳"紀人伐夷""無使滋蔓""國不堪貳"；或取完整分句，如"傳'不書即位攝也'"（單疏本、八行本同，十行本無"傳"字）。此外，杜預《春秋左氏傳序》（單疏本、八行本同，十行本作《春秋序》，三本皆獨立成卷以爲卷一）較爲特殊，與正文部分有所不同。八行本、十行本疏文所出位置及其内容分合皆同於單疏本，八行本不標示起止，單疏本和十行本雖皆標示起止，但文字差異甚大，單疏本徑取整句文字，或取首尾相對完整各一分句以爲起訖，十行本則相對規範、統一，取首尾各二字或三字以爲起訖；間有二者相同者，如"優而柔之"至"然後爲得也"標示起止同，"優而柔之至然後爲得也"。

二是既有八行本又有元刻十行本，是否有宋刻十行本則無可考正，如《周禮》八行本《周禮疏》五十卷（國圖藏南宋兩浙東路茶鹽司刻宋元遞修本）題名和卷數悉同單疏本（京都大學清家文庫藏室町後期鈔本《周禮疏》），元刻十行本《附釋音周禮注疏》四十二卷，卷數不同於經注本和單疏本。各本卷次分合如下表所示：

表 13 《周禮》卷次分合表

六官	經注本	單疏本	八行本	十行本
卷首		卷首中書門下牒		《周禮正義序》《序周禮廢興》
天官冢宰第一	V1（至腊人）	存 V1—V3（（《周禮疏序》）、《序周禮廢興》天官冢宰第一（至宫伯）	V1（《周禮疏序》）、《序周禮廢興》V1—V4（至腊人）[1]	V1—V4（至腊人）

續表

六官	經注本	單疏本	八行本	十行本
天官冢宰下	V2	存V7—V8（起司書至夏采）	V5—V8	V5—V8
地官司徒第二	V3（至充人）	存V12—V13（起鄉師至充人）	V9—V13（至充人）	V9—V13（至充人）
地官司徒下	V4	存V14（起載師至均人）	V14—V17	V13（起載師）—V16
春官宗伯第三	V5（至職喪）	V18—V24（至職喪）	V18—V24（至職喪）	V17—V22（至職喪）
春官宗伯下	V6	V25—V32	V25—V32	V22（起大司樂）—V27
夏官司馬第四	V7（至掌畜）	V33—V36（至掌畜）	V33—V36（至掌畜）	V28—V30
夏官司馬下	V8	V36（司士起）—V39	V36（司士起）—V39	V31—V33
秋官司寇第五	V9（至貉隸）	V40（至大司寇）	V40—V42（至貉隸）	V34—V36（至貉隸）
秋官司寇下	V10		V43—V45	V36（起布憲）—V38
冬官考工記第六	V11（幀氏）		V46—V47（至幀氏）	V39—V40（至幀氏）
冬官考工記下	V12		V48—V50	V41—V42

注：1. 南宋兩浙東路茶鹽司刻宋元遞修本《周禮疏》"周禮疏卷第一"六字分別在卷首賈序前和正文卷端重出，而日系室町後期鈔本《周禮疏》此六字不重出，只出現在卷首賈序前。

日系單疏鈔本雖僅存殘卷，但由上表可以看出八行本卷次分合和內容構成悉同單疏本。單疏本卷次雖不同於經注本，但遵循的分卷原則還是經注本所確立的六官各分上下，且上下篇具體包含的職官亦皆相同，除卷三十六"夏官司馬下"處於卷中外，餘者皆列於卷首，知其具有明確的分卷意識。至於十行本，大體上也遵用這一架構，但分卷較爲細碎，六官上下出現在卷中者計有卷十三、二十二和三十六，不如八行本整飭。

八行本和單疏本、十行本經、注、疏的構成體式有所不同：八行本大體可分爲兩種體式，對於疏文分釋經、注文者，則采用經＋釋經之疏＋注＋釋注之疏的體式；對於只有釋注之疏而無釋經之疏者，或不分經、注而整合釋之者，則采用傳統的經＋注＋疏的體式。上述兩種體式經、注文皆不標示起止。這樣就造成疏文所出位置或有不同，前者分出經文和注文之下二處，後者則歸總置於經、注文之下一處，知其嚴格地遵照單疏本疏文所出位置來組合經、注、疏。十行本經、傳、疏的構成體式則與八行本的第二種體式相同，多以經＋注結構爲單位，其下出以疏文，分釋經、注文，經、注文皆標示起止，標示起止語與單疏本基本相同，間有異文（如"體國經野"注"體猶分也"至"四井爲邑之屬是也"，單疏本標示起止"注'體猶至之屬'"，十行本之屬作是也；"治官之屬"至"旅下士三十有二人"，單疏本標示起止"治官至有二人"，十行本無有字；"府六人，史十有二人"，單疏本徑錄整句，十行本標示起止"府至二人"；"宮正，上士二人"至"徒四十人"，單疏本只出"宮正"二字，十行本標示起止"宮正至十人"），相比較而言十行本更加嚴格地截取首尾各二字以爲起訖，當出於形式整飭的考量。此外，由於單疏本標示經文起止或有僅標示職官名稱者，所以就會出現八行本和十行本疏文所出位置不同的狀況，如前揭"宮正"之下次"宮伯"，單疏本疏文出於"宫正"之下,十行本仍之,實際上這則疏文是總結上文,承上啓下,涵蓋"宫正""宫伯"等,當如八行本出在"宫伯"之下爲是。《周禮》八行本經、注、疏的構成體式不同於其他八行本,反映了注疏合刻早期致力於優化體式的探索。因爲單疏本據以編纂的文本基礎是經注本,其基本體式爲經+注結構,所以單疏本疏文所出位置相應地就是在一個或數個經+注結構之下的;也就是説,雖然單疏本依次呈現出來的標示起止語是經某某至某某、注某某至某某(顯性位置),實則并非分出於經、注之下兩處,而是整體出在經、注文之下一處(隱性位置)。八行本第一種經、注、疏構成體式表面上看起來似乎是完全依照單疏本所釋經、注文的次序而出以疏文,但實際上是不符合經注本文本構成的規律的。

　　三是僅見宋刻十行本和元刻十行本,是否有八行本無可考正,如《監本附音春秋穀梁注疏》二十卷(國圖藏宋刻本)。《穀梁》經注本《春秋穀梁傳》和單疏本《春秋穀梁疏》(《嘉業堂叢書》翻刻本,卷六至十二)卷數相同,公自爲卷,凡十二卷,而十行本卷帙加以擴充,每公或析分爲二卷,或獨立成卷,爲卷二十。十行本疏文所出位置、次序及其内容一以單疏本爲據,以一個或數個經/傳+注(間有無注文者)結構爲一完整的意義單元(或爲自然段落,或爲語句),其下歸總出以疏文,先釋經/傳文,後釋注文,以其所出先後爲次,經/傳、注文皆標示起止。單疏本標示起止語頗不統一、規范,或擇取首尾各二字以爲起訖,或截取較爲完整的分句(如哀公元年注標示起止"注'不時之中至可也'",十行本改作"注'不時至可也'"),或徑録整句(如哀公元年傳標示起止"傳'此該郊之變而道之也'",十行本改作"此該至之也";注標示起止"注'於災變之中又有可善而言者'",十行本改作"注'於災至言者'"),或取句中關鍵詞,而十行本多對其進行改造,以截取首尾各二字以爲起訖爲主,形式上更加整飭、統一。《公》《穀》往往并行,《公羊》當亦有宋刻十行本,惜未見。《公羊》經注本《春秋公羊經傳解詁》亦分爲十二卷(國圖藏南宋余仁仲萬卷堂刻本),公自爲卷,單疏本《春秋公羊疏》三十卷(國圖藏宋刻遞修本,存卷一至七),每公析分爲二至多卷;元刻十行本《監本附音春秋公羊注疏》二十八卷,亦采用這種析分的方法,但具體卷次分合却有不同(如隱公,單疏本、十行本皆分爲三卷,但前者分別是起序盡元年正月、起三月盡二年、起三年盡十一年,後者分別是元年(序獨立爲卷首)、起二年盡四年、起五年盡十一年),可知二者卷次分合和内容構成不同。十行本與單疏本疏文所出位置、次序及其内容相同,歸總出於一相對完整的意義單元之下,分釋經/傳、注文。不過,釋注之疏與《穀梁》等他經不同,同一條注釋往往析分爲若干條,分別標示起止,一一出以疏文(單疏本已然,十行本仍之),與他經以一條經/傳文之下的整個注釋爲單位(標示起止語及其對應的疏文都是唯一的,分釋各句者分別冠以提示語)不同。

四是僅見元刻十行本,無八行本和宋刻十行本,如《孝經注疏》九卷,卷數不同於經注本和單疏本。五是宋元時期注疏尚未合刻,明代始有注疏合刻本,即《儀禮》。元刻十行本除《儀禮》外其他各經皆爲注疏合刻本,《儀禮》只是白文本十七卷及南宋楊復所作有關禮儀的儀節程序、陳設方位的解説和插圖《儀禮圖》十七卷、《旁通圖》一卷。《儀禮》最早的注疏合刻本是由陳鳳梧嘉靖五年(1526)刻於山東,而後將書板送入南京國子監的。

附論:《莊子》注疏合刻

除了儒家經典存在著注疏合刻的問題，道家經典《老》《莊》以其在唐代具有與九經同等顯赫的地位，故亦有注疏合刻本。值得注意的是，我們由此追溯到了"兼義"的原始出處和本義。唐杜光庭《廣聖義疏序》提及"法師韋録"，自注："字處玄，注《兼義》四卷。"① 此書亦見於《隋書·經籍志三》著録，"《老子義疏》四卷，韋處玄撰"②。可知此處"兼義"亦即義疏之義，這應該是"兼義"的原始内涵。至於宋人用作"以經注本兼合義疏"（注疏合刻本）之義，顯係由此引申而來的。舊題南朝齊顧歡撰《道德真經注疏》八卷（有《正統道藏》本），兼有河上公注和成玄英疏。其書乃偽托之作，一般認爲作者是唐道士李榮，原名爲《集解》。《莊子》郭象注和成玄英疏，先後分别有單注本和單疏本，繼而二者重構而成注疏合刻本，與儒家經典注疏合刻的進程頗具相似性和共通性。《郡齋讀書志》著録成玄英《莊子疏》三十三卷，"本郭象注，爲之疏義"③；《直齋書録解題》亦著録成玄英《莊子疏》，不過卷數是三十卷④。成玄英《南華真經疏序》有曰"依子玄（郭象）所注三十三篇，輒爲疏解，總三十卷"，可知單疏本原本三十卷，三十三係篇自爲卷之數。宮内廳書陵部藏松崎慊堂舊藏室町鈔本《南華真經注疏解經》三十三卷，和刻本有萬治四年（1661）中野宗左衛門刊本《南華真經注疏解

---

① ［漢］河上公、［唐］杜光庭等:《道德經集釋》下，中國書店2015年版，第534頁。
② 《隋書》卷三四，第1001頁。
③ 《郡齋讀書志校證》卷一一，第480—481頁。
④ 《直齋書録解題》卷九，第287頁。

經》三十三卷，當與宮内廳本同出一源，皆爲注疏合刻本。此外，又有三十五卷本《南華真經注疏》，"今依明《道藏》本抄錄，爲卷三十五。據《敏求記》，錢曾所藏爲前明南京解元唐寅家北宋槧本①，蓋當時單行之書不與《道藏》本同也"②。又有十卷本《莊子注疏》，見於楊守敬《日本訪書志》卷七著錄，"宋槧本，原十卷，缺三至六凡四卷。新見義卿賜蘆文庫舊藏"③。《莊子》單注本即十卷，可以推知十卷本《注疏》係以單注本爲基礎加入疏文重構而成；單疏本三十三卷，三十三卷本《注疏解經》和三十五卷本《注疏》當以單疏本爲基礎加入經、注文構成。可見，《莊子》注疏合刻本的構成方式與儒家經典是一致的。

七、前人對於注疏合刻本題名的認識

清人既已注意到注疏合刻本之題名并不統一，并試圖做出合理的解釋，引起相關討論的就是《周易》十行本之題名"兼義"，不同於其他各經之題作"注疏"。至於爲什麼稱作"兼義"，浦鏜曰："'兼義'二字，《釋文》無。案《唐書·孔穎達傳》，穎達與顔師古等詔撰《五經義訓》，凡百餘篇，號'義贊'，詔改爲'正

---

① [清] 錢曾著，管庭芬、章鈺校證：《錢遵王讀書敏求記校證》卷三上，中華書局影印長洲章氏1926年刊本，1990年版，第126頁。

② [清] 阮元：《揅經室外集·四庫未收書提要》卷一，中華書局2006年重印1993年版，《揅經室集》下册，第1209頁。

③ 《日本藏漢籍善本書志書目集成》影印光緒二十三年楊氏鄰蘇園刻本，北京圖書館出版社2003年版，第9册，第445頁。

義'，前序所題'正義'是也。今諸卷首末并作'兼義'，未詳所自。"①《四庫提要》亦稱"此書初名'義贊'，後詔改'正義'，然卷端又題曰'兼義'，未喻其故"②。浦鏜和四庫館臣都無法解釋"兼義"之義，盧文弨則立足於單疏本相對於經注本別行的科學認知，指出："蓋《正義》本自爲一書，後人始附於經注之下，故毛氏標書名曰《周易兼義》，明乎向者之未嘗兼也。此亦當出自宋人，而未免失之鹵莽。"③因爲盧氏校勘《周易》經傳、注疏是以毛氏汲古閣本《兼義》爲底本的，故僅及毛本題名，實際上毛本也屬於十行本系統，祖本當爲宋刻十行本（今傳本爲元刻十行本），盧氏雖未得見，但也十分敏銳地意識到了。不過，盧氏雖以錢求赤鈔本《周易注疏》爲重要參校本，但尚未能將"注疏""兼義"二題名聯繫起來加以考察。而阮元校勘元刻十行本《兼義》，對於注疏合刻本題名問題的認識更前進了一步，指出"'兼義'者，以經注本兼合義疏也"④，并試圖總結注疏合刻的進程和規律，曰："按'兼義'字乃合刻注疏者所加，取兼并《正義》之意也。蓋其始注疏無合一之本，南、北宋之間以疏附於經注者，謂之某經'兼義'，至其後則直謂之某經'注疏'，此變易之漸也。"⑤臧庸亦曰："南宋以來，始以十三部經注連合義疏，故

---

① ［清］浦鏜:《十三經注疏正字》卷一《易》，四庫本，第192册，第5頁。
② 《四庫全書總目》卷一經部一内府刊本《周易正義》十卷提要，第3頁。
③ ［清］盧文弨:《抱經堂文集》卷七《周易注疏輯正題辭》，中華書局1990年版，第85頁。
④ 《十三經注疏校勘記·爾雅注疏校勘記》卷上之上，《續修四庫全書》影印嘉慶十一年文選樓刻本，第183册，第321頁。
⑤ 《十三經注疏校勘記·周易注疏校勘記》卷一"周易兼義上經乾傳第一"條，《續修四庫全書》影印文選樓刻本，第180册，第291頁。

名之曰'兼義',又合稱之曰'注疏',非古也。"① 對於"兼義"的理解,盧、阮、臧三人大旨相同,盧氏謂以疏附於經注;阮氏說略同,所謂以經注本"兼并《正義》"之義,他推斷在注疏合刻的進程中"兼義"是先於"注疏"的一個階段;臧氏尚未形成如阮氏歷時性的觀念,只是從共時的層面來認知這兩個題名。

元刻十行本正經注疏只有《周易》一經題作"兼義",而《周易兼義》不同於其他多數十行本的顯著特徵就是《釋文》(《周易音義》一卷)并未散入相應經、注文之下,而是作爲附錄整體附經別行。對於這一點,清人也已注意到了,乾隆四年(1739)武英殿刻本《周易注疏》卷末朱良裘識語云:

按孔穎達《易疏序》云:"爲之《正義》,十有四卷。"《經籍考》:"《館閣書目》云:今本止十三卷。"② 監本分爲九卷,蓋據王弼注六十四卦六卷,韓伯注《繫辭》以下三卷之文,而又不依其篇第也。諸經題曰"注疏",而《易》獨名爲"兼義";諸經分錄《音義》,而《易》獨附之卷末。直是合刻注疏之始,體例未定,故爾乖違,後人遂沿而不改耳。

---

① 《拜經堂文集》卷二《毛詩注疏校纂序》(己酉仲冬),《續修四庫全書》影印民國十九年宗氏石印本,第1491冊,第529頁。

② 如上所述,《直齋書錄解題》著錄"今本止十三卷"《周易正義》,陳氏已注意到《孔序》稱《正義》十四卷,《館閣書目》亦然,二者卷數不同。這說明陳氏已不明單疏本(《孔序》和《館閣書目》著錄本)和注疏合刻八行本之別,其所著錄之十三卷本實爲八行本。馬端臨《文獻通考·經籍考》實乃輯錄陳氏說。朱良裘誤解陳氏之意,蓋以不明孔氏《正義》爲單疏本,陳氏所謂"今本"爲八行本,殿本所從出之底本之一——萬曆北京國子監刻本(屬於十行本系統)卷次分合和内容構成一以經注本爲據故也。

陳鱣跋八行本《周易注疏》亦曰：

> 原本單疏并無經注，正經注語惟標起止，而疏列其下。注疏合刻，起于南、北宋之間，至于《音義》，舊皆不列本書；附刻《音義》，又在慶元以後，即《九經三傳沿革例》所謂"建本有音釋注疏"是也。以其修版至明正德間止，亦偶正德本；以其每半葉十行，又謂之十行本。然它經《音義》附于每節注後疏前，獨《周易》總附于末卷之後，故題爲《周易兼義》，而不偶"附音"。若夫注疏初合刻本，則并不附。①

朱氏和陳氏解釋《周易》十行本題作"兼義"的原因是所附《釋文》附經別行，與他經散入正文之中不同。丁丙和瞿鏞引證阮氏、陳氏二說，皆稱阮說爲長②。汪紹楹先生亦以爲朱氏、陳氏說似非，"按元槧九行本《爾雅注疏》，亦標有《爾雅兼義》之名，而《釋文》不總附於後，則盧、臧、阮說爲長"③。事實上，朱說、陳說雖於"兼義"界定未爲允當，但注意到《釋文》附經別行的問題，亦具有重要意義。除了上述兩種說法，清人或有駁斥阮說者，曰："《周易正義》十卷，前六卷題王弼注，《繫辭》以下皆題韓康

---

① ［清］陳鱣：《經籍跋文·宋版〈周易注疏〉跋》，《叢書集成初編》據《涉聞梓舊》排印本，第50冊，第1頁。

② 清丁丙《善本書室藏書志》卷一得一居葉氏藏明閩刊本《周易兼義》九卷、《略例》一卷、《音義》一卷解題（中華書局影印光緒中錢唐丁氏刻本，1990年版，第393頁）和瞿鏞《鐵琴銅劍樓藏書目錄》卷一經部一宋刊本《周易兼義》九卷、《略例》一卷、《音義》一卷解題（中華書局影印光緒中常熟瞿氏刻本，1990年版，第8頁）。

③ 汪紹楹：《阮氏重刻宋本十三經注疏考》之七"十行本注疏宋刻元刻本辨"，第37頁。

伯注,卷端題曰'兼義'者,兼爲王、韓兩注作《正義》也,初不謂'以經注本兼合義疏也'。"①其説非是,因爲除了《周易》注疏合刻本有題作"兼義"者,《爾雅》《論語》亦皆有"兼義",知其絶非兼爲王、韓注作疏之義。

總之,盧文弨、阮元對於"兼義"的界定是準確的,意謂以經注本爲主附入疏文。至於阮元對於"兼義""注疏"先後次序的擬度,雖然從傳世版本實物來看似乎并不成立,因爲八行本《周易注疏》刊行於南宋初期,而宋刻十行本大多刊於南宋中期以後②,所以,從這個意義上講,"兼義"似乎不可能是注疏合刻之始。事實上,因爲阮元未見八行本《周易注疏》(無由獲悉他是否知道陳鱣舊藏八行本的存在;《校勘記》所引據錢求赤鈔本異文信息係從盧文弨校本過録的),他所謂"注疏"當指十行本系統的"注疏",也就是説"兼義"和"注疏"是十行本系統内部的階段性。除了在前揭《爾雅注疏校勘記》和《周易注疏校勘記》中論及"兼義"之義,阮元還在《禮記注疏校勘記》中全面論述注疏合刻的階段性問題,其文有曰:

> 古人義疏皆不附於經注而單行,猶古《春秋三傳》《詩毛傳》,不附於經而單行也。單行之疏,北宋皆有鋟本,今廑

---

① 《學古堂日記·董瑞椿〈讀爾雅補記〉》,光緒中蘇州學古堂刊本,第13册,第56頁。

② 《周易》宋刻十行本雖然今無傳本,但我們發現明永樂二年(1404)刻本《周易兼義》(以下簡稱永樂本)當出自宋刻十行本。詳參拙作《〈周易〉注疏合刻本源流系統考——基於乾卦經傳注疏異文的完全歸納法》,北京大學《儒藏》編纂與研究中心《儒家典籍與思想研究》第九輯,北京大學出版社2017年版。

有存者，《儀禮》《穀梁》《爾雅》間存藏書家，而他經多亡。《正義》多附載經注之下，其始謂之"兼義"，其後直謂之"某經注疏"；其始本無《釋文》，其後又附以《釋文》，謂之"附釋音某經注疏"，最後又去"附釋音"三字，蓋皆紹興以後所爲，而北宋無此也。有在"兼義"之先爲之者，今所見吳中藏本有《春秋》《禮記》二種，《春秋》曰"春秋正義卷第幾"，《禮記》曰"禮記正義卷第幾"，皆不標爲某經注疏。其卷數則《春秋》三十六卷，《禮記》七十卷，皆與《唐志》《正義》卷數合。蓋以單行《正義》爲主，而以經注分置之，此紹興初年所爲；非如"兼義""注疏"之以經注爲主，而以疏附之，既不用經注之卷數，又不用《正義》之卷數，《春秋》爲六十卷，《禮記》爲六十三卷，遂使唐人《正義》之卷次不可知。蓋古今之遷變如此。①

建立在對於經注本和單疏本原本各自別行的科學認知基礎之上，阮氏探究北宋刊行單疏本、南宋刊行注疏合刻本的進程，不但注意到注疏合刻本題名的歷時性變化，還注意到同樣是注疏合刻本的八行本（《春秋（左傳）正義》《禮記正義》，但他據此以爲八行本題名皆作"正義"則非是）和十行本（"兼義""注疏"）卷數之別，尤其是内容構成方式之不同（分別是以單疏本和經注本爲主，而附入經、注文和疏文）。這應該是清人最系統、最權威的論述，在所見經書版本類型并不十分充分的乾嘉時期，這種科

---

① 《揅經室一集》卷一一《十三經注疏校勘記序》，《揅經室集》上册，第258頁。又見於《十三經注疏校勘記・禮記注疏校勘記序》（第181册，第558頁），文字全同。

學的認識實在是難能可貴。雖然他所認定的八行本和十行本刊行先後是没有問題的（"兼義"和"注疏"則是十行本系統内部的先後次序），但由上文論及的《論語兼義》《爾雅兼義》成書皆不晚於紹興中推知，如果《周易兼義》初刻亦在紹興中，也就是説與八行本刊行大體同時，那麽孰爲先後確實很難斷定。就《周易兼義》而言，不同於其他十行本的特徵除了前揭《釋文》附經別行之外，另一個就是析分單疏本疏文分附於單個經/傳＋注結構之下，以致於疏文所出位置及其内容分合迥異於單疏本。這兩點都表現出相當早的特徵，所以阮元以爲"兼義"出現在南、北宋之間，可謂頗具卓識。

清人論及正經注疏題名問題者還有姚範，其《援鶉堂筆記》"周易兼義上經乾傳卷第一"條曰：

> 凡毛氏諸經標題，類不畫一，或云某經"正義"，或云某經"註疏"，或云"兼義"。其前序或云《正義序》，或云《註疏序》，豈有唐、宋人而統漢人名《註疏序》者？又何氏《公羊解詁》而云"註疏"，凡此皆沿舊刻之謬。

姚氏注意到毛氏汲古閣本正經注疏題名多所不同，至有以"正義"等同於"注疏"，對注和疏不事區分者。比如諸經卷首序或爲唐、宋人所作《正義（疏）序》，如《五經正義》《周禮疏》等；或爲漢魏人注解之時所作序文，如《公羊傳》《穀梁傳》《論語》等，皆非統合注疏而爲之序。何休《春秋公羊（經傳）解詁序》，十行本題作"春秋公羊注疏序"；何晏《論語（集解）序》，十行本題作"論語注疏解經序"，殊爲不當。實際上，這些問題并不始於毛本，基本上都是因仍十行本之舊式。方東樹注釋姚氏書，先後援引盧文弨、錢大昕、阮元等説，按曰：

阮氏《十三經（注疏）校勘記》云："……自有十三經合刊註、疏、音釋，學者能識其源流抑尠矣。"① 据此則先生所譏於毛本之陋，實沿於宋本。阮氏又曰：今世所行，不外閩本、監本、毛本，毛本出於監本，監本出於閩本，閩本出於宋兼義附釋音十行本。閩、監二本錯字略少，脱簡特多；毛本則於其錯字、脱簡一仍舊式，不敢改易；後來坊間又將毛本重刊，則訛脱益多。樹按：孔氏本曰"正義"，宋本於注下題一"疏"字，其下接"《正義》曰"云云。又賈氏《周》《儀》二禮不名"正義"，今亦題"正義"，此皆謬也。②

方氏認爲毛本題名多歧皆可追溯至宋本（清人所謂宋本實爲元刻十行本），并引述阮元説揭示十行本系統的源流，是謂得之。此外，他還對"正義"的内涵和外延做了界定，原本僅限於孔穎達《五經正義》，賈公彦《周禮疏》《儀禮疏》等不當適用這一稱謂。如上所述，北宋刊行群經單疏本或稱疏或稱《正義》，區分是十分明確的，但南宋人著録以及後來的注疏合刻本（如八行本、十行本《論語注疏解經》和十行本《孝經注疏》等疏文均冠以

---

① 此句并非如方氏所云是阮元語，實爲段玉裁《十三經注疏釋文校勘記序》原文，"源流"下有"同異"二字（［清］段玉裁：《經韵樓集》卷一，鳳凰出版社2010年版，第1頁）。

② ［清］姚範：《援鶉堂筆記》卷一經部，《續修四庫全書》影印清道光中姚瑩刻本，第1148册，第406頁。

"《正義》曰")多已不事區別。

進入二十世紀,學界對於儒家經典題名"正義""兼義""注疏""注疏解經"的認識并未隨著學術的進步而漸趨深入,反而出現了一些曲解乃至誤解。張舜徽先生對於經、注、疏的關係的認識還是十分明晰的,曰:

> 經傳之傳於今,凡幾變矣,自傳注附於經,而古書面目一變;自義疏附於經注,而古書面目再變。故在今日考論經傳篇題之例,蓋有古書原本之標題,有漢人傳注家之標題,有唐人義疏家之標題,有宋人合刻注疏之標題,學者不可不辨也。……《周易正義》卷首標題云"周易兼義上經乾傳第一",阮氏《校勘記》云云……據此,可知今本《周易正義》之標題乃宋人所增益更定者,而并非唐人撰定義疏時之舊也。後出日新,離真益遠,學者當審知之。[①]

張先生著意釐析注、疏和注疏題名之不同,區劃出兩個不同的層級(以傳注附經即經注本和以義疏附經注即注疏合刻本);并以《周易》爲例,說明今本(十行本系統)題名《兼義》乃宋人所更定。不過,他稱注疏合刻本作"正義",對於單疏本《正義》和注疏合刻本《兼義》不事區分,是由於他尚不清楚題名"周易兼義上經乾傳第一"其實是以經注本爲基礎加入疏文重構而成的十行本的標志,因仍經注本題名("周易上經乾傳第一")之舊。

---

① 張舜徽:《廣校讎略》卷一"著述標題論·經傳篇題多經後人增損",華中師范大學出版社 2014 年版,第 24 頁。

從事訓詁學研究的學者如齊佩瑢先生以爲"正義""兼義"同義，曰：

> （《五經正義》）既以一家傳注爲主，故只有引申和曲傳，而無駁詰和疑難，故其書後改名"正義"者，即以所用之注爲正也。其書初名"義贊"，又題"兼義"，蓋本爲刪定江南諸家義疏而成者。①

齊先生以爲，《五經正義》之所以命名爲"正義"，以其所用之注爲正經之正注，故以爲正也，其説頗具啓發性；至於指稱"正義""兼義"皆爲單疏本題名，則非是。"正義"原本即指單疏本，"兼義"乃統合注疏之義。周大璞先生亦誤把義疏、義注、義贊、注疏（原注：唐以後多用此名，如《春秋公羊傳注疏》《春秋穀梁傳注疏》）、正義（原注：唐太宗詔孔穎達等撰五經注疏，稱爲《五經正義》）、兼義（原注：孔穎達《周易正義》卷端題曰《周易兼義》，又《通志》有《爾雅兼義》）作爲"注疏的名稱"②，對於正經的注和疏不加區分，將指代單疏本的義疏、義注、義贊、正義和指代注疏合刻本的注疏、兼義混爲一談。馮浩菲先生研究古書體式，提出"疏注體"的概念，論曰：

> 疏注體即是一般所説的既釋原文，又釋注文的一種疏

---

① 齊佩瑢：《訓詁學概論》第四章"訓詁的源淵流派"第十五節"訓詁學的中衰"，中華書局 1984 年版，第 223 頁。

② 周大璞：《訓詁學要略》之三"訓詁體式（上）——隨文釋義的注疏"，武漢大學出版社 2013 年版，第 42—43 頁。

類體式。此體以西漢經師的《易》説爲前身。《易大傳》是對《周易》的訓解,凡解釋《易大傳》的訓説均屬於疏注體。……至於東漢何休《春秋公羊傳解詁》、晋代范甯《春秋穀梁傳集解》則純粹屬於疏注體著作,僅僅沒有標出"義疏"之名罷了。南北朝時期,"義疏"大興,多屬於此類著作。……唐代以下,此體多以"正義""注疏"標稱。如孔穎達等《五經正義》,賈公彦《周禮注疏》等。宋代又有人標稱爲"注疏解經",即疏注并解經的意思,嫌只言"注疏"不包解經,故補"解經"二字以足之。如邢昺《論語正義》每篇之前首標《論語注疏解經》,疏中以"《正義》曰"開頭,可知"正義"即是"注疏解經"的總稱。①

首先,馮先生所命名的體式名稱"疏注體"即有不當,疏自是疏,注自是注,完全是兩種不同的注釋體式。其次,以西漢經師的《易》説爲這類體式的前身亦有不妥,雖然《易大傳》(《繫辭》)是解《易經》的,但在漢人的觀念裡亦視爲經(《漢志》著録爲《易》經十二篇),更確切地講是解經的傳記,并非解經的注釋,而西漢經師的相關訓説毫無疑義是注而非疏;至於何休、范甯二書亦是正經(包括《春秋》經傳)之正注,亦非疏類。再次,單疏本之稱"義疏""正義"與注疏本之稱"注疏""注疏解經"并稱,混爲一談,殊爲不類。最後,對於"注疏解經"的解釋,則有啓發性,疏的功能不僅解注文,更解經文,但宋人或許不解此意,故綴以"解經"二字以足之?

---

① 馮浩菲:《中國古籍整理體式研究》第二編"校釋類"第二章"注釋體"第一節"傳注單用體"之十一"疏體",北京圖書館出版社 1997 年版,第 209—210 頁。

八、結語

　　誠如王國維先生所云，六朝以降儒家經典行世者只有經注本而無單經本，經注本是六朝直至唐、五代、北宋的主流文本類型，北宋國子監先後刊行《五經正義》和"七經疏義"單疏本，在此後相當長的時期内，二者一直各自別行，一般認爲到了南宋初才開始出現注疏合刻本，即浙東刊行的八行本；南宋中期以後又有建陽坊刻十行本出，這是南宋最著名的也是最通行的兩種注疏合刻本[①]。基於傳世版本實物及相關文獻著錄，我們可以把正經注疏合刻的早期進程粗綫條地描述爲首八行本，次宋刻十行本，次元刻十行本。或者三者兼具，或者僅具其一二，所以各經注疏合刻的時間、進度及其路徑容有不同。本篇旨在探尋這一整體框架和大致脉絡背後更多、更豐富的細節。

　　早期注疏合刻本基本上都是獨立構成的（相對於後來翻刻、覆刻而言），即由經注本（或經注附《釋文》本）和單疏本重構而成的（《論語》《孟子》十行本出自八行本例外）。因此，我們從經注本和單疏本入手，通過對八行本和十行本各自不同的内容構成方式的研究，來探求注疏合刻的演進軌迹及其相互之間的關係，著眼於兩個層面，其一由於卷次分合而造成的内容構成之不

---

　　① 據《相臺書塾刊正九經三傳沿革例・書本》，廖瑩中世綵堂校刊群經，用以參校的注疏合刻本除"越中舊本註疏"（八行本）和"建本有音釋註疏"（宋刻十行本）外，尚有"蜀註疏"（《擇是居叢書》景刊傳是樓景宋鈔本，民國五年）。今傳世蜀本注疏僅有《論語注疏》一種，不知當時是否遍刻群經，還是僅成其中數種（《（景定）建康志》并未著錄川本《注疏》）？

同，其二經、注、疏構成體式之異同。總體而言，可以得出以下結論：一是單疏本分卷雖然多不同於經注本，但其分卷原則與經注本往往是一致的，不過根據疏文體量重新調整卷次。二是單疏本疏文所出位置有顯性和隱性之別，所謂顯性位置即標示經文起止語＋釋經之疏……標示注文起止語＋釋注之疏……，單疏本表面上所呈現出來的樣貌即如此；但實際上單疏本是依據經注本而編撰的，疏文并非簡單、機械地以次分釋經、注文，而是出在由一個或數個經＋注結構構成的、相對完整的意義單元（或爲記事單元，如《左傳》；或以記事條目爲綱，如《公羊》《穀梁》；或爲其書的自然組成部分，如《易》之卦、爻辭、《彖》《象》；或爲章節，如《毛詩》《禮記》；或爲職官，如《周禮》；或爲訓詁條目，如《爾雅》）之末，是謂隱性位置。三是八行本卷次分合悉同單疏本，係以單疏本爲基礎加入經、注文重構而成，這應該是浙東刊行八行本統一的標準化做法。四是十行本的構成多以經注本（或經注附《釋文》本）爲基礎加入疏文，《周易》《毛詩》《禮記》《爾雅》皆如是，《春秋左傳》《春秋公羊傳》《春秋穀梁傳》和《周禮》的特徵并不明確，《尚書》十行本構成的基礎則是單疏本。五是注疏合刻本經、注、疏的構成體式基本上都是經＋注……＋疏（《周禮》八行本例外），疏文所出先後次序一以單疏本爲據，至於疏文所出位置及其内容分合乃至標示起止語，八行本和十行本或有異同。《尚書》《毛詩》《周禮》《禮記》《論語》《孟子》《爾雅》十行本和《周易》《尚書》《禮記》《春秋左傳》《論語》《孟子》八行本比較統一，疏文歸總出在一相對完整的意義單元（或爲章節，或爲段落，或爲自然組成部分等等）之下，先釋經文，後分釋注文。此外，《春秋左傳》八行本釋經、傳之疏文所出位置與單疏本或有不同,釋經之疏出在每條經文(多爲單個經+注結構)之下,分釋經、注文;釋傳之疏則歸總出在一完整記事單元之下(多爲數個傳+注結構),以其所出先後爲次分釋傳文或注文,與他經先釋經文都畢再釋注文不同。《周禮》八行本則更爲特殊,對於疏文分釋經、注文者,采用經+釋經之疏+注+釋注之疏的體式;對於只有釋注之疏而無釋經之疏者,或疏文不分經注而整合釋之者,則采用傳統的經+注……+疏體式,知其嚴格地按照單疏本疏文所出顯性位置分別綴入經、注文。這兩個特殊的八行本表現出注疏合刻的早期特徵。《周易》十行本疏文所出位置及内容分合多不同於單疏本,往往以王、韓注爲標志,把原本爲《周易》自然組成部分的經、傳文(如卦、爻辭、《彖》《象》等)再析分爲若干子單元(單個經/傳+注結構),然後割裂單疏本疏文分置其下。《春秋公羊傳》十行本釋注之疏與他經不同,把同一條注釋析分爲若干條,分別標示起止出以疏文(體式同於單疏本),而他經基本上都是以一條經文之下的整個注釋爲單位出以疏文(分釋各句者分別冠以提示語)。總之,八行本和十行本之間具有系統性的差異,二者雖然都是由經注本(或經注附《釋文》本)和單疏本重構而成,但據以重構的基礎及其方式往往有所不同,從而導致卷次分合和内容構成不同,而且經、注、疏的構成體式也都不盡相同。

也正是因爲八行本和十行本在正經注疏合刻進程中最具代表性,也最爲通行,流傳廣,受衆多,尤其是元代以降正經注疏通行者幾乎全是十行本系統各本,以致於後世探討注疏合刻往往只著眼於這兩種注疏合刻本,對於注疏合刻早期進程的複雜性和多樣性認識不足。鑒於此,我們以八行本和十行本爲參照系,進而探究其他系統或類型的注疏合刻本，以期在一定程度上還原早期注疏合刻的複雜進程和豐富細節。八行本和十行本以外的注疏合刻本不但題名多所更易，而且卷次分合和內容構成也往往不同。《周易》注疏合刻本除八行本《周易注疏》和十行本《周易兼義》之外，也不能完全排除存在著第三個系統的可能性——《周易要義》所從出之注疏合刻本《周易注疏解經》十卷，卷次分合略同經注本，疏文所出位置、次序及其內容分合、標示起止語悉同單疏本，所附《釋文》的體式是作爲附錄整體附經別行或分附每卷之末。《尚書》最早的注疏合刻本舉凡有二，一是八行本《尚書正義》，題名因仍單疏本之舊，卷次分合和內容構成悉同單疏本；二是平水本《尚書注疏》所據宋本（或爲九行本《附釋文尚書注疏》、十行本《附釋音尚書注疏》的共同祖本），統一使用"注疏"之名，卷次分合和內容構成不同於八行本，并分附《釋文》於每卷之末。至南宋中期九行本和十行本刊行，卷次分合和內容構成雖同於平水本，但所附《釋文》已是十行本標準的散入經、注文之下的體式。《論語》注疏合刻本，除蜀大字本題名爲"注疏"外，元貞本和八行本、十行本皆題作"注疏解經"，但各本卷次分合及其附入《釋文》與否却有不同：蜀大字本十卷，《釋文》附入正文之中（凡有疏文者，則散入疏文之下）；元貞本十卷，《釋文》整體附經別行；八行本和十行本皆爲卷二十，且不附《釋文》。十卷本的蜀大字本和元貞本淵源必定早於二十卷本的八行本和十行本，我們推測元貞本出自金刻本，而金刻本所據宋本可能就是《直齋書錄解題》所著錄之《論語注疏解經》十卷，由經注本和單疏本重構而成，《釋文》附經別行，時間當在北宋或南宋早期。除上述諸本外，南宋高宗紹興二十五年之前還曾存在過另一個注疏合刻本——《論語兼義》，至於與《直齋書錄解題》著錄本孰爲先後則無從考正，但一定不晚於金國子監校刊注疏合刻本之時（南宋孝宗乾道、淳熙中）。《爾雅》注疏合刻本除了通行的元刻九行本（十行本系統）之外，還曾存在過《爾雅兼義》（成書時間不晚於紹興三十二年，刊行時間早於理宗淳祐中），是爲九行本的祖本。

八行本—仍單疏本之舊，題名亦多所沿用，稱作《正義》或疏，僅有《周易》題作"注疏"（他經亦間有卷首題名或卷末尾題稱"注疏"者），《論》《孟》稱作"注疏解經"。十行本的題名則比較規範，除《周易》題作"兼義"，《儀禮》非注疏合刻本，《論》《孟》題名"注疏解經"因襲八行本外，餘者皆作某經注疏（或徑稱某經注疏，或稱附釋音某經注疏，或稱監本附音某經注疏）。"兼義"或由道教經疏演繹而來，其原始內涵當爲義疏，後用於儒家經典，始有經注本兼并《正義》之義。題名同樣爲"兼義"，《論語兼義》《爾雅兼義》成書不晚於紹興中，甚至有可能早到北宋；《周易兼義》始見於十行本，當不晚於南宋中期。題名同樣爲"注疏解經"，《論語注疏解經》則有十卷本（《直齋書錄解題》著錄本或即元貞本所從出之金刻本的底本）和二十卷本（八行本和十行本）之別，不僅出現時間有先後，而且卷次分合、內容構成及其附入《釋文》與否皆有所不同。至於不同於八行本和十行本的《周易注疏解經》存在與否，尚無法確證。題名同樣爲"注疏"，《周易注疏》爲八行本，是目前可以確知的、最早刊行的《周易》注疏合刻本；平水本所據宋本《尚書注疏》當爲早期的注疏合刻本，與八行本孰爲先後無可考正；《爾雅注疏》等十行本多題作"注疏"，就十行本系統內部而言，當如阮元所云,"注疏"是晚於"兼義"的階段。以《釋文》爲參照系,"兼義""注疏解經""注疏"都有可能附入《釋文》,也都有可能不附《釋文》;而且即便是附入《釋文》,體式也不盡相同,或整體附經別行,或分附每卷之末,或散入正文之中。也就是説,各經注疏由題名更易和内容構成所呈現出來的合刻進程和演進軌迹并不一致,并不具有統一的規律性。當然,我們不可否認,南宋直至元人對於"注疏"等概念的界定和使用較爲寬泛,多係泛指注和疏,那麼"注疏解經"和"兼義"是否也存在著泛指的可能性呢?

今傳世注疏合刻本主要都是八行本和十行本兩個系統的本子,間有蜀本和金元平水本,本篇通過對八行本和十行本兩個系統的整合研究,尤其是個性化的《周易》《尚書》《論語》《爾雅》四經注疏合刻本,基於題名更易及卷次分合、内容構成的考察,可以推知正經注疏合刻的早期進程遠遠超出我們今天所能見到的版本實物所呈現出來的樣貌,一定有歷史上真實存在的、更加豐富的環節或樣態不爲我們所知,其複雜性和多樣性也超乎我們的傳統認知。例如注疏合刻的肇始,循常的認知皆以爲始於南宋初浙東刊行的八行本,但各經未必盡皆如是,一者并非各經皆具八行本,可以確知者僅有《易》《周禮》《書》《詩》《禮記》《春秋左傳》《論》《孟》八經;二者即便有八行本者,如《尚書》雖有南宋初第一批刊行的八行本,但同樣也還有平水本所據宋本,也表現出相當早的特徵;《論語》不僅有《直齋書録解題》著録本《論語注疏解經》,更有不晚於紹興中成書的《論語兼義》,二者孰爲先後雖無可考正,但刊行時間必定早於八行本。《孟子》注疏合刻本至少在孝宗朝已刊行,也早於八行本。也就是説,一方面注疏合刻的時間可能會上推，不能說個別經沒有早到北宋的可能性；另一方面，也不能說個別經最早的注疏合刻本就一定是八行本。又如除了通行的八行本和十行本以及蜀本、平水本注疏之外，歷史上還曾存在過其他系統或類型的注疏合刻本，諸如平水本和九行本、十行本的共同祖本——宋本《尚書注疏》、元貞本的祖本——宋刻十卷本《論語注疏解經》(《直齋書錄解題》著錄本)，以及《論語兼義》《爾雅兼義》等等。再如五經以外的其他諸經也有注疏合刻時間甚早者，前揭《爾雅》當無八行本和宋刻十行本，只有元刻九行本（十行本系統），但早在紹興三十二年之前注疏合刻本《爾雅兼義》既已成書。總之，有關注疏合刻早期進程的諸多問題都還值得我們重新審視，并且進一步深入研究。

（原載《文史》2020 年第 2 輯，今據以收入）

第三編　東瀛取經

《七經孟子考文》正、副本及《考文補遺》初刻本比較研究

　　日本江户時代享保三年（1718），古學派學者山井鼎受聘於紀州藩支藩伊予（愛媛縣）西條藩主松平賴渡（西條侯），爲記室。五年秋①，請命於侯，并得到其師荻生徂徠的具體指導②，與同門根本遜志（伯脩）前往下野國足利郡之足利學校，校勘那裡存藏的古鈔本、古活字本及諸多宋、元、明刻本，積勤三年，精心結撰《七經孟子考文》（以下簡稱《考文》）一書③，十一年謄寫完

---

　　①　京都大學人文科學研究所藏山井鼎手校閩本《禮記注疏》卷五二首題識："享保庚子秋九月廿四日，與友生伯脩來于足利，以學校所藏《五經正義》校讎，《中庸》篇補磨滅。學校本，金澤文庫之本也，其後上杉憲實寄附當學云。蓋宋板也，中華所希有之物，而於我邦得見之。恨不離羈絆，終其功也，得再就當學補其闕，斯余之志也。君彝又記于足利學校。"吉川幸次郎先生最早注意到這條識語（《東方文化研究所善本提要·經部·十三經注疏》，《吉川幸次郎全集》第 17 卷，筑摩書房 1985 年版，第 566 頁）。末木恭彦先生全面考察山井鼎手校閩本識語，認爲山井和根本的足利之行前後有兩次，第一次是享保五年（庚子，1720）九月，停留時間較短；第二次是七年八月至九年春近三年的時間（《〈七經孟子考文〉攷》，《徂徠と崑崙》，春風社 2016 年版，第 92—93 頁）。

　　②　〔日〕宇佐美灂水撰，〔日〕瀧川龜太郎校注：《雜著》，大東文化學院編輯部 1938 年版，第 10 頁。

　　③　末木恭彦先生認爲山井鼎奉西條藩主之命因有足利之行，所以《考文》的性質實爲纂集其足利之行前後所進行的校勘工作之大成的調查報告（《〈七經孟子考

畢，獻之西條侯，這個進獻本今藏京都大學附屬圖書館（以下簡稱京大本）①。西條侯十分重視是書的學術價值，命製副本二，一通存紀州藩，一通進呈幕府，這兩個副本今分別藏於天理大學圖書館（以下簡稱天理本）②和宮内廳書陵部。十三年七月，幕府將軍吉宗命徂徠之弟、東都講官物觀等再爲《考文》作《補遺》，與其事者有石川之清③、三浦義質④、木村晟⑤及宇佐美灑水⑥。十五年十二月十七日寫定進呈⑦，這個進呈本就是宮内廳書陵部所藏稿本《考文補遺》。書後有物觀識語，作於十六年四月，其文有曰：

（接上頁）文〉攷》，第 90 頁）。承廖明飛先生惠賜吉川和末木先生論著書影，并協助預約申請，得以閱覽京大本（膠卷），謹志謝忱！

①　據狩野直喜《山井鼎と七経孟子考文補遺》篇首大正丙寅（十五年，1926）題識，"去年夏，購得享保年間西條侯儒臣山井鼎撰之《七經孟子考文》，此書乃侯裔孫某子爵之舊藏，實山井手定獻進本也"（原發表在《内藤博士還暦祝賀支那学論叢》（弘文堂書房 1926 年），翌年編入氏著《支那学文藪》（弘文堂書房 1927 年）。中文譯本見於江俠庵編譯《先秦經籍考》，更名《〈七經孟子考文補遺〉考》（商務印書館 1931 年）。除了狩野先生認定之外，《圖書寮典籍解題·漢籍篇》之《考文》解題亦作如是説（大藏省印刷局 1960 年，第 45 頁）。

②　承松尾肇子教授協助預約申請，得以閱覽天理本，謹志謝忱！

③　石川大凡（？—1741），名之清，江户中期儒者，師事徂徠。又據《雜著》瀧川校注，石川字叔潭，號嘿齋（第 11 頁）。

④　三浦竹溪（1689—1756），名義質，通稱平太夫，江户中期儒者，師事徂徠。又據《雜著》瀧川校注，三浦字子彬，號竹溪（第 11 頁）。

⑤　木村梅軒（1702—1753），江户中期儒者，名晟，字得臣，師事徂徠。

⑥　據宇佐美《雜著》，當時把《考文》所用參校各本全部由足利學運至江户，在物觀家中進行校勘工作。三浦和宇佐美、石川和木村兩兩一組對校，物觀判定異文之是非，另有室師禮（據瀧川校注，名直清，號鳩巣，官儒。當即物觀《考文補遺》卷首序和書後識語所謂"講官平直清"）奉命監修（第 11 頁）。初刻本《考文補遺》卷端署"東都講官物觀纂修"，"石之清校"、"平義質、木晟同校"，未署"平直清"銜名。

⑦　狩野先生援引《德川實記》確切地認定進呈時間（第 268 頁）。

西條書記山鼎,嘗搜足利學書以撰前書也。兹者臣觀與諸生等復校足利學書,敢掇其所闕失,爲之《補遺》。平直清以校正監焉云爾。享保十有六年歲次辛亥孟夏之日物觀謹識

這條識語爲他本所無,非常重要,一來可以推知十五年十二月《考文補遺》雖已進呈,參與其事者也都受到賞賜,但校訂、謄録工作全部完成恐已到翌歲四月;二來可以知悉《補遺》之與《考文》的關係,物觀等所做的工作是"復校足利學書",不僅拾遺補闕,還要糾謬正訛;三來可以説明幕府出資刊行是書[①],當與寫定進呈同時進行,因爲初刻本《考文補遺》在物觀題識僅兩月之後即告竣事,如果不是同時進行,兩月之間絶對無法完成卷帙浩繁的《考文補遺》的刊刻。此即享保十六年六月初刻本,一百九十九卷,32冊(昌平坂學問所舊藏,今藏國立公文書館,1—3冊《周易》十卷,4—6冊《尚書古文考》一卷、《尚書》二十卷,7—12冊《毛詩》二十卷,13—18冊《左傳》六十卷,19—28冊《禮記》六十三卷,29—30冊《論語》十卷、《古文孝經》一卷,31—32冊《孟子》十四卷)。

作爲《四庫全書》中僅有的兩部由外國人纂集的經學著作之一,《考文補遺》在日中兩國學界都産生了相當大的影響,也是中日學術交流史上的珍貴文獻[②]。而作爲其主體部分,山井鼎獨立完

---

① 據宇佐美《雜著》,幕府"命官書肆刊行,頒賜刊刻費用三百金"(第11頁)。

② 詳參拙著《經學文獻的衍生和通俗化》第四章"日本佚存經學文獻的回傳"第四節"《七經孟子考文補遺》考述",北京大學出版社2014年版,第772—788頁。

成的《考文》迄無刻本，傳世者僅有上述正、副本三通。《考文》和《考文補遺》之間到底有多大差異，補遺所占份額幾何，乃至《考文》正、副本之間是否也有異同，這些都是相關研究中亟須解決的問題。我們選取《考文》正、副本（京大本和天理本）以及《考文補遺》初刻本進行比較研究，希望能夠解決這些問題。

一、京大本

京大本《考文》一百九十九卷，32冊，包括《周易》十卷3冊、《尚書》二十卷3冊(附《古文考》一卷)、《毛詩》二十卷6冊、《左傳》六十卷6冊、《禮記》六十三卷10冊、《論語》十卷、《古文孝經》一卷2冊、《孟子》十四卷2冊。每冊前襯頁鈐"西條邸圖書記"朱印，知其原藏西條藩主設在江户的府邸；首葉鈐"京都帝國大學圖書"印記，另有入藏標記"311484/ 大正14.10.13"，知其入藏時間爲大正十四年（1925）10月13日。有關其書購進及入藏經過，蘇枕書先生已有研究，恕不贅述，擇要簡記如下：

京大圖書館書目卡片明確記載了是書的購入時間、版本類型、開本大小及内容構成、購買價錢等信息：

文學部購入，大正14年10月13日，酒井宇吉。寫，和，大。《周易》三卷、《尚書》三卷、《毛詩》六卷、《左傳》六卷、《禮記》十卷、《論語》二卷、《孝經》一卷、《孟子》二卷。1000，000。

不難看出，此處所記卷數實即册數，只是《（古文）孝經》次《論語》後，合爲一册，并未獨立成册。酒井宇吉乃東京一誠堂第一代主人，《一誠堂古書籍目錄》第十一"漢文、和漢詩文、詩作書類之部"著錄"山井鼎稿本《七經孟子考文》，全三十二册"，標價"壹千三百圓"，運費三元。

此外，狩野先生在《半農書屋日記》中也記載了他促成購入《考文》以及展開相關研究的始末：

（大正十四年八月）八日。東京一誠堂主人攜《七經孟子考文》至，索價千金。命留之於家，擬與同僚議，買入於大學。請内藤教授共覽，君以爲書中似有係山井自寫者。

十四日。午後久保檜谷翁至，倉石生至，示以原本《七經考文》。

十六日。午前小川博士琢治攜其二子至，觀《七經孟子考文》。

（九月）十三日。午前訪矢野博士。予數日以來攷《七經孟子考文》入中國事，欲托搜討長崎文獻也。

十四日。午前上學，仍攷《七經孟子考文》入中國始末。

廿日。傍晚至大學，見斯文學會研究部諸人，講説《七經孟子考文補遺》入中土始末。

（十二月）十二日。上學。夜至支那學會講演山井鼎《七經孟子考文》入中土始末。①

---

① 〔日〕狩野直喜：《春秋研究》附錄《半農書屋日記》，みずず書房1994年版，第273—276、280頁。

由日記可知，狩野先生十分重視此書，至少和內藤湖南、倉石武四郎、小川琢治、矢野仁一、久保檜谷等知名學者進行品鑑、研討，最終促成京大圖書館購入。同時，亦可見其相關研究的重點是《考文補遺》傳入中國始末及其影響，至是歲十二月業已完成[①]。

二、天理本

西條侯進獻給紀州藩的《考文》副本如何入藏天理圖書館，蘇枕書先生有所推擬，路徑尚有缺環。昭和三十六年（1961）天理圖書館報 *BIBLIA* 第 19 號"新收書介紹"記載了《考文》副本的書誌學信息：

> 本年四月，本館收入了南葵文庫若干舊藏本。……全三十二冊。龜甲地龍紋樣撒金箔赤朽葉色書衣，縱 29.5 釐米，橫 19 釐米。題簽墨書"七經孟子考文"并篇名、冊數。卷首有荻生徂徠序，文末云"享保十有一年丙午正月望／郡山教官物茂卿題"。有"大連苗裔"（陰文）、"物茂卿印"（陽文）朱印。每頁九行，書口印"七經孟子考文"，筆迹經多人之手。有藏書印"南葵文庫""舊和歌山德川氏藏"。箱書"昭和九年甲戌十月南紀後學多紀仁"。[②]

---

① 以上參考蘇枕書《關於京大附圖所藏〈七經孟子考文〉寫本》（"京都讀書記"之二十六），《南方都市報》2016 年 4 月 10 日第 18 版。

② 以上轉引自蘇枕書《有關〈七經孟子考文〉的兩種副本》（"京都讀書記"之二十七），《南方都市報》2016 年 5 月 15 日第 18 版。

我們目驗天理本，首冊題籤"七經孟子考文　周易上　一冊"，內封有橢圓印記，上、下欄分別是"天理圖書舘"和"昭和卅七年二月十日"，中間一欄爲編號，全部32冊分別是429388至429419。知其書於昭和三十六年四月購進，翌歲二月編目、鈐印。每冊首葉鈐"南葵文庫""舊和歌山德川氏藏""天理圖書舘"印記，實際上反映了遞藏源流。享保中其書進獻紀州藩，後來自然轉入由紀州德川家後人創辦的南葵文庫，編於明治四十一年（1908）的《南葵文庫藏書目錄》見於著錄。據説昭和九年（1934）在大阪書林俱樂部拍賣會上，經手鹿田松雲堂爲和歌山某書畫商所得。但從書箱上多紀仁之助（1869—1946）是歲題識來看，或爲其所得，至少説明他與這次拍賣關係密切。多紀氏即和歌山人，世習漢學，編校過江户時代學者本居大平和祇園南海的別集。前揭天理圖書館新書介紹漏記一方重要的藏書印記，那就是每冊末襯葉"月明莊"朱印，因爲它是昭和時代著名的書誌学者、古書商反町茂雄（1901—1991）的藏書印。這説明天理本曾爲反町氏所得①，後來才歸天理大學圖書館插架。誠如新書介紹所云，天理本筆迹不一，顯係成於衆手。我們發現，《易》《書》各由一人抄寫，《詩》前半部筆迹不同於這二人，後半部又與《易》筆迹相同。又據蘇枕書先生辨識，天理本有與宮内廳本筆迹同出一人者。由此推知，西條侯命製副本時，當有數人分頭抄錄各經，且同時完成兩通副本②。

---

①　蘇枕書先生文援引反町氏云："和歌山某書畫商購入之書，約二十年後的昭和二十五、六年，再入大阪市場。其中主要由我所得。"更可印證上述推論。

②　同爲副本，宮内廳本和天理本由同一批人依據同一底本同時抄寫完成，故本文對於二者之間差異的剖判從略。

三、《考文》正、副本及其與《考文補遺》的關係

爲了揭示京大本、天理本的文獻價值及其對於認識《考文》和《補遺》關係的重要意義，我們將京大本、天理本與初刻本進行比勘，一則可以確認物觀等所做補遺工作的性質及其權數，二則可以窺見《考文補遺》之於《考文》在總體架構和具體內容上的沿襲或改易，三則可以評騭是非，論定《考文》和《補遺》的學術價值。總體而言，從前揭京大本、天理本和初刻本卷數、冊數及其分布狀況來看，三者全同，這絕非偶然，説明《考文拾遺》總體架構一仍《考文》之舊，刻意保持原有體系，未嘗改易；也就是説，《補遺》所做的拾遺補闕和糾謬正訛是在《考文》固有框架之内完成的。初刻本卷首《七經孟子攷文補遺叙》，署"享保十有五年歲在庚戌暮春之日東都講官臣物觀謹識"，當時《考文補遺》尚未進呈，其文有曰：

> 兹者西條侯謄寫山鼎《七經孟子考文》以進，戊申（十三年）孟秋政府俾臣觀校其所撰。臣與講官平直清及諸生等，放鼎目録，采輯挍讎書若干卷、援引書若干卷以挍，如鼎之舊。……但前書頗有所遺漏，臣愚昧掇拾于挍讎之際，敢補前書之闕，以係各條後，題曰"補遺"，每條各四目：曰經，曰註，曰《釋文》，曰疏，放前書之舊。其句中字或闕，註每句下。"謹按""正誤"條闕本名，註每條下，并嵌以"補遺"別之。

此序可與前揭宮内廳本《考文補遺》書後物觀識語相印證，其中共有兩個關鍵詞，一是《考文》實有闕失，所以才有"補遺"之作的必要性；一是一仍其舊，《考文補遺》力圖保持《考文》的整體架構和編纂體例不變。這兩点實際上反映了物觀等所做"補遺"工作的性質和特點。

京大本、天理本卷首荻生徂徠《七經孟子考文叙》，署"享保十有一年丙午正月望郡山教官物茂卿題"，每半葉五行，行十四字，初刻本行款亦同。徂徠序後收入別集《徂徠集》[①]，四者文本雖大略相同，但還是存在著異文（以京大本爲底本，下同）：

1."自衛反魯"，初刻本不誤，京大本、天理本魯誤曾，但在"曾"字声符"㘴"和形符"曰"之間補加四點水，與"魯"字異體"鲁"相近，別集本"鲁"徑作"曾"，知其作"曾"乃形近而訛。

2."下毛之野有野參議遺址"下，京大本、天理本有"浮屠所守，而學宮之名尚在"十一字，別集本、初刻本闕如。別集本下毛作上毛。

3."而較之明清本"，天理本同，別集本、初刻本清作諸。下文"又獲七經、《孟子》古本，及《論語》皇疏較之""紀藩羽林將公聞而俾録上其所較"，天理本、初刻本同，別集本較作挍。

4."生喜如拱璧"下，京大本、天理本有"又慮所托匪人，職乖其業，藐如以際，更十年，而雨溼蠹蝕之弗顧，雖反求之，殆將失也"三十三字，別集本、初刻本闕如。

---

① 《徂徠集》卷九，早稻田大學圖書館柳田文庫藏心齋橋筋唐物町南（大阪）文金堂寬政三年（1791）刊本，第 3 頁 b—第 5 頁 b。

5. "紀藩羽林將公"，別集本同，天理本、初刻本作"西條侯"；下文"將公之幕"，天理本同，別集本脫"之"字，初刻本作"侯之府"。

6. "而嘉生之體其心"，天理本、別集本同，初刻本嘉作喜。

徂徠序作於享保十一年正月，山井進呈《考文》亦在是歲。分析上述異文，可以推知京大本所反映的當即徂徠序原貌；天理本次之，僅有 No. 5 一處異文（係對西條藩主松平賴渡的稱謂不同，京大本是山井進呈西條藩的，對象是藩主本人，所謂"紀藩羽林將公"（下文省稱"將公"）乃近衛中少將的"中國風異稱"[①]；天理本、初刻本分別是西條藩主進呈紀州藩大名和幕府將軍的，對象不同故稱謂有所變更；而且，天理本變更還不夠徹底，下文"將公之幕"尚未如初刻本改作"侯之府"），這說明副本基本上照錄正本。別集本又次之，雖然編定於徂徠身後，但文稿當出自其手訂，如 No. 2、4 分別刪省與序文主旨關聯不十分緊密的十數字和三十餘字；訂正明顯誤字，No. 1 改曾爲魯，No. 3 改清爲諸。當然，也有編刊過程中造成的文字訛誤，明顯的例證就是"（《考文》）凡三十有二卷"，京大本、天理本、初刻本同，而別集本和宇佐美《雜著》二誤三[②]；他如 No. 2 下誤上，徂徠意謂足利學校所在之下野國足利郡小野篁遺址，作下是也。初刻本最晚出，因

[①] 末木恭彦：《〈七經孟子考文〉攷》，第98頁。日本學者西田太一郎認爲"紀藩羽林將公"是指紀藩藩主德川宗直，說詳氏著《荻生徂徠》（岩波書店"日本思想大系"本，1973年）。末木先生通過考證松平賴渡和德川宗直的職官，訂正其說。

[②] 松雲堂主野田文之助（《山井崑崙と七經孟子考文の稿本について》，《東京支那學報》第一號，1955年6月，第206頁）及末木先生也都認同三十三卷說（《〈七經孟子考文〉攷》，第91頁）。從《考文》正、副本來看，均爲三十二卷，由是知三十三當作三十二。

爲徂徠和山井先後於享保十三年正月去世，而西條侯命製副本，奏進紀州藩和幕府，是在他們死後。也就是說，初刻本所呈現的文本改易必非徂徠本人所爲，也不會發生在副本製作過程中（因爲初刻本異文大多不同於天理本），應當出現在《考文補遺》編纂、寫定、刊刻過程中，主要有三個方面：一是內容有所刪省，如 No. 2、4；訂正訛誤，如 No. 1、3，皆同於別集本，知初刻本所據當爲徂徠後來修訂稿（物觀爲徂徠之弟，得之當不無可能）；二是初刻本所據《考文》當爲進呈幕府的副本，對象是將軍，故稱西條藩主爲"西條侯"（沿襲副本）及"侯之府"（當爲《考文補遺》編纂過程中所改）；三是刊刻過程中還是產生了新的誤字，如 No. 6 嘉誤喜。

次《七經孟子考文·凡例》，九行二十字，天理本、初刻本行款亦同，異文如下：

7. "《爾雅》《孟子》，古不列之經；經之者，自十三經始，輓近之稱也。"京大本夾注："再按：《文獻通考》云：直齋陳氏《書錄解題》始以《語》《孟》同入經類。"天理本、初刻本夾注："按《國史經籍志》云：'唐定註疏/始爲十三經。'未詳其所據也。"

8. "今據所校以補之也"，天理本同，初刻本脫"也"字。

9. "又別標補闕目，充其原所闕字，以朱圍別之"，天理本同，初刻本"朱圍"下夾注："今係/重圍。"

10. "又嘗閱唐玄宗八分書墨刻《孝經》亦爾"，天理本同，初刻本夾注："所謂石/臺《孝經》。"

11. "其爲宋板無疑"，初刻本同，天理本脫"其"字。

12. "但《論語》《孟子》無疏"，天理本、初刻本"疏"下有"可校"二字。

13. "故今別校《經典釋文》",天理本、初刻本無"故"字,"今"下有"復"字。

14. 京大本《凡例》後提行低二字迻録山井鼎享保十一年識語十二行,其文有曰:

> 臣鼎伏惟古者右文之代,六十州皆有學,足利/學廼亦下野州學,巋然獨存,其所講習皆漢唐/古書,蓋歷數百年弗替也。中值喪亂,爲浮屠窟/宅,守者盲聾相承,古籍異書往往散逸。及乎近/世洛閩之學盛行,而人不貴古學,遂令其僅存/者束之高閣,多爲風雨蟲鼠所蝕壞,誠所謂美/玉蘊於碔砆,精鍊藏于鑛樸,庸人視以忽焉者,/豈不悲乎?所幸天之未喪斯文,今搜之於將亡/之間,而海外絶域乃獲中華所無者,録以傳於/將來,不亦喜乎?此其所以不辭勞苦,矻矻從事/於斯也。/享保十一年丙午月日臣鼎謹識。

天理本同,知製作副本時識語尚存;而初刻本已無,知其被刪除當在《考文補遺》編纂成書過程中。實際上,這條識語記述了足利學庋藏漢唐古書的歷史沿革,以及朱子學盛行,束書不觀的學風所造成的影響,從而揭示了山井所從出之古學派的學術取向,以及孜孜矻矻、遍校群經的學術旨趣。如此重要的識語,倘無《考文》正、副本則湮没無聞矣,對於認識山井鼎其人、其書皆不無遺憾。至於其他異文,猶有足資考證者。如 No. 7 山井本意是想說明"十三經"形成的階段性問題,《孟子》在古典目錄的分類體系中隸屬於子部儒家類,真正進入經書序列始自宋代,陳振孫《直齋書録解題》是比較早地把《孟子》著録爲經書的書目(之前尚有尤袤《遂初堂書目》），所以京大本原注是十分確切的（題曰"再按"，似前此還有按語，進獻本從略）。而天理本援引明人焦竑説，殊爲不當，且説法本身似是而非，因爲唐代頒定的經書是九經三傳（《易》、《書》、《詩》、三禮、三傳和《孝經》、《論語》、《爾雅》十二種），并非十三經。初刻本與之相同，知其改易出自製作副本者之手（彼時山井已殁）。No. 9、10 乃補充説明，天理本皆與京大本同而不同於初刻本，知係物觀等增補；No. 12、13 乃表達方式微異，天理本皆與初刻本同而不同於京大本，再結合 No. 7，益發可證《考文補遺》所據《考文》確爲副本無疑。

次《校讎經文》，列舉參校諸本，并無異文，知物觀等并未擴大校勘所取材的範圍；次《援引書目》，列舉考訂異文所引諸書，天理本、初刻本於《文獻通考》下有《國史經籍志》；《容齋隨筆》下有《經籍會通》（夾注："胡元瑞/《筆叢》載。"）；《字彙》下有《續字彙》；天理本還有一處不同於他本的異文，那就是《摭古遺文》下有《康熙字典》。天理本所增補諸書除《康熙字典》外均見於《考文》，知其意在反映引用書目之全貌。事實上，《康熙字典》確爲山井考訂文字的主要工具書，這從前揭京都大學人文科學研究所藏山井鼎手校閩本諸經注疏可以清楚地看到。由此推知，製作副本的過程遠比我們想像的複雜，并非單純地照録原文，而是有所改訂、損益。次《七經孟子考文·總目》，臚列各經册數、葉數，及全書册數、葉數。其中，《毛詩》陸册，貳陌捌拾玖葉，天理本同，初刻本玖作捌；《孟子》貳册，玖拾陸葉，天理本同，初刻本陸作柒。一增一減，總葉數并無變化。顧名思義，這是指《考文》原本（正本和副本）的葉數，并不包含《補遺》，所以只能理解爲山井統計數字稍有差誤，物觀等予以訂正。

次本文，卷端題"七經孟子考文周易"，次行低二字署"紀府分藩京兆家文學　山井　鼎　謹輯"。天理本作者結銜改作"西條掌書記"，當亦出自進呈對象不同之考慮。初刻本卷端則分作兩個層級：首行、次行題《考文·周易》書名并署山井鼎銜名，悉同天理本；三行頂格題"補遺"，四行低八字署"東都　講官　物　觀　纂修"，五、六、七行分別低十四字署"石　之清　校、平　義質、木　晟　同校"。初刻本與京大本、天理本不僅行款全同，皆爲九行二十字；版式亦基本相同，四周雙邊，白口，單魚尾，魚尾上方記書名"七經孟子考文（補遺）"，下方記經名、卷次、葉次。"經""注""疏""補遺"以黑地白文出之；"謹按""考異""存舊""正誤"出以墨圍。可見，《考文補遺》之於《考文》確是竭力仿效，因仍舊式。我們選擇第1册《周易》卷首、卷一、卷二部分，以京大本爲底本，校以天理本和初刻本，臚列異文如下：

表 14 《周易》部分異文对照表

序號	京大本	天理本	初刻本	備註
15	"臣之所校，參政本多伊豫守藤原忠統藏也"（卷首"八論"謹按）	"伊豫守藤原忠統"作"豫州藤原忠統家"。	與天理本同。	當亦根據不同的進呈對象而做的改動。
16	"周易上經乾傳第一（空五字）王弼註"（古本、足利本）	與京大本同。	脫"王弼註"三字。	
17	"'反復道也'，道上有之字，二本、足利本共同"（乾·考異·經）	與京大本同。	下出《補遺》："一本無/也字。"	

續表

序號	京大本	天理本	初刻本	備註
18	"（象曰）'反復皆道也'，皆下有合字，二本、足利本同"（乾·考異·注）	與京大本同。	復作覆。	毛本確作覆，知《考文補遺》所改是也。
19	"'而下曰乾元亨利貞'下一本有也字"（乾·考異·注）	與京大本同。	一作二。	
20	"'他皆倣此'，六行倣作放"（乾·考異·疏）	與京大本同。	倣作傚。	毛本倣誤傚，知《考文補遺》所改是也。
21	"經傳下疏更引經文者，宋板刊去，直云'正義曰'"（乾·考異·疏）	云作曰。	與京大本同。	
22	"'其相終竟空曠'，九行"（乾·考異·疏）	與京大本同。	脱其、曠二字，"九行"作"五葉左九"。	
23	"'躍於在淵'，四行"（乾·考異·疏）	與京大本同。	四上有左字。	
24	"'上九亢陽之至，大而極盛'，七行"（乾·考異·疏）	與京大本同。	脱"上九"二字，七上有左字。	
25	"'而礎柱潤'，二十葉左五行"（乾·考異·疏）	與京大本同。	無"二十葉"三字。	
26	"'感應之事應'，二十一葉左一行"（乾·考異·疏）	與京大本同。	無"二十一葉"四字。	
27	"'貌恭心狠'，'狠本作恨，細註云：當作狠。今本從之'"（乾·考異·疏）	與京大本同。	"本作"無本字，"從之"作"作狠"。	

續表

序號	京大本	天理本	初刻本	備註
28	"'故心或之也',或作惑。謹按:一行之内多或字,惟此或爲然"(乾·考異·疏)	與京大本同。	"爲然"作"作惑"。乾卦經、注、疏文[考異]之後出《補遺》,分列經(2條)、註(7條)、疏(1條)異文。	
29	"(象曰)'與剛健爲耦',上有而字,三本同"(坤·考異·注)	與京大本同。	上字之上有與字。	
30	"'求安難矣'下二本有哉字,足利本作難哉"(坤·考異·注)	與京大本同。	無"二本"二字,"足利本"上有"一本"二字。	
31	"(初六)'而後積著者也',三本、足利本積著上有至字"(坤·考異·注)	與京大本同。	"足利本積著"無著字。	
32	"'則以初爲潛',一本則作故,潛下有也字,三本同"(坤·考異·注)	與京大本同。	故下有"二本"二字,字下無"三本同"三字。	
33	"(六五)'以文在中也',也上足利本有者字"(坤·考異·注)	與京大本同。	"足利本"上有"二本"二字,"者字"下出《補遺》:"中上一本有其字。"	
34	"(上六)'故戰于野'下三本有也"(坤·考異·注)	與京大本同。	三作二。	
35	"(《文言》)'疑盛乃動,故必戰'下三本有也"(坤·考異·注)	與京大本同。	三作二。	

續表

序號	京大本	天理本	初刻本	備註
36	"(《文言》)'非陽而戰'下三本、足利本共有也"（坤·考異·注）	與京大本同。	也下有字字。	
37	"'乾之所貞,利於萬事','貞作利',謹按:正德、嘉、萬三本利字闕字,崇禎本強補作貞,當以宋板爲正也"（坤·考異·疏）	與京大本同。	闕下無字字。	
38	"'自此已上,論坤之義也'"（坤·考異·疏）	與京大本同。	坤下有元字,"元之"二字擠占一格,顯係後來剜改。坤卦經、注、疏文［考異］之後出《補遺》,分列經（3條）、注（2條）、疏（2條）異文。	
39	"(六四)'往吉,无不利'下三本有也"（屯·考異·注）	與京大本同。	下出《補遺》:"故曰往吉,一本無曰字。"	
40	"(六五)'大貞之凶'下三本有也"（屯·考異·注）	與京大本同。	六五作九五。屯卦經、注、疏文［考異］之後出《補遺》,分列經（2條）、注（2條）、疏（1條）異文。	
41	"'蒙,亨,以亨行,時中也',時上有得字,三本、足利本同"（蒙·考異·經）	與京大本同。	下出《補遺》:"一本也作矣。"	

續表

序號	京大本	天理本	初刻本	備註
42	"（六四）'故曰吝也'，一本吝作咎。謹按：爻象註合"（蒙·考異·注）	與京大本同。	合作同。	
43	"'童蒙悉來歸己'"（蒙·考異·疏）	與京大本同。	己誤已。蒙卦經、注、疏文[考異]之後出《補遺》，分列經（1條）、注（4條）、疏（2條）異文。	
44	"周易兼義上經需傳卷第二·需"	與京大本同。	需卦經、注、疏文[考異]之後出《補遺》，分列經（1條）、注（1條）、疏（1條）異文。	
45	"'能惕，而後可以獲中吉'，能作皆。但萬曆與崇禎本同，中吉下三本有也字"（訟·考異·注）	與京大本同。	出文而作然，校語"能作皆。但萬曆與崇禎本同。中吉下三本有也字"作"三本、宋板能作皆。三本吉下有也字。萬曆與崇禎同"。訟卦經、注、疏文[考異]之後出《補遺》，分列注（2條）異文。	毛本王注確作然，知初刻本所改是也。
46	"（六三）'輿尸之凶'下三本有也字"（師·考異·注）	與京大本同。	下出《補遺》："'宜獲輿尸之凶'，宜下二本有其字。"師卦經、注、疏文[考異]之後出《補遺》，分列注（4條）、疏（1條）異文。	

續表

序號	京大本	天理本	初刻本	備註
47	"（六三）'二爲五應'，宋板、足利本應作貞"（比·考異·注）	與京大本同。	"宋板"上有"二本"二字。	
48	"（九五）'以顯比而居下位'，［正誤］下當作王"（比·考異·注）	與京大本同。	下出《補遺》："據二本、宋板、足利本。"	
49	"欲外比也十八葉右八行"（比·考異·疏）	與京大本同。	"十八"作"十九"。比卦經、注、疏文［考異］之後出《補遺》，列出注（2條）異文。	
50	"'故得既雨既處'，一本故下有曰字，三本處下有也字"（小畜·考異·注）	與京大本同。	"故下有曰字"作"得作曰"。	
51	"（初九）'得義之吉'下三本有者也二字"（小畜·考異·注）	與京大本同。	下出《補遺》："得下二本有其字。"	
52	"'畜之極也'，足利本也上有者字"（小畜·考異·注）	與京大本同。	"足利本"上有"二本"二字。	
53	"'三不害己，己故得其血去除'，二十五葉右七行作三不能害，故得云云。［謹按］：有能字無二己字"（小畜·考異·疏）	與京大本同。	刪去［謹按］云云，校語"三不能害，故得云云"作"三不能害己，故得其血去除"。	核之足利學舊藏八行本（宋板），知《考文補遺》所改是也。
54	"'其惕出故'同上"（小畜·考異·疏）	與京大本同。	"同上"作"二十五葉右七行"。	

續表

序號	京大本	天理本	初刻本	備註
55	"'非是總爲之辭'八行"（小畜·考異·疏）	與京大本同。	"八行"上有右字。小畜經、注、疏文［考異］之後出《補遺》，分列注（3條）、疏（3條）異文。	
56	"'反復于隍'同上于作於"（泰·考異·疏）	於誤放。	與京大本同。泰卦經、注、疏文［考異］之後出《補遺》，分列經（1條）、注（2條）、疏（1條）異文。	
57	"'象曰拔弟貞吉'，二本弟下有茹字"（否·考異·經）	二弟字并作茅。	與天理本同。否卦經、注、疏文［考異］之後出《補遺》，分列經（1條）、注（1條）異文。	弟作茅，是也。
58	"'以其當九五之剛'，四十二葉左九行當下有敵字。［謹按］：正、嘉二本當下磨滅，闕一字。萬曆、崇禎本刊去似非"（同人·考異·疏）	與京大本同。	磨作印，"刊去似非"作"無闕爲非"。同人經、注、疏文［考異］之後出《補遺》，分列注（4條）、疏（2條）異文。	
59	"'巽順含容之義也'，四十六葉右三行"（大有·考異·疏）	與京大本同。	義作儀。	毛本正作義，《考文》原本不誤，初刻本誤改。
60	"'火性炎上是照耀之物'，同上作'火又在上，火是照耀之物'。［謹按］：性炎作又在，是上有火字"（大有·考異·疏）	與京大本同。	"同上"作"四十六葉右三行"，删去［謹按］云云。	

續表

序號	京大本	天理本	初刻本	備註
61	"'初不在二位',九行"（大有・考異・疏）	與京大本同。	九上有右字。大有經、注、疏文［考異］之後出《補遺》,分列經（1條）、注（1條）異文。	
62	"周易兼義上經需傳卷第二・豫"	與京大本同。	豫卦經、注、疏文［考異］之後出《補遺》,分列經（1條）、注（1條）異文。	

對本文部分的異文進行分析,結合上文關於卷首部分異文的探究,我們可以得出以下結論:其一,京大本和天理本之間係正本、副本的關係絕無疑義。正文部分除 No. 21、56 天理本顯誤,No. 57 天理本訂正京大本誤字,No. 15 由於進呈對象不同而改動稱謂外,天理本皆同於京大本,這説明《考文》正文部分的正、副本文本差異極小,基本上是照録原文,少有增損、改易。相對於正文,卷首部分雖然也有 No. 2、4 幾十字的異文,No. 9、10 補充注釋,No. 14 山井識語,以及參校諸本、《總目》册數、葉數全同,但畢竟有 No. 7 更换注釋,《援引書目》有所增補等不同之處,説明副本卷首較之正本還是略有改訂、損益的。

其二,初刻本《考文補遺》所依據的《考文》文本出自副本,而非正本。前揭 No. 5、7、12、13,以及《援引書目》、卷端銜名等,正文部分 No. 15、57（如上所述,天理本和京大本正文部分絕少異同,故天理本異於京大本而同於初刻本者稀見）皆可證明。而且,從當時進呈情況來判斷,物觀等所據《考文》當出自前揭宮内廳書陵部所藏進呈幕府將軍的副本。

其三，《考文補遺》的主體部分實爲《考文》，《補遺》所占份額極小，而且整體架構也都是《考文》固有的，未嘗改易。這一方面說明《考文》原本校勘質量很高，留給《補遺》的空間有限；另一方面也說明《補遺》編纂宗旨在於因仍其舊，拾遺補闕，糾謬正譌，無意於另起爐竈，喧賓奪主。

其四，通過與《考文》正、副本的比較研究，可以推知物觀等所做的"補遺"工作約有以下數端：一是補闕，即在各卦末尾出以"補遺"，補充《考文》失校之經、注、疏異文；另有附於［考異］相關條目之下的"補遺"，如No. 17、33、39、41、46、48、51，補充說明除《考文》所揭示的異文之外的其他異文或版本信息。需要說明的是，補闕類異文在《補遺》中所占份額最大，數量最多，但所補經、注、疏文的異文大多是虛字損益，無關宏旨，校勘價值并不大，所以我們毋寧理解爲山井原本無意出校。二是正譌，包括《考文》錯譌脫衍，如No. 31、37、38、57分別衍著字、衍字字、脫元字、茅誤茅（京大本）；誤記底本，如No. 18、20、45；誤標出處，如No. 22、23、24、40、49、55、61；誤（失）校古本，如No. 19、30、34、35、47、50、52；誤（失）校宋板，如No. 53；刪省繁冗，如No. 60［謹按］內容完全是重複解說宋板異文的，故《考文補遺》刪去，甚得其宜。三是整齊體例，如No. 25、26，因上文已分別出現"二十葉""二十一葉"字樣，根據體例，此處可省；No. 54、60標示出處曰"同上"，《考文補遺》改爲明確注明葉數、行數，以求體例統一。四是變換表達方式，如No. 27、28、45、58對《考文》原本的表達方式皆有所改易，力求簡省明確，形式整飭劃一。五是《考文》原本無須改易而初刻本擅作更改者，如No. 29，根據體例，整句之上或之下有異文，可以不出單字；No. 36 根據山井行文規律，也下不必加字字；No. 42 山井"［謹按］：爻象註合"，意爲吝作咎恰與爻辭《小象》王注契合，不當改作同；No. 58《考文》原作"磨滅"及"刊去似非"，意思明確，且能反映版本遞承關係，不必改動。六是山井誤校而《補遺》未嘗更正者，如 No. 27《考文》記宋板"狠本（初刻本删本字，實則未必）作恨，細註云：當作狠"，實際上足利學舊藏八行本（宋板）正文確作恨，但夾注："當作很。"王念孫《讀書雜志》："恨讀爲很……很，違也……而不知其爲很之借字矣。"山井乃至物觀等不明恨通很之義，皆不免以今繩古，誤認作狠。

其五，初刻本儘管刊刻質量上乘，但通過與《考文》正、副本比勘，亦可見其疏漏、訛誤，如 No. 16 初刻本迻錄古本、足利本卷端行款，無"王弼註"三字，由今存宋元刻本和古鈔本、古活字本來看，均署王弼注，則古本、足利本當亦如是，知其誤脱。又如 No. 22 "其""曠"二字和 No. 24 "上九"二字當係初刻本有意删削，知其識見較之山井爲下矣。又如 No. 59 "巽順含容之義也"，毛本即作義，初刻本誤改作儀，此乃《考文》原本不誤而初刻本誤改者。又如 No. 43 己、已、巳互訛是初刻本（乃至一般刻本）常見的現象，但京大本書寫極其標準，足見其態度之嚴謹。

附記：1989 年，筆者在讀書期間開始關注山井鼎《考文》，并撰寫《〈七經孟子考文補遺〉考述》一文（又經多年反覆修訂、增補，2000 年在臺北"海峽兩岸古籍整理學術研討會"上宣讀，後公開發表在《北京大學學報》2002 年第 1 期），多年來一直留意相關研究狀況，未嘗中輟。近些年來，又著手研究《考文》寫本，先期廣泛搜集相關資料，并先後於 2016 年 7 月和 2017 年 2 月赴日前往京都大學和天理大學調查、校勘京大本（正本）和天理本（副本）《考文》，幷撰寫《〈七經孟子考文〉正、副本及〈考文補遺〉初刻本比較研究》一文，通過對文本遞嬗的考察來推求正本、副本和享保初刻本的淵源關係，於3月8日告竣。5月14日，筆者收到由蔡丹君教授轉來的日本京都大學文學研究科東洋史學博士生瞿豔丹女史的論文《〈七經孟子考文〉正副本研究》，擬投稿《中國典籍與文化》。瞿文全面研究包括京大本和天理本、宫内廳本在内的《考文》全部正、副本，包括抄寫緣起、遞藏源流、體式特徵、異文比勘，論述相當充分。瞿文與拙作在選題、文獻資料、研究路數乃至具體結論每有相近甚至相同之處，筆者深爲驚賞。翌日，筆者遂將拙作全文寄贈豔丹，她亦感喟我們多有會心，往往不謀而合。鑒於瞿文日本的相關資料相當翔實，優勝於拙作；拙作雖校勘略有心得，且延伸至享保初刻本，將正本—副本—刻本聯結成綫，但未及宫内廳本。故筆者推薦瞿文在《中國典籍與文化》上發表，拙作則擱置不用。近三百年前，山井鼎篤志窮經，黽勉從事，以一己之力遍校群經；近三百年後，兩個中國人不約而同在中國和日本各自獨立研究《考文》，幷分别撰寫了學術論文，且多有暗合之處，可謂中日學術交流史上的佳話。後值稻畑耕一郎先生榮退之際，謹以此略具中日學術交流史意義之拙作忝附驥尾，收入《稻畑耕一郎教授退休記念論集》，以爲之賀。

2017年6月6日

（原載《中國古籍文化研究·稻畑耕一郎教授退休記念論集》
［日本東方書店2018年版］，今據以收入）

山井鼎手校閩本諸經校勘日志輯證

　　日本江户時代古學派學者山井鼎遍校群經，精心結撰《七經孟子考文》（以下簡稱《考文》）一書，對清代學界產生了重要影響，在中日學術交流史上具有重要意義。京都大學人文科學研究所藏山井鼎手校明嘉靖中李元陽刻本"十三經注疏"（閩本）①，其中《周易》《尚書》《毛詩》《禮記》《左傳》《論語》《孟子》有山井朱筆、綠筆、藍筆或墨筆句讀、校語及日志、題識，他經間亦有之。《孟子注疏解經》書衣外夾板有狩野直喜先生昭和九年（1934）題識：

　　　　《周易》《尚書》《毛詩》《禮記》《左傳》《論語》《孟子》，/以上有西條儒臣山井鼎校語，疑《考文》所本。/《周禮》《儀禮》《穀梁傳》，/以上有山井璞助校語。璞助，本姓渡邊氏，鼎没七十年，/以俟命承鼎家者。/昭和九年十月八日狩野直喜記。

**狩野先生注意到山井手校閩本諸經，并且推測其校語可能爲《考

---

　　① 關於山井鼎手校閩本諸經的遞藏經過，詳參松雲堂主野田文之助《山井崑崙と七経孟子考文の稿本について》（《東京支那学報》第一號，1955年6月，第207—208頁）。

文》所本。昭和十三年（1938），吉川幸次郎先生撰寫了詳盡的提要，其文有曰：

> 此《七經孟子考文》底本也。《周易》《尚書》《毛詩》《禮記》《左傳》《論語》《孟子》，昆侖先生用足利學古本、宋板校，其所校悉與《考文》合。又於上方備錄用功起訖，其體略如日記。案日志晴陰，間及盍簪臘屐之事，唯《孝經》無一識語，當別有手校之本也。七經、《孟子》以外，《周禮》《儀禮》《公羊》《爾雅》略有校語，又《穀梁》校以唐石經。其《周易》、三禮、《左傳》、《穀梁》有璞云者，則先生養子璞助筆也。璞助所校，多采自阮氏《校勘記》，唯《周易正義序》用單疏校。圖記有七：曰"山鼎之印"，曰"山重鼎印"，曰"重鼎之印"，曰"君彝"，曰"鼎君"，曰"昆侖"，曰"山井氏圖書記"，後歸紀伊德川侯府，故又有"南葵文庫"印。謹案：昆侖先生爲近代校疏之祖，惠延後學，名播異域，蓋皇朝儒者之業能衣被海内外者，殆莫先生若也。此册手澤具在，足稱本所校本之冠。惜《毛詩》卷第十六已闕，飲水思源，猶有憾耳。其書眉所記，備見當日校疏始末，向來考先生行履者，皆所未及，謹擇其要錄於左方。[1]

吉川先生縱論其書内容、性質、形態、價值，并擇要迻録部分日志，有篳路藍縷之功。山井校語主要分布在閩本《周易》《尚書》

---

[1] 昭和十三年，吉川先生以《本所善本提要》爲題發表在《東方學報・京都》第九册，後收入《吉川幸次郎全集》第十七卷（筑摩書房，1985年），更名爲《東方文化研究所善本提要・經部・十三經注疏》（第565頁）。承廖明飛先生賜示相關研究資料，助我完成研究山井鼎校勘學之宿心素志，謹志謝忱。

《毛詩》《禮記》《春秋左傳》《論語》及《孟子》，其他六經甚少，或近於無。上述諸經天頭、地角及版匡内外皆有校語，唯天頭最爲普遍，數量亦最多，且日志幾乎也都出現在天頭。值得注意的是，吉川先生將其認定爲《考文》之底本，這和前此野田文之助先生的判斷是一致的，"作爲崑崙校勘的底本是李元陽本'十三經注疏'"，"三年間，在學校刻苦校勘古書，成果都記録在李元陽本注疏上，這就成爲《考文》的初稿"[①]。而這種説法與前揭狩野先生説是不一致的。那麽，山井手校閩本到底是不是《考文》的底本呢？更具體地説山井校語與《考文》之間的關係如何呢？是否可以通過對日志的分析歸納進而釐清山井校勘諸經的確切時間呢？職此之故，我們悉數輯録山井校勘日志，并略作考證云。

一、《禮記注疏》

據《考文·凡例》，《禮記》參校本有古本《禮記》一通、足利本《禮記》一通、宋板《禮記正義》，此外還有正德本、嘉靖本（亦即閩本）、萬曆本、永懷堂本[②]。閩本《禮記注疏》校語，凡出以朱、墨、緑、藍四種顏色筆體，宋板異文均出以朱筆，并無例外；正德本、汲古閣本（山井或稱之爲崇禎本）異文均出以墨筆；萬曆本異文則兼有朱筆和墨筆，而以後者居多（萬曆本與

[①] 《山井崑崙と七経孟子考文の稿本について》，《東京支那學報》第一號，第206頁。

[②] 文中所引《七經孟子考文補遺》的内容，均出自日本國立公文書館藏享保十六年初刻本，恕不一一出注。

宋板合校者，一般同以朱筆出之）；單獨出校《釋文》用墨筆；永懷堂本用墨筆；又有所謂九華本，實即古本，或單列，或連同足利本共稱"二本"（兩本互異，足利本則稱"（足利）一本"，大多出以墨筆），卷十六至三十五出以藍色筆體（間有墨筆）或兼有藍、綠兩色筆體，餘者均出以綠色筆體（其中有完成時間較晚，總結各本異文者，如V51-11b[①]以綠色筆體出校語："九華同，宋板作爲，一本同，此本作作。"）。根據筆體辨識，除個別墨筆出自山井璞助（如V1-17b校語，字體非常特殊，棱角分明，古拙滯澀，極易識別），絕大多數校語審係山井所書；但綠色、藍色筆體及迻錄經注本（古本、足利本）異文的墨筆，又見於《春秋左傳注疏》，疑出他人之手（或即根本遜志）。V52卷首題識云："此歲壬寅冬再校此篇。《中庸》一篇，往年校讎者，黑書；今不殊別，從其舊也。"由此推斷，各種不同顏色筆體不唯區分不同版本，而且還是不同時段校勘的標志。

享保五年庚子（1720），山井鼎與同門好友根本遜志第一次前往足利學校[②]，九月廿四日抵達，至十月間[③]，校勘宋板《禮記注疏》，不過只是涉及卷五十至五十二，而且重點是抄補閩本漫漶、

[①]　刻本每葉又分正反兩半葉，本篇分別以 a、b 表示。卷次則以 V 表示。

[②]　末木恭彥先生指出，山井鼎足利之行實有前後兩次，第一次是享保五年（1720）九月至十月，停留時間較短；第二次是七年八月至九年春近三年的時間（《〈七經孟子考文〉攷》,《徂徠と崑崙》，春風社2016年版，第93—94頁）。新按：吉川先生和末木先生都是選擇性地摘錄校勘日志、題識，據此進行研究，而本篇采用窮盡式的輯錄方法，所以在具體細節的研究上有所推進。

[③]　初次足利之行停留的時間不可考。末木先生認爲，六年二月、三月山井已在江戶青山校勘萬曆本《左傳》，而校勘諸經萬曆本始於五年十月，所以他推斷山井是在五年十月回到江戶的（《〈七經孟子考文〉攷》,《徂徠と崑崙》，第93頁）。

缺脱之處。如 V52-8a 注"塞，猶實也"，抄補"實"字，題識云："以足利學校所藏宋板本補之。"卷五十二首大題下大字題識"享保庚子秋以足利學校本校讎"，小字題識云：

> 享保庚子秋九月廿四日，與友生伯脩來于足利，以學校所藏《五經正義》校讎《中庸篇》，補磨滅。學校本，金澤文庫之本也，其後上杉憲實寄附當學云，蓋宋板也。中華所希有之物，而於我邦得見之，恨不離羈絆，終其功也[①]。得再就當學補其闕，斯余之志也。君彝父記于足利學校。[②]

這條識語十分重要，因爲它明確揭示了二人初到足利的確切時間[③]。據古勝隆一先生所作《人文研の"たからもの"》，東京大學總合圖書館藏根本遜志手校汲古閣本《禮記注疏》卷五十三末有根本題識云："享保庚子秋九月廿四日，與友人紀州山君彝/来于野州足利之学，以上杉憲實所奇附之/宋板《正義》挍讎《中庸》一篇。/今歳壬寅冬，再校此篇。/根遜志。"[④]正好可以和山井題識

---

① 吉川先生和末木先生釋文皆無"不"字，實際上"恨"字右下旁注"不"字。吉川先生提要曰："案：此句似有訛脱。"（第 566 頁）末木先生以爲"恨"以下八字意思不通（《〈七経孟子考文〉攷》，《徂徠と崑崙》，第 100 頁）。新按：原文不誤，"恨不"實爲希望之義，并無否定之義。

② 本篇引文中着重號爲筆者所加。

③ 吉川先生首先注意到這條識語，以爲"據九月所記，知先生此年始游足利，而校疏之志亦定於此日矣"（第 566 頁）。

④ 京都大學人文科学研究所所報《人文》第四七号，2000 年 3 月 31 日發行，京文研網站"出版物"子目 http://oldwww.zinbun.kyoto-u.ac.jp/shoho/sh47/takara.html，2015-1-7。題識迻録自東京大學總合圖書館藏根本遜志手校汲古閣本《禮記注疏》。是書有"島田氏雙桂樓收藏""敬甫""島田重禮""篁邨島田氏家藏圖書""南葵文庫"等

相互印證，確認初到足利學的時間，以及校補《中庸》的經過。上述山井和根本題識皆未提及參校萬曆本，實際上在山井未到足利之前，以及在足利和根本合作校勘宋板《中庸》同時，山井還用萬曆本校補閩本[①]，并且旁及其他篇卷。V16-22b 題識云："予初以萬曆板補其後，來于足利，以宋板相校，今此本墨書皆萬曆板所補，朱書宋板所補。"可以爲證。同年十月日志尚有：

> V50 卷首 "享保庚子冬十月以萬曆板校讎。君彝。"
> V50-20b 注 "子產嘗以其乘車濟冬涉者"，抄補 "嘗" 字；21a《釋文》"食音嗣"，抄補 "食" 字。日志："享保庚子冬十月十七日校讎，補磨滅。此日過赤城，遇暴雨，沾衣而歸。"
> V51 卷首 "庚子冬紀州山井善六重鼎校。"

在享保七年壬寅（1722）八月山井和根本第二次足利之行之先（三月至五月間），山井除了焦急地等待著西條侯下達命令[②]，

（接上頁）印記，可知其書遞藏源流。全書有朱、墨、藍、綠四色筆體校語，皆出自根本之手。卷五、十三、二十四、三十六、三十八至四十、五十、五十五、五十八至五十九末有島田翰明治三十一年識語，書後有島田鈞一明治三十二年識語，并有 "雙桂后（新按：后不作後）人" 朱印。承佐藤浩一教授代爲查詢、聯絡，得以目驗根本手校本，謹志謝忱。

　① V2-16a 日志 "予初得武夷藏萬曆本校之，與赤城藏本間有異同" 云云，知山井未到足利之前所用萬曆本乃根本藏本，在足利之時所用乃赤城藏本，二者間有異同。

　② 吉川先生曰："據此數條，則壬寅五月先生猶在江戶，所謂'公命'，未知是霸府命抑藩主西條侯命？"（第 567 頁）新按：由荻生徂徠《考文序》來看，"公命" 當指西條侯命。

還在東都（江户）青山白蓮精舍用萬曆本繼續校勘并抄補閩本《禮記注疏》部分缺葉、缺字的内容。日志如下：

> V9卷末"壬寅春三月朔補完。昆侖山人。"
> V12-26a"壬寅三月十二日青山白蓮社補完。"
> V12-30b"壬寅三月念六日補。時南海教上人在座。"
> V13-22b"壬寅夏四月十三日補。足利行未决。"
> V13卷末"壬寅四月十五日補。余有足利行志，公命/未下，豫補其漫滅，爲宋板校讎之助。"
> V14卷首"壬寅四月十七日始功。足利行未决。"
> V15卷末"壬寅四月廿三日補。足利行猶未决。"
> V61卷末"享保七年壬寅夏五月十日補完。昆侖山人。"
> V62卷末"壬寅五月十三日補完。"
> V63卷末"壬寅五月十三日補完。"

第二次抵達足利學校之後，從八月十三日到十二月十三日，前後長達四個月，山井和根本集中校勘《禮記注疏》。日志如下：

> 卷首《禮記正義序》1a"享保七年壬寅秋八月十三日以足利本校讎。"
> V1-27a"八月十四日校。終日雨甚。"
> V2-5b"此一節《正義》約《大行人/司儀·聘義》文，畢竟未了，俟再考已。壬寅八月十六日。"
> V2-9a"八月十五日校。晴。"
> V2-21a"八月十六日校。晴。"

V2-35b "八月十七日校。晴。"

V3-15b "八月十八日校。天晴。"

V4 卷首 "八月十九日校。晴。"

V4-11a "八月廿日校。陰。"

V4-31a "廿一日校。陰。"

V5-15b "八月廿二日校。雨，午晴。"

V5-30b "壬寅八月廿三日足利學裏校。雨。"

V6-14a "壬寅八月廿四日校。昨夜甚雨，夙晴。"

V7 卷首 "壬寅八月廿五日校。晴。"

V7-20a "壬寅八月廿六日校。晴。"

V8-8a "八月廿七日校。晴。"

V8-27a "廿八日校。雨。"

V9-24b "九月朔校。此日學中有故，私塾校。晴。"

V10-6a "九月二日私塾校。"

V10-28b "九月四日校。昨不校。"

V11 卷首 "壬寅九月五日校。雨。"

V11-21a "九月六日校。雨。"

V11-30b "九月七日校。晴。"

V12 卷首 "九月八日校。晴。"

V7-26a "有'束束棺於柩車'之語，此則約此文也。然則讀者可恣意求也。是時予亦騷擾，不能詳悉，姑俟再考。壬寅重九足利學校書。"

V12-17b "重九校。晴。"

V13 卷首 "九月十三日校。十日遊于岩船，十二日反歸，三日不校。"

V13-20b"九月十四日校。晴。"

V13卷末"壬寅九月十四日已來于足利，校此篇（新按：指《王制》）云。"

V14卷首"九月十五校。晴。"

V14-15b"九月十六日校。晴。"

V15卷首"十七日校。晴。"

V15-22a"九月十七日校。晴。"

V16-4a"九月十九日校。陰。"

V16-22a"九月廿日校。陰晴。"

V17-5b"廿一日校。雨。"

V17-20b"壬寅九月廿四日校。晴。前日、大前日有事，不校。"

V18卷首"廿五日校。晴。"

V18-24a"廿六日校。晴。"

V19-13b"九月廿七日校。"

V20-18a"廿九日校。"

V21卷首"九月晦校。"

V21-24a"十月朔校。陰。"

V22-14a"十月二日校。晴。"

V23卷首"壬寅十月三日校。晴。"

V23-23b"十月四日校。陰。"

V24-12a"五日校。晴。"

V25-11b"六日校。晴風。"

V26卷首"良月初七校。晴。"

V26-25a"八日校。"

V27-6b "九日校。陰。"

V28-6b "十日校。晴。"

V29 卷首 "十月十一日，昨夜游猿田。晴。"

V29-21a "十二日校。晴。"

V30-12a "十三日校。雨。"

V30-28a "十四日校。晴。"

V31-9a "望日校。晴。"

V32 卷首 "十月既望校。晴。"

V33 卷首 "十七日校。陰。"

V33-21a "十八日校。晴。"

V34-12b "廿日校，晴。昨不校。"

V35-10a "廿一日校。晴。"

V35-17a "廿二日校。晴。"

V36-13b "廿三日校。陰。"

V37-13a "廿四日校。陰。"

V38-4b "廿五日。晴。"

V39 卷首 "廿六日校。晴。"

V39-26a "廿七日校。陰。"

V40-17b "廿八日校。晴。"

V41-16b "廿九日校。晴。"

V41-12a "十一月朔校。雨雪。"

V43-10a "二日校。晴。"

V44-6b "三日校。晴。"

V44-29a "四日校。雨。"

V44 卷末 "壬寅十月廿二日讀了。"

V45-20a"五日校,晴。遲政來。"

V45-33b"壬寅十一月三日。"

V46 卷首"六日校。晴。"

V47 卷首"十一月七日校。晴。"

V47-7ab"仲尼嘗"下日志:"十日校,晴。七日游植木野,信宿而歸,與政俱來,佳會有趣。"①

V48 卷首"十一日校。晴。"

V49 卷首"十二日校。晴。"

V49 卷末"享保七年壬寅冬十一月十二日,足利學校,校雠功成。/南海道紀州和歌山學生山重鼎志。"

V50 卷首"壬寅十一月十三日校。晴。"

V51 卷首"十四日校。晴。"

V51-22a"十一月望校。"

V52-15a"十六日校。晴。"

V53-11a"十七日校。晴。"

V54-10b"十八日校。晴。"

V55 卷首"十一月十九日校。晴。"

V56 卷首"十一月廿日校,晴。國書到。"

V56-18b"廿一日校。"

V57-12a"廿二日校。"

V57 卷末"享保壬寅十一月廿日,補完。/下野國足利學校東塾而識。昆侖山人重鼎(花押)。"

V58-6b"十一月廿四日夜講校。"

――――――――

① 據吉川先生提要迻錄。京文研網站公布的是書 PDF 版此條未見。

V59 卷首"廿五日夜校。"

V60 卷首"廿六日校。"

V61 卷首"壬寅十二月十二日校。大神（重鼎花押）。"

V62-15a"十三日校。"

V63 卷末"享保七年壬寅十二月十三日，足利學宋板校讎功成。重鼎。"①

從日志來看，校勘工作進度基本上是與卷次同步的，但也有校勘完成之後，部分重校的現象，如 V7-26a 校勘工作實際上完成於七年（1722）八月二十六日，九月九日又回頭重校。而且，九年（1724）山井回到江戶後亦有考訂，如 V2-16a 日志："遠，萬曆作迫，正德本同此本，汲古閣作近，赤城藏萬曆本同汲古閣。予初得武夷藏萬曆本校之，與赤城藏本間有異同，不知果作迫否？姑俟再考耳。甲辰九月朔。"

山井在與根本正式校勘宋板的同時，也還在延續之前抄補閩本闕脱的工作，但不限於萬曆板（V15-5ab、6ab 和 V18-28ab），主要是以宋板（V19-27b、28ab 和 V19-29ab）抄補。由於時間倉促，急於校勘，所以未必盡皆書以正楷。V30-35、36、37 抄補，日志："予藏書十三經，微有脱落，字多蕩滅。當其來於此而校也，時是日短，課功稍迫。會遭脱葉，忽卒補完，急于校讎，而不敢違正書。於是乎予之心印足矣，徒恐與他人心印更相乖午，見者謹諸。壬寅十月十三日書。"其他相關日志如下：

V5-34ab 抄補，日志："壬寅八月廿三日，補寫於野州足利

---

① 另葉附錄八行本《禮記正義》黄唐跋，所署題寫時間作紹熙，不誤。

學中。"

V15-5ab、6ab 抄補,日志:"壬寅九月十七日以萬曆板補。"

V18-28ab 抄補,日志:"以萬曆板補寫,至終餘八字空位,何故生字盈縮?他日得嘉靖板全者可校耳。壬寅九月廿六日。"

V19-27b、28ab 抄補,日志:"壬寅九月廿五日,足利學宋板補之。"

V19-29ab 抄補,日志:"壬寅九月廿四日補寫。"

對於足利學校舊藏八行本(山井所謂"宋板")《禮記正義》而言,還涉及一個問題,那就是卷三十三至四十缺,室町時代足利學補寫,包括《禮器》第十下、《郊特牲》第十一、《內則》第十二、《玉藻》第十三上下。內封題識:"足利本三十五冊,缺四本,今存者三十一冊。/上杉憲實時爲然也。可惜!可惜!"又曰:"足利本所記/《郊特牲》《內則》《玉藻·/正義》此三篇缺。本經自八至/九,《正義》三十三至四十缺。"此處"足利本"實指宋板《正義》,沒有計入《禮器》,蓋以其上半部猶存,故止稱三篇。宋板、閩本和經注本(古本和足利本)卷次、卷數不同,故宋板所缺三篇半(《郊特牲》《內則》《玉藻》加上《禮器》半篇)相當於經注本卷八至卷九上半部(卷七下半部爲《禮器》);相當於閩本卷二十四至三十,故卷二十四首題識:

此卷以下至四十卷,足利宋板闕,以書寫本補之。/
自三十三《禮器》至四十《明堂位》,合五篇,/紫府豐後僧一華學士於武州勝沼以印/本,令書寫寄進,一度校合畢。/
重鼎曰:《明堂位》宋板存矣,所闕從此卷至《玉藻》篇末,至《明堂》補,則爲重複也。

以上三段分別爲三種筆體,蓋書寫於不同時期。所謂"此卷以下至四十卷"之四十當作三十,因爲是指閩本而言,下文自三十三至四十乃指宋板。"合五篇",如上所述,實爲三篇半,《明堂位》不缺,只是室町抄補時重複抄配此篇。這一點,山井是清楚的,故有"《明堂位》宋板存矣"云云。觀卷三十一首識語則更爲明晰,其文有曰:

> 自是以後,復得宋板,此以下朱書,皆宋板也。稱二本共者,宋板、萬曆也。青書二本,九華及一本也。《明堂位》内稱一本或者,足利補寫本也。《明堂位》重複補寫耳。

可知宋板所缺部分恰好截至閩本卷三十,故卷三十一首云"復得宋板"。至於《明堂位》一篇則校以宋板和室町抄補本兩本。

爲了具體説明山井手校閩本校語與《考文》的關係,我們分別臚列閩本卷一《曲禮上》校語與《考文》的相關内容,辨析同異,揭櫫因由,希望能夠通過比較研究釐析二者之間的關係。

表 15 閩本、《考文》異同表

山井手校閩本校語	《考文》	備注
V1-5b:"鼎按:疏説如此,則古本當作'曲禮上第一 禮記 鄭氏注'。今按《周禮》《儀禮》爲然,獨《禮記》題名爲誤,故於疏意塞矣。再考足利書	[謹按]先列宋板卷端題目,次列古本、足利本題目,按曰:"此二本以足利本爲是也。古本《禮記》下加數目字,恐非舊文矣。其餘注疏本合刻《正義》時,胡亂脩整,全失舊本之體矣。今惟《周禮》	從文本内容和文字表達上,可以明顯看出二者之間的因循關係,《考文》基本上貫徹了校語的意思,不過更結合注疏諸本,進行總合考察。當然,古本小題在上,大題在下,實際上保留了先秦、漢魏古書的

續表

山井手校閩本校語	《考文》	備注
本題目如左（新按：左側分別逐録古本、足利本題目：古本、曲禮上第一 禮記一鄭氏注。足利本、禮記卷第一／曲禮上第一 禮記 鄭氏注），爲是。"	《儀禮》卷端稍存其舊，而《禮記》全失，可謂妄作也，不如古本、足利本。則何以解疏中所謂'《禮記》者，一部之大名；曲禮者，當篇之小目。既題曲禮於上，故著"禮記"於下以配注耳'之語？卷首必存'曲禮上第一 禮記 鄭氏注'十字，而後疏意得通，而可謂鄭氏之舊矣。今注疏諸本倒置'禮記 曲禮上第一'者，亦非也。"	舊式，而足利本作了變更，大題在上，小題在下，非是。山井不明此意，反以足利本爲是。
V1-6a："九華本'於敬'下、'莊貌'下、'儼然'下、'樞機'下，共有'也'字。"（各句下緑筆旁注"也"字。）	［考異］："古本注'於敬'下、'莊貌'下、'儼然'下、'樞機'下，共有'也'字。"	《考文》對於古本注文的考異與閩本校語同。
V1-6a：注"此上三句，可以安民，説曲禮者，美之云耳"，"句"字下、"云"字下分別緑筆旁注"者"字、"爾"字，墨筆旁注"足利一本無'上'字"；"一本者作	［考異］："'此上三句'下（古本）有'者'字，'云耳'作'云爾耳'。足利本'此上三句'無'上'字；'説曲禮者'，者作者，恐非。"	《考文》對於古本注文的考異與閩本校語同。

續表

山井手校閩本校語	《考文》	備注
耆，非"。天頭校語："'三句'下有'者'字，'云'下有'爾'字。""足利一本無'上'字，者作耆，恐非。"		
V1-6a：《釋文》："儼，魚檢反，本亦作儼，同，矜莊貌。思如字，徐息嗣反。矝，居水反。"校語："《釋文》上儼作嚴，水作冰。"	［考異］："《釋文》：'儼，魚撿反，本亦作嚴。'元文上作'嚴'，下作'儼'。［謹按］：'凡此類與元文不同者，皆後纂脩十三經者依文改換之也，以下當以意求之。'"	《考文》所引《釋文》上作"儼"，下作"嚴"，迻錄自其底本汲古閣本；閩本上、下二字皆作"儼"。山井所謂"元文"指《釋文》原文[1]，確係上作"嚴"，下作"儼"。尤其難能可貴的是，他不但校出閩本所附《釋文》與原本之不同，還歸納出義例，指出類似情況皆爲編刻附釋音注疏合刻本時依據經、注改換而成。這是具有普遍意義的。閩本冰誤水，汲古閣本不誤，所以閩本校語出校，而《考文》闕如。
V1-7a：疏"故變文爲語也"，"宋、萬、□又作文"。	無	閩本、汲古閣本"文"字實則皆不誤，只是山井藏本殘泐，故而看似"又"字，蓋山井編纂《考文》時已注意到這個問題，故而不再出校。當然，也有可能是因爲底本汲古閣本不誤，所以不出校。

續表

山井手校閩本校語	《考文》	備注
V1-7a:"敖不可長……","宋不別起"。	無	山井有關行款和體例的校語多未反映到《考文》中。較之宋本,明刻諸本行款多有變化,如宋本不分小節,經、注、疏文連寫,而明刻諸本劃分小節,分別提行另起。經文"敖不可長"一段,宋板直接上句疏文之下,不提行,閩本則提行另起。
V1-7a:"九華本敖作傲,從作縱。"/"《釋文》無'一音喻'三字。"	[考異]:"古本經敖作傲,從作縱。"/"《釋文》:'欲如字,一音喻。'元文無下三字。"	《考文》對於古本經文和《釋文》原文的考異與閩本校語同。
V1-7b:"宋無下五字('敖不至可極'),後朱批同之。"	無	八行本(宋板)和十行本(閩本與之相同)疏文所出位置及其解釋經、注文的次序約略相同,但十行本經、注文皆標示起止,八行本只標示注文起止,不標示經文起止,所以無此五字。由山井校語可知,他已經注意到這一現象,并且做了標記,蓋以數量衆多,未嘗采入《考文》。
V1-8a:經"憎而知其善","而"字綠筆旁注,字迹不可辨。	[考異]:"古本經'憎而知其善',無'而'字。"	《考文》對於古本經文的考異當與閩本校語同。

續表

山井手校閩本校語	《考文》	備注
V1-8a：注"月令曰"，"曰"字緑筆旁注"云"字。	［考異］："注'月令曰'，（古本）曰作云。"	《考文》對於古本注文的考異與閩本校語同。
V1-8a：注"吾先子之所畏"，"之"字畫圈，緑筆旁注，字迹不可辨。	［考異］："注'吾先子之所畏'，（古本）無'之'字。"	《考文》對於古本注文的考異當與閩本校語同。
V1-8a："九華'誣人之以善善（新按：當衍一善字）惡也'。之，（足利）一本作以。"	［考異］："注'誣人之善惡'，'之'下（古本）有'以'字。足利本之作以。"	《考文》對於古本和足利本注文的考異與閩本校語同。
V1-8a："九華'則當能遷也，昔晋咎犯與姜氏醉重耳行之近也'。"	［考異］："注'晋咎犯'上，（古本）有'昔'字。'醉重耳而行近之'，行下有'之'字，'近'作'近也'。"	《考文》對於古本注文的考異與閩本校語同。校語或迻録原文，而《考文》則改爲正規校記的形式。
V1-8a："九華本多有'也'字（分別於各句下緑筆旁注'也'字），不囗一一提出之云。"	［考異］："注'近習'下、'所畏'下、'凡與人交'下、'善惡'下、'樂氏'下、'則當能遷'下、'於牆'下、'傷知'下（古本）共有'也'字。"	《考文》對於古本注文的考異與閩本校語同。
V1-8a："'户甲反'下《釋文》有'習也，近也'四字。"	無	因爲附釋音注疏合刻本的音義是摘編《釋文》各經音義而成的，所以或有删節，或有改寫。此處《釋文》釋"狎"字，只録反切，未及釋義，山井校以原文，但未采入《考文》。

續表

山井手校閩本校語	《考文》	備注
V1-8a："正德板作'俄音戚,本亦作戚',萬曆、汲古閣作'戚音俄,本亦作俄',二本強合經文者耳,當以正德本爲正也。"	[考異]："《釋文》：'戚音俄,本亦作俄。'元文作：'俄音戚,本亦作俄。'"	限於體例,《考文》只是校以《釋文》原文,并未反映明刻諸本的差異,較之閩本校語,內容有所減省。閩本校語不僅列出諸本異文,且分析致誤之由,明確按斷,可補《考文》之不足。
V1-8b：疏"故戒令相敬也","宋板無'故'字"。	無	山井蓋以宋板脫文而未采入《考文》。對於底本是而參校本非的異文,悉所不取,這應該是《考文》去取異文的一條通則。
V1-9a：疏"憎謂己所嫌慢","慢,宋板作恨"。	[考異]："疏'憎謂己所嫌慢',宋板慢作恨。"	《考文》對於宋板疏文的考異與閩本校語同。
V1-9a：疏"若祁奚知其仇解狐是也","宋板無'仇'字"。	無	山井蓋以宋板脫文而未采入《考文》。
V1-9b：疏"二家彼非也","彼,汲古閣作皆"。	無	對於汲古閣本是而閩本非的異文,閩本校語出校;而《考文》以汲古閣本爲底本,故不必采入。
V1-9b：疏"不欲歸晉","宋板無'欲'字"。	無	山井蓋以宋板脫文而未采入《考文》。
V1-10a：疏"而有小小閱很","而,萬曆、汲古閣作如,宋及正德本同此本"。	無	閩本與宋板、正德本同,而不同於萬曆本、汲古閣本,《考文》失校。由是知《考文》并非以山井手校閩本爲底本。

續表

山井手校閩本校語	《考文》	備注
V1-10b："故孔子戒子路云不知爲不知也"，"宋板'不知也'下有'是知也'三字"。	［考異］："'故孔子戒子路云不知爲不知也'，（宋板）'不知也'下有'是知也'三字。"	《考文》對於宋板疏文的考異與閩本校語同。
V1-10b、11a：注"是謂我非夫"下、"視貌正"下、"齊謂祭祀時"下、"鬼神不饗"下皆有緑筆旁注"也"字。	［考異］："古本注'謂我非夫'下、'視貌正'下、'祭祀時'下、'鬼神不饗'下共有'也'字。"	《考文》對於古本注文的考異與閩本校語同。
V1-11a：疏"退而蒐集二傳之言"，"集，宋板及萬曆、汲古閣作乘。正德板與此本同"。	無	汲古閣本和宋板、萬曆本皆誤，而正德本和閩本不誤，《考文》失校。由是知《考文》并非以山井手校閩本爲底本。
V1-11a：疏"坐如尸者"，"無'者'字，闕字"（朱筆）。	無	山井蓋以宋板脱文而未采入《考文》。
V1-11 b：疏標示注文起止"注磬且至祀時"，"作'磬且聼也，齊謂祭祀時'"（朱筆）。	無	如前所述，宋板和閩本標示經、注文起止的文字容有不同，而此類校語不反映在《考文》中。
V1-11 b：疏"則齊者是先後通稱"，"宋板作'先後後'，恐衍字"。	無	山井蓋以宋板衍文而未采入《考文》。

續表

山井手校閩本校語	《考文》	備注
V1-11 b：疏"禮從宜者"，"無'者'字，闕字"。	無	山井蓋以宋板脫文而未采入《考文》。
V1-11 b：疏"齊侯還卒"，"宋板、萬曆等還作環"。	無	山井蓋以宋板顯誤而未采入《考文》。
V1-12a：疏"則何大其不伐喪也，大夫以君命出使，進退在大夫也"，"《公羊》元文無'也'字、'使'字"。	無	山井覆核原文，故未采入《考文》。
V1-12a：疏"故云不可常"，"云，宋板作也，恐非"。	無	山井蓋以宋板顯誤而未采入《考文》。
V1-12a：注"爲近佞媚也，君子説之不以其道，則不説也"，"爲"字下、"説"字下有緑筆旁注，字迹不可辨。	[考異]："古本注'爲近佞媚也'，'爲'下有'其'字；'則不説也'，'也'上有'之'字。"	《考文》對於古本注文的考異當與閩本校語同。
V1-12b：注"言履而行之"，有緑筆標識，地角墨筆校語："言而履行也。"	[考異]："古本注'言履而行之'作'言而履行也'。"	《考文》對於古本注文的考異與閩本校語同。
V1-12b：注"取人"有緑筆旁注，字迹不可辨。	[考異]："古本注'取人'下有'者'字。"	《考文》對於古本注文的考異與閩本校語同。

續表

山井手校閩本校語	《考文》	備注
V1-12b、13a："爲傷信""爲好狎""文飾耳""謂君人者""高尚其道""尊道藝"下皆有緑筆旁注"也"字。	［考異］："古本注'爲傷信'下、'爲好狎'下、'文飾耳'下、'謂君人者'下、'高尚其道'下、'尊道藝'下共有'也'字。"	《考文》對於古本注文的考異與閩本校語同。
V1-13a：疏"若服之則太重"，"服，宋板作報"。	［考異］："疏'若服之則太重'，宋板服作報，正德本同。"	《考文》對於宋板疏文的考異與閩本校語同，但補充了正德本的異文信息，由是知《考文》絶非以閩本爲底本，因爲有未嘗記入閩本校語的其他版本異文信息的存在。
V1-13a：疏"是决嫌疑者"，"鼎按：'疑'字可删"。	無	山井理校，故而未采入《考文》。
V1-13a：疏"若主人未斂"，"'未斂'，宋板作'未小斂'"。	［考異］："疏'若主人未斂'，（宋板）'斂'上有'小'字。"	《考文》對於宋板疏文的考異與閩本校語同。
V1-13b：疏"禮以文飾"，"'以'字下宋板有'爲'字"。	［考異］："疏'禮以文飾'，（宋板）'以'下有'爲'字。"	《考文》對於宋板疏文的考異與閩本校語同。
V1-13a：疏文"故鄭云尊道藝也"下標注"禮記正義卷第一，宋板"；經文"道德仁義"上標注"禮記正義卷第二"。	［存舊］："禮記正義卷第二'（宋板）。" ［謹按］："宋板'道德仁義'以下爲第二卷，'國子祭酒'云云，與篇首所記同，下皆放此。"	這實際上記録了宋板（八行本）和元明諸本（十行本系統）分卷之不同。

注：1.《考文·凡例》："古本、宋板不載陸德明《釋文》，今復别校《經典釋文》，而其有訛謬脱落者，改正補寫而稱以元文也。"

分析上述異文，不難看出，閩本校語與《考文》符同或有直接關聯者不及一半，由此可證山井手校閩本并非《考文》之底本。此外，還有一些異文也可以説明《考文》對於閩本校語之取捨及其相互關係。如閩本卷首序後次"禮記正義"，校語云："宋板及萬曆本此文細書在下，今此本再出下'禮記'二字疏，却是似重復，可删。"《考文》[謹按]："正德、嘉靖二本以此一段疏别題'禮記正義'四字，以在《正義序》後，亦爲重複也。"汲古閣本與宋板、萬曆本同，這段疏文作爲卷一首大字題解"禮記"下雙行小字《正義》，正德本、閩本序後另葉首行頂格題"禮記正義"，次行平書大字單行疏文起，與卷一首題解"禮記"下《正義》重出。《考文》在閩本校語的基礎上補充了正德本、汲古閣本的異文信息，可知二者之間儘管有所因襲，但并非底本與校定本的關係。又如卷五十三疏"由此誠彰露"，《考文》[正誤]："此當作次。"不見於閩本校語。閩本、萬曆本作"次"，汲古閣本作"此"，宋板與閩本同，故閩本不出校；但《考文》以汲古閣本爲底本，故有[正誤]以正底本之誤。這也説明《考文》并非以閩本爲底本。我們分析，《考文》之所以未能顯示宋板異文，是因爲成書之時山井已不在足利，無從覆核宋板異文，故而存疑。後來《補遺》揭示了宋板異文（[補遺]："宋板疏'由此誠彰露'，此作次。"）。類似的情形又如同卷注"有造藝"，《考文》[正誤]："造當作道。"不見於閩本校語。閩本作"道"，與宋板同，汲古閣本作"造"，蓋以宋板、閩本皆不誤而汲古閣本誤，故而未嘗出校；但作爲《考文》底本的汲古閣本誤，出以[正誤]，而不出以[考異]，蓋亦以無從覆核宋板異文之故。由此推論，則閩本非《考文》之底本亦可知矣。又如 V53-9a "言天地山川積小致大爲至誠者以如此乎",旁注:"宋本作'皆合少成多自小致大爲至誠者亦如此乎'。"(墨筆)"亦,九華作以。"(綠筆)校語:"二本同宋板,但九華亦如作以如。"《考文》[考異]:"(古本)作'皆合少成多自小致大爲至誠者以如此乎'。宋板、足利本同,但二本以作亦。"就作"以"還是作"亦"的異文來看,閩本校語意謂宋板與足利本同,古本却不相同。但《考文》的表述略有牴牾,已稱宋板、足利本與古本同,又云二本(古本和足利本)作亦。由此可知閩本校語有足以諟正《考文》之誤者。再如 V53-13b 注"徵或爲登",旁注:"證,一本。"校語:"登,萬曆作證。宋板、九華同此本。一本作證。"《考文》[考異]:"(古本)證作登,宋板、正德、嘉靖本同。下注放此。"古本(九華)、宋板、正德、嘉靖(閩本)作登,足利本、萬曆本、汲古閣本作證。閩本校語未及汲古閣本,《考文》未及足利本、萬曆本,二者互有參商,當非底本與校定本之關係。14a 注文重出"徵或爲登",校語:"登,萬曆作證,諸本皆作登。"前揭《考文》所謂"下注放此"與此處校語有牴牾,由是益知《考文》并非徑以閩本校語爲底本。他如見諸閩本的讀書札記或理校、他校成果亦未采入《考文》,文繁不錄。還有一種情況,異文雖采入《考文》,蓋以其是非并無確證,故而未下按斷。如 V53-15b 疏"亦堪俟待後世世之聖人",校語:"考宋板,衍一'世'字。"《考文》[考異]:"(宋板)無一'世'字。"以"無"字代"衍"字,知其有意模糊處理。總之,山井手校閩本只是他校勘群經、纂集《考文》的階段性校本,并非底本。

二、《尚書注疏》

享保六年辛丑（1721）十一月山井曾閱讀《尚書注疏》，此時尚在東都白蓮精舍。日志如下：

V4-16a"十一月十七日夜。"
V4 卷末"享保辛丑冬十一月十七日過讀，大凡山房一宿，而翌日歸家。"
V5 卷首"享保辛丑冬十一月十八日石叔潭、根伯脩來會白蓮精舍。"①

七年壬寅（1722）又抄補了部分缺葉，如 V8-42ab 抄補，日志："壬寅四月廿八日補寫。"

正式校勘《尚書注疏》則是在享保八年癸卯（1723）第二次赴足利之時，始於正月廿五日，三月初一告竣，歷時約一個半月。日志如下：

《尚書正義序》1a"癸卯正月廿五日校。雪。"（重鼎花押）
V2 卷首"廿六日校。晴。"（重鼎花押）
V2-25ab"廿九日校。雨。廿七日遊植木野小林，一宿歸。"②

---

① 吉川先生注："石川之清，字叔潭，號大凡，江户人，幕府儒官也。"（第567頁）
② 吉川先生逐録此條日志，下有"兩日清遊也"五字（第567頁），不見於山井手校閩本，姑俟再考。

V3-13b"晦日校。雪。"

V3-34b"二月朔校。晴。"

V4卷首"二月二日校。晴，晚雪。"

V4-23a"三日校。晴。"

V5-13b"四日校。陰。"

V6-15b"五日校。晴。"

V6-36a"六日校。晴。"

V8卷首"二月七日校。陰。"

V8-28a"八日校。晴。將遊菅田，未决。"①

V8-31a"九日校。晴。"

V9-8a"十日校。晴。"

V10-5a"十一日校。晚雨。"

V11卷首"十二日校。雨霽。"

V11-26a"十三日校。陰。"

V12卷首"十四日校。晴。"

V12-31b"十五日校。晴。"

V13-19a"十六日校。晴。"

V14-6a"十七日校。晴。"

V14-18b"廿日校。陰。"

V15卷首"廿二日校。晴。"

V15-27a"廿三日校。陰。"

V16-12a"廿四日校。晴。"

V17卷首"廿五日校。晴。"

---

① 吉川先生注："案《太甲下》下云：'九日校，晴。'則此遊不果。"（第567頁）

V17-28a "廿六日校。晴。"

V18-19a "廿七日。晴。"

V19 卷首 "廿八日校。晴。"

V19-24a "廿九日校。晴。"

V20 卷首 "三月朔校。陰。"

V20 卷末 "享保八年癸卯正月廿五日始功,三月朔終。南海學生山重鼎識。"(重鼎花押)

除了宋板和明刻諸本外,《尚書注疏》參校本僅有古本一通三本,并無足利本。宋板出以朱筆,他本皆用墨筆,但筆體微有不同。核之《考文》,多出閩本校語,但閩本校語確有爲《考文》所不取者,可知《考文》對於異文是有所取捨、選擇性的。如V1-9a 校語:"足利學所藏書本後人旁記云:異本'九丘'在'八索'上。"右上劃綫拉出,墨筆行草注"不取"二字,當係編纂《考文》時歸總校語所記,也説明閩本校語確是《考文》的直接依據和基本參照。12a 校語:"足利本記云:'其義'下異本有'也'字。"16a 校語:"足利記云:異本摩作磨。"19b 校語:"代,足利作世。"《考文》[考異]:古本序"并受其義",[謹按]:"後人旁記云:異本'義'下有'也'字。""錯亂摩滅",[謹按]:"古本後人旁記云:異本摩作磨。""以貽後代","代作世"。不難看出,後三者未注明"不取",故皆納入《考文》,而首條古本後人旁注確實不見於《考文》。其他爲《考文》所不取的異文,如15b"安國亦以此知尚字是伏生所加",校語:"書本無'尚'字,明矣。"相當於本校,故不見於《考文》。或宋板有明顯誤字,11a "舉大綱則衆目隨之","綱,宋板作網(朱筆)。非(墨筆)"。或底本

（汲古閣本）有明顯誤字，如16a"非帝如何"，"汲古閣脱'何'字"。或底本與宋板同，如19b"宜各與其本篇相從附近"，"'宜'字上宋板有'此序'二字。汲同"。凡此皆不爲《考文》所取用。

又有表述方式或按斷不同者，如5b"則五帝當五典，爲五帝之書"，校語："'當五典'下，宋板有'是五典'三字。汲古閣無'五典'二字，有'是'字。"《考文》[考異]："'是爲五帝之書'，'是'下（宋板）有'五典'二字。"可見其出文確以汲古閣本爲據，所以導致校記表述方式做出調整。又如12a校語："'學士'上宋板有'天下'二字（朱筆）。足利本同（瘦削筆體）。汲同（墨筆）。"《考文》[考異]："天下學士逃難解散"，"永懷、嘉、萬三本脱'天下'字"。由此例更可證明山井手校閩本絶非《考文》之底本，一則永懷堂本異文并未反映在閩本校語中，二則其義雖同，而文字表述有反正之别。相較於《考文》，閩本校語或只揭示異文，而無按斷。如19a"令得申盡其義"，校語："義，宋板作美。"《考文》[考異]："（宋板）義作美。"[謹按]："似非。"又如20a"奔湖遂自殺"，校語："萬曆板關作遂。宋板同此本。"《考文》[考異]："（宋板）遂作關，正、嘉二本同。"[謹按]："作遂似是。"二者不同點有二：一是閩本校語指出宋板與閩本同作"關"，而萬曆本作"遂"，并没有反映正德本的異文情况，一是《考文》有按斷，爲閩本校語所無。更重要的是，閩本校語有足以訂正《考文》之誤者，如3b："疏仡十也"，"疏仡，（宋板）作流訖。/下同。"《考文》[考異]誤作"疏仡作流訖下。四葉右二行同。正德本同"。《考文》補入正德本異文，但"下"字誤屬上。

總之，山井手校閩本是《考文》的直接依據和基本參照，在

《考文》成書過程中確實起到了重要的作用。但它還不是《考文》的直接底本，從閩本校語到《考文》成書應該有一個將閩本校勘成果過錄到底本（汲古閣本）上的過程。

三、《周易兼義》

享保七年壬寅（1722）五月八日，山井在東都據根本遜志所藏萬曆本抄補完成閩本《周易兼義》卷五之 51ab、52ab，卷末日志：“壬寅五月初八補脩畢。/梅雨未晴，四鄰蕭條，/獨遲足利行之/命下耳。重鼎記。”①知此時正在東都等候西條侯下達足利之行的命令。享保八年癸卯（1723）二月，山井已到足利，以赤城所藏萬曆本校《周易略例》及《釋文》。《略例》末日志：“享保八年春二月初七，南海紀府學生山重鼎寓乎東海/野州足利學，以所藏《周易》校輔嗣所著《略/例》上下篇云。時俗客滿座，厭倦不知所言。”《釋文》後亦有“君彝”印記，當亦校於此時。

閩本《周易兼義》最能確切地反映出山井與根本合作校勘的情形②。享保八年春三月間二人同校。V1 卷首日志：“癸卯三月十八日校。雨。”翌日（三月十九日）根本返回東都。卷首“八論”末

---

① 吉川先生曰：“此當在江户時所記。”（第 567 頁）
② 末木先生以爲，山井在足利的工作，是與根本共同完成的，通常是以二人組合對校的方式進行。但《考文》中并未記錄根本的姓名，因爲《考文》是崑崙給西條藩的復命書，相當於提供給藩主的成果報告。根本與西條藩無涉，只有崑崙一人承擔報告的義務，所以最終的成果報告就没有署根本的名字（《〈七経孟子考文〉攷》，《徂徠と崑崙》，第 96 頁）。

日志：

> 以上諸文，足利學校所藏宋板闕而不備[1]。/享保癸卯春三月十九日足利學校東塾/南海紀府學生山重鼎君彝校。（花押）/此日同舍伯修之東都，獨居太閑，以朱墨點此/序訖云。小林村青木治輔[2]，亦來雅談，有趣。

嗣後，山井一人亦曾獨立校勘卷首至卷五，日志如下：

> V2 卷末"享保癸卯季春廿八日，微雨蕭條，獨在足利之塾，校謙、豫二卦。時伯脩歸鄉，獨校宋板，姑俟對校云。"
> V3 卷末"癸卯夏四月初五日校閱畢。"
> V5-42b"艮卦爲難讀也，姑俟再讀。癸卯六月八日。"

六月十六日根本回到足利學，翌日二人又共同進行對校，而且是回過頭來從卷首重校，進度很快，至二十八日校畢全部九卷。日志如下：

> V1 卷首"癸卯三月十九日同校。伯脩歸省，尋遭姊之喪。六月十六日歸學，翌日十七日再從卷首始校云。"
> V1-38b"六月十八日。"

---

[1] 備，吉川先生釋作傳（第 567 頁）。
[2] 從吉川先生釋（第 567 頁）。《尚書注疏》V2-25ab 日志自稱"廿七日遊植木野小林，一宿歸"，植木野位於今群馬縣太田市，距離足利約十里，小林或爲其下轄村落地名歟？

V2-45a"六月十九日。"

V3-30a"六月廿日。雨。"

V4卷首"六月廿一日。雨。"

V4-42a"六月廿二日。晴。"

V5-33a"六月廿三日校。雨。"

V6-21a"六月廿四日校。晴。"

V7-22a"六月廿五日校。陰。"

V7-35b"六月廿七日校。/晴。昨日、一昨/日因有祭禮，鄉/人演戲，校書/有闕。"

V9卷首"六月廿八日校。陰。"

V9-6a"前'民用'與《繫辭》説不同，姑俟再考。癸卯六月廿八日。"

V9卷末"享保癸卯夏六月廿八日對校功畢。"

據《考文·凡例》,《周易兼義》參校本除宋板和明刻諸本外，還有古本《周易》三通，各三本,《略例》一通；活字本《周易》一通（山井認爲是足利學印行的）,"臣又別得之於友人之手云"。《考文·周易》卷首[謹按]：

足利學所藏《周易》四通，一通《正義》,即宋板也；三通皆寫本也，二通上下經、《彖》、《象》、《文言》耳，一通逸夬至未濟，又別有《略例》一本，孔穎達《正義序》及"八論"共一本。其所存者，展轉書寫，殘闕之餘，甚勞於比校矣。今《考文》所引，別有曰"足利本"者，本足利學所刊活字板，而今所藏諸本是其元本也。但此本前後校讎去非從是,與三通寫本稍有同異,爲可據耳。臣東歸之後,獲諸同學。其寫本三通,各有出入,故三通同者,作三本同;二通同者,作二本同;共稱曰古本,本是一種類本,展轉致有異也。臣未識其孰爲元本,爲不可擇焉爾。

值得注意的是,除了《凡例》所開示的古本三通、《略例》一通外,用以參校的古本還有《孔序》、"八論"獨立構成的一本。而活字本是山井"東歸之後"才獲諸同學的,這一點很重要,因爲牽涉到校勘的時間問題。卷一首墨筆迻録經注本行款,注云"足利書本",綠色筆體題識:"足利寫本有三通,間有異同,予一以青筆記之,不一一識別也。"以下每卷首、末皆有綠色筆體迻録經注本行款。卷九末題識:"右青筆以足利三通寫本校,三本同者,不以識別,旁加其字,但《繫辭》以下傳一本具焉。爾時享保甲辰(九年,1724)三月十日赤城校。"① 可以印證前揭卷一首有關三通古本的識語,亦可證明此時山井尚未離開足利。吉川先生以爲"赤城未詳",失考。享保五年山井第一次到足利之時,校補《禮記注疏》,十月十七日"此日過赤城,遇暴雨,沾衣而歸"(V51-21a 日志),由此可以推知,赤城距離足利當不甚遠,可以當日往返。群馬縣有赤城山,赤城溫泉鄉聞名遐邇,距足利 40 公里。之所以選擇在此地校書,是因爲那裡藏有萬曆本諸經注疏(《禮記注疏》V2-16a 日志),當然也可能還有山井臀生濕瘡,需要做溫泉浴治療的原因。

---

① 小川環樹先生以爲校勘工作大致是在享保九年春末完成的(《論語徵》解題,《荻生徂徠全集》第四卷,みすず書房 1978 年版,第 715 頁)。末木先生以爲山井是"春到秋之間返回江户的"(《〈七經孟子考文〉攷》,《徂徠と崑崙》,第 94 頁)。

《略例》爲宋板、汲古閣本所無，山井校以古本和活字本（足利本），以及正德本、閩本、萬曆本等元明刻本。卷首題識："足利書本無'魏''撰'二字。按活字本有邢璹注，即今本所有也。最後得之校云。足利書本無□。"事實上，古鈔本、古活字本與十行本系統諸本同樣都有邢璹注，只是卷首邢序僅見於古鈔本和古活字本（足利本），爲十行本系統諸本所無。

　　卷首《孔序》和"八論"爲宋板所無，所以參校本只有古本以及元明諸本。《孔序》1b"業資凡聖"，校語："'凡聖'，足利書本作'九聖'，解云：伏羲、神農、黃帝、堯、舜、禹、湯、文王、孔子。"《考文》[考異]："業資九聖，注疏諸本九作凡，但崇禎本與足利寫本同。彼後人旁注：九聖……"可見，閩本校語只揭示了古本的異文狀況，而《考文》反映的是古本和元明諸本的總體異文狀況。"八論"部分，《考文》[考異]凡出校四條：1、"寫本'天以爛明'，爛作焖。"2、"'崔覲、劉貞簡等并用此義'，'簡'上有'周'字。"3、"'皆是易義'，下有'也'字。"（以上第一"論易之三名"。閩本校語同）4、"寫本'東鄰謂紂文武之時'，武作王，正德、嘉靖二本同。"（第四"論卦辭爻辭誰作"。閩本校語："文王，萬曆作文武，恐非。"知《考文》反映了元明諸本的異文狀況，但刪省了按斷）。上述四條皆見於閩本校語，而閩本校語至少還有以下七條不見於《考文》：

　　10b"一説所以卦辭、爻辭并是文王所作知者"，"'所以'二字恐衍"。
　　10b"文王囚而演《易》"，"萬曆囚作卦，恐非"。
　　10b"并依此説也"，"依作焉，'此'字闕"。

12b"鄭學之從","從,萬曆作徒,正德、汲古皆同"。

12b"商瞿子木本受《易》於孔子,以授魯橋庇子庸,子庸授江東馯臂子弓","《索隱》云:商,姓;瞿,名,字子木。《漢書》師古注:商瞿,姓也。又按師古注云:姓橋名庇字子庸。馯,姓。"

13a"田何授東武王同子中","師古曰:王同字仲(朱筆改作中),讀曰仲"。

13a"孫授施讎","《漢書》讎作雠"。

分析這些校語可知,《考文》所不取者或爲援引書證,或爲理校,或爲他校,或爲元明諸本異文,蓋以不合《考文》體例而失收。

四、《論語注疏解經》

據《考文·凡例》,足利學并無宋板《論語注疏解經》,"無疏可校,故止校其經文與注",所以校勘的重點是經、注文,計有古本《論語》二通各二本,皇侃《義疏》一通十本;"其《論語集解》與《義疏》中者全同"。又有足利本(活字本)《論語》一通,"又別得之於友人之手云"。疏文則校以元明諸本。《考文·論語》卷首〔謹按〕:

足利學所藏《論語》寫本二通,其一通與皇侃《義疏》本同,今不復識別焉。又一通,其有一二不同者,名以一本。足利本者,原驃栝古本而所印行也,校之古本、注疏本,文多詳略，字有異同，其與古本同者，稱足利本同，其餘與注疏本同可知也。

古本和足利本《論語》皆爲經注本，即何晏《集解》本，古本之中有一本與皇侃《義疏》全同，另一本則有異文。山井處理各本的方式又見於閩本卷首《論語注疏解經序》日志："凡青筆，從皇侃《義疏》本；所引一本，足利學所藏何晏《集解》本也，與皇疏本合其所同異，別記一本作某，以備參考云。享保甲辰春二月四日記。"① 內封題識："足利藏有《論語義疏》十卷，梁皇侃所撰，未暇謄寫取之，爲可恨也。"兩處筆體不一，疑前者爲享保九年甲辰（1724）二月所記，後者記於八年癸卯。V5 卷首日志："癸卯五月十二日以皇侃《義疏》校。"V20 卷末日志："享保癸卯秋七月念一日浴于上州忍山溫泉。齋皇侃《義疏》十本校讎，廿三日功竣。重鼎志。"由是知享保八年五月至七月間山井在足利校勘古本《皇疏》，七月二十三日全部完成。九年二月初一再校，應該是校勘另一通與《義疏》有異文的《集解》古本。V4 卷末日志："甲辰二月朔再校了。此日鄉書至，知堂親無恙，告有馬行來。"具體例證如 V3-6b 題識："此注皇侃本《義疏》混入，今校一本與此本同，故不取皇本。"

《論語注疏解經序》3a"王吉皆以教授"，"皇侃《義疏》本'教授'下有'之'字"。《考文》[考異]："古本'王吉皆以教授'下有'之'字。足利本作'教之'。"5a"孔安國爲之訓解"，"解"

---

① 閩本 V1-1b 題識："《皇疏》此以下，或青或黑不一例，似與一本不辨，須以意求也。"可見，皇侃《義疏》也并非盡出以青書。

字旁注"説"字,"《義疏》本"。《考文》[考異]:"(古本)解作説。"5b"考之齊、古爲之注","爲"字上旁注藍色筆體"以"字。《考文》[考異]:"'爲'上有'以'字。足利本同。"6a"前世傳授師説雖有異同不爲訓解","《義疏》授作受"。《考文》[考異]:"(古本)授作受。足利本同,'爲'下有'之'字。"以上古本(《義疏》)異文見於閩本校語,但足利本異文闕如。《考文》[考異]:"'今集諸家之善',(古本)'善'下有'説'字。足利本同。"不但足利本異文爲閩本校語所無,古本(《義疏》)異文亦不見於閩本校語(6b)。《考文》[考異]所揭示的古本其他異文如"'魯共王',共作恭""'包氏',包作苞"亦不見於閩本校語,可見閩本校語明確注明皇侃《義疏》,而《考文》則籠統地稱之爲古本;閩本校語不僅没有反映足利本的校勘成果(如《考文》所示異文"'馬融亦爲之訓説',足利本無'之'字"當然爲閩本校語所無),而且對於古本校勘的成果也未能全部反映,由此更可知其絶非《考文》之底本。另外,還有一種情況值得注意,那就是儘管閩本校語反映到《考文》中來,但所處位置并非其原屬經文、注文、疏文之下。如 5a 校語:"皇侃《義疏》:'何《集注》皆呼人名,唯苞獨云氏者,苞名咸,何家諱咸,故不言也。'"《考文·論語序》失收,但相關内容記入卷一注[考異]"包曰作苞氏曰"下[謹按]。

通過比對閩本校語和《考文》,還可以探究《考文》改造閩本校語的方式。V1-3a 注"孔子弟子有若","皇侃《義疏》本作'孔安國曰弟子有若也'。按此注'孔子'當作'孔曰'"。《考文》[考異]:"'孔子弟子有若'(古本)作'孔安國曰弟子有若也'。足利本同,但無'也'字。下皆放此。[謹按]:今本作'孔子'

者'孔曰'之誤。"V1-3a 注"然後仁道可大成","'苞氏曰：先能事父兄，然後仁可成也。'（緑色筆體）一本'仁'下有'道'字，同此本（墨筆）"。旁注："一本有'道'字。"（墨筆）正文"道""大"二字用緑色筆體圈畫。《考文》："'然後仁道可大成'，（古本）作'然後仁可成也'，一本作'然後仁道可成也'。足利本作'然後可仁成'，似非。"分析以上二例，可以推知《考文》改造閩本校語的方式：例一校語内容悉數保留，一入［考異］，一入［謹按］，校異同兼校是非；例二校語較爲含混，甚至牴牾（所謂"同此本"只能理解爲與底本文字全同，實際上一本亦無"大"字），而《考文》備列各本全文，這樣就避免了閩本校語表述上的歧義。

五、《孟子注疏解經》

　　閩本《孟子注疏解經》全書只有校語，并無一條日志或題識，與五經和《論語》不同，或以其書最後完成而不及題記，不得其詳。從筆體上判斷，是書與《論語注疏解經》最爲接近，或可推知其完成時間當相同或相近。據《考文·凡例》，《孟子注疏解經》参校本除元明諸本外，還有古本《孟子》一通七本和足利本（活字本）一通。《考文·孟子》［謹按］："十三經本不載趙岐《題辭》，惟崇禎本載《題辭》并解，今校以古本、足利本云。"元明諸本中僅汲古閣本卷首有《孟子正義序》，次《孟子注疏題辭解》，他本止有《正義序》，并無《題辭》并解，故山井作如是説。《考文》首列《題辭解》（解誤作序）的異文自然是閩本所無，至於卷一迻錄古本和足利本篇題，以爲存舊，亦不見於閩本校語，更可知閩本絕非《考文》之底本。不過，多數情況還是《考文》全部或部分采用閩本校語。V1-1a注"皆僭號者"，"者"下旁注："'也'，二本。"《考文》[考異]："'皆僭號者'，（古本）下有'也'字。足利本同。"[謹按]："古本、足利本多相同矣。二本同者，不復識別，以下放此。"V1-7b"湯臨士衆誓"，下旁注："'之'，古本。'往'，足利本。"校語："鼎按：足利本'誓'下有'往'字，往作之，恐活字誤。彼本而'誓往言是'，'女俱之亡之'，'往'字、'之'字，相比鄰矣，故字自左右耳。"《考文》[考異]："'湯臨士衆誓'，（古本）下有'之'字。足利本作'往'字。下文'俱往亡之'，足利本往作之。"[謹按]："是活字板誤也。'往'字、'之'字，自相左右耳。"可見，《考文》基本上采取了閩本校語的意思，只是表達方式微有異同。這種情況在《考文》中最爲普遍。

值得一提的是，山井在校勘過程中還對《孟子》其書的内容構成有了相當確切、明晰的認識，如論及《章指》云：

古本、足利本每章注末有《章指》，即《題辭》所謂"章別其指"者是也。今注疏本裁之不載，惟疏初摘其數句，以明一章大意，於文亦甚略矣。蓋孫奭作疏時，除其全文，引爲疏也，何以知其然？則十三卷上七葉左疏錄隰朋、顏淵之事云"凡於趙注有所要者，雖於文段不錄，然於事未嘗敢棄之而不明"云云。隰朋、顏淵之事，於注無所見矣，惟《章指》引二人事論之。據此觀之，則孫奭去之明矣，可謂妄作也。今更據古本載全文於每章[考異]下，以圈別之。元文

注末亦有圈，録之云爾。（卷一"孟子見梁惠王至何必曰利"［謹按］）

山井儘管還是沿襲明人的認識，并未意識到所謂孫奭疏之偽，但他很敏銳地覺察到疏文改造《章指》的事實，這是他在經書校勘過程中的新發現，也進一步說明校勘對於文本研究的重要意義。儘管此前二三十年清朝學界已有人注意到《章指》問題，但他通過獨立研究而取得的原創性成果仍然是令人震撼的。

六、《春秋左傳注疏》

山井校讀《春秋左傳注疏》，前後歷經兩個階段，前一階段是享保六年辛丑（1721）二月至五月，在東都白蓮精舍，主要是句讀和校勘，校以己藏萬曆本和永懷堂本，或援引其他注解、書證，其中多宋人林堯叟說；或有明確按斷，不乏理校；多數條目類似於讀書札記。不過當時只完成了前二十四卷，其後間有抄補，如抄補 V27-28ab 至 32ab 缺葉，末有"享保壬寅五月六日青山白蓮精舍補寫"日志。前一階段日志如下：

V1 卷末"辛丑二月讀。"
V6 卷末"日東享保辛丑二月廿八日重鼎句讀。"
V7-13a"按注鄭國當作邴國，檢萬曆板與此本同。享保辛丑春三月九日快晴青山白蓮精舍東窗校。"
V9 卷末"辛丑三月十五日句讀。"

V10 卷末"辛丑三月廿日青山白蓮精舍校。"

V12 卷末"辛丑三月廿二日句。昆侖山人。"

V13 卷末"辛丑三月廿七日句讀。"

V14 卷末"享保六年辛丑四月二日東都青山白蓮精舍校。重鼎。"（重鼎花押）

V15 卷末"辛丑四月四日句讀。"（重鼎花押）

V16 卷末"辛丑四月十二日紀府京兆家史臣山井善六句讀。"

V17 卷末"辛丑四月十五日山重鼎君彝父句讀。／予將欲之足利學校，校讎宋板《五經正義》，豫與萬曆板本參校。"

V18 卷末"辛丑四月十六日句讀。"

V19 上卷末"辛丑四月十七日句讀。"

V19 下卷末"辛丑四月廿日句讀功成。重鼎。"

V20-5b "四月廿五日。""五月朔。"

V20 卷末"辛丑四月廿五日東都青山書院東窗下句讀。大神重鼎。"

V21 卷末"辛丑五月十一日句讀終。俗紛曠日，可以恨也。重鼎。"

V22 卷末"辛丑五月十二日校讎。匪夷閣主人。"

V23 卷末"辛丑五月十四日句讀終。君彝甫。"

V24 卷末"辛丑五月十三日功就。重鼎。"

後一階段是在足利學校進行的，始於享保八年癸卯（1723）六月三十日，完成於九月二十六日。當然，其間也曾補校之前在東都校過的二十四卷，如前揭 V7-13a 辛丑春三月九日東都日志下又有題識云:"其後與家藏永懷堂板本并校,果然。足利一本亦與永懷堂本同,足利本同此本。"V20卷末辛丑四月廿五日東都日志下又有題識云:"辛卯八月二日來足利校畢。"後一階段日志如下:

《春秋正義序》首:"六月晦日校。時享保癸卯,寓足利學。"

V1-7b"七月朔校。"

V3-15a"七月六日校。晴。"

V4-9a"七月七日校。昨遊蓮臺精舍納涼。"

V4-20b"(九年)君爲三覆以待之"下云:"永懷堂板:覆,扶又反,下同。今校諸本,無此音義,據彼補之。癸卯七月七日足利學校寓居重鼎志。"

V5-18b"七月八日校。雨。雷。"

V6-15b"七月十日校。"

V8卷首"七月十一日校。"

V9-18b"七月十二日校。"

V11卷首"七月十三日校。"

V13卷首"七月十五日校。"

V14-25b"十六日校。"

V15卷首"七月十八日校。"

V16-23b"七月廿日校。"

V17卷首"十六日,間十五卷、十六卷校此卷。"

V18卷首"十七日校。日東山重鼎校。"

V20卷首"鼎也春來患濕臀生瘡,偷一旬間,遂浴于上州忍山之温泉①，距足利三十里。七月廿一日發此，而晦日歸學云。""八月二日校。"

V22 卷首"八月三日校。"

V24 卷首"八月五日校。"

V25-24b"八月六日校。"

V27 卷首"八月七日校。"

V28 卷首"八月十日校。"

V28-12a"八月十二日校。"

V20-20b"十四日校。"

V30-25a"十五日校。"

V32-9a"十七日校。"

V34 卷首"八月十八日校。"

V35-14a"廿日校。"

V36-14b"廿一日校。"

V36 卷末"八月廿一日午前校畢。此日快晴，塾中微涼，大有趣矣。野州足利學校學生山重鼎。"（重鼎花押）

V37 卷末有重鼎花押。

V38 卷首"八月廿二日校。"

V39 卷首"廿三日校。"

V40-12a"廿四日校。"

V40 卷末"八月廿四日校。"（重鼎花押）

V41 卷首"八月廿五日校。"

---

① 吉川先生釋"浴"作"治"，恐非是。山井書法近魏碑，故形近"治"字。下同。

V43 卷首"八月廿八日校。"

V43 卷末有重鼎花押。

V45-13b"九月三日校。"

V45-33b"四日校。"

V47 卷末"享保癸卯九月十二日校讎畢功。此月天氣快晴，遊行于近郊，校書曠日云。"

V48 卷首"九月十三日校。"

V49 卷首"十四日校。"

V50-3b"望日校。"

V51 卷首"九月既望。"

V57 卷末"享保癸卯九月廿六日野州足利學校中校。"

V59 卷末有重鼎花押。

V60 抄補 35ab-37ab，日志云："此下三葉，別以足利本補完。嘉、萬二本漫漶不可讀也，於是乎據足利學宋板補寫。時予臀生濕瘡，來浴于上州忍山之溫泉，齎《禮記》《論語》《左氏春秋》校云。享保癸卯秋七月廿九日南海學生山重鼎志。"

V60 卷末"享保八年癸卯九月晦日，對校功竣，凡用日子九旬。尋校《毛詩》，欲收功三冬，彼疏太衍長，比于左氏爲字密也，或其難乎？野州足利學校塾中記焉。"

校勘《春秋左傳注疏》期間，山井積勞成疾，臀生濕瘡，所以七月二十一至八月一日和九月下旬至少兩次赴距離足利三十里的忍山溫泉（今屬群馬縣桐生市）浴療，其中後一次還攜帶《禮記》《論語》《左氏春秋》三經，帶病堅持校勘。這説明山井校勘群經，并非校一經畢始校另一經，而是有交叉的，大約是以一經爲主，兼及他經。《釋文·春秋左傳音義》的校勘當完成於九年（1724）在東都青山白蓮精舍之時，與校勘其他諸經《釋文》同時，如前揭 V4-20b 日志："按《經典釋文》：'覆，扶又反，注及下同，伏兵也。'今本脱，當補入。甲辰十一月十七日東都青山旅次校。"①

除了宋板、元明諸本外，《春秋左傳注疏》參校本中并無古本，但有宋刻經注本《春秋經傳集解》，以及所出活字本，《考文·凡例》注云："《左傳·考文》稱'足利本'者，宋板《經傳集解》本也。今以活字板驗之，是爲其原本也。但以本名相混，并稱'足利本'，亦與活字板無異。"對於參校各本簡稱及筆體顔色，閩本《春秋左傳注疏》卷端題識云：

> 凡朱筆"足利本"者，足利學所藏《五經正義》，或朱稱宋板，皆一本也。凡朱筆稱"二本"作某者，指足利、萬曆也。凡稱"足利一本"，足利學所藏《經傳集解》，三要佶長老所閲本。其板行亦宋板也，驗避諱字，知之耳。凡永懷堂者，予之所藏十三經注本也，多與足利一本合。故墨稱"二本"者，指足利一本、永懷堂本也。凡本國所行活字板與足利一本合，故不別稱也。此本其源，據足利一本行之，明可知也。

這一體例適用於《春秋左傳注疏》全書，頗爲重要。足利學舊藏

---

① 吉川先生注意到這條日志，以爲"據此知時先生已自足利返江户，又知時校《經典釋文》"（第 569 頁）。

宋刻十行本《附釋音春秋左傳注疏》或稱"足利本"，或稱"宋板"，與他經止稱"宋板"不同。宋刻本《春秋經傳集解》稱作"足利一本"，山井注意到它多與永懷堂本合，這是版本類型相同、淵源有自之故；蓋以活字本出自宋板，異文多與宋板同。尤其值得注意的是，山井儘管沒有版本學（書誌學）的概念，但通過目驗衆本，手校群經，從而對經書版本有了較爲科學的認知。《考文・左傳》卷首〔謹按〕：

> 足利所藏《五經正義》者，上杉安房守藤原憲實所捐也。今閱《周易》《尚書》《禮記》文字甚佳，宋板無疑；其《毛詩》《左傳》刻劣三書，二部共題曰"附釋音"《毛詩》《春秋》，編入陸德明《經典釋文》，蓋與正德刊本略似矣。其分卷數與今之注疏諸本同，而不合於孔穎達《正義序》《文獻通考》所記者，蓋取他本以足之也。……則二書之爲宋板，亦不爲強也。其經傳及注所證曰"足利本"者，亦足利學所藏宋板杜預《經傳集解》本也。世有活字本，本學所刊，是爲其元本，題曰《春秋經傳集解》，分爲三十卷。按《漢書・藝文志》，《左氏傳》三十卷，左氏舊文爲然。又與和板杜預注本略同，其分卷、標題應以此爲正也。永懷堂本者，臣之所藏，與足利本稍同，引以爲證，其二本同者，必從之爲是矣。惟其標題妄意改易，不如足利本之爲正云爾。

這段按語雖然重在講解《春秋左傳注疏》參校各本，但實際上反映了山井有關經書版本的認識，擇其要者有二：其一，山井來到足利學校勘群經的直接動因就是所謂"宋板《五經正義》"的存在，實際上足利學所藏《五經正義》并非同一版本,《周易》《尚書》《禮記》是南宋兩浙東路茶鹽司刻本,所謂八行本;《毛詩》《左傳》則是南宋建安劉叔剛一經堂刻本,所謂宋十行本。山井敏鋭地注意到八行本和十行本的版本差異,正可與閩本《春秋左傳注疏》卷首享保壬寅(1722)九月題識相印證:"足利所藏《春秋傳》,亦上杉憲實所寄置,合于五經之數。其板與他經不同,蓋此時未有《春秋》之刻,故以他板足之也。觀《禮記正義》卷末跋可見也。"①《考文·毛詩》卷一之一〔謹按〕:"足利宋板《毛詩》《春秋》二經,篇題共有'附釋音'三字,與正德板十三經本稍同,二經卷數全與今本同。其説詳見于《左氏·考文》卷首也。"兩種版本類型有别的主要標志就是是否附載《釋文》,八行本不附《釋文》,而十行本附《釋文》;而且,山井還注意到《毛詩》《春秋左傳》與正德本(實乃元刻明修補本,即元十行本,出自宋十行本)的密切關係,分卷、體式相同,文本相近。他雖然不能解釋爲什麽"今之注疏諸本"(與宋元十行本相同)分卷與《正義序》所記不同(這實際上是單疏本和十行注疏合刻本的差異),但他的模糊認識和初步考察在一定程度上開啓了後世對於經書版本類型的研究。而且,他實際上已經認識到疏(《正義》)原本别行之義,《考文·毛詩》〔存舊·謹按〕:

古人解書,各自别行。……後世尚簡,就經爲注,省學者兩讀者或有之矣。今按孔穎達作《五經正義》,陸德明作

---

① 其下迻録黄唐跋,題寫時間誤作紹興,與前揭《禮記注疏》書後所迻録者不同。

《經典釋文》，自是一部書，而疏義不混于經傳。後世梓者圖其利便，萃見一處，嵌入各經傳下，稍以己意改換、增損。自是而後，本書終廢，不可復見，大失本來之面目矣。可不歎乎？今閱《五經正義》本，宋板以下，經傳錯雜，標題不一，而其中稍有同異，後世學者鹵莽滅裂，而不問可否，不知古式。甚則至有音義却混于注者，而不省矣。

知其已洞悉经传原本各自别行，疏原本别行，注意到注疏合刻本割裂疏文，改竄損益，頗失古式。

其二，山井用以參校的經注本是足利學所藏宋刻本《春秋經傳集解》，如上所述，山井明確地認定宋刻本《集解》是活字本的祖本，這和他對他經活字本的認定是有出入的，《考文·凡例》："有曰足利本者，亦本學所印行活字板也。細翫其本，後人檃栝古本者。"而古本"亦足利學所藏書寫本也。……皆此方古博士家所傳也"。這説明古活字本《集解》與他經所從出之底本爲古鈔本不同，而是源出宋刻本。

七、《毛詩注疏》

據前揭閩本《春秋左傳注疏》卷六十末享保八年（1723）九月初一日志，是日完成了《左傳》的校勘工作，歷時"九旬"，"尋校《毛詩》，欲收功三冬，彼疏太衍長，比于左氏爲字密也，或其難乎"？從《毛詩注疏》來看，日志明確記載始於享保八年癸卯十月初一，完成於十一月二十二日。後來山井回到東都，也曾補校《釋文》，如 V8 八之一尾題後日志"甲辰十一月十四日校《經典釋文》"①。

《毛詩正義序》首"享保八年癸卯十月朔校始。"
V1 之三卷末"十月四日午中刻校畢。"
V2 之一卷首"十月五日校。"
V6 之四卷末"癸卯冬十月既望功畢。"
V8 之一"十月十九日畢功。"
V9 之三卷末"享保癸卯十月廿日夜二本校成，/足利學校東南鄰/塾書生重鼎志。"
V12 之三卷末"癸卯十月廿七日卒業，困日子短。"
V15 之二卷末"享保昭陽單閼之歲十一月朔校。"
V19 之一卷末"昭陽單閼十一月既望校。"
V19 之三卷末"昭陽單閼暢月十八日校。"
V20 之四卷末"《五經正義》，總八十八本，對校所輸一再或三，始事於往/歲八月十三日，終功于今茲暢月廿二日。中間微恙，藥/餌之給，未嘗遑暇。魔魅不殄，僨功逾旹，爲達者嗤耳。/時享保八年昭陽單閼十一月廿五日。足利學中志。/南海學生山井重鼎君彝父。"

最後一條日志可與前揭《禮記注疏》七年八月十三日日志相互印證，亦可知截至八年暢（暘）月（十一月）廿二日已全部完

---

① 末木先生據此認爲，山井享保九年在江戶的主要工作就是校各經《釋文》（《〈七経孟子考文〉攷》，《徂徠と崑崙》，第 94 頁）。

成了宋板《五經正義》的校勘，前後歷時一年零三個月有餘。而且，"中間微恙"也可與《春秋左傳注疏》日志中有關臀生濕瘡的記載相證驗。

據《考文‧凡例》，除了宋板、元明諸本外，《毛詩注疏》參校本有古本《毛詩》二通各十本。二通古本本身容有異同，《考文‧毛詩》卷首［謹按］：

> 足利所傳《毛詩》寫本二通，以一通稱古本，一通亦雖稍有同異，然多展轉書寫所致也。今其有異者，號以一本云。

可與閩本 V1 之二卷末題識相互印證，其文有曰："凡所引證足利本，與足利一本不異，其異者，別記本作某；其經傳中與諸本怪異者，記云一本同，足利本作某。"此處所謂"足利本"指二通古本之一，另外一通稱作"足利一本"或"一本"。V1 一之一 15b"宮商上下相應"，"足利本'宮'上有'謂'字，'應'下有'也'字"。V1 之一 23b"聞之者足以戒"，"足利本'足以'下有'自'字，戒作誡"。《考文》皆列入古本異文，知"足利本"實指二通古本相同之異文。V1 之三 17b《鵲巢》"德亦然，室燕寢也"，"'德亦'下有'宜'字，'室'下有'者'字。足利又一本作'德亦宜然也，室謂燕寢也'"。V1 之三 21a 和 V1 一之四 6b 校語又稱作"足利或一本"，這些都是二通古本本身存在異文的情況，分別予以注明。

此外，比勘閩本校語和《考文》可知，山井理校的內容并未收入《考文》，如卷首序 1b"秦正燎其書"，"正當作政"；6b"據今者及亡詩六篇"，"者恐存字"。這兩處皆無版本依據，故而未爲《考文》所采信。還有一點也值得注意，或有異文係山井已校出但《考文》失收者，如序 8a "魯貞公十四年"，"貞，宋板作真。萬曆作貞"。《補遺》補充異文，"宋板貞作真"。

　　山井還注意到《釋文》混入注中的情況，亦即前揭《考文·毛詩》[存舊·謹按]所謂"甚則至有音義却混于注者，而不省矣"。一個典型的例子就是閩本《關雎》小序、大序下注文。根據閩本體例，經文大字單行，《毛傳》《鄭箋》中字單行，《釋文》《正義》則出以小字雙行。V1 之一 12b、13a 小序"《關雎》，后妃之德也"下《釋文》"《關雎》舊解云"至"以無所疑亂故也"，閩本誤認作《鄭箋》，冠以黑地白文"箋"字，出以單行中字。山井朱筆勾畫出，旁注："此以下當兩行細書也。"校語云："此下箋，悉皆陸氏《釋文》，非鄭氏箋氏（新按：下'氏'字疑衍）。故足利宋板從頭如左，無差別也，且足利所藏《毛詩》書本，曾所無也。"（左側迻錄宋板行款）13 b "風之始也"至"用之邦國焉"下《釋文》"風之始也"至"并是此義"，亦同上例，山井校語云："如上。"《考文·毛詩》[謹按]："此二注《釋文》混于注，當細書也。"

八、《孝經注疏》

　　據《考文·凡例》，《孝經注疏》參校本除元明諸本外，只有古本《古文孝經》一通。《考文·古文孝經》卷首[謹按]："《古文孝經》一卷……由是觀之，則《古文孔傳》唐宋以來中華所不傳，而吾邦獨存焉。今以世所梓行本校之，足利古本是爲其元本也,但展轉書寫,致有少異耳。乃此本所得於隋而唐以前所傳者,亦明矣。至于其真僞不可辨,則臣之末學微賤,所不敢輒議也。"可見,除了古本,山井還校過當時的和刻本《古文孝經孔氏傳》,實際上和刻本是以古本爲祖本的。至於其真僞問題,山井態度審慎,并未遽下斷語。閩本全無校語和日志,知山井校勘另有所本,具體緣由不可考,暫付闕疑。

九、結語

山井鼎之所以選擇上述七經和《孟子》進行校勘,是因爲"世稱十三經,而今曰七經者,據足利學所有也。臣鼎賜告:三年校書,其中所藏經書古本五經之外,《論語》《孝經》《孟子》耳"[①]。除七經和《孟子》之外,其餘閩本五經亦有"山井氏圖書記"和"南葵文庫"印記,知亦山井舊藏,只是未嘗校勘。《周禮注疏》校語有朱、墨兩色,墨筆出自山井璞助,校以唐石經和阮刻南昌府學本,筆體極易識別;朱筆作者不可考,未及校勘,主要是輯録諸家説(多引《輯注》和乾隆御案)以爲文義之佐證。不過,山井鼎享保五年(1720)十月在足利,直至後來回到東都也曾閱讀是書。V9 卷首:"享保庚子冬十月讀。君彝。"V39 卷首:"臘月廿五日讀。"個別文字還曾參校足利學所藏宋刊巾箱本,如 V1-10a "宫正" 注 "曰宫正","足利藏小本無'曰'字,'宫正'二字加圍。"《儀禮注疏》校語亦有朱、墨兩色,墨筆出自山井璞

[①]《考文》卷首《凡例》。

助，校以唐石經（亦有個別朱筆）；朱筆校語當不出自山井鼎，亦非璞助所作，主要是校以單疏本（如 V2-42a"'曰'下單疏本有……十八字"）和明刻本（如 V2-27a"此注無嘉本"）。《春秋公羊傳注疏》無璞助校記，間有零星批校，從筆體推斷似出自山井鼎；《春秋穀梁傳注疏》間有璞助校記，未及參校本，皆爲理校，又有另一筆體零星校語（出以朱筆或墨筆，多稱一作某或一本作某），非璞助所做，從筆體推斷似出自山井鼎。《爾雅注疏》無璞助校記，間有山井鼎校語（如 V3 上-12a"鼎按"云云），未及參校本，多爲他校或讀書札記。

我們悉數輯録山井手校閩本七經及《孟子》的全部校勘日志（《孝經》《孟子》除外），通過分析歸納，從而清晰地排定山井鼎校勘諸經的先後次序。享保五年山井和根本第一次來到足利學校，校勘宋板《禮記注疏》，不過只是涉及卷五十至五十二，而且重點是抄補閩本漫漶、缺脫之處；同時，山井還獨立校勘萬曆本，旁及其他篇章。六年，山井在東都青山白蓮精舍閱讀《尚書注疏》，主要做的是句讀。七年二月至五月間，山井在白蓮精舍以萬曆本校勘并抄補閩本《春秋左傳注疏》《禮記注疏》《周易兼義》部分缺葉、缺字的内容。八月，他和根本第二次趕赴足利學校。從八月十三日到十二月十三日，前後歷時四個月，集中校勘《禮記注疏》。接下來，八年正月廿五日至三月初一大約一個半月的時間，校勘《尚書注疏》。在此期間（二月間），山井還以萬曆本校《周易略例》及《周易·釋文》。進入三月，校勘《周易兼義》，方式是二人對校，十九日根本返回東都。此後，山井一人亦曾獨立校勘卷首至卷五部分，但六月十六日根本回到足利學後，二人又從頭重校，至二十八日校畢全部九卷。其間（五月至七月），又與校勘《論語》古本的工作重合。校勘《春秋左傳注疏》，正式開始於七月初一，完成於九月二十六日。《毛詩注疏》最後完成，始於十月初一，十一月二十二日告竣。至此，以宋板《五經正義》爲主的校勘工作全部完成，前後歷時一年零三個月有餘。當然，大體的先後次序如上所述，實際上諸經的校勘工作或有交叉，而且還有校勘過程中或完成之後部分重校的現象。九年，山井回到東都後，對先前的校勘成果亦有考訂，并集中校勘《釋文》。《孝經注疏》《孟子注疏解經》因無日志，其校勘時間不可考。尤其是《孝經注疏》全無校語，這也説明山井手校閩本絕非《考文》之底本。

　　同時，我們也對山井手校閩本諸經的校語進行了總合研究，由此可以具體地、確切地考知閩本校語與《考文》的關係，約有以下數端：

　　1.閩本校語大體上爲《考文》所采信，二者有明確的因循關係。當然，比對《考文》，知閩本校語多有失校或失載其他版本的異文信息的現象存在。

　　2.一般而言，閩本經、注文校語基本上都迻録到《考文》之中，疏文校語則有所選擇，存在著不見於閩本校語的《考文》異文信息和不見於《考文》的閩本校語異文信息兩種情況。

　　3.《考文》對於閩本所出校之異文的取捨是有明確義例的，有關行款和體例的校語以及底本是而參校本非的異文，悉所不取；其他所不取者，或爲援引書證，或爲理校，或爲他校。

　　4.《考文》出校者以宋本、古本異文爲主，如二者無異文，則正德本與閩本、萬曆本、汲古閣本異文一般不録；元明諸本是而宋板非者，亦所不取。

5. 從校勘記的文字表達來看，大多數情況下《考文》對於閩本校語的因襲關係還是比較明顯的，大體上依循其内容，貫徹其旨意，或入〔考異〕，或入〔謹按〕。少數情況下《考文》與閩本校語内容略同而表達方式微異，或有反正之別，乃至按斷不同者；或閩本校語較爲含混，甚至牴牾，而《考文》略作調整，以糾其弊；或閩本校語所揭示的異文出現在《考文》中，但按斷闕如，當出自山井審慎之考量。

6. 有關《釋文》校勘的内容，《考文》多照錄閩本校語。

7. 通過覆驗閩本校語可以訂正《考文》的個別錯誤。

綜上所述，山井手校閩本諸經是以宋板、古本、足利本及元明諸本（含汲古閣本）校閩本，而《考文》出校異文的底本是汲古閣本，閩本等他本爲其參校本，所以儘管《考文》大體上采納了閩本校語，但表達方式或有異同，且存在著閩本校語未嘗記入的其他版本的異文信息，這無疑都說明山井手校閩本絕非《考文》之底本。當然，閩本校語匯集了山井前期校勘工作的成果，在《考文》成書過程中無疑起到了十分重要的作用，雖然不是直接的底本，但在《考文》成書之前應該存在一個將閩本校語過錄到底本（汲古閣本）上的環節。總之，我們可以明確地斷定山井手校閩本并非《考文》之底本。

附記：筆者致力於山井鼎和《七經孟子考文（補遺）》研究有年，近年來主要關注《考文》寫本及相關資料，并於2016年暑假利用近一個月的時間將日本京都大學人文科學研究所藏山井鼎手校閩本諸經的校勘日志悉數錄出，嗣後進行研究，草成此文。需要說明的是，2017年5月筆者獲知京都大學文學研究科東洋史學博士生瞿豔丹女史和我有相同的研究志趣，不僅研究《考文》寫本與我不謀而合，多有會心，而且對於閩本諸經校勘日志的研究我們也是不約而同地分别進行著，各自獨立成文。豔丹大作題爲《從〈十三經注疏〉校語到〈考文〉：有關山井鼎的工作過程》，充分利用日志，并詳盡解析從閩本校語到《考文》成書的過程。後豔丹告知山東大學王曉靜女史著有《閩刻〈十三經注疏〉山井鼎手校本價值考論》（《文獻》2017年第2期）一文，筆者拜讀後意識到我們三人的研究雖有部分重合，但各有所長，本人完整迻録全部日志，對於諸經校語的研究亦加詳焉，而且注意到日本學者的研究成果，遂不揣譾陋，公開發表，就教於海内方家。

（原載《北京大學中國古文獻研究中心集刊》第十七輯，今據以收入）

後　　記

　　我從讀書的時候"啃"注疏，到後來又對北宋文學家如歐陽修、王安石、蘇軾的經學感興趣，多所涉獵，這是學習的階段。1997年參加工作以後，真正開始經學文獻的研究，研究領域也從以北宋爲主拓展到整個近古時代。2013年，拙作《經學文獻的衍生和通俗化——以近古時代的傳刻爲中心》提出近古時代經學文獻分爲"正經注疏"和"五經四書"兩大主幹系統説，幷引進級次文獻的概念，對各自系統内部的經學文獻再作析分。翌歲，同名專著出版，從傳統文獻學切入，以版本研究爲重心，通過對相關著録及見存版本實物的考察，著力探求兩大主幹系統的經學文獻在傳刻過程中通過内容重編、體式改造、翻刻覆刻而實現的衍生和通俗化，進而探尋其背後的學術史層面的動因和規律性。

　　基於此，2015年起，我又著手進行經學文獻整體及經學文獻學的研究，至2017年3月，在北大中文系開設研究生課程"經學文獻學"，首次完整地提出經學文獻和經學文獻學的理論框架。嗣後我在教學和科研中又不斷修正這一理論，直至2019年7月正式發表。其間2017年12月，我還主持召開了"經學文獻學國際學術研討會"，與會學者六十餘人都活躍在海内外經學文獻學研究領域，從多個不同層面對經學文獻展開個案研究。會議取得了豐碩的學術成果，會後我主編、出版了論文集《經學文獻學研究》。

對經學文獻和經學文獻學進行理論探討的同時，我又以《周易》文獻爲個案，從校勘入手，比較系統地研究《周易》文獻學。我對經學文獻的個案研究，雖以《周易》爲重心，但又不限於《周易》，兼及其他經書，本書就纂輯了近些年來我對經學文獻學的理論探討和對經學文獻的個案研究成果（《周易》相關研究成果另有專書除外）。這些文章均已公開發表，收入本書時微有刪潤、修訂。

在搜集資料和撰寫成文的過程中，我得到了陳恒嵩、羅琳、鄭園、蔡長林、佐藤浩一、廖明飛、瞿艷丹、章莎菲、王翊等師友的熱忱襄助，謹志謝忱，銘感無已！徐志超先生題寫書名，田媛老師擔當責編，都爲本書順利出版，付出辛勞，一并致以誠摯謝意！

2024 年 3 月